전남 영암 지역의 언어와 생활

전남 영암 지역의 언어와 생활

초판 인쇄 2016년 11월 30일
초판 발행 2016년 12월 7일

지 은 이 이기갑

펴 낸 이 이대현
펴 낸 곳 도서출판 역락

주   소 서울시 서초구 동광로46길 6-6(반포4동 577-25) 문창빌딩 2층
등   록 1999년 4월 19일 제303-2002-000014호
전   화 02-3409-2058, 2060
팩   스 02-3409-2059
이 메 일 youkrack@hanmail.net

값 41,000원

ISBN 979-11-5686-695-4
     979-11-5686-694-7 (세트)

이 도서의 국립중앙도서관 출판예정도서목록(CIP)은 서지정보유통지원시스템 홈페이지(http://seoji.nl.go.kr)와
국가자료공동목록시스템(http://www.nl.go.kr/kolisnet)에서 이용하실 수 있습니다.(CIP제어번호: CIP2016028567)

전남 영암 지역의 언어와 생활

이기갑

역락

이 책은 2009년 전남 영암군 신북면 갈곡리 종오마을에서 녹취한 토박이 박옥규와 도포면 출신 김이순의 구술 발화(4시간)를 전사한 것으로서, 각 장 뒤에 700여 개의 주석을 붙였고, 책 끝에는 표준어에 대응하는 방언형을 가나다 순으로 배열한 목록을 제시하였다. 그래서 우리는 이 구술 발화 자료를 통해 21세기 초기 영암 지역 방언의 생생한 모습을 파악할 수 있을 것으로 기대한다.

전사는 음운 차원에서 이루어졌으며, 읽는 이의 편의를 돕기 위해 표준어 대역과 주석 작업이 추가되었다. 주석은 구술 발화에 포함된 어휘의 뜻풀이나 언어학적 설명 등이 주를 이룬다. 따라서 우리는 이 구술 발화를 통하여 이 지역의 자연스러운 낱말의 쓰임새를 알 수 있으며, 다양한 방언적 표현들에 접할 수 있다.

한편 구술 발화가 담고 있는 마을과 일상의례, 생업 및 식생활에 대한 이야기는 이 지역의 생활상을 보여 주는 유용한 자료로 쓰일 수 있다. 금세기 이 지역 사람들이 어떻게 살고 있는지, 그리고 어떻게 살아왔는지를 있는 그대로 보여 주기 때문이다.

이처럼 구술 발화 자료는 이 지역의 생활상과 이 지역 사람들의 삶의 모습을 보여 주는 데 기여할 뿐 아니라 언어학적으로도 유용하게 쓰일 수 있다. 무엇보다도 이 자료는 자연스러운 담화 자료를 보여 주므로 이를 통하여 전남 영암 지역의 말하기 방식에 대한 이해를 할 수 있기 때문이다. 예를 들어 입말의 말하기 방식, 담화표지 등과 같은 담화적 연구의 일차 자료로 이용될 수 있다. 그뿐만 아니라 음운, 문법, 어휘의 차원에서 이 지역 방언의 특징을 생생하게 보여 주므로 이러한 차원의 방언 연구의 보조 자료로 이용될 수 있을 것이다.

글쓴이는 이미 전남의 곡성, 진도, 영광 지역의 언어와 생활에 대한 구술 발화의 단행본을 펴낸 바 있다. 따라서 이번 영암 지역의 구술 발화는 이러한 일련의 작업의 한 부분인 셈이다.

이 작업은 애초에 국립국어원이 기획한 한반도 지역어 조사 및 전사 사업의 일환으로 수행된 것이었다. 따라서 국립국어원의 재정적 도움이 없었더라면 이루어지기 어려운 작업이었음을 밝혀 그 고마움을 표하고자 한다. 또한 박민규 선생의 헌신적인 행정적 도움과 전남 이외의 지역을 담당한 여러 방언학자들과의 유대 역시 큰 도움이 되었음을 밝혀 두고자 한다. 열악한 연구 환경에도 불구하고 오로지 민족어에 대한 사랑과 헌신의 정신으로 사업에 참여한 여러 학자들의 노력이 없었더라면 이런 연구 결과물은 나오기 어려웠을 것이기 때문이다.

▪ 조사 및 전사

(1) 조사 과정

영암군은 전남의 서남부에 위치하고 있으며, 지도에서 보듯이 전남의
남부인 장흥군, 강진군 그리고 서부인 무안군 등과 접해 있다. 그리고 영
암군의 일부는 목포와 접하여 바다로 통할 수 있는 위치에 있기도 하다.
조사 지역인 영암군 신북면은 영암의 북쪽에 위치하여 나주에 접해 있는
곳이다. 광주에서는 승용차로 약 1시간 정도 걸리는 거리이므로 다른 지
역에 비해 상대적으로 조사가 편리한 곳이기도 하다. 그러나 무엇보다도
이 지역을 조사지점으로 선택한 것은 제보자를 쉽게 구할 수 있었기 때문
이다. 대학원 박사과정에 재학 중인 정성경 선생의 친정이기 때문에 그
인연을 바탕으로 하여 몇 분의 제보자를 구할 수 있었다.

신북면 갈곡리는 밀양 박씨들이 한데 모여 사는 집성촌이다. 대부분 농
사를 지으며 생활하는 전형적인 농촌 마을이다.『갈곡 들소리』로 알려진
이 마을의 들노래는 특히 유명하다. 영암군 신북면 갈곡리는 드넓은 나주
평야와 맞닿아 있는 전형적인 농촌마을이다. 대부분의 사람들이 농사에
의지해 살아온 까닭에 남도지방에 전승되고 있는 들노래의 원형이 그대
로 남아 있었으나 농촌의 기계화와 함께 점점 잊혀 가고 있는 상황이다.
『갈곡 들소리』는 2004년, 제45회 한국민속예술축제에서 대통령상을 수상
하면서 소리 보유자인 유승림과 함께 더욱 유명해졌다.

이 조사는 이기갑이 주로 수행하였고, 보조조사자로서 목포대학교 국문
과 박사과정생인 정성경 선생이 수고를 하였다.

7

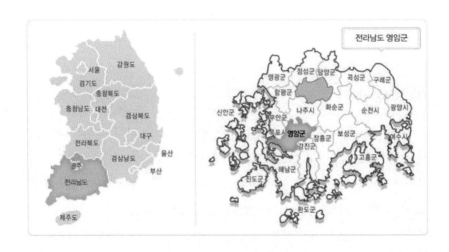

〈영암군 신북면의 위치〉

(2) 제보자

① 박옥규(남, 78세, 1932년생)

주제보자 박옥규 할아버지는 조사지인 전남 영암군 신북면 갈곡리에서 태어나 현재까지 같은 마을에서 살고 있다. 선대 거주지 역시 같은 곳이며 13대째 이 지역에서 살고 있는 토박이이다. 직업은 농업이며, 초등학교를 중퇴한 학력이 전부이다. 군대도 다녀오지 않았고 다른 경력도 없으므로 타지에서 거주한 경험이 전혀 없는 순수 이 지역 토박이인 셈이다. 박옥규 할아버지를 통해 대부분의 이 지역 어휘와 구술 발화를 조사하였다. 이 단행본에서는 -로 표시하였다.

박할아버지는 매우 건강한 체격을 가졌다. 비록 어릴 때 동네 어른한테 귀를 맞아 한쪽 귀가 안 들리고 이 때문에 군대에 가지 않았으나, 신체적으로는 매우 건강한 편이다. 다만 왼쪽 귀가 안 들리기 때문에 조사자의 질문을 재빨리 알아듣지 못하는 경우가 종종 있었으며, 발음이 약간 불분명한 것이 흠이라면 흠이다. 말을 많이 하는 편은 아니며, 언어에 대한 감각도 부인에 비해 떨어지는 편이다. 조사 결과를 보면 예상 밖으로 표준어 사용 비율이 높았다. 조사 도중 날씨가 더운 탓에 부채질을 하는 바람에 녹음 상태가 좋지 못한 경우가 일부 있었다.

② 김이순(여, 73세, 1937년생)

주제보자인 박옥규 할아버지의 부인으로서 선대 거주지는 영암군 도포면 덕화리이다. 학력은 없고 남편과 함께 평생 농사를 지어 왔다. 어휘의 일부와 구술 발화(식생활, 의생활) 일부 조사에 참여하였다. 이 단행본에서는 =로 표시하였다.

김할머니는 대부분의 농촌 여인들처럼 무릎이 아파서 잘 걷지 못하는 건강 상태를 보여 주었다. 그러나 언어에 대한 감각은 남편인 박옥규 님에 비해 훨씬 뛰어나, 남편을 보조하여 어휘 조사 시 많은 도움을 주었다. 또한 청력이나 발음이 아주 좋았다. 식생활이나 의생활에 관한 내용을 비교적 잘 알고 있어 이 부분의 구술 발화를 맡아 해 주었다.

(3) 전사

구술 발화는 4시간 정도의 분량을 선정하여 전사한 것이다. 구술 발화는 문장 단위로 분절(segmentation)하는 것을 원칙으로 하였다. 따라서 각 분절 단위의 끝은 반드시 문장 종결 부호(마침표, 물음표, 느낌표)로 마무리하였다.

본문의 글자체와 전사에 사용된 부호는 다음과 같다.

고딕체	조사자
@2	제2 조사자
명조체	제보자
—	제1 제보자(박옥규)
=	제2 제보자(김이순)
:	장음 표시. 길이가 상당히 길 경우 ::처럼 장음 표시를 겹쳐 사용하였다.
*	청취 불가능한 부분
$	표준어로의 번역이 불가능한 경우
✝	질문지와 주제가 다른 내용

전사는 음운 전사를 원칙으로 하였다. 'ᅱ', 'ᅬ'는 단모음 [y]와 [ø]를 나타내며, 영암 지역어에서는 '에(e)'와 '애(ɛ)'가 변별적 기능을 갖지 못하므로 그 합류음은 'ㅔ'로 통일시켜 표시하였다. 비모음은 해당하는 음절

다음에 ~ 표시를 하였고, 장음은 ":", 인상적 장음은 "::" 등으로 표시하였다.

(4) 주석

이 단행본에는 700여 개의 주석이 달려 있다. 주석은 영암 지역어로 전사된 내용을 독자들이 쉽게 이해할 수 있도록 특이한 방언 어휘의 뜻풀이와 이에 대응하는 표준어형을 제시하는 것이 주를 이룬다. 그밖에 방언형에 대한 음운이나 문법적 해석 등도 포함되어 있다. 지나친 언어학적 설명은 오히려 독자들의 이해를 해칠 수도 있으므로, 여기서는 비교적 간단한 수준의 설명만을 덧붙이는 데 그쳤다.

(5) 찾아보기

이 책의 맨 끝에는 찾아보기가 실려 있다. 찾아보기는 표준어를 표제어로 제시하고 이에 해당하는 방언 어휘를 본문에 전사된 그대로 대응시켜 놓았다. 표준어가 없는 경우에는 뜻풀이를 표제어로 대신하였다.

명사의 경우, 방언 명사에 토씨가 붙어 전사된 경우가 많으므로, 독자들은 어디까지가 표준어 표제어에 대응하는 방언형인지 구분하기 쉽지 않다. 이러한 문제를 해결하기 위해, 명사와 토씨의 구분이 표기적으로 가능한 경우에는 명사와 토씨 사이에 -를 끼워 놓았다. 예를 들어 표준어 '거기'에 대응하는 방언형으로 본문에는 '거까지'와 같은 형이 나타난다. 이 '거까지'는 '거'와 토씨 '까지'로 분석되므로, 방언형은 '거-까지'로 제시하였다. 이로써 표준어 '거기'에 대응하는 방언형이 '거'임을 알 수 있게 된다. 한편 표준어 '곁두리'에 대해서는 본문의 전사형이 '세:꺼시로'로 나타난다. 이것은 '세:껏'에 토씨 '이로'가 결합된 형태이나 표기상으

11

로 이를 분석해서 제시할 방법이 없다. 이런 경우에는 표제어로 제시된 표준어 '곁두리'에 토씨 '로'를 덧붙여 '곁두리(로)'를 표제어로 제시하였다. 이것은 곧 대응되는 방언형에 토씨가 포함되어 있음을 알려 주기 위한 것이다. 이런 결과로 '곁두리'와 '곁두리(로)'의 두 가지 표제어를 갖게 되는 문제를 낳기도 하나 이런 문제는 감수하기로 하였다.

차례

01 마을

1.1 마을 들여다보기

오느리 메치링가? 파뤌 십치리리조?

@2 예.

이천 구년 파뤌 십치릴 이~? 예~.

저네 다 말:씀하셔떤 네용이예요.

― 예.

근데 이제, 아: 이야기, 이야기 형시그로, 요노믄 뭐냐. 아, 이 마을, 요, 요 마을 이르미 머:조?

― 종오림니다. 종오.

아, 종오.

― 마침 종짜, 나 오짜요.

예, 마으리 언:제나, 셍긴 지가 오레 데, 덴나요?

― 나로찓, 나로 헤서 십쌈데 하나버지가 낭남헤:쓰께. 에:: 게:사늘 헤: 보문 인자 나뜬, 나꺼 아니요?

한 사벵년. 십쌈데 하라버지가 여기 와서 이 마으를 만드…

― 낭남헤:게쩨[1].

에, 그러면 전, 점부다 이게 지금 가튼 성씨로 이뤄, 자작 일촌 이뤄진.

― 그러지요. 그라지요.

뭐, 뭐, 박씬데 무슨 박씨임니까?

― 미량임니다.

미량 박씨.

― 예.

에, 미량 박씨드리 이러케 모여가지고 멜 메토나 한 떼…

― 엔, 엔:나레는 거식헨는디 시방 다 조라지고[2] 한 사:시보[3], 누가 업:

오늘이, 오늘이 며칠인가? 8월 17일이지요?

@2 예.

2009년 8월 17일? 예.

전에 다 말씀하셨던 내용이에요.

— 예.

그런데 이제, 아 이야기, 이야기 형식으로, 이것은 무엇이냐. 아, 이 마을, 이, 이 마을 이름이 뭐지요?

— 종오리입니다. 종오.

아, 종오.

— 마침 終자, 나 폼자요.

예, 마을이 언제나, 생긴 지가 오래 되었나요?

— 나, 나로부터 십삼대 할아버지가 낙남(落南)했으니까. 에 계산을 해 보면 이제 나올 것 아니오?

한 사백 년. 십삼 대 할아버지가 여기 와서 이 마을을 만드...

— 낙남(落南)하셨지.

예, 그러면 전, 전부 다 이게 지금 같은 성씨로 이뤄, 자작일촌 이뤄진.

— 그렇지요. 그렇지요.

뭐, 뭐 박씨인데 무슨 박씨입니까?

— 밀양입니다.

밀양 박씨.

— 예.

예, 밀양 박씨들이 이렇게 모여가지고 몇 호나 한 때...

— 옛, 옛날에는 뭐 했는데 지금은 다 줄어들고 한 사십 호, 누가

노미4) 업:써요.

지그믄 한 사:시포.

― 에, 한 사:시보 남.

엔:나레는 마:나씀니까?

― 엔:나레는 한 팔씨벼어촌 데야쩌요.

― 마:니 띠껴부러써요.

예. 요: 마을 근:처에는 사는, 노픈 사는 엄:는 거 가꼬. 복파니니까이~.

― ** 사니 업:써요. 구리.

사는 업:꼬이~.

― 예.

그 다으메::. 드:른 널붕 거 가꼬요이~, 드:른

― 드:른

이르미 이씀니까? 무슨 들. 머. 먼.

― 쩌 쩌:그 가서, 쩌 하천 너머가는 바람뜨리라고 바람, 바람뜨리5) 이
꼬 겨가, 거가6) 바람땅임니다.

예.

― 요짜그로는7) 시 영암땅이고.

영암.

바라미면…

― 바남, 반나미면 나주.

바남? 아,

― 반남.

― 나주 나주 반남

바남이라고 그레.

― 반남.

음. 그리고:: 저:수지도 이쩌요?

남이 없어요.

　　지금은 한 사십호.

　　─ 예, 한 사십호 남.

　　옛날에는 많았습니까?

　　─ 옛날에는 한 팔십 여 호쯤 되었지요.

　　─ 많이 뜯겨 버렸어요.

　　예. 이 마을 근처에는 산은, 높은 산은 없는 것 같고. 복판이니까.

　　─ ** 산이 없어요. 그리.

　　산은 없고.

　　─ 예.

　　그 다음에 들은 넓은 것 같고요, 들은

　　─ 들은

　　이름이 있습니까? 무슨 들. 뭐. 무슨.

　　─ 저 저기 가서 저 하천 넘어가면 반남들이라고, 반남, 반남들이 있고,
거기가 반남 땅입니다.

　　예.

　　─ 이쪽으로는 영암 땅이고.

　　영암.

　　바람이면…

　　─ 반남, 반남이면 나주.

　　반남? 아

　　─ 반남.

　　─ 나주 나주 반남

　　'바남'이라고 그래.

　　─ 반남.

　　음. 그리고 저수지도 있지요?

- 저:수지 여그 업:씁니다.

저:수지는 업:꼬요.

- 예.

- 엔:나레는.

예.

- 여가 천봉지8) 아조9), 그 하처네다가 모레 파가꼬 거:그나 쪼안10) 포도시11) 물 푸머서 갸:네 무꼬 인는디.

예.

- 인자는 쩌:가 보가 되야가지고 그거이 물 푸머서12) 사용항께 그 물로 시방 농사 지꼬 이쏘.

아, 보 마거가지고요?

- 예.

예, 그레요이~? 음:.

그 다메 요 근:처 인제 인제 머: 마으리나 머 들파니나 머 바우나 그런데 머 이름 인는 바우나 그렁거 이씀니까? 머?

- 바우는 여그, 요 사네 가면 운동바우라고13) 이써요.

먼: 바우요?

- 문동바우

운동바우?

- 야.

오.

- 문동바우.

문동바우?

= 운 운동바우라 하드만.

- 어?

= 문동바우라 거가? 운동바우라.

－ 저수지 여기 없습니다.

저수지는 없고요.

－ 예.

－ 옛날에는.

예.

－ 여기가 천봉답, 아주 그 하천에다가 모래 파가지고 거기나 좀 겨우 물 퍼서 $$ 먹고 있는데.

예.

－ 이제는 저기가 보가 되어가지고 그곳의 물 퍼서 사용하니까 그 물로 지금 농사 짓고 있소.

아, 보 막아가지고요?

－ 예.

예, 그래요? 음.

그 다음에 이 근처 이제 이제 뭐 마을이나, 뭐 들판이나, 뭐 바위나, 그런 곳 뭐 이름 있는 바위나 그런 것 있습니까? 뭐?

－ 바위는 여기, 이 산에 가면 운동바위라고 있어요.

무슨 바위요?

－ 문동바위

운동바위?

－ 예.

오.

－ 문동바위.

문동바위?

＝ 운 운동바위라 하더구먼.

－ 어?

＝ 문동바위요 거기가? 운동바위라고.

- 운동바우라 하덩가?

= 그레, 운동바우제 먼: 문동바우여?

- 운동바우.

= 운동바우가.

거, 거그서 먼: 머 머 그 뜨시 머:데다 머:가람니까? 운동한다는 뜨신가요?

- 운동하는 뜨시 아인디, 거가 바우라고.

= 그 저네

- 사네 뎅이머는

= 거가 저 운동바우라고, 쩨:깐합띠다.[14] 바우도.

- 바우가 쩨:깐헤.

= 올라 여그 올라가먼 제숙쩨라고[15] 올라가먼, 그라먼 거 가서 인자, 엔:나레 거: 가물고 그라먼 어:른드리 가서 치로[16] 막 요로고[17] 까:불데요

- (웃음)

= 그러먼 저 거시기 비 오라고.

- 물 담, 물 부서가꼬[18] 치에다 거 까:불고. 그레 인자 하다 가물믄 비 오라고. 거 가서 마:니 그거시 이찌라.

기우제를 지넨나요? 일종에?

- 예.

= 그릉그마냥으로[19] 거 막:: 여자드리 가서 비가 요고 아노고 장, 거시기 가물머는 가서 물 까부른다고[20] 그라데요.

= 치예다가 다머서 물 까부른다고.

치예다 무를 다머가꼬요?

= 예, 무를.

- 치예다 물 다머가꼬 까불, 까:분다고.

= 또 여그 여 식쑤 시야메서도[21] 막 그라고 그라데요, 엔:나레.

- 운동바위라 하던가?

= 그래, 운동바위지 무슨 문동바위야?

- 운동바위.

= 운동바위가.

거, 거기에서 무슨, 뭐 뭐 그 뜻이 무엇이랍니까? 운동한다는 뜻인 가요?

- 운동한다는 뜻이 아닌데, 거기가 바위라고.

= 그 전에

- 산에 다니면은

= 거기가 저 운동바위라고 조그마합디다 바위도.

- 바위가 조그마해.

= 올라, 여기 올라가면 재숙재라고 올라가면, 그러면 거기서 이제, 옛날에 그 가물고 그러면 어른들이 가서 키로 막 이렇게 까부르데요.

- (웃음)

= 그러면 저 거시기 비 오라고.

- 물 담, 물 부어가지고 키에다 그 까부르고. 그래 이제 하도 가물면 비 오라고. 거기 가서 많이 그것이 있지요.

기우제를 지냈나요? 일종의?

- 예.

= 그런 것처럼 막 여자들이 가서, 비가 이렇게 안 오고 거시기 가물면은 가서 물 까부른다고 그러데요.

= 키에다가 담아서 물 까부른다고.

키에다 물을 담아가지고요?

= 예, 물을.

- 키에다 물 담아가지고 까불, 까부른다고.

= 또 여기 여 식수 샘에서도 막 그러고 그러데요, 옛날에.

- 물똥우를22) 이고 가가꼬 인자, 한나나23) 이고 가가꼬 인자, 거그다 헹식쩌그로 까:분다고 인자.

= 그라지요 이제.

그: 제, 제도 이꾸만. 무슨 제가 이때고 금니까?

= 제숙쩨라고.

- 제숙 제, 제. 제숙쩨요 거가.

= 제숙쩨 너머가면 거가 이써요. 거 운동바우라고.

- 시방도 거 이써라24) 시방.

음: 그다메 여그는 무슨 당:산나무나 큰 나무가 이씀니까?

- 엔나레 당:산나무25) 큰 저, 쩌: 쩌그 쩌건네 아니쏘26) 저?

음

- 쩌건네 쩌:건네 저, 전:주 이꼬 요요, 지아 똔 쩌:그

예예, 예.

- 거가서 요 야늠베기27) 가튼 놈 이썬는디, 우리 에레쓴뿌틈 이써가지고 거기서 당:산군 구또 치고 그레쩨마는

예.

- 여 거가 28)쑥땅 당:산29) 쩌:그 야:네 가서 또 안땅사니 이꼬 그렌는디 인자 업:쎄불고 인자 업:써저부써요.

= 바라미 부러서 그거시 자뿌라저30) 분능갑떼요 뿌리가 파저서.

아, 너무 오레데서.

- 그라고 자빠라저불고 오레 되야서 자빠라지고 간서블 안혜붕께31).

= 써거가꼬. 그레가꼬 업:써저부뗴요.

음:.

- 아, 언:날 그 전 어:르신드리 그 당:산나무에서 삐삐삐 소리, '하이 요건 빠라' 그라고 막 기양 비여불고 그레따고 그레쌉띠다.

- 그 저네 송암하네가32) 비여부따고 고:그헤싸:끄덩.

- 물동이를 이고 가가지고 이제, 하나나 이고 가가지고 이제, 거기다 형식적으로 까부른다고 이제.

= 그렇지요 이제.

그 재, 재도 있구먼. 무슨 재가 있다고 그럽니까?

= 재숙재라고.

- 재숙재, 재. 재숙재요 거기가.

= 재숙재 넘어가면 거기에 있어요. 그 운동바위라고.

- 지금도 그 있어요 지금.

음, 그 다음에 여기는 무슨 당산나무나 큰 나무가 있습니까?

- 옛날에 당산나무 큰 저 저기 저 건너 있잖소? 저?

음.

- 저 건너 저 건너 저, 전신주 있고 요 요, 기와 또 저기

예, 예.

- 거기에서 이 아름드리 같은 것 있었는데, 우리 어렸을 때부터 있어 가지고 거기서 당산굿 굿도 치고 그랬지마는

예.

- 거기가 수당 당산, 저기 안에 가서 또 안당산이 있고 그랬는데, 이 제 없애 버리고, 이제 없어져 버렸어요.

= 바람이 불어서 그것이 넘어져 버렸나 보데요. 뿌리가 파져서.

아, 너무 오래 돼서.

- 그리고 넘어져 버리고, 오래 되어서 넘어지고 관심을 안 둬 버리니까.

= 썩어가지고. 그래가지고 없어져 버렸대요.

음.

- 어, 옛날 그전 어르신들이 그 당산나무에서 삐삐삐 소리, "아이고 이것 봐라." 그러면서 막 그냥 베어 버리고 그랬다고, 그래 쌓습디다.

- 그 전에 송암할아버지가 베어 버렸다고 그래 해 쌓거든.

뭐 소리 나가지고요?

― 야, 삐삐삐삐 소리 낭께. '아이 요걸 빠라.' 고라고는 비여
붇따고.

당:산나무 비:면 별로 안 조차나요?

― 그저네 자빠저서, 자빠저붕께 모도 비여다가 나:무도 헤:불고 그랍띠
다.

아, 하하하.

= 그 저네 거:서 당:산군또[33) 치고 그렌는디.

― 당:산군 그어 억:씨게 처쩨.

어:

― 아이, 우리도 군 굳치고 더 따라뎅엔넌디.

하하하

― 굳치고 뎅엔넌디.[34)

예, 자, 여기서는 다 인자 농사 지꼬 사:실 텐데.

― 그라지요.

농사 지슬 떼 머, 먼 게:가 이꺼나 그러씀니까? 머 어트케 모여가지고.

― 게:가 이짜네,[35)

예.

― 서로 농사지:께 되면,

에.

― 푸마시 헤:야,

예.

― 서로 오고 가고 함시로[36) 하제, 그라나면[37) 누가 놉, 잘 업끼도 하
고 하지마는, 모더더라 잘.

아:

― 푸마시 헤:서 마:니 헤:찌라우.

뭐 소리 나가지고요?

― 예, 삐삐삐삐 소리가 나니까. "아이고 이것 봐라." 그러고는 베어 버렸다고.

당산나무 베면 별로 안 좋잖아요?

― 그전에 넘어져서, 넘어져 버리니까 모두 베어다가 땔감으로 쓰고 그럽디다.

아, 하하하.

= 그 전에 거기서 당산굿도 치고 그랬는데.

― 당산굿 그거 억세게 쳤지.

어.

― 아이, 우리도 굿 치고 따라다녔는데.

하하하

― 굿 치고 다녔는데.

예, 자, 여기에서는 다 이제 농사짓고 사실 텐데.

― 그렇지요.

농사지을 때 무슨, 무슨 계가 있거나 그렇습니까? 뭐 어떻게 모여가지고.

― 계가 있는 것이 아니라,

예.

― 서로 농사짓게 되면,

예.

― 품앗이해야,

예.

― 서로 오고가고 하면서 하지. 그렇지 않으면 누가 놉 잘 얻기도 하고 하지마는, 못 얻어요 잘.

아

― 품앗이해서 많이 했지요.

푸마시 헤서? 예::

= 지그믄 돈 주고 헤:도 누가 안 올라게라. 이녀기[38] 가서 그 직꺼 헤: 주고 또 그 사라미 와서.

− 시방은 시방잉께, 거, 저, 푸마시도 잘 안 하고 이녁 게잉게이 다 헤: 분디,

예.

− 노무 일도 안 갈라게야, 지끔

− 엔:날 가짜네.[39] 푸마시 헤서 주로 마:니 숭거찌라.[40]

✝ 예. 레코딩이 데고 인능겅가?

✝ = 어머니 잔.

✝ @2 안 게셔가지고.

✝ = 안 게셔?

✝ @2 에.

✝ = 어디 가게써?

✝ @2 에, 그레가지고 저:나 드련는데 안 바드시고 몬 만나써요.

품앗이해서? 예

= 지금은 돈 주고 해도 누가 안 오려고 해요. 자기가 가서 그 집 것 해 주고 또 그 사람이 와서.

─ 시방은 시방이니까, 그, 저, 품앗이도 잘 안 하고 자기 개인 개인이 다 해 버리는데,

예.

─ 남의 일도 안 가려고 해요, 지금.

─ 옛날 같지 않고. 품앗이해서 주로 많이 심었지요.

✝ 예. 레코딩이 되고 있는 건가?

✝ = 어머니 좀.

✝ @2 안 계셔가지고.

✝ = 안 계셔?

✝ @2 예.

✝ = 어디 가셨어?

✝ @2 예, 그래가지고 전화 드렸는데 안 받으시고 못 만났어요.

1.2 갈곡 들노래

으흠:, 자, 그 다으메 요 마을에 자:랑꺼리, 자:랑꺼리는 머 드, 들:로레요?

— 거, 인자 펭야⁴¹⁾ 들:로레지라우.⁴²⁾

어, 고: 쫌 자세히 설명을 헤:주세요. 다른 데 자:랑꺼리니까. 아:.

— 펭야 그저네 푸마시할 떼::에는, 저 집찜마지 노버더가꼬 이:를 하며
는 거시기 헤써라우.

— 모숭끼::는, 처메 모 거시기 하면 모 부서서 찌고.

에.

— 또 모 다 찌:며는 세:껀⁴³⁾ 무꼬, 또 모 심:꼬 그레쓰 그라고.

에.

— 또 그라고는 인자 (기침) 인자 지심⁴⁴⁾미:떼 다:치면, 초불⁴⁵⁾ 메:고 가머는.

— 초불 메:므는 그떼부터서 인자 메:기 시작하:고, 두:불, 세:불 메:지라우.

에.

— 그라남 금불도⁴⁶⁾ 메:고, 굼불 너:먼 맘:드리⁴⁷⁾ 네:불까지 메, 메 메제
기양.

에.

— 그람 세:부른 맘데로 헤: 불고.

= 맘:드리 하믄 엔:나레 풍장꼳⁴⁸⁾ 치고 막 그라데요.

— 풍장 하고, 두:쩨 굳치고, 따라 뎅이고 그렌는디.

— 저::기 여.

= 걸궁⁴⁹⁾ 치고.

— 저::기 여 거시기하고, 저 장하 요르케 멩길고,⁵⁰⁾ 멘드러서 한, 상:
세, 방구,⁵¹⁾ 장구, 소:구, 소리한 사람 이쩨.

에.

으흠, 자, 그 다음에 이 마을의 자랑거리, 자랑거리는 뭐 들, 들노래요?

─ 그, 이제 내나 들노래지요.

어, 그 좀 자세히 설명을 해 주세요. 다른 데 자랑거리니까. 아.

─ 내나 그전에 품앗이할 때에는 저 집집마다 놉 얻어가지고 일을 하면은 거시기 했어요.

─ 모심기는, 처음에 모 거시기 하면 모 부어서 찌고.

예.

─ 또 모 다 찌면은 곁두리 먹고, 또 모 심고 그랬을, 그러고.

예.

─ 또 그리고는 이제 (기침) 이제 김 맬 때 닥치면, 초벌 매고 가면은.

─ 초벌 매면은 그때부터서 이제 매기 시작하고, 두 벌, 세 벌 매지요.

예.

─ 그렇지 않으면 군벌도 매고, 군벌 넣으면 만도리 네 벌까지 매, 매, 매지 그냥.

예.

─ 그럼 세 벌은 마음대로 해 버리고.

= 만도리 하면 옛날에 풍물놀이 하고 막 그러데요.

─ 풍물놀이 하고, 둘째 굿 치고, 따라 다니고 그랬는데.

─ 저기 여.

= 걸궁굿 치고.

─ 저기 여, 거시기하고, 저 장화 이렇게 만들고, 만들어서 한, 상쇠, 방구, 장구, 소고, 소리하는 사람 있지.

예.

— 그라고 멤메시 요 오울 아페서 소리 함시로 그라고 지심 메:고 그러
지라.

아,

— 아, 그란디 지심 멜 떼는 에, 소리를 모:다먼 벌 바다가꼬 떼찌믈[52)
지고 그레라. 들:쏘리[53) 모:다먼.

— 어, 나는 떼찌믄 안 저 바쏘.

하하하.

— 푸마시 헤:도.

= 등거리에다[54) 흐글 띠여서 막 부처불데요.

그게 떼찌미예요?

= 예. 그거이 또 떼찌미라고 글데요.

— 그레서 우리도 나는 소리 하먼 거식항께 떼찌믄 안 저써라우.

떼찌미라능 거슨 소리 모:단 사람 벌 줄라고.

— 벌 줄라고.

= 그러지요.

어:트케.

— 거시기헤:라. 여 자:상이 이꼬, 보루떼 자:상 '어젱이' 미테 자:상님,
보리떼 '베:루님.'

에?

— 저, 총:각데:방[55) 다 시여[56) 노코 징이를 야물게 지요. 그라먼 노레
모:뿌르먼 총:각데:방이 자메다가 을치꼬 크나칸 모폭[57) 뜨더다가 아남베
기로[58) 디 뒤에다가 영거라우.[59)

아:

— 지심 다 메:도록.

하하하.

= 그거 모:단다고 벌 중감만.

－ 그리고 몇몇이 여기, 우리 앞에서 소리 하면서 그렇게 김매고 그러지요.

아,

－ 아, 그런데 김맬 때는 에, 소리를 못하면 벌 받아가지고 '뗏짐'을 지고 그래요. 들노래 소리 못하면.

－ 어, 나는 '뗏짐'은 안 져 봤소.

하하하.

－ 품앗이해도.

＝ 등에다 흙을 떼어서 막 붙여 버리데요.

그것이 '뗏짐'이에요?

＝ 예, 그것이 또 '뗏짐'이라고 그러데요.

－ 그래서 우리도 나는 소리 하면 뭐 하니까 '뗏짐'은 안 졌어요.

'뗏짐'이라는 것은 소리 못하는 사람 벌 주려고.

－ 벌 주려고.

＝ 그렇지요.

어떻게.

－ 거시기해요. 어, 좌상이 있고, 보릿대 좌상, '어쟁이' 밑에 좌상님, 보릿대 '베루님.'

예?

－ 저, 총각대방 다 세워 놓고 증인를 야물게 지오. 그러면 노래 못부르면 총각대방이 잡아다가 어떻게 크나큰 모 포기 뜯어다가 아름드리로 뒤에다가 얹어요.

아:

－ 김 다 맬 때까지.

하하하.

＝ 그것 못한다고 벌 주나 보구먼.

- 벌 줘. 허허

아::, 근데 아까 그 증:이늘 세운다건, 근제 그 가:치 지심 멘 사람 중에 한사라믄 머:라고 이르믈 부친다고요? 총각?

- 총:각데방.

총:각데방?

- 야.

또 한사람 또, 또 다른 사라믄?

- 자:상니믄60) 인자 거가서 또 지 직쩨.

자:상니미 이꼬.

- 야.

또 머: 이씀니까?

- 보리떼 베:루님네.

보루떼 머요?

- 베:루.

보루떼 베:루?

- 야, 보리떼 저, 보리테서 메:며는 베루고, 저 어덕61)어덕 미테 자:상 은 인자 풀 띠껴가꼬 헤양께 인 자:상은 감:마62) 쪼깐 뜨따 말제 음마나 마:니 멘다우? 자:상이라고.?

자:상은 젤 어:르니 에요?

- 아, 그러지요.

아::.

- 자:상.

지심 멜 떼도 다 그러케 게:그비 이씀니까?

- 아, 그라지요. 허허.

아: 자:상은 젤 어:르시는 어인 쫌 쪼끔만 메:고.

- 야.

― 벌 줘. 허허

아, 그런데 아까 그 증인을 세운다는 것은, 이제 그 같이 김매는 사람 중에 한 사람은 뭐라고 이름을 붙인다고요? 총각?

― 총각대방.

총각대방?

― 예.

또 한사람 또, 또 다른 사람은?

― 좌상님은 이제 거기 가서 또 있지.

좌상님이 있고.

― 예.

또 무엇이 있습니까?

― 보릿대 베루님네.

보루떼 뭐요?

― 베루.

보릿대 베루?

― 예, 보릿대 저, 보리밭에서 매면은 '베루'고, 저 언덕 언덕 밑에 좌상은 이제 풀 뜯겨가지고 해야 하니까 이제 좌상은 가장자리만 조금 뜯다 말지 얼마나 많이 맨대요? 좌상이라고?

좌상은 제일 어른이에요?

― 아, 그렇지요.

예::.

― 좌상.

김맬 때도 다 그렇게 계급이 있습니까?

― 아, 그렇지요. 허허.

아, 좌상은 제일 어르신은 좀 조금만 매고.

― 예.

그 다으메, 그 다음 미테는 누구라구요? 자 자:상 미테는?

－ 인자 자:상 미테 인자, 보리떼 가서 또 거 쩌 이꼬.

보루떼 베:루.

－ 인자 베:루 이꼬.

베:루.

－ 예.

＝ 또 머 총:각 머:시라우?

－ 총:각떼방.

총:각데방? 총:각떼방은 젤: 일 마:니, 어린 사라밍가요?

－ 아이, 어린 사라미 아니고 거가서 심께나 쓰고 그라면 인자 그 사라만테 노레 모:뿐 사람 짜 작 트레다 자범 노코, 막 께양 거시기 떼찜 영꼬 그레요.

아::, 그러면 지심 메:거나 이런 양반드른 다:: 노레 한 자리씨근.

－ 다 불러야조 우리도. 우리는 인다 항께 아따 아:산하고 우리는 시방도 그 소리에 하라거먼 아 한디요.

오:, 한번 헤: 보십씨오.

하하하하

－ 거시기 헤라.

어:

－ 처:메

에.

－ 부르면, 노레를 불르먼.

네.

－ 쩌:, 네가 또 부르께 헤, 드르씨요이~

에, 노그미 다 데니깐요.

－ 오늘또 어허에헤:::어허

그 다음에, 그 다음 밑에는 누구라고요? 좌 좌상 밑은?

― 이제 좌상 밑에 이제, 보릿대 가서 또 그 저 있고.

보릿대 베루.

― 이제 베루 있고.

베루.

― 예.

= 또 뭐 총각 뭐요?

― 총각대방.

총각대방? 총각대방은 제일 일 많이, 어린 사람인가요?

― 아니, 어린 사람이 아니고 거기에서 힘깨나 쓰고 그러면 이제 그 사람한테 노래 못 부른 사람 막 틀어다 잡아 놓고, 막 그냥 거시기 '뗏짐' 없고 그래요.

아, 그러면 김매거나 이런 분들은 다 노래 한 곡씩은.

― 다 불러야죠 우리도. 우리는 이제 하니까 아따 $$$$ 우리는 시방도 그 소리에 하라고 하면 아 하는데요.

오, 한번 해 보십시오.

하하하하.

― 거시기 해요.

어.

― 처음에

예.

― 부르면, 노래를 부르면.

네.

― 저, 내가 또 부를게 해, 들으시오.

예, 녹음이 다 되니까요.

― 오늘도 어허에헤 어허

- 오늘또야 심심하고 야:심하고

- 정마간 고데야게따거:::

- 아::: 에헤::::허 이::: 에헤::: 어:::이

- 우리가 십씨일바느로 노레 한 자리썩63) 불러::보세:::::이.

- 그라믄 또 디:쏘리 합니다.

- 야:.

- 아리아리씨구나:::::

- 네야:: 어허::: 우::::: 여::이:::: 네:::오::: 오호::호 에야::: 에헤야:

- 어얼:씨::구 어허::을 로::레로구나:::

- 저건::네에:::::: 어허허::::허허

- 저건::네라 드::노꼬 드노 노푼 지비.

- 아:::: 에헤::: 이::: 에헤:::어::이::

- 모시 삼베나 땅땅 짤 이리제.

- 아:::: 에헤::: 히::: 에헤::: 어허

- 모시 삼베나 땅땅 짤 이리제.

- 동네 공사청 일꾼들 무슨 소양이 인네:::이히?

- 아리아리씨구나야:::아하.

- 네:::에헤::: 우::: 여:::이::: 네:::호::: 오호:: 에야:: 에헤야::

- 어::얼씨::구 어헐::로::레로구나:::

- 불러보세:::어::어허:

- 불러보세 불러를 보시구려:. 아.

- 아~::아:: 에헤::어:이::: 에헤::어히

- 이시 바네 베훈 노레 삼십 아네 불러::보세:::이.

- 아리아리씨구나야:::아하::

- 네야:: 어허:::으 우::여::이::::이: 네:::오::: 오호:: 에야:: 에헤야::

- 어::얼씨::구 어헐::로::레로구나:::

- 오늘도 심심하고 야심하고
- 적막한 곳이어야겠다.
- 아 에헤 허이 에헤 어이
- 우리가 십시일반으로 노래 한 곡씩 불러 보세.
- 그러면 또 뒷소리 합니다.
- 아.
- 아리아리씨구나
- 네야 어허 우 여이 네 오 오호호 에야 에헤야
- 어얼씨구 어허을노래로구나.
- 저 건너에 어허허 허허
- 저 건너라 드높고 드높은 집이
- 아 에헤 이 에헤 어이
- 모시 삼베나 땅땅 짤 일이지
- 아 에헤 히 에헤 어허
- 모시 삼베나 땅땅 짤 일이지.
- 동네 공사청 일꾼들 무슨 소용이 있나?
- 아리아리씨구나아 아하
- 네 에헤 우 여이 네 호 오호 에야 에헤야
- 어 얼씨구 어헐노래로구나
- 불러보세 어 어허
- 불러보세 불러를 보시구려. 아.
- 아 아 에헤 어이 에헤어히
- 이십 안에 배운 노래 삼십 안에 불러보세.
- 아리아리씨구나아 아하
- 네야 어허 으 우여 이 이 네오 오호 에야 에헤야
- 어 얼씨구 어헐노래로구나

- 인자 고만 합씨다. 서:쩨 들려찌.

- 할라믄 더 하거쏘마는.

= 모다64) 학쎙드리 와서 노그메 가요.

@2 에:

아, 그레써요?

- 에, 나부듬 더 잘한 사라미 또 이써요. 선쎙님.

예:

- 가, 나는 또 거그서 뒤:쏘리나 하고 그레요.

요, 얻: 이 노레는 베우셔써요?

- 아니, 저 '떼찜' 안 질랑께 베우조 으짜꺼시여?

하하하

'떼찜' 안 질라고.

- 에.

에:, 그 떼는.

- 떼찌믄 안 저써라.

예. 예.

- 자 전:장65) 보네먼 또 거 자란 사라미 또 나한테로 보네 또.

- 전:장은 또 바다야제, 안 바드믄 또 '떼찜'징께.

에, 그떼는 어느 동네나 다 이러케 지심.

- 그레찌요.

노레 하고 그레써요이~?

= 다 그러지요. 그, 그, 그 시데에는.

힘드니까. 이제 노레하면 쫌 더 나:꼬.

- 그라고 또, 오:전::, 저, 또 오:저네 '들:레기소리'도66) 이꼬.

- 오:후에 또 '시야자쏘리'도67) 이꼬 그레라.

무슨?

− 이제 그만 합시다. $$$$$$.

− 하려면 더 하겠소마는.

= 모두 학생들이 와서 녹음해 가요.

@2 예.

아, 그랬어요?

− 예, 나보다 더 잘하는 사람이 또 있어요. 선생님.

예.

− 거, 나는 또 거기에서 뒷소리나 하고 그래요.

이, 이 노래는 배우셨어요?

− 아니, 저 '뗏짐' 안 지려니까 배우지요. 어쩔거야?

하하하

'뗏짐' 안 지려고.

− 예.

예, 그 때에는.

− '뗏짐'은 안 졌어요.

예. 예.

− 이제 전장(前章) 보내면 또 그 잘한 사람이 또 나에게로 보내 또.

− 전장은 또 받아야지, 안 받으면 또 '뗏짐' 지니까.

예, 그때에는 어느 동네나 다 이렇게 김.

− 그랬지요.

노래 하고 그랬어요?

= 다 그러지요. 그, 그, 그 시대에는.

힘드니까. 이제 노래하면 좀 더 낫고.

− 그리고 또, 오전, 저, 또 오전에 '들내기소리'도 있고.

− 오후에 또 '시야자소리'도 있고 그래요.

무슨?

    ― 옙.

시야자요?

    ― 야.

무슨, 무슨, 무슨 뜨시에요? 시야자는?

    ― '시야자 쏘리'라고 인자 들:레기 한다 헤서 오:전 들:레기.

아, 오:

    ― 오:후 들:레기 그라요.

    = 인자 거시기 인자 논

    = 다 메고 인자 들: 인자.

    ― 야: 들::로 노껠 헤먼.

    = 지비로 밤 머그로 온다든지

    = 헤서 그 들: 인자.

    ― 들:쏘리를, 또 들:레기를 헤라.

    = 들:쏘리를 항갑띠다.

아::, 다 일 끈네고?

    ― 예.

일 끈네고 하는 노레가 이꼬.

    ― 그러지라.

오:저네 일 할 떼 하는.

    ― 오제, 오:저네, 저, 거그, 나 항거슨 인자 지심 멜: 떼 마:니, 주로 항

거시고.

예.

    ― 또 꽈:할떼는 인자 오:전 들:레기 소리를 또 헤:라.

예.

    ― 들:쏘리를.

들:쏘리를 하고이~. 예. 근데 이제 요, 이 동:네가 특뻐리 인제 어디 정국떼헤에

－ 예.

시야자요?

－ 예.

무슨, 무슨, 무슨 뜻이에요? 시야자는?

－ '시야자소리'라고 이제 들내기 한다고 해서 오전 들내기.

아, 오

－ 오후 들내기 그래요.

＝ 이제 거시기 이제 논

＝ 다 매고 이제 들 이제.

－ 아 들로 $$$$

＝ 집으로 밥 먹으러 온다든지

＝ 해서 그 들 이제.

－ 들소리를, 또 들내기를 해요.

＝ 들소리를 하나 봅디다.

아, 다 일 끝내고?

－ 예.

일 끝내고 하는 노래가 있고.

－ 그러지요.

오전에 일할 때 하는.

－ 오전에, 오전에, 저, 거기, 나 한 것은 이제 김맬 때 많이, 주로 하는 것이고.

예.

－ 또 끝날 때에는 이제 오전 들내기 소리를 또 해요.

예.

－ 들소리를.

들소리를 하고. 예. 그런데 이제 이, 이 동네가 특별히 어디 전국대회에

나가서 상도 타고 그레짜나요?

　― 델 여 처데 가서 헤:가꼬 나주, 함평 까가꼬 그떼 저, 도:지사 으뜸 상 타고.

　― 그 이디메 가가꼬 저, 충청도 부여.

　예.

　― 거그 가가꼬 또 델 데:통령상 타쩨라.

　오,

　― 우리도 일찌기 시작헤:쓰먼 일찌기 또 타쓰꺼잉디 너머 느께 시작하지가꼬, 그레가꼬 거시기헤써라.

　그레도 다른 데에는 다, 어치키 노레가 업:써지고 그렌는데. 그, 이 마으른 쫌 나마인네요.

　― 야. 그란디 그 사람도 나부듬68) 한 살 수상인디,69)

　예.

　― 모미 마:니 아풍께 또 까따가다가70) 요거시 보:조네 나가야쓰꺼신디.

　아:.

　― 또 총:셍드리71) 이씨야 또 베우고 어짜고 한디. 누가 베울 싸람도 업:꼬 인자, 깐따가다가 요 무근받72) 되거쏘 인자.

　아:, 역 노레 잘 하는 구시니 한 분 게:시는데?

　― 예, 여가 우리 마을써 살:다가 거 이사간 지가 한 삼심년.

　― 삼, 삼심년나머73) 되야쓰꺼시요.

　― 거그는 저, 우리 그저 거시기가 여가 에가요.

　에.

　― 유씬디, 여가 에간디, 여그서 이 마을써 살:다가, 어려서부틈74) 여그서 살:다가, 그레야꼬는 고양에 차저간다고 가쏘.

　에. 그 부니 노레를 잘 하시구마뇨.

　― 예, 나보듬 한 살 더 자:세써라.

나가서 상도 타고 그랬잖아요?

- 댓 저 첫해에 가서 해가지고 나주, 함평 가가지고 그때 저, 도지사 으뜸상 타고.

- 그 이듬해 가서 저, 충청도 부여.

예.

- 거기 가가지고 또 대통령상 탔지요.

오,

- 우리도 일찍이 시작했으면 일찍이 또 탔을 것인데, 너무 늦게 시작 해가지고, 그래가지고 거시기했어요.

그래도 다른 곳에는 다, 어떻게 노래가 없어지고 그랬는데. 그, 이 마을은 좀 남아 있네요.

- 예. 그런데 그 사람도 나보다 한 살 위인데,

예.

- 몸이 많이 아프니까 또 까딱하면 이것이 보존해 나가야할 것인데.

아.

- 또 후손들이 있어야 또 배우고 어쩌고 하는데. 누가 배울 사람도 없고 이제. 까딱하면 이 묵정밭 되겠소 이제.

아, 이 노래 잘하는 분이, 한 분 계시는데?

- 예, 여기에 우리 마을에서 살다가 거, 이사간 지가 한 삼십 년.

- 삼, 삼십 년 남짓 되었을 것이오.

- 거기는 저, 우리 그저 거시기가 여기가 외가요.

예.

- 유씨인데, 여기가 외가인데, 여기에서 이 마을에서 살다가, 어려서부터 여기에서 살다가, 그래가지고는 고향에 찾아간다고 갔소.

예. 그 분이 노래를 잘 하시는구먼요.

- 예, 나보다 한 살 더 잡수셨어요.

1.3 짚공예

예. 그리고 또 저네 보면, 저네 짐마머이 지푸로, 또 지부로 멀 만드시기도 하고, 이 마으레서.

― 그레찌요.

저네부터 마:니 헨나요?

― 에:, 엔나레도 마:니 헤:찌요.

아:.

― 나도 직쩝 네 손세에[75] 모도 멩글고 한디라우.

에: 그러니까뇨이~. 특뼈리 더 자, 만 잘하시는 거 가테. 다른 마으른 다:어:디.

― 아이, 그라고 요, 왕:인 축쩨[76] 나가며는 우리가 한:: 끈나도로그 한, 한 오일 사러요.

― 거그서 지뿔 공예를[77] 합니다.

아:.

― 그레가꼬 우리도 쩌, 헹사 다 하며는 그 거시, 거 시:간다치면 메뒬 메칠, 그라고 시간다치면 하고, 그 후:로는 인자 시간 라고, 왕인 축쩨 끈 나도롱 우리 우리도 거 지뿔 공예를 하고 이써요.

음:, 예.

― 오:월 오:일랄, 또 어리니날 또, 또 가서 또 하루 오고시 헤:주고.

아:, 그니깐 다른 마을 아:니고 이, 여기 종오리 마을 분드란테 항 거 보면, 여, 머 자라시니까 그러게쪼?

― 자레서 그랄랍뎌?[78] 거가 그레도 인자 할찌[79] 앙께 겡이도.

아:.

― 거시기 항께.

예. 그리고 또 전에 보면, 전에 $$$ 짚으로, 또 짚으로 뭘 만드시기도 하고, 이 마을에서.

— 그랬지요.

전부터 많이 했나요?

— 예, 옛날에도 많이 했지요.

아.

— 나도 직접 내 손수 모두 만들고 하는데요.

예, 그러니까요. 특별히 더 잘, 많이 잘 하시는 것 같아. 다른 마을은 다 어디.

— 아이, 그리고 이, 왕인 축제 나가면은 우리가 한, 끝나도록 한, 한 오일 살아요.

— 거기에서 짚공예를 합니다.

아.

— 그래가지고 우리도 저, 행사 다 하면은 거시, 거, 시간 닥치면 몇 월 몇 일, 그렇게 시간 닥치면 하고, 그 후로는 이제, 시간 $$ 왕인 축제 끝나도록은 우리, 우리도 짚공예를 하고 있어요.

음, 예.

— 오월 오일, 또 어린이날 또, 또 가서 또 하루 가서 해주고.

아, 그러니까 다른 마을 아니고 이, 여기 종오리 마을 분들에게 한 걸 보면, 여, 뭐 잘하시니까 그러겠죠?

— 잘해서 그러렵디까? 거기가 그래도 이제 할 줄 아니까 그래도.

아.

— 거시기 하니까.

에: 지브로 멀: 주로 짜:시나요?

― 지비로 만들며는, 저, 송쿠리80) 안 이쏘 여?

― 여러:께.

에, 제 헤서 제.

― 여러께 그거또 거, 거그다 기야 길: 실 어럼, 어럽쏘.

아, 송쿠리 만드능게?

― 예. 여거 시작할 떼는 별 거 아:니지마는, 그놈 또, 지블,

― 이러케 데:서, 꼬굴처서,81) 요넘 한나 에께 노코 또 저러가요.82)

― 그러면 나:중에 또 그놈 인자 절:며는 그놈 사네키83) 까:가꼬 또 그르케 제송꾸리하면84) 짐니를 다 암:니다.

아:, 젤 어려움네요.

― 예. 네가 멩기라논 놈, 저, 술뻥도 멩기라놔:쩨.

술뻥이요?

― 예.

술 이케 거테 쌍: 거?

― 여이쏘. 요러케 거, 옹:구병.85)

오:.

― 요러, 요러케 헤서, 요러케 여서, 요 쪼 쪼:까 쪼뻗, 또 시방 멩기라진 놈 하나 이써라우. 네가,

음:

― 두: 게 멩긴노믄 다 나가불고 오:꼬.

하하하.

― 또, 거시기 시방 데뻥86) 아 이쏘?

에.

― 빤디시 이케 헤:가꼬 올라가가꼬 쪼삐다니87) 헤:서, 그그또,

아, 지브로 병을 만드셔따고요?

예. 짚으로 뭘 주로 짜시나요?

－ 짚으로 만들면은, 저, 삼태기 있잖소 이?

－ 이렇게

예, 재 해서 재.

－ 이렇게 그것도 거, 거기에다 그 실 어렵, 어렵소.

아, 삼태기 만드는 것이?

－ 예, 이게 시작할 때에는 별 게 아니지마는, 그것 또 짚을,

－ 이렇게 대서, 구부려서, 이것 하나 아껴 놓고 또 결어 가요.

－ 그러면 나중에 또 그것 이제 결으면은 그것 새끼 꽈가지고 또 그렇게 재삼태기 하면 짚 일을 다 압니다.

아, 제일 어렵네요.

－ 예, 내가 만들어 놓은 것, 저, 술병도 만들어 놨지.

술병이요?

－ 예.

술 이렇게 겉에 싸는 것?

－ 여기 있소. 이렇게 거, 옹기병.

오.

－ 이렇게, 이렇게 해서, 이렇게 해서, 이 조금 쪼뼛, 또 시방 만들어진 것 하나 있어요. 내가,

음.

－ 두 개 만든 것은 다 나가 버리고 없고.

하하하.

－ 또, 거시기 시방 되들잇병 있잖소?

예.

－ 반듯하게 이렇게 해가지고 올라가가지고 쪼뼛하게 해서, 그것도,

아, 짚으로 병을 만드셨다고요?

- 만드라쏘요.

병모양으로, (웃음) 제주가, 손쩨주가 조으신, 하하하.

- 아이라, 머 든 멩.

= 셍:전 아네바써도 그 저네는 요, 덕썩88) 절:고 안, 그라나요?

- 덕석 절:고, 모도 그릉 거시나 하고, 도레방석::은.89)

= 도레방석까튼,

- 처:메 시작또 모:데써. 마:는 사람드른 어:트케 시자가냐고 나보덤90) 갈처 주요 근디 이저불든 아나고. 또 그:저네 베아농 거시라.

- 또 끈매듭, 요, 맘:91) 할 떼 그거또 잘 모:다니까 나도 언 어:체 헤:봉께는 또, 다 안니제불고 또 헤:집띠다 잘.

음:

- 시방 우리 마을 여: 도레방석 모도 큰: 놈도,92) 네가 에::: 삼 메따 오:십 하고, 한 사: 메따 짜리는 나가불고, 네가 삼 메따 오:십 쩔고.

- 그거또 네가 크게 전: 놈도 나가불고 그레쏘.

아:.

- 시방 현:제 열따서껠 저라논 놈, 헨:찰 딱 박꼬 시푼디 시방 보:간헤 가꼬 이쏘. 시방.

어:

- 도:는 바던넌디 저, 차반 한 사라미 아직 거식항께 성주하고 먿: 하니라고 안 가저가부러쏘.

= 그 창고.

- 시방 이써요.

= 차: 늘:,

- 나께다93) 가서,

헤 하시 하시씨요.

= 지서야 인자 거, 저기 언, 가저간다고.

- 만들었어요.

병 모양으로, (웃음) 재주가, 손재주가 좋으신, 하하하.

- 아니에요, 뭐든지 만.

= 생전 안 해봤어도 그 전에는 이, 멍석 겯고 그러잖아요?

- 멍석 겯고, 모두 그런 것이나 하고, 도래방석은.

= 도래방석 같은,

- 처음에 시작도 못 했어. 많은 사람들은 어떻게 시작하느냐고 나에게 가르쳐 달라고 그런데 잊어버리진 않고. 또 그 전에 배워 놓은 것이라.

- 또 끝 매듭, 이, 마무리 할 때 그것도 잘 못하니까 나도 어떻게 해보니까는 또, 다 안 잊어버리고 또 해집디다 잘.

음.

- 시방 우리 마을 이, 도래방석 모두 큰 것도, 내가 에, 3 미터 50하고, 한 4 미터짜리는 나가버리고, 내가 3 미터 50 겯고.

- 그것도 내가 크게 겯은 것도 나가버리고 그랬소.

아.

- 시방 현재 열다섯 개 겯어 놓은 것, 현찰 딱 받고 싶은데 시방 보관해가지고 있소. 시방.

어.

- 돈은 받았는데 저, 차밭 하는 사람이 아직 거시기하니까 성주하고 뭐 하느라고 안 가져가 버렸소.

= 그 창고.

- 시방 있어요.

= 차 넣을,

- 나중에 가서,

해 하시 하십시오.

= 지어야 이제 거, 저기 언, 가져간다고.

음: 긍께 그 수요가 인네요? 살려는 사라미?

― 야아.

그 도레방석 가틍 것또이~.

= 예.

음: .

― 도레방석또 이쩨, 메빵석또94) 이쩨, 또 골망테도95) 이쩨.

예.

= 골망테 이쩨.

― 송쿠리,

= 머 신:도 이쩨,

― 또 집씬도 이쩨.

= 벨걷 다 저.

― 저 아라지마이로96) 게다.97) 그걸, 그거또 멩그라 농거또 이쩨.

머, 머:라고요? 머 아라지?

= 엔:날.

― 아이, 엔:나레는 저, 일본 싸람드른 아라지;라 하고 고거시 게따, 게다 보다가, 게다도 일본, 펭야 일본마리요.

어: ,

= 거가 엔:나레 거.

― 아라지도 게, 게다.

= 거시기 거 저

= 나:무로 멘든 겐따 일.

@2 에, 에.

= 이뜨라고요 근

= 그릉 시기로 헤:서 접:띠다 지비로.

아, 집, 지브로?

음, 그러니까 그 수요가 있네요? 사려는 사람이?

— 예.

그 도래방석 같은 것도.

= 예.

음.

— 도래방석도 있지, 맷방석도 있지, 또 망태기도 있지.

예.

= 망태기 있지.

— 삼태기,

= 뭐 신도 있지,

— 또 짚신도 있지,

= 별것 다 저.

— 저 '아라지'처럼 게다. 그것, 그것도 만들어 놓은 것도 있지.

뭐, 뭐라고요? 뭐 아라지?

= 옛날.

— 아이, 옛날에는 저 일본 사람들은 '아라지'라 하고 그것이 '게다' '게다'보고 '게다'도 일본 내나 일본말이오.

어,

= 그것이 옛날에 그.

— 아라지도 게, '게다.'

= 거시기 그 저

= 나무로 만든 '게다.'

@2 예, 예.

= 있더라고요. 그것,

= 그런 식으로 해서 결읍디다 짚으로.

아, 짚, 짚으로?

- 그라먼 여, 발 세:에다 끼여 가꼬.

아:.

- 끄타불[98] 이러케 헤:서.

아:, 요세 가트먼 쩬다리구만.

= 마:라자먼 쎈달.

쩬다린디, 집, 지브로 만든 쎈달.

- 나케다 가서 보시문 다 이쓰 나케다 가서 보시문 다 이써요.

에:, 알게씀니다.

- 그러면 이, 발 사이에다 끼워가지고.

아.

- 끄나풀 이렇게 해서.

아, 요즘 같으면 샌들이구먼.

= 말하자면 샌들.

샌들인데 짚, 짚으로 만든 샌들.

- 나중에 가서 보시면 다 있어 나중에 가서 보시면 다 있어요.

예, 알겠습니다.

1.4 마을의 어제와 오늘

지금 이제 마으리 사:라미 쯤 주러드러꼬. 옌날하고 비:교헤보며는 머:가 달라젼나요? 마으리?

— 마으리 엔:나레는 고로[99] 모:쌀고 그렌넌디 인자는 마:니 고로 산 펴니여.

아, 살:기가 조아저써요?

— 살:기가 마:니, 글마만치[100] 조아지고.

에.

— 여, 여그도 우리 마으리 동쪽, 서쪽, 거시기헤써라우.

— 그란디 동쪼게는 먼 엔:나레는 서:숙빱[101] 어쩨, 여그는 밥, 밤 무꼬 산:다고 여그 서구떼는[102] '밥쩽이'라고[103] 헨:는디, 인자는 그거시 업:꼬.

에:.

— 더 오이로 거, 그짜게가 돈:도 마:니 이꼬 더, 더 잘 쌀고 그로요.

아:, 아, 엔:나레는 두, 양:쪼그로 데가지고, 동쪽, 서쪽.

— 야:

동쪽 싸람드른 몯:싸라꾸마뇨?

— 엔:나레는 그레쪼.

드리, 드리 저:건나요? 거기가?

= 저그 막 드론 입꾸예요.

아:,

= 거기가 동구테라고[104] 그레요.

동구테.

— 동, 동서, 동, 서, 서구, 서구시고. 동서라고.

= 엔:나레는 요쪼근 서구테라 하고

지금 이제 마을에 사람이 좀 줄어들었고, 옛날하고 비교해 보면은 뭐가 달라졌나요? 마을이?

― 마을이 옛날에는 고루 못 살고 그랬는데 이제는 많이 고루 사는 편이오.

아, 살기가 좋아졌어요?

― 살기가 많이, 그만큼 좋아지고.

예.

― 여, 여기도 우리 마을이 동쪽, 서쪽, 거시기했어요.

― 그런데 동쪽에는 뭐 옛날에는 조밥 어째, 여기는 밥, 밥 먹고 산다고 여기 서구 쪽은 '밥쟁이'라고 했는데, 이제는 그것이 없고.

예.

― 더 오히려 그, 그쪽이 돈도 많이 있고, 더, 더 잘 살고 그래요.

아, 아, 옛날에는 두, 양쪽으로 돼가지고, 동쪽, 서쪽.

― 예.

동쪽 사람들은 못 살았구먼요?

― 옛날에는 그랬지요.

들이, 들이 적었나요? 거기가?

= 저기 막 들어오는 입구예요.

아,

= 거기가 동구쪽이라고 그래요.

동구쪽.

― 동, 동서, 동, 서, 서구, 서구고. 동서라고.

= 옛날에는 이쪽은 서구쪽이라 하고

= 그 저네는 요 서구테가 더 부:자드리 마네딱 하데요.

음:

= 간디 인자는 서구테가 인자 부:자드리 더 어, 옵:써저불고 동구테로
가고.

– 동구테가 인자 더 부자가 마, 만:체.

= 절믄 사람드리라.

음:

= 인자 여그는 노:인드리 다 인자 주거, 저 주거불고, 도라가시고 앙
게시고.

음.

= 그랑께 인자 더 골:라네지고 쩌:쪼게서는 더 멘: 절문 사람드리라
더, 어띠게 하든 성:시레서 헤:가꼬 다 돈 마:네가꼬 부:자들 데야써.

– 요, 요구 소구, 소구떼서 농사진 사라미 엄마니 나, 나 나나하고 징:기
리하고 호기하고, 요:거서 지:노, 도고베끼 더 인능가? 동구테가 더 마:네.

= 동구테가 농사도 체105) 마네.

음:, 예:. 거그도 다 가튼 박씨.

= 예:

– 다 또까터요. 그란디,

아:,

– 엔나레,

에,

– 에:, 줄자부뎅이하고106) 골궁치고 하며는 동서로 나나가꼬.

아:

– 저 삼충각107) 쩌, 저짜그로는 동, 동이고, 삼충각 요짜그로는.

아:

– 저, 서쪼기고 그레가꼬. 줄자부뎅이 하먼 볼만헤써라.

= 그 전에는 이 서구쪽이 더 부자들이 많았다고 하데요.

음.

= 그런데 이제는 서구쪽이 이제 부자들이 더 어, 없어져 버리고 동구 쪽으로 가고.

- 동구쪽이 이제 더 부자가 마, 많지.

= 젊은 사람들이라.

음.

= 이제 여기는 노인들이 다 이제 죽어, 저 죽어버리고, 돌아가시고 안 계시고.

음.

= 그러니까 이제 더 곤란해지고, 저쪽에서는 더 맨 젊은 사람들이라 더 어떻게 하든지 성실하게 해가지고 다 돈 많아가지고 부자들 되었어.

- 이, 여기 서구, 서구쪽에서 농사짓는 사람이 얼마나 나, 나 나나하고 진 길이하고 호기하고, 여기에서 진호, 독오밖에 더 있는가? 동구쪽이 더 많아.

= 동구쪽이 농사도 훨씬 많아.

음, 예. 거기도 다 같은 박씨.

= 예.

- 다 똑같아요. 그런데,

아,

- 옛날에,

예,

- 예, 줄다리기 하고, 걸궁굿 치고 하면은 동서로 나눠가지고.

아,

- 저 삼충각. 저, 저쪽으로는 동, 동이고, 삼충각 이쪽으로는.

아,

- 저, 서쪽이고 그래가지고 줄다리기 하면 볼 만했어요.

아:

　― 헤헤

줄 자부뎅기고?

　― 줄, 주를 요러케 동에줄마니로108) 떼:락109) 크게 트러서 지비로 멘
드라서.

아:

　― 그레써라.

　― 그, 그어까찡110) 다 다 알:고 이쏘만.

네에, 그게 언:제쯔미나 업:써저써요? 그렁게? 언제부터서?

　― 고거시:

언:제까지 헤씀니까?

　― 우리 에레서 여나무111)살 머거서 헨:넌디.

예.

　― 그 뒤:로는 업:써저불고 안 합띠다.

그먼 한 오:심년.

　― 한 오:심년 더다니, 한 육씸년.

육씸년?

　― 육씸년 더 데거쏘.

　= 나 와서나, 몰라 나 와서는 안 헤쓰꺼요.

　― 아, 당시니 저 저 수무사레 와쓩께 거, 그떼마네도 네가 이:시보녀니
께 얻:, 아네쩨.

　= 나 와서는 아네써.

　― 네가 여나뭄살 나머 무거서 헤쓰, 헤쓩께.

그러머는 유기오, 유기오 저네.

　― 저니요, 전.

저네까지는 헤:따 그 마리구뇨?

아,

- 헤헤

줄 잡아당기고?

- 주, 줄을 이렇게 동아줄처럼 엄청나게 크게 틀어서 짚으로 만들어서.

아.

- 그랬어요.

- 그, 그것까지 다 다 알고 있소마는.

네, 그게 언제쯤이나 없어졌어요? 그런 게? 언제부터서?

- 그것이.

언제까지 했습니까?

- 우리 어려서 여남은 살 먹어서 했는데.

예.

- 그 뒤로는 없어져 버리고 안 합디다.

그러면 한 오십년.

- 한 오십 년 되다니, 한, 한 육십 년.

육십 년?

- 육십 년 더 되겠소.

= 나 와서는, 몰라 나 와서는 안 했을 거요.

- 아, 당신이 저 저 스무살에 왔으니까 그, 그때만 해도 내가 25년이니까 어, 안 했지.

= 나 와서는 안 했어.

- 내가 여남은 살 남짓 먹어서 했어, 했으니까

그러면은 육이오, 육이오 전에.

- 전이요, 전.

전까지는 했다 그 말이군요?

— 예.

— 헤:방 데기 저네 모도.

그먼 유기오 이후:부터?

— 네.

이제 그런 노리드리 다 업:써저버려꼬.

— 그레찌요.

웨 업:써저쓰까요?

— 인자 아나니까 인자 모도 업:써집띠다. 걸궁도 무지 어, 우리 마으리 억씨게 친디여요.

예:

— 궁기도.

인자 요세는 아남니까?

= 걸궁도 다: 이써요.

— 다: 일이, 다 이써요 시방. 꼬:깔[112] 가틍 거또 다 이꼬.

어:

= 징이여, 장구여, 방구여 다 일.

도시도 가:끔 연초엥가는 허던데. 걸궁 치고 막 가:게 도라다니면서 멀: 얻꼬.

= 여그도 면 넝가는.

— 명절 다치면 마당 볼분다고.[113]

예.

— 그거슬 헤:요.

에: 마당 볼분다고요.

— 예.

에, 집찜마다 도라뎅김서.

— 예. 집찜마당 도라뎅이면 암마네도 그저 마:꺼씨요?[114]

− 예.

− 해방 되기 전에 모두.

그러면 육이오 이후부터?

− 네.

이제 그런 놀이들이 다 없어져 버렸고.

− 그랬지요.

왜 없어졌을까요?

− 이제 안 하니까 이제 모두 없어집디다. 걸궁굿도 무지 어, 우리 마을이 억세게 친 곳이에요.

예.

− 걸궁굿도.

이제 요즘은 안 합니까?

= 걸궁굿도 다 있어요.

− 다 이, 다 있어요 시방. 고깔 같은 것도 다 있고.

어.

= 징이며, 장구며, 방구며 다 있.

도시도 가끔 연초쯤에는 하던데. 걸궁 치고 막 가게 돌아다니면서 뭐 얻고.

= 여기도 몇 년간은.

− 명절 닥치면 마당 밟는다고.

예.

− 그것을 해요.

예. 마당 밟는다고요.

− 예.

예, 집집마다 돌아다니면서.

− 예. 집집마다 돌아다니면 아무래도 그저 말 것이오?

에.

― 쌀뜨리라도 떠나야야제.

예.

― 또 도:이라도 쫌 또 멘나마나, 멤마나니나 헤야제.

하하하. 예:. 음.

― 우리지도 우리 마을도 한 제가, 한.

= 한 지금 이, 삼년 아넹능가

― 이, 사:년, 한, 하노년 남.

= 아니여, 그라네.

― 이삼년, 한 사:년.

아:, 최:근까지도 하션나요?

― 그, 헤:써, 헤:써요. 우리, 우리까지 헤:써.

아:

― 걸, 거시기 나 아까 거 말 합띠여?115) 소리한 양반 이꼬 거.

에.

― 누구요, 거 거그 치고, 나, 나하고, 저 종테씨. 요 호:기씨라 하고 또 젱:친 사람 이꼬. 고 몀며시 헤요. 허먼 인잘 여아드림 주로 또 하고.

하하하, 제민는데.

― 한 멘 년 되야꺼써요 헌 제가.

― 하, 하, 하노년 되야써. 아, 오:녀늠 하노년 되, 되야써. 그 후로 한 이떼 하다가 또 아네부러쩨.

― 시방도 여, 갈곡 둘:쏘리116) 한다하먼 모임 이쓰면 이따가먼117) 우리가 모타서118) 또 암 싸람 모여이께 할라고 또 거, 군, 궁기도 치고 그레라.

예:

― 그라믄 우리가 소리할라119) 머:달라 항께 모:다거씅께 저그 딴 디서 데라와써요. 무나원들. 그레야꼬 거시기혜:써라우.

예.

- 쌀이라도 떠 놓아야지.

예.

- 또 돈이라도 좀 또 몇 만이나, 몇 만원이나 해야지.

하하하. 예. 음.

- 우리도, 우리 마을도 한 지가, 한.

= 한 지금 이, 삼 년 안 했는가?

- 이, 사 년, 한, 한 오 년 남짓.

= 아니야, 그렇지 않아.

- 이삼 년, 한 사 년.

아, 최근까지도 하셨나요?

- 그, 했어, 했어요. 우리, 우리까지 했어.

아,

- 거, 거시기 나 아까 그 말 하잖습디까? 소리하는 양반 있고 그.

예.

- 누구요? 거 거기 치고, 나, 나하고, 저 종태 씨, 여기 호기씨랑 하고 또 징 치는 사람 있고. 그 몇몇이 해요. 하면 이제 여자들이 주로 또 하고.

하하하, 재밌는데.

- 한 몇 년 되었겠어요 한 지가.

- 한, 한, 한 오 년 되었어. 아, 오 년은 한 오 년 되었어. 그 후로 한 이태 하다가 또 안 해버렸지.

- 시방도 이, 갈곡 들소리 한다 하면 모임 있으면 이따금 우리가 모아 서 또 아무 사람 모여 있게 하려고 또 그, 굿, 걸궁굿도 치고 그래요.

예.

- 그러면 우리가 소리하랴 뭐하랴 하니까 못 하겠으니까 저기 다른 곳 에서 데려왔어요. 문화원들. 그래가지고 거시기 했어요.

1) '헤게쩨'는 '헤겠제'로서 표준어 '하셨지'에 대응한다. 전남방언의 '-겠-'은 '-게-었-'으로 분석되는데, 여기서 '-게-'는 주체높임, '-었-'은 과거시제를 나타내는 형태소이므로, 결국 표준어 '-셨-'에 대응하는 셈이다. 이처럼 전남방언에서는 표준어와 달리 주체높임을 나타내는 형태소로 '-게-'를 설정할 수 있는데, 이는 역사적으로 보조용언 '계시-'의 선대형인 '겨시-'에 소급한다. 보조동사 구성 '-어 잇-'이 축약되어 과거시제로 변하였듯이 '-어 잇-'의 존대형 '-어 겨시-'도 축약하여 '-어 겠-'이 된 것이다. 따라서 '-어 겠-'은 주체높임의 과거형이 되었다. 한편 '-어 -겠-' 이 주체높임의 과거를 나타내므로, 주체높임의 현재형은 '-어 겠-'에서 '-었-'을 제거한 '-어 게-'가 담당하게 된다(고광모 2001). 이 '-어 게-'는 뒤에도 '어'를 포함하는 씨끝이 와야 하는 제약이 있다. 그래서 과거시제 형태소 '-었-', 반말의 '-어', 이음 씨끝 '-어서' 등이 오는 것이 보통이다. 예를 들어 반말의 주체높임을 나타내는 예 '어서 와게'는 표준어 '어서 오셔'에 대응하는 전남방언의 표현이다.

2) '졸아지다'는 '줄어지다'의 뜻. '졸다'는 표준어에서 '찌개, 국, 한약 따위의 물이 증발하여 분량이 적어지다' 그리고 '위협적이거나 압도하는 대상 앞에서 겁을 먹거나 기를 펴지 못하다'는 속된 의미를 나타낸다. 그러나 전남방언의 '졸다'는 이러한 의미와 함께 수나 양이 적어지는 등 표준어의 '줄다'와 완전히 같은 뜻을 나타낼 수 있다. 전남방언의 '졸다'가 갖는 이러한 의미는 옛말의 용법을 그대로 간직한 까닭이다.

3) '사십'과 '호'가 결합할 경우 표준말과 달리 /ㅎ/이 약화되어 '사시보'로 발음되는 것이 전남방언의 특징이다.

4) '남'(他人)은 전남방언에서 '넘'과 '놈'으로 쓰인다. 주로 북부 전남에서는 '넘', 남부 전남에서는 '놈'으로 나타난다. 이것은 '남'의 옛말인 'ᄂᆞᆷ'에 포함된 /ᄋᆞ/가 지역에 따라 변화의 양상을 달리한 결과이다. 같은 분화의 양상이 '너물/노물'(=나물), '허다/하다'(=하다) 등에서도 확인된다.

5) '바람뜰'은 '반남들'에서 변한 것이다. '반남'은 나주시 반남면(潘南面)을 가리킨다. '반남 > 바남 > 바람'과 같은 변화를 겪은 것으로 보인다.

6) '거가'는 '거기가'이다. 지시부사 '거기'는 전남방언에서 '거그'로 쓰이는데, 이 '거그'는 '가', '까장' 등의 토씨나 동사 '가다'와 같은 연구개파열음 앞에서 '거'로의 수의적 변동을 보여, '거가', '거까장', '거 가서' 등으로 쓰이는 것이 보통이다. 물론 '거그'가 '거'로 변동을 보이는 것은 수의적이므로 '거그가', '거그까장', '거그 가서'도 불가능한 것은 아니다. '여기', '저기'에 대응하는 전남방언형 '여그'나 '쩌그'에서도 같은 변동이 확인된다.

7) '요짝'은 '이쪽'의 방언형이다. 표준어 '쪽'은 전남방언에서 '짝'으로 실현되므로 '이쪽 저쪽'은 이 방언에서 '이짝저짝'이라고 한다. 전남방언의 '짝'과 표준어의 '쪽', 그리고 '한쪽'을 가리키는 전남방언형 '한피짝' 등을 고려하면 옛말 '뽁'을 재구할 수 있다.

8) '천봉지'는 '천둥지기'나 '천봉답'의 뜻, 곧 빗물에 의해서만 벼를 심어 재배할 수 있는 논을 말한다.

9) '아조'는 '아주'의 방언형으로서 모음조화를 지키고 있는 옛 형을 보여 준다.

10) '쪼안'은 '조금'을 뜻하는 '쪼간'의 /ㄱ/이 탈락한 형이다.

11) '포도시'는 'ㅂ둧이'에서 발달한 방언형으로서 '겨우'의 뜻이다. 지역에 따라 '보도 시'나 '포로시' 등으로 쓰이기도 한다. 옛말 'ㅂ둧이'는 표준어에서 '빠듯이'로, 전남 방언에서 '포도시'로 각각 분화하였는데, 형태뿐만 아니라 의미도 달라져서, '옷이 작아서 포도시 입었네'의 '포도시'는 '겨우'의 뜻을 갖지만, 이를 표준어의 '빠듯이' 로 바꾸면 비문이 된다. 아마도 '빠듯이'는 시간이나 거리 또는 삶의 형편 따위에 주로 쓰이기 때문으로 생각된다.

12) '품다'는 표준어에서와 같이 괴어 있는 물을 계속해서 많이 푸다는 뜻이다.

13) '바우'는 '바위'의 방언형. 전남에서도 지역에 따라 '바구', '방구' 등의 어형이 쓰이 기도 한다. '바구'가 선대형이며, 이로부터 /ㄱ/이 탈락한 '바우'와 /ㅇ/이 첨가된 '방 구'형이 생겨났다.

14) '쩨깐하다'는 '조그맣다'의 뜻. 어근 '쩨깐'은 독자적으로 부사로 쓰여 '조금'의 의미 로 쓰인다. 예를 들어 '너 쩨깐 맞을래?'처럼 쓰일 수 있다. '쩨깐하다' 외에 '쩨끔하 다'와 같은 형도 함께 쓰인다.

15) '재숙재'는 고유명사로서 고개의 이름이다.

16) '치'는 곡식을 까부는 '키'의 방언형. 동부 전남에서는 '챙이', 서부 전남에서는 '치' 로 쓰인다.

17) '이러고'는 '이렇게'의 뜻. 이음씨끝 '-고'는 예를 들어 '고개를 숙이고 눈물을 흘린 다'처럼 흔히 부사적으로 쓰이는데, '이러고'의 '-고'도 이와 같은 예라 할 수 있다.

18) '붓다'는 표준어와 달리 전남방언에서는 '부서, 부승께, 부서도'처럼 규칙적으로 활 용한다.

19) '마냥' 또는 '마냥으로'는 '처럼'의 뜻이다. 이 외에 같은 뜻을 나타내는 '마이로', '맹키로', '맹이로' 등 다양한 형태가 전남방언에서 쓰이고 있다.

20) '물 까부른다'는 물을 담은 키를 까불러서 비를 오기를 기원하는 일종의 기우제 형 식을 말한다.

21) '시얌'은 '우물'이나 '샘'의 방언형. 전남방언에서는 '우물'과 '샘'을 구분하지 않고 '시얌', '셈', '세미' 등 모두 '샘' 계통의 낱말을 사용한다.

22) '물동우'는 '물동이'의 방언형.

23) '한나'는 '하나'의 방언형.

24) 토씨 '라'는 '라우'로도 실현되는데, 표준어 '요'에 대응하는 토씨이다. 자음 다음에서 '이라', '이라우' 등으로 변동하는데, 이는 역사적으로 지정사의 활용형 '이라'에 하오체의 씨끝 '-오'가 결합한 '이라오'에서 발달한 형태이다. 따라서 '이라우'가 갖는 높임의 기능은 애초 씨끝 '-오'로부터 물려받은 것이다.

25) '당산(堂山)나무'는 마을의 수호신으로 모셔 제사를 지내 주는 나무를 말한다. '당(堂)'은 신을 모셔 두는 집을 말하며, '당산(堂山)'은 토지나 마을의 수호신이 있다고 하여 신성시하는 마을 근처의 산이나 언덕을 가리킨다. 따라서 마을의 수호신으로 삼는 나무는 '당나무'라고 해야 정확한 명칭이 될 텐데, 전남 지역에서는 보통 '당산나무'라 부른다.

26) '안 있소?'는 표준어 '있잖소?'에 대응하는 방언형으로서 확인물음을 나타낸다. 이처럼 전남방언은 표준어와 달리 단형 부정 형식으로 확인물음을 나타내는데, 이런 확인물음 형식이 더욱 굳어지면서 부정소 '안'은 한 문장 안에 여러 차례 나타나게 된다. 예를 들어 '옛날에 당산나무 저 건네 안 있소?'와 같은 경우, '옛날에 안 당산나무 안 저 건네 안 있소 안?'과 같이 쓰일 수 있을 뿐만 아니라 심지어 '안'이 서술어 뒤에도 나타날 수 있다. 이렇게 되면 이런 확인물음 형식은 더 이상 단형부정 구성이라 하기 어려우므로, '안'은 부정어가 아닌 확인물음을 나타내는 전용 표현으로 굳어졌다고 할 수 있다.

27) '야늠베기'는 '아름드리'에 대응하는 방언형으로서 둘레가 한 아름이 넘는 나무를 가리킨다.

28) '쑥당'은 '수당산나무'를 말한다. 이 지역어에서 '수(雄)'는 '쑥'으로 쓰인다.

29) '쑥당산'은 '수당산나무', '안당산'은 형태적으로 '안(內)당산'이지만 의미적으로는 '암당산나무'를 각각 가리킨다.

30) '자뿌라지다'는 '자빠지다'의 방언형. 표준어에서 '자빠지다'는 뒤로 또는 옆으로 넘어지는 것을 가리키는 점에서 사람이나 물체가 한쪽으로 기울어지며 쓰러지는 것을 나타내는 '넘어지다'와 구별되어 쓰인다. 그러나 전남방언에서는 '넘어지다'는 쓰이지 않고 방향에 관계없이 쓰러지는 것을 모두 '자빠지다' 또는 '자뿌라지다'로 말한다. 그 사동형은 '자빨치다' 또는 '자빨씨다'(남해안 지역)이다.

31) '간섭하다'는 여기서 '관심을 갖고 관리하다' 정도의 뜻을 나타낸다.

32) '하네'는 '할아버지'의 방언형. 지역에 따라 '하나씨', '하나부지' 등이 쓰이기도 한다.

33) '당산굿'은 당산(堂山)에서 마을을 위하여 제사를 지낼 때에, 풍물놀이를 하며 노는 굿을 말한다.

34) '뎅이다'는 '다니다'의 방언형. '뎅기다'로도 쓰이며, '뎅기다'의 /ㄱ/이 탈락한 형태이다.

35) '있잖해'는 형태상으로 표준어 '있잖아'에 대응하지만, 전남방언에서는 '있는 것이 아니라'와 같은 뜻을 갖는다. 'A가 아니라 B이다'와 같은 의미를 나타낼 때 전남방언은 'A잖해 B이다'와 같이 말하는 것이 일반적이다. 예를 들어 '내가 가잖해 내 동생이 갔어'(=내가 간 것이 아니라 내 동생이 갔어.)처럼 쓰인다.

36) '-음시로'는 '-으면서'의 방언형. 지역에 따라 '-음시롱', '-음스러' 등의 형태가 쓰이기도 한다.

37) '글안허먼'은 '그렇지 않으면'의 뜻. 표준어 '그러하다'가 전남방언에서 '글허다'로 실현되므로 이 '글허다'를 부정하면 '글 안 허다'가 된다.

38) '이녁'은 재귀대명사. 어원적으로 지시어 '이'와 공간명사 '녁'의 합성어인데, 재귀대명사로 굳어져 쓰이며, '자기'보다 약간 높은 느낌을 준다. 따라서 높임법에 따른 전남방언의 재귀대명사는 '당신 > 이녁 > 자기 > 지'라 할 수 있다. 그밖에 드물지만 옛말 'ᄌᆞ갸'에서 발달한 '자게'나 '제게'가 쓰이기도 한다.

39) '옛날 같잖해'는 표준어의 '옛날 같지 않고'의 뜻. 전남방언에서 '-잖해'는 '-지 않고'나 '-는 것이 아니라'에 대응하는 방언형으로서, 'A잖해 B' 형식으로 쓰인다.

40) '승구다'는 '심다'의 방언형. 옛말에서 植은 모음 앞에서 '싦-', 자음 앞에서 '심-'의 두 형태가 쓰였는데, 전남방언은 '싦-', 표준어는 '심-'으로 단일화 되었다.

41) '펭야'는 '특별한 것 없이', '그저', '내나' 정도의 뜻을 갖는다.

42) '들노래'는 주로 전라도 지방에서 불리는 모찌기 소리·모심기 소리·김매기 소리 따위의, 논이나 밭에서 일하면서 부르는 노래를 통틀어 이르는 말이다. 진도 들노래, 나주 들노래, 함평 들노래 따위가 있다.

43) '셋것'은 '곁두리'나 '새참'의 방언으로서 사이를 뜻하는 '세'와 '것'의 합성어 '셋것'이다. 전남방언에는 '셋것' 외에 '세참', '술참', '참거리' 등이 쓰이기도 한다.

44) '지심'은 '김'의 방언이다. 표준어에서 논밭에 잡풀이 많이 나는 것을 '깃다'라 하는데, 전남방언에서는 '짓다'라 하며, 잡풀뿐만 아니라 나무가 무성할 경우에도 쓰이는 말이다. 이 '짓다'로부터 파생된 명사가 곧 '지심'이다. 표준어와 달리 /ㅅ/이 탈락되지 않은 점이 특징이다.

45) '초불'은 '초벌'의 방언형으로서 여기서는 맨 처음 하는 김매기를 가리킨다.

46) '군벌'은 세 벌 외로 매는 김매기를 가리킨다. 여기서 접두사 '군-'은 '가외로', '덧붙은'의 뜻을 더하고 있다.

47) '맘드리'는 '만도리'의 방언형으로서 마지막 김매기를 가리킨다. 지역에 따라 '맘물'이라고도 한다.

48) '풍장굿'은 '풍물놀이'의 방언형으로서, 농촌에서 농부들 사이에 행하여지는 우리나라 고유의 음악을 말한다. 나발, 태평소, 소고, 꽹과리, 북, 장구, 징 따위를 불거나 치면서 노래하고 춤추며 때로는 곡예를 곁들이기도 한다.

49) '걸궁'은 '걸궁굿'으로서 '걸립(乞粒)'과 같다. 즉 동네에 경비를 쓸 일이 있을 때, 여러 사람들이 패를 짜서 각처로 다니면서 풍물을 치고 재주를 부리며 돈이나 곡식을 구하는 일을 가리킨다.

50) '멩길다'는 '만들다'의 방언형으로서, 옛말 '밍굴다'의 후대형이다.

51) '방구'는 북처럼 생긴 농악기의 하나로서, 얇은 개가죽 따위로 메우며 모양은 여러 가지이다. 자루가 없고 고리만 있어 줄을 꿰어 메고서 치는데 소리는 소고와 비슷하다.

52) '뗏짐'은 뿌리째 떼어 낸 잔디인 떼를 등에 지는 일을 말한다.

53) '들소리'는 '들노래 소리'를 가리킨다.

54) '등거리'는 '등'의 방언형이다. 지역에 따라 '등어리'라고도 한다.

55) '총각대방'은 결혼하지 않은 성년 남자로, 일정한 견식도 있고 도량도 넓으며 나이가 든 사람을 이르던 말이다.

56) '시우다'는 '세우다'의 방언형.

57) '모폭'은 '모 포기'의 뜻으로서 '폭'은 '포기'의 방언형이다.

58) '아남베기'는 '아름드리'라는 뜻으로 여기서는 한 아름 정도의 모 포기를 가리킨다.

59) '엮다'는 '얹다'의 방언형. 표준어의 /ㄵ/ 말음은 전남방언에서 /ㄺ/으로 대응한다. '앉다'가 이 방언에서 'ㅇㅏㄺ다'로 실현되는 것이 이러한 예의 하나이다.

60) '좌상(座上)'은 여러 사람이 모인 자리에서 가장 나이가 많거나 으뜸가는 사람을 가리킨다.

61) '어덕'은 '언덕'의 방언형.

62) '갓'은 '가(邊)'의 방언형으로서 옛말 'ㄱㆍㅿ'의 후대형이다. '갓' 외에 접미사 '-앙'이 결합한 '가상'이나 '가상사리' 등이 표준어 '가장자리'에 대응하는 형태로 쓰이기도 한다.

63) '자리'는 노래나 이야기 따위를 세는 단위이다. 전남방언은 한자어 曲 대신 '자리'라는 단위명사를 말, 노래, 이야기 등, 말로 이루어지는 행위를 셀 때 사용한다. 그래서 '말 한 자리', '이야기 한 자리', '노래 한 자리' 등으로 말한다. 말이나 노래, 이야기 등이 애초에 돗자리나 멍석과 같은 자리를 깔고 이루어졌기 때문에, '자리'는 원래 구체적인 좌석이나 돗자리의 의미를 가졌지만, 추상화 되어 발화가 이루어지는 상황 자체를 가리키는 방향의 의미 변화를 겪게 되었다. '판소리'의 '판'이나 '마당극'의 '마당' 등도 같은 변화를 겪었으므로, 전남방언의 '자리'는 '마당'이나 '판'과 비슷한 의미로 쓰이게 되었다.

64) '모다'는 '모두'의 방언형으로서, '모도'로도 쓰인다. 중세어에서도 '모두'와 '모다'가 모두 문헌에서 확인된다. '모두'는 어원적으로 '몯다'의 어간 '몯-'에 접미사 '-오'가 결합된 '모도'에서 변한 것이다. 중세어에 '모도'가 보이고 모음조화가 파괴되면서 '모도 > 모두'의 변화가 일어났다. 전남방언은 이러한 변화를 겪지 않아 '모도'

가 일반적으로 쓰인다.

65) '전장(前章)'은 앞소리의 뜻으로 추정된다.

66) '들내기소리'는 여기서 김매기 할 때 오전에 부르는 들노래를 말한다. 영암 신북면 갈곡리의 들노래는 다른 지방과 달리 하루에도 오전과 오후에 부르는 노랫가락이 다른 점이 특징이다.

67) '시야자소리'는 여기서 김매기 할 때 오후에 부르는 들노래를 가리킨다.

68) '부듬'은 비교격 토씨 '보다'의 방언형이다. 전남방언에서도 '보다'가 쓰이며, 여기에 토씨 '는'이 결합된 '보단'의 변이형 '보담', '보돔', '보듬' 등도 함께 쓰인다. '부듬'은 '보듬'의 모음 /ㅗ/가 /ㅜ/로 변한 결과이다.

69) '수상(手上)'은 '손위'의 뜻.

70) '까딱하다가는'은 '까딱하면'의 뜻.

71) '총생'은 후손 가운데서도 특히 같은 시대에 사는 손아래 사람들을 가리키는 경우를 말한다.

72) '묵은밭'은 오래 내버려 두어 거칠어진 밭을 말하며, 표준어 '묵정밭'에 대응한다. 여기서는 '들노래'를 보존하지 못할 경우 마치 내버려 둔 밭처럼 쓸모없이 사라지게 될 상황을 가리킨다.

73) '나머'는 '남짓'의 방언형.

74) '부틈'은 토씨 '부터'의 방언. '부터'는 동사 '붙다'의 어간 '붙-'에 씨끝 '-어'가 결합된 형태가 토씨로 재구조화 된 것으로서, 여기에 토씨 '는'이 결합한 '부터는'이 전남방언에서 '부팀'이나 '부틈'으로 변이된 것으로 추정된다. 동일한 변이가 '보다는'의 변이형 '보담', '보돔', '보듬' 등에서도 확인된다.

75) '손세에'는 '손수'의 뜻. 아마도 '손수'의 옛말 '손소'에 토씨 '에'가 결합된 형 '손소에'로부터 변화된 어형으로 추정된다.

76) '왕인축제'는 왕인(王仁)의 업적을 기리기 위해 전라남도 영암군에서 매년 개최하는 축제로서 1992년부터 매년 4월에 개최한다.

77) '짚풀공예'는 짚이나 풀을 서로 엮고 꼬아 아름답고 실용적인 작품을 만들어내는 우리나라의 대표적인 전통 공예기술을 말한다. 표준어는 '짚공예'이다.

78) '-습더'는 '-습디여'의 줄어든 말로서 표준어 '-습디까'에 대응하는 방언형이다. 담양, 장성 등 전남의 서부 지역 일부에서는 '-습딩겨'라는 형태가 쓰이기도 한다.

79) '지'는 '줄'에 대응하는 의존명사로서 표준어 '줄 알다/모르다' 대신 전남방언에서는 '지 알다/몰르다'와 같은 구성이 쓰인다.

80) '송쿠리'는 '삼태기'의 방언형으로서 흙이나 쓰레기, 거름 따위를 담아 나르는 데 쓰는 기구를 가리킨다. 가는 싸리나 대오리, 칡, 짚, 새끼 따위로 만드는데 앞은 벌어

지고 뒤는 우긋하며 좌우 양편은 울이 지게 엮어서 만든다.

81) '꼬굴치다'는 '구부리다'의 방언형. 지역에 따라 '꼬불치다'라고도 한다. 전남방언에 서 접미사 '-치-'는 강세나 사동의 의미를 지니는 것으로 표준어 '-뜨리-'에 대응 되는 경우가 많다. 예를 들어 '떨어뜨리다'는 전남방언에서 '떨치다', '오그라뜨리다' 는 '오굴치다' 등으로 쓰인다. '꼬불치다'도 '꼬불꼬불'(=구불구불)에서 보듯 어근 '꼬불'에 접미사 '-치-'가 결합된 낱말인데, 이 '꼬불치다'의 /ㅂ/이 /ㄱ/으로 변이되 어 '꼬굴치다'가 생겨났다.

82) '젊다'는 '겯다'의 방언형으로서 대, 갈대, 싸리 따위로 씨와 날이 서로 어긋매끼게 엮어 짜다는 뜻을 나타낸다. 표준어에서 ㄷ 불규칙활용을 하는 낱말들의 받침소리 는 전남방언에서는 /ㄿ/으로 대응된다. 예를 들어 '싣다', '묻다', '눋다' 등은 전남방 언에서 각각 '싫다', '묽다', '눑다' 등으로 쓰인다.

83) '사네키'는 '새끼'의 방언형으로서 지역에 따라 '사쳉이', '산네키' 등이 쓰인다.

84) '재송쿠리'는 재를 담아내는 삼태기를 말한다.

85) '옹구'는 '옹기(甕器)'의 방언형.

86) '댓병'은 '됫병'의 방언형으로서 '되들잇병' 곧 한 되를 담을 수 있는 분량의 병을 말한다. 전남방언에서는 '대됫병'이라고도 한다.

87) '쪼뼛허다'는 '쪼뼛하다'의 방언형.

88) '덕석'은 '멍석'의 방언. 표준어에서 '덕석'은 추울 때에 소의 등을 덮어 주는 멍석 을 가리키며, 북한 지역에서는 짚으로 결어 부엌에서 방으로 들어갈 때 발을 닦게 만들어 놓은 것을 가리킨다. 그러나 전남방언에서는 '멍석'을 가리키는 말로 쓰이 며, 짚으로 새끼 날을 만들어 네모지게 결어 만든 큰 깔개를 나타낸다. 이 '덕석'은 흔히 곡식을 널어 말리는 데 쓰나, 시골에서는 큰일이 있을 때 마당에 깔아 놓고 손 님을 모시기도 했다.

89) '도래방석'은 짚으로 둥글게 짠 방석. 주로 곡식을 널어 말리는 데 쓴다.

90) '보덤'은 토씨 '보고'의 방언형. 지역에 따라 '보다', '보다가'형이 쓰이기도 한다. 표 준어에서 '보다'는 비교격 토씨로 쓰이지만, 전남방언에서는 여격 토씨로 쓰이는 점 이 다르다. 따라서 전남방언은 비교격 토씨와 여격 토씨가 같은 형태인 '보다'로 표 현되어, '보다'와 '보고'의 두 가지 형태를 사용하는 표준어와 차이를 보인다.

91) '맘하다'는 '마무르다'의 뜻으로서, '맘'은 '마무리'와 같은 명사로 기능한다.

92) '놈'은 '것'의 의미로 쓰였다. 전남방언에서 '놈'은 단순히 사람이나 동물을 비하하 여 가리키는 기능 외에 사물을 가리켜 '것'과 같은 뜻으로 쓰이는 것이 일반적이다.

93) '나께다'는 '나중에'의 뜻. '다' 없이 '나께' 또는 '나케'로도 쓰인다.

94) '맷방석'은 매통이나 맷돌을 쓸 때 밑에 까는, 짚으로 만든 방석을 말하며, 멍석보다 작고 둥글며 전이 있다.

95) '골망태'는 칡덩굴, 왕골, 같은 것으로 골이 깊게 짠 망태기를 말한다. 여기서 '망태기'는 물건을 담아 들거나 어깨에 메고 다닐 수 있도록 만든 그릇. 주로 가는 새끼나 노 따위로 엮거나 그물처럼 떠서 성기게 만든다.

96) '아라지'는 아마도 짚으로 샌들처럼 만든 신을 가리키는 말로 추정되나 그 기원은 불명이다.

97) '게다(げた)'는 일본말로서 '왜나막신'을 가리킨다.

98) '끄타불'은 '끄나풀'의 방언형인데, 전남방언에서는 '끈타불', '끈타발'로 쓰이기도 한다. '끈타발'은 '끈'과 '다발'의 합성어로서 '끈'의 옛말이 '긶'이었으므로 '긶다발'이 '긴타발'을 거쳐 '끈타발'로 된 것이다. '다발'은 꽃이나 푸성귀, 돈 따위의 묶음을 뜻하는 말이다. 따라서 '끈타발'은 어원상 '끈의 묶음'을 가리키는 말이었을 텐데, 현재는 단순히 '끈'의 동의어로 쓰인다.

99) '고로'는 '고루'의 방언형이다. '고로'는 동사 '고르다'의 어간 '고르-'에 접미사 '-오'가 결합한 형태로서 중세어에서 사용되었던 말이다. 표준어에서는 '고로 > 고루'처럼 모음조화가 파괴되는 변화를 겪지만 전남방언은 아직도 옛형 '고로'를 유지하고 있다.

100) '마만치'는 '만만치'에서 /ㄴ/이 탈락된 말이다. '만'은 중세어에서 '만큼'의 뜻을 가졌던 말로서 '世間ㅅ 드틀을 므슴만 너기시리≪월곡 상 : 45≫'와 같은 예에서 확인된다. 현대어에서도 '그만하다' 정도에 이 쓰임이 남아 있다. 이 '만'에 다시 '만큼'의 방언형 '만치'가 결합된 것이 곧 '마만치'이다. 따라서 이 말에는 어원적으로 '만큼'의 의미가 중복되어 사용되었음을 알 수 있다.

101) '서숙'은 '조'의 방언형이다. '서숙'은 어원적으로 한자어 '서속(黍粟)'에서 변이된 말이다. '서속'은 원래 기장과 조를 아울러 이르는 말인데, 전남방언에서는 오직 조만을 가리키는 말로 지시의 범위가 줄어들었다.

102) '서굿대'는 '서구(西區)'와 '대'가 합해진 말이다. 여기서 '대'는 옛말 '다히'의 후대형으로서 '쪽'의 뜻이다. 따라서 '서굿대'는 '서구 쪽'의 뜻을 갖는다. 신안 지역에서도 '육지 쪽'의 뜻으로 '육지대'가 쓰이며, 평안도 방언에서는 남쪽의 지방을 '앞대', 북쪽 지방을 '웃대'라 하기도 한다. 옛 문헌에서 '다히'는 '머리 녀키 크고 발 다히 젹게 ㅎ야'(가례언해 5 : 6)와 같이 쓰인다.

103) '밥쟁이'는 여기서 조밥과 같은 잡곡밥이 아닌 쌀밥을 먹을 수 있는 사람이라는 뜻이며, 결과적으로 어느 정도 잘 사는 사람이라는 뜻이다.

104) '동구태'의 '태'는 옛말 '다히'의 후대형 '대'가 변이된 말이며 '쪽'과 같은 뜻을 나타낸다.

105) '체'는 '훨씬'의 뜻. 아마도 '차게'나 '가득하게'를 뜻하던 옛말 '채'에서 변화된 의미로 추정된다. 옛말 '채'는 '八十頃 東山애 黃金을 채 ꅭ로려 ㅎ니≪월곡 상 : 56≫'에서 확인된다.

106) '잡우댕기다'는 '잡아당기다'의 방언형. 따라서 '줄잡우댕이'는 '줄다리기'의 뜻이다.

107) '삼충각'은 전라남도 기념물 제 108호로 지정된 정려각으로서, 임진왜란 때 명량 전투에서 순절한 박형준과 그의 아들 효남, 호남 등 세 부자의 충절을 기리기 위한 것이다.

108) '동에줄'은 '동아줄'의 방언형으로서 굵고 튼튼하게 꼰 줄을 가리킨다.

109) '떼락'은 엄청나게 큰 것을 강조하는 말로서 항상 서술어 '크다' 앞에 온다. 지역에 따라서 '뗄싹'으로도 쓰인다.

110) '까쩡'은 '까지'의 방언형. 지역에 따라 '까장', '까징'으로도 쓰인다. 중세어 'ᄀ장'은 의존명사로서 '만큼 다', '끝까지'와 같은 뜻을 나타냈었다. 전남방언에서 이 'ᄀ장'이 토씨로 재구조화하면서 '까지'와 같은 뜻을 나타내게 되는데, 형태도 '까장'으로 쓰이는 수가 많고, 표준어 '까지'와의 혼태로 인해 '까징'으로도 쓰인다.

111) '여나무'는 '여남은'의 방언형.

112) '꼬깔'은 '고깔'의 방언형.

113) '볿다'는 '밟다'의 방언형.

114) '그저 말다'는 '별다른 일을 하지 않고 가만히 있다'의 뜻이다.

115) '합이여?'는 '합디까'의 뜻이나 여기서는 '하잖습니까?'와 같은 확인물음으로 쓰인 말이다.

116) '갈곡'은 영암 신북면 갈곡리를 가리킨다. 갈곡 들소리가 불리워지고 있는 전라남도 영암군 신북면 갈곡리는 드넓은 나주평야와 맞닿아 있는 전형적인 농촌마을이다. 대부분의 사람들이 농사에 의지해 살아온 까닭에 남도지방에 전승되고 있는 들소리의 원형이 그대로 남아있었으나 농촌의 기계화와 함께 점점 잊혀져 가고 있다. 갈곡 들소리의 경우 문화재청 문화재 전문위원인 이소라 위원이 영암민요를 조사, 정리하는 가운데 무형문화재로 신청한 유승림이 채록하면서 그 가치를 인정하였다. 특히 지난 2004년에는 제45회 한국민속예술축제에서 대통령상을 수상하면서 소리 보유자인 유승림과 함께 갈곡 들소리 보존의 중요성을 더욱 인식하게 되었다. 갈곡 들소리에는 남도지방의 농요에서 좀처럼 찾아보기 힘든 모찌기 소리가 원형 그대로 남아 있다. 예전에는 흔하게 불리던 모찌기 소리지만 서서히 사라지는 가운데 최근 몇몇 지방에는 남아 있는 아주 귀한 소리가 되었다. 다행히 갈곡 들소리에는 원형 그대로 보존되어 있는 까닭에 전남 중부지방 모찌기 소리의 실체를 밝히는 실례가 될 수 있는 귀중한 자료이다. 갈곡 들소리에는 오전 들내기와 오후 들내기라는 독특한 명칭의 김매기 소리가 있다. 이와 같은 곡명은 전통적인 농요의 형식에 얽매이지 않는 갈곡리만의 독특한 특징이다. 전통적인 농요에서는 초벌매기와 두벌매기 소리가 각기 다르지만 갈곡리에서는 하루 종일 똑같은 소리를 부르며 김매기를 하는 것보다는 오전과 오후에 각기 다른 소리를 부르며 김을 매는 것이 효율적이라고 판단했을 것이다. 매우 독특한 그들만의 삶의 방식이 잘

나타나 있는 실례이다. 갈곡 들소리의 우야소리는 농요에서는 좀처럼 사용되지 않는 3분박(trtiple rhythm)과 2분박(duple rhythm)이 혼합된 부정격 5박 장단으로 구성되어 있는데, 전체적으로 동작을 일치시킴으로써 일의 능률을 올리고자 하는 농요에서는 찾아보기 힘든 장단이다. 이 5박자는 부정격의 '6대강'이 가락덜이 하여 파생된 장단으로 신쾌동 류 거문고산조와 김병호 류 가야금산조에 등장하고, 심청가와 홍보가의 '중 내려오는 대목'이라든지 적벽가의 '흰 장수 나오는 대목'에 나타나는 장단이다. 특히 민속음악에서 사용되는 '엇모리' 장단과 동일한 구성을 갖고, 전라도 무가(舞歌)에 나타나는 시님(신임) 장단과 그 맥을 같이하며, 동해안 무가에도 나타나는 것으로 보아 비교적 오랜 역사를 갖는 고제(古制)의 장단으로 추정된다. 이와 같은 특징을 갖는 갈곡 들소리는 남도지방의 농요가 갖는 다양한 특징을 내포하면서도 갈곡 들소리만이 갖는 독특함까지 지닌 매우 독특한 농요인데 유승림에 의해 전승되어 왔고 최근 제45회 한국민속예술축제에서 대통령을 수상하여 다시 복원되었다. 갈곡 들소리의 구성은 1. 모찌기 소리 2. 모심기 소리 3. 논매기소리 – 초벌매기 (오전 들내기 소리, 오후 들내기 소리) – 두벌매기 (오전 들내기 소리, 오후 들내기 소리) – 만드리 (우야소리) 4. 장원풍장 소리(아롱대롱)로 되어 있다.(영암군 홈페이지에서 따옴)

117) '이따가먼'은 '이따금'의 뜻. '이따금'은 어원적으로 '잇-다가'에 'ㅁ'이 첨가된 형태인데, 전남방언에는 '이따금' 외에 '이따가먼'과 같은 형태가 쓰이기도 한다. '이따가먼'은 '있다가먼'이므로 '있다가'에 조건을 나타내는 씨끝 '-면'이 결합된 형태이다. 이처럼 시간의 빈도를 나타내는 경우에 조건의 씨끝이 첨가된 예는 우리말에서 흔히 찾아볼 수 있는데, '걸핏하면', '제걱하면', '까딱하면', '자칫하면'과 같은 것들이 전형적인 예이다.

118) '모트다'는 '모으다'의 방언형. 옛말에 자동사 '몯다'(=모이다), 타동사 '모도다' 또는 '모토다'(=모으다)가 문헌에서 확인된다. 전남방언에서는 '모두다'나 '모투다'가 타동사로뿐만 아니라 자동사로도 쓰인다는 점이 옛말과 다르다. 예를 들어 '사람들이 다 모닸네/모탰네'와 같은 용법이 가능하기 때문이다.

119) '-을라'는 '-으랴'의 방언형.

O2 일생 의례

2.1 제보자의 출생과 성장

에:, 에. 그 다으메 인제 마으레 대헤서는 이 정도로 하시구요, 그 다메 인제 우리 하라버님 개인저긴 이야기를 좀 드께씀니다.

자, 여기서 쭉, 여기서 십쌈데쩨부터 여기서 쭉.

— 그레찌요.

테어나신 디도 이 마으리고이~?

— 예.

에:, 머 부모님도 다 그러코.

— 그러지요. 조분, 조분, 저, 조부도 그라고.

다 여기서 농사 지시고.

— 예.

예, 예. 그 다음에 이제 마을에 대해서는 이 정도로 하시고요, 그 다음에 이제 우리 할아버님 개인적인 이야기를 좀 듣겠습니다.

자, 여기에서 쭉, 십삼 대째부터 여기에서 쭉.

― 그랬지요.

태어나신 곳도 이 마을이고?

― 예.

예, 뭐 부모님도 다 그렇고.

― 그렇지요. 조부 조부, 조, 조부도 그렇고.

다 여기에서 농사 지으시고.

― 예.

2.2 결혼 과정

에. 그러면 우리 인자 할머니는 어:디라고 그러셔뜽가요 그떼? 친정이?

= 도포요.

- 도포.

도포, 도포면 여기서 얼마나 거:리가 데나요?

- 도포면.

= 여그서 거:리가 엄:마나 뎅가 몰라도, 여그서,

- 거, 한, 한, 한 삼심니 데꺼요.

= 텍:씨 타머는, 거으 가머는, 그 저네는 마:뉟썩 주락 헙띠다.

어:.

= 그랑께 메 꺼리나 델랑가 몰라.

- 아니야, 한 삼심니 되야.

삼심니?

= 삼심니 뎅가 어짱가 몰른디 텍:씨 타고 가면 꽁 마:뉟썩, 구처뉟썩 하드라고. 지그믄.

- 거, 여, 저, 거시기 와, 와:낭께. 여그서.

= 멀:든1) 아네요.

아, 멀진 아나고?

- 그레 안 머. 한, 삼심니 데야.

예, 그러머는 누가 중메를 하션나요?

- 중마라우?2)

에, 중마를 누구한테 헨나요?

- 중마 아넌넌디 따로, 따러옵띠다.

하하하.

예. 그러면 우리 이제 할머니는 어디라고 그러셨던가요? 그때? 친정이?

= 도포요.

− 도포.

도포, 도포면 여기에서 얼마나 거리가 되나요?

− 도포면.

= 여기에서 거리가 얼마나 되는지 몰라도, 여기에서,

− 그, 한, 한, 한 삼십 리 될 거예요.

= 택시 타면은, 거기 가면은, 그 전에는 만 원씩 달라고 합디다.

어.

= 그러니까 거리가 얼마나 되는지 몰라.

− 아니야, 한 삼십 리 돼.

삼십 리?

= 삼십 리 되는지 어쩐지는 모르는데 택시 타고 가면 꼭 만원씩, 구천 원씩 하더라고. 지금은.

− 거, 여기, 저, 거시기 와, 와 놓으니까. 여기에서.

= 멀지는 않아요.

아, 멀지는 않고?

− 그리 안 멀어. 한, 삼심리 돼.

예, 그러면 누가 중매를 하셨나요?

− 중매요?

예, 중매를 누구한테 했나요?

− 중매 안 했는데 따라, 따라옵디다.

하하하.

- 중마 한 냥바니 이씅께 또와찌요.

에: .

= 옌:나른 보도 아나고 중마 헤가꼬 와쏘.

암보, 암보셔써요?

= 예, 암바써요.

그레요?

= 예.

- 나도 보도 아나고 중마헤쏘. 나도 저, 거시기 겨로네쏘.

= 여가 고무집3) 이써요. 망, 막뚱이4) 고무가 여가 사러게.5)

에: .

= 그 냥바니 중마헤:게써.

중마헤써요?

- 아:에, 달레6) 그레자네 그 냥바니 나 착씨라다고 중마이헤:조따우.7)

예: 착씨라다고? 에:, 착씨라시자나요. 글고 아, 어, 얼굴도 안 보셔찌만 보니까는 체격또 조:코 그러시조?

= 에, 검나게 떼락 커가꼬.

에:, 자롸따 셍기기 들덩가요?

하하하

살:기는 어떠틍가요, 나 오시니까?

= 예?

여기 이, 시데게 오시니까.

= 검니8) 골:라네써요.

- 엔나레는 골:라네써라.

아, 골:라네꼬.

- 엔나레는 골:라네가꼬 저도 제사늘 마:니, 마이 제사늘 모빠다써요.

에.

- 중매 한 분이 있으니까 또 왔지요.

예.

= 옛날은 보지도 않고 중매 해가지고 왔소.

안 보, 안 보셨어요?

= 예, 안 봤어요.

그래요?

= 예.

- 나도 보지도 않고 중매했소. 나도 저, 거시기 결혼했소.

= 여기에 고모집 있어요. 막내 고모가 여기에 사셔.

예.

= 그분이 중매하셨어.

중매했어요?

- 아예, 달리 그런 것이 아니라 그 분이 나 착실하다고 중매해 줬대요.

예, 착실하다고? 예, 착실하시잖아요? 그리고 아, 어, 얼굴도 안 보셨지만 보니까는 체격도 좋고 그러시죠?

= 예, 엄청나게 굉장히 커가지고.

예, 잘 왔다 생각이 들던가요?

하하하.

살기는 어떻던가요, 오시니까?

= 예?

여기 이 시댁에 오시니까.

= 굉장히 곤란했어요.

- 옛날에는 곤란했어요.

아, 곤란했고.

- 옛날에는 곤란해가지고 저도 재산을 많이, 많이 재산을 못 받았어요.

예.

= 그레가꼬 골:라네가꼬 어:런딜 우:게서9) 인자, 인자 총:각 떼 삼:수로10) 어:띠게 그 엔:나레는 세메다비라고 이쏘. 바테가.

@2 아:,

= '공:두떼'도 이꼬, '세메답'또 이꼬.

— 보리밭.

무슨 말?

— 보리바테 가먼.

에.

= 풀, 풀.

— 풀, 세메다비 지러나요.

풀 이르미 세메다비에요?

— 예.

= 세메답또 이꼬, 공:두떼도 이꼬.

— 공:주떼도 이꼬 그란디 그거슬 마:이 뜨더다 무그며는, 사:라미 마이 무그먼 부어요, 부어.

= 그랑께 골:라닝께. 그저네 어머이나.

— 부서.

= 어머니나 할무이나 그 공:두떼를 뜨더다가.

— 아이, 나는.

= 죽 써주고, 그레가꼬, 떵:떵:11) 부서가꼬.

— 나는 어려서 쩌, 일쩨 떼 하꼬 뎅임시로 운:, 떵:떵 부서가꼬 뎅잉께 골:라나다고 싸를 한 데 준데니.

— 그 이튼날 강께 또 싸를 한 데 더 줍, 줍띠다.

아:

— 그레가꼬 무꼬 뎅에라 허고 어쩨, 떵:떵 부서가꼬 뎅잉께 안줍떼. 모도 학쌩들 인는디서 가:치 그라고 이쓴께.

= 그래가지고 곤란해가지고 어른들 위에서 이제, 이제 총각 때 살면서 어떻게 그 옛날에는 '세메답'이라고 있어. 밭에.

@2 아,

= '공둣대'도 있고, '세메답'도 있고.

— 보리밭.

무슨 말?

— 보리밭에 가면.

예.

= 풀, 풀.

— 풀, 세메답이 길어나요.

풀 이름이 세메답이에요?

— 예.

= 세메답도 있고, 공둣대도 있고.

— 공둣대도 있고 그런데 그것을 많이 뜯어다 먹으면은, 사람이 많이 먹으면 부어요, 부어.

= 그러니까 곤란하니까. 그전에 어머니나.

— 부어.

= 어머니나 할머니나 그 공둣대를 뜯어다가.

— 아이, 나는.

= 죽 쒀 주고, 그래가지고, 퉁퉁 부어서.

— 나는 어려서 저, 일제 때 학교 다니면서 어, 퉁퉁 부어가지고 다니니까 곤란하다고 쌀을 한 되 주더니.

— 그 이튿날 가니까 또 쌀을 한 되 더 줍디다.

아.

— 그래가지고 먹고 다녀라 하고 어째, 퉁퉁 부어가지고 다니니까 안 좋데. 모두 학생들 있는 데서 같이 그렇게 있으니까.

에:

= 검나 골:란헤게딱 험띠다.

그게 쫌 독썽이 인는 모양이조?

= 예, 예. 검:나 동에라. 그거시.

예.

ㅡ 동에.

= 그 푸리비.

에: .

ㅡ 그검만 뿌니라? 그건 무그먼 다엔디 저, 엔:날 누꽈12)가틍거또 보까서 무꼬. 별건 다:

아: .

= 엔:나레는 요, 방에 찌고, 보리 방에 찐 놈, 그놈 떼께가꼬,13) 거죽쩨가14) 몽글디 몽굴면 그놈 가꼬 게:떡 헤:무꼬 그라드만. 거기다 콩 너가꼬.

예: .

= 어:런더리.

그레 인제 고모, 거 고모, 친정 고모니미 이제 중메를 헤:가지고 .

= 에.

헤:선는데. 그러며는 어: 겨론할 떼 그러먼 어트케 오, 오, 겨론할 떼 멀가:마타고 오시고 그 떼도 그렌나요?

= 아니요, 추렉 타고 와써요. 추렉.

트럭.

ㅡ 추:륵까지야 거시기, 엔:나레는 짐짜세.15)

= 짐차.

어: .

= 추렉.

예.

＝ 굉장히 곤란하셨다고 합디다.

그게 좀 독성이 있는 모양이죠?

＝ 예, 예. 굉장히 독해요. 그것이.

예.

─ 독해.

＝ 그 풀잎이.

예.

─ 그것뿐이래요? 그것 먹으면 다행인데, 저 옛날 등겨 같은 것도 볶아서 먹고, 별것 다.

아.

＝ 옛날에는 이, 방아 찧고, 보리 방아 찧은 것, 그것 다시 곱게 찧어가지고, 거 보릿겨가 몽글디 몽글면, 그것가지고 개떡 해먹고 그러더구먼. 거기에다 콩 넣어가지고.

예.

＝ 어른들이.

그래 이제 고모, 그 고모, 친정 고모님이 이제 중매를 해가지고.

＝ 예.

하셨는데. 그러면은 어 결혼할 때 그러면 어떻게 오, 오, 결혼할 때 뭐 가마 타고 오시고 그때도 그랬나요?

＝ 아니요, 트럭 타고 왔어요. 트럭.

트럭.

─ 트럭까지 거시기, 옛날에는 화물차일세.

＝ 화물차.

어.

＝ 트럭.

- 추렉쓰 타고 가쩨.

= 타고 쩌:: 사네로 어:디로 옹께 꼭 머 산중이로 시지본중 아라써라우.

- 거시기, 거아 거, 거시기 금:지16) 미차 모:동께.

= 방망굴로17) 쩌:리 온디.

- 보망.

= 꼴창이로18) 오드마.19)

- 방망골로 와도, 와쓰까?

= 방망굴로 와쩨.

- 아이 어장셍이로20) 드롸쩨.

= 긍게 에장셍이가 아니여 방망굴 어:디로 드롱께 꼭 산꼴창21) 가 뜨만.

- 방망굴로 와쓰먼 그떼가 도:로가 업:써써.

= 야튼22) 방망굴로 어:디로 옹께 산꼴창이데.

아, 하하.

- 아이, 그라고 요, 어장셍이로 이리 와 가꼬 쩌 제뜽23)이서24) 안 네 레써?

= 그레뜽까 어쩨뜽가 몰:라.

- 제뜽에서 네레쩨.

= 수무살 무거서 시지바쓩께 머 석:또 업:써써라25) 그뗀.

아, 그레 하라버니믄 거기 저, 처가로 인제 가셔, 가셔야데자나요. 그떼도 짐차 타고 가셔써요?

- 저는 거러가써요.

아, 거러가써요?

- 예.

에:.

- 저는 저:, 아버님하고.

- 트럭 타고 갔지.

= 타고 저 산으로 어디로 오니까 꼭 뭐 산중으로 시집온 줄 알았어요.

- 거시기, 거기가 거, 거시기 금지(지명) 미처 못 오니까.

= 방망골(지명)로 저리 오는데.

- 보망.

= 골짜기로 오더구먼.

- 방망골로 와도, 왔을까?

= 방망골로 왔지.

- 아니 오장성(지명)으로 들어왔지.

= 그러니까 오장성이 아니야. 방망골 어디로 들어오니까 꼭 산골짜기 같더구먼.

- 방망골로 왔으면 그때가 도로가 없었어.

= 하여튼 방망골로 어디로 오니까 산골짜기데.

아, 하하.

- 아이, 그리고 이, 오장성으로 이리 와가지고 저 잿등에서 내렸잖아?

= 그랬던지 어쨌던지 몰라.

- 잿등에서 내렸지.

= 스무 살 먹어서 시집왔으니까 뭐 철도 없었어요 그때는.

아, 그래 할아버님은 거기 저, 처가로 이제 가셔, 가셔야 되잖아요. 그때도 화물차 타고 가셨어요?

- 저는 걸어갔어요.

아, 걸어갔어요?

- 예.

예.

- 저는 저, 아버님하고.

에.

— 저, 저, 저 제:종 형님, 저 키 큰 양반도 거가 게:싱께, 제:종 형님하고.

— 나하고 중마, 중방젱이는26) 함: 지고 가고.

아:,

— 그라고 거러가써요.

예.

— 거까지.

아:.

= 난 거러온지 머:다곤지.

거 마으른 어떵 갇, 어떠덩가요? 여기 이쪼가고 비:교헤 보니까 도포는.

— 펭야 비:교헤붕께 여그나 갇, 가:씁띠다.

예에.

= 그레도 거그는 여그 안 가터. 여그 시지붕께는, 먼 데학쌩 한나도 업꼬, 먼 학쌩한나도 엄:는디. 거그는 데학쌩드리 검:나 마:네요.

아:, 그레요?

— 암마네도27) 발쩌니, 발쩌니 더 잘데야농께 그라제 여그는,

아:,

— 머 여그는 그뗌면 무꼼만 살:라고 에:를 써쩨.

에:

— 머 거, 갈친 사람도 업:, 그리 업:써꼬 그레쩨마는 인자는, 인자는 모도 갈칠라고28) 에:를 쓰고 다.

= 우리 친정 마으른 데::데로 거시기 멘:장, 멘:장이 데:데로 이서서 나로요

그 마으레서 멘장이 낟따고요?

= 에:, 위떼.

— 멘:장이 데데로 게:속.

= 우리 그 마으레는

예.

- 저, 저, 저 재종 형님, 저 키 큰 분도 거기에 계시니까, 재종 형님하고.

- 나하고 중매, 함지기는 함 지고 가고.

아,

- 그렇게 걸어갔어요.

예.

- 거기까지.

아.

= 난 걸어온 줄 뭐 하고 온 줄.

그 마을은 어떤, 어떻던가요? 여기 이쪽이랑 비교해 보니까 도포는.

- 내나 비교해 보니까 여기나 같습디다.

예.

= 그래도 거기는 여기 같지 않아. 여기 시집오니까는 무슨 대학생 하나도 없고, 무슨 학생 하나도 없는데. 거기는 대학생들이 굉장히 많아요.

아, 그래요?

- 아무래도 발전이, 발전이 더 잘 되어 놓으니까 그러지. 여기는,

아,

- 뭐 여기는 그때는 뭐 먹고만 살려고 애를 썼지.

예.

- 뭐 그, 가르치는 사람도 없고, 그렇게 없었고 그랬지마는 이제는, 이제는 모두 가르치려고 애를 쓰고 다.

= 우리 친정 마을은 대대로 거시기 면장, 면장이 대대로 이어져 내려와요

그 마을에서 면장이 났다고요?

= 예, 윗대.

- 면장이 대대로 계속.

= 우리 그 마을에는

어:

= 안 떠나고, 요 냥바니 드러가시먼 또 따른 냥바니, 다른 아, 아제 가29) 나오시고, 하나부지가 나오시고, 오빠가 나오고, 데:로.

허허허.

= 나 알게도 멘 싸람 멘:장헌디.

음:.

= 그레가꼬 다:.

— 거시거꾸마. 오빠네 ○○○.

= 교:편 자부고 그란디 여그는 옹께는,

— 저:레 ○○○, 요, ○○ 씨, 모도 거시기헤쩨. 또 그 우그로 또 하고.

= 또 거 망:종 아짐네집써30) 거그서도 멘:장, 거, 하나부지도 멘:장 하시고.

여기는 인제 주로 농사 지:꼬.

= 예, 예.

그러케 사시는.

— 에, 그떼, 그떼는 저 당:수기, ○○땅숙뽀다 멘:장하라헤도 아네게뜨라네.

— 웨냐며는 멘:장 잘 모다먼 요거더 무근다고.

= 헤헤헤.

— 그래서 또 아나고, 아나기도 하고, 주로 여그는 모사리, 모사리가 이꼬 소:제지가 가까웅께 모사리 사람드리 마:니 하고 그레써요.

모살리?

— 모산리.

에.

@2 유씨.

으:음.

어.

= 안 떠나고, 이분이 들어가시면 또 다른 분이, 다른 아저씨가 나오시고, 할아버지가 나오시고, 오빠가 나오고, 대대로.

허허허.

= 내가 알기에도 몇 사람 면장을 하는데.

음.

= 그래가지고 다.

― 거시기했겠구먼. 오빠네 ○○○.

= 교편 잡고 그러는데 여기는 오니까는,

― $$ ○○○, 요, ○○씨, 모두 거시기했지. 또 그 위로 또 하고.

= 또 그 망종 아주머니 집에서 거기서도 면장, 그, 할아버지도 면장하시고.

여기는 이제 주로 농사 짓고.

= 예, 예.

그렇게 사시는.

― 에, 그때, 그때는 저 당숙이, ○○ 당숙보고 면장하라고 해도 안 하셨더라네.

― 왜냐면은 면장 잘 못하면 욕 얻어 먹는다고.

= 헤헤헤.

― 그래서 또 안 하고, 안 하기도 하고, 주로 여기는 모산리, 모산리가 있고, 소재지가 가까우니까 모산리 사람들이 많이 하고 그랬어요.

모산리?

― 모산리.

예.

@2 유씨.

으음.

- 모살리 쩌:.

= 거가31) 솔차니 쎄요.

- 버들 여, 버들 유씨드리.

= 저르케 먼: 여른 성:.

- 무나 유씨들.

= 나:머는.

@2 응, 지금도.

= 먼 노:인들도 싹 다 나아요.

- 가:곧 쩌 수:가 기일 만:체. 저저 쩌저 심부썸:만 헤:도.

음:.

= 삭: 뽀꼬 이러나서 다 아주 선저나고.

아주.

= 검나 쎄.

하하하. 조지기 잘 데꾸만.

- 그라고 거시게요 시방 웬마난 소:제지 치고는 심북 상다이 크요.

에:.

- 모사니 쩌 드러가면 모사니 딱 쩨이제 학교 여서 중하꾜 서교 저 초등하꾜 이쩨.

- 또 올평니 딱 웨:싸가꼬 오놀평 상당이 크게 베이요.

예:.

- 이 시:종보듬 더 외:로 더 크게 뵈에 소:제지가.

네, 중방젱이:는 그떼는 하:믈 지고 어, 가서 그냥 좀 놀리지요?

여기서 잠깐. 에, 이여서 하게씀니다.

− 모산리 저.

= 거기가 상당히 세요.

− 버들 여, 버들 유씨들이.

= 저렇게 무슨 이런 성.

− 문화 유씨들.

= 나오면은.

@2 응, 지금도.

= 무슨 노인들도 싹 다 나와요.

− 그리고 또 수가 제일 많지. 저저 신북에서만 해도.

음.

= 싹 벗고 일어나서 다 아주 선전하고.

아주.

= 굉장히 세.

하하하. 조직이 잘 됐구먼.

− 그리고 거시기 해요. 시방 웬만한 소재지치고는 신북 상당히 커요.

예.

− 모산리 저 들어가면 모산리 딱 짜이지. 학교 여기서 중학교 서교 저 초등학교 있지.

− 또 월평리 딱 에워싸가지고 원월평 상당히 크게 보여요.

예.

− 이 시종보다 더 오히려 더 크게 보여요 소재지가.

네, 함지기는 그때는 함을 지고 어, 가서 그냥 좀 놀리지요?

여기서 잠깐. 예, 이어서 하겠습니다.

2.3 전통 혼례식

그러면 그떼 겨론헤쓰, 하는 그 과:정을 좀 설명헤 주실레요? 지그머고 마:
니 다르자나요.

= 그러지요.

그떼는.

− 겨론 피로여니라노 먼, 절, 막 그, 그, 그 마으레 드러강께는 딴지비
다가³²⁾ 앙끼드마뇨.³³⁾

예: .

− 그레가꼬 거, 거그서 요 모도 사람드리 와서 인사하고 머:다고 하고
거시가고는 그 술쌍 나오고 머:더고 그레쌉띠다.

예:

− 그거시 그라고 쪼깐 이씽께는 예:시가로 드로간다고 거시게서 청년
드리 마가싸:키레. 머 하도 하구나 하초리라고 쪼로 헤싸크레 아, 시, 어:
디서 완냐고 여쭤라 그랑거가따.

응.

− 네 짐자게.

하하하.

− 게서 얼렁 여~암군 심붕면 에, 갈공니서 에 더가리 아나뿌라기고
여 어 간다고 여쭤라고 에 헤:뜨니 그레야고 그랍띠다.

− 아이, 쩌:그서만 하면 쓴디.

에.

− 메::뻐늘 머꺼가꼬³⁴⁾ 그레싸꼬 절문 사람드리.

에.

− 그란디.

그러면 그때 결혼했으, 하는 그 과정을 좀 설명해 주실래요? 지금하고 많이 다르잖아요.

= 그렇죠.

그때는.

- 결혼 피로연이라도 머, 저, 막 그, 그, 그 마을에 들어가니까는 남의 집에다가 앉히더구먼요.

예.

- 그래가지고 그 거기에서 요, 모두 사람들이 와서 인사하고 뭐하고 거시기하고는 그 술상 나오고 뭐 하고 그래 쌓습디다.

예.

- 그것이 그렇게 조금 있으니까는 예식하러 들어간다고 거시기 해서, 청년들이 막아 쌓기에. 뭐 하도 하고 하초리라고 $$ 해 쌓기에 어디서 왔느냐고 여쭤라 그런 것 같다.

응.

- 내 짐작에.

하하하.

- 그래서 얼른 영암군 신북면 에, 갈곡리에서 에, 덕하리 안암부락에 여어 간다고 여쭤라고 했더니, 그러냐고 그럽디다.

- 아이, 저기에서만 하면 되는데.

예.

- 몇 번을 멈춰가지고 그래 쌓고 젊은 사람들이.

예.

- 그런데.

= 엔:나레는 무지허게 억씨여써요. 말:도 모다게.

- 나는 이상하게 거 천날 저녀게 젠:장 엄:마나[35] 거시게뜽고[36] 나도 어떠 가롤:떼 쩔뚝쩔뚝하고 와서

아: 발빠다글 마:니 마즈셔써요? 어허허허.

- 안 마즐라고 하먼 더, 더 떼린디. 으헤헤헤.

허허허허.

- 아이, 말기지도[37] 아납띠다.

하하하. 말기지도. 하하.

- 말게줄찌 아라뜨~이. 이헤헤헤. 말게주도 아납띠다, 차말로.

엔:나렌 마::니 그레써요이~.

= 에: 마:니 그레써요.

거, 머:헌다고, 신랑을 다룬닥.

= 예, 실랑 다룬다고.

- 에, 띠를 뭉꺼가꼬 게양 얼:마나 더 게양.

= 실랑 다룬다고.

에, 허허.

= 띠로 뭉꺼가꼬 막 방망이로 뚜둘고 그라요 안 엔:나레는? 지그밍께 그라제. 지그믄 어:디 실랑 여페서 온지나[38] 아요, 간지나 아요?

- 시방은, 시방은 거시기헌디.

시방도 함:, 함:.

= 야, 함:가틍 거슨 가꼬 오지라우.

- 함:가틍 거슨 가꼬 오드마.

에, 그럼 거, 처가에서 하루빰 자고 오싱가요?

- 그라지라우.

하루빰 자고 온:제.

= 옛날에는 무지하게 억셌어요. 말도 못하게.

― 나는 이상하게 그 첫날 저녁에 젠장 얼마나 거시기 했던지 나도 걸어올 때 절뚝절뚝하고 와서

아, 발바닥을 많이 맞으셨어요? 어허허허.

― 안 맞으려고 하면 더, 더 때리는데. 으헤헤헤.

허허허허.

― 아이, 말리지도 않습디다.

하하하. 말리지도. 하하.

― 말려줄 줄 알았더니. 이헤헤헤. 말려 주지도 않습디다, 정말로.

옛날에는 많이 그랬어요.

= 예, 많이 그랬어요.

그, 뭐 한다고 신랑을 다룬다고.

= 예, 신랑 다룬다고.

― 예, 끈을 묶어가지고 그냥 얼마나 더 그냥.

= 신랑 다룬다고.

예, 허허.

= 끈으로 묶어가지고 막 방망이로 두들기고 그러잖아요 옛날에는? 지금이니까 그렇지. 지금은 어디 신랑 옆에서 온 줄이나 알아요, 간 줄이나 알아요?

― 시방은, 시방은 거시기하는데.

시방도 함, 함.

= 예, 함 같은 것은 가져오지요.

― 함 같은 것은 가지고 오더구먼.

예, 그럼 그, 처가에서 하룻밤 자고 오시나요?

― 그렇지요.

하룻밤 자고 이제.

－ 하루빰 자고 또 와야지요.

예:

－ 저영네 노:다 봉께 한, 한 시, 뒤:시::나 데야쑵띠다. 뒤:시 너머 너머
쓰까? 세: 시 가차이39) 되든디. 그떼마네도 동지딸 보르밍께.

－ 자만숨도 모:짜고 온또 다 찌저불고 나는 오슨 찐 찌:끼든 아네써라
우. 인저비,40) 인저비 다 찌껜 찌저저쩨.

오, 가치 간 분드리.

－ 예.

하하하하.

＝ 그라지요.

－ 그러지라우.

남자드른 멀: 헤주고 여자드른 멀: 헤줌니까?

－ 나는 헤:중거또 업:써.

여자들도 헤:중 거.

＝ 남자도 머 그떼는 골라낭께 머:또 헤:주도 아니고.

－ 그떼는 에:물도 아네주고 기양 그데로 그데로.

여자드른 멀, 멀: 하셔쑴니까?

－ 하장품도 아, 아네가꼬 완는디 그떼.

＝ 거시기 저, 이불 한나 헤:가꼬 시지바쩨.

이불 한나, 아:

－ 이녕니블 온, 오다고 그릉 거시나 헤:가꼬 와쩨.

음. 겨론, 이쪼게 오시니까 식꾸드리 누구누구 이쓰시덩가요?

＝ 시아바니41) 게:시고 하나부지, 할머니는 아니 하나부지는 도라가시
고 앙 계시데요.

예.

＝ 함머니 게:시고 시어머니, 시아바니, 또 말:모단 자근아부니가 함분

- 하룻밤 자고 또 와야지요.

예.

- 저녁내 놀다 보니까 한, 한 시, 두 시나 되었습디다. 두 시 넘었을까? 세 시 가까이 되던데. 그때만 해도 동짓달 보름이니까.

- 잠 한숨도 못 자고, 옷도 다 찢어 버리고. 나는 옷은 찢기지는 않았어요. 상객이, 상객이 다 찢겼, 찢어졌지.

오, 같이 간 분들이.

- 예.

하하하하.

= 그렇지요.

- 그렇지요.

남자들은 뭘 해주고 여자들은 뭘 해줍니까?

- 나는 해준 것도 없어.

여자들도 해준 것.

= 남자도 뭐 그때는 곤란하니까 무엇도 해 주지도 않고.

- 그때는 예물도 안 해주고 그냥 그대로 그대로.

여자들은 뭘, 뭘 하셨습니까?

- 화장품도 아, 안 해가지고 왔는데 그때.

= 거시기 저, 이불 하나 해가지고 시집왔지.

이불 하나, 아.

- 자기 입을 옷, 옷하고 그런 것이나 해가지고 왔지.

음. 결혼, 이쪽에 오시니까 식구들이 누구누구 있으시던가요?

= 시아버지 계시고 할아버지, 할머니는 아니 할아버지는 돌아가시고 안 계시데요.

에:

= 할머니 계시고 시어머니, 시아버지, 또 말 못하는 작은아버지가 한 분

게:셔요.

가치 사라써요?

= 예:

- 가치.

= 큰집써 사라게쩨. 나는 인자 우리는 두짱::께. 근디 큰집써 사르시고. 거 종조씨.

@2 에, 에.

= 거 구:네 뎅인 그 조카가, 거가 큰지비여.

@2 아:,

- 거가 큰지비여.

= 거그서 인자 거뜨 머시기 헤쩨. 그 형니미 모:세쩨 다.

아:,

= 우리 성니믄 열릴곱쌀 무거서 시지바게딱 헤써.

어:.

= 그레가꼬 고 게:신디서 인자 모도.

= 하나, 할머니, 우리 아부님, 거시기 우리 어먼님, 시숙, 자 말무단 자 근아부지, 일곰, 우리 성님, 나, 시누드른 다 여워블고42) 엄:떼요.

= 조카드라고, 긍께 수가 겁:나 마:네써.43)

- 거가 이지비여? 한지비서 다 사라써.

오:,

= 한지베서 삼:시롱44) 그떼는 다:: 미영베 나:가꼬45) 두루메기여, 두루 메기 바느질 하제, 옫 끼미제, 히:간46) 히논 멘나 히놈만 이붕께. 징혜 쏘47) 빨:레, 빨:레 하니라고.

- 빨:레하다 밤메제 머.

= 엔:나레는 솜 나:서도 바지 허요 앙 거? 솜 나:서 바지 끼미고.

음.

계세요.

같이 살았어요?

= 예.

− 같이.

= 큰집에서 사셨지. 나는 이제 우리는 둘째니까. 그런데 큰집에서 사시고. 그 종조할아버지.

@2 예, 예.

= 그 군(郡)에 다니는 그 조카가, 거기가 큰집이야.

@2 아,

− 거기가 큰집이야.

= 거기서 이제 그 뭐 했지. 그 형님이 모셨지 다.

아,

= 우리 형님은 열일곱 살 먹어서 시집오셨다고 했어.

어.

= 그래서 그 계신 데서 이제 모두.

= 할아, 할머니, 우리 아버님, 거시기 우리 어머님, 시숙, 말 못하는 작은아버지, 일곱, 우리 형님, 나, 시누이들은 다 여의어 버리고 없데요.

= 조카들하고, 그러니까 수가 굉장히 많았어.

− 거기가 이 집이야? 한집에서 다 살았어.

오,

= 한 집에서 살면서 그때는 다 무명베 낳아가지고 두루마기며, 두루마기 바느질 하지, 옷 꿰매지. 하얀 흰옷 만날 흰옷만 입으니까. 아주 힘들었소. 빨래, 빨래하느라고.

− 빨래하다 밭 매지 뭐.

= 옛날에는 솜 낳아서도 바지 하잖소 그? 솜 낳아서 바지 꿰매고.

음:

2.4 결혼 생활

= 그레가가꼬는 거그서 삼년 사란능가, 이:년 사란능가.

- 큰지비서?

= 에.

- 한 삼년, 삼년 사러쩨.

= 한 삼년 사라쓰꺼시요. 그레야꼬 쩨:깐 오두막쩌비로 인자 이:사 와써쩨.

- 저, 지꺄 띠끼고 업:써. 고거. 저그 저 쩌:그 헤:관 우게 쩌:그 저짜긴디.

= 이자 요:리 인자 짜글라질라건48) 지반나 또 요:리 사가꼬 와써.

음.

= 살:다가 지비 기양.

- 여그도 고:가여썬는디.

= 지서써49) 우리가.

예:.

= 예. 지선는디 지비 쪼금 야찹께50) 지서저써 그떼는.

- 그떼마네도 암파네고 지서쓰먼 조:꺼신디.

= 조:꺼신디 너머 파네부러써.

- 흐기 놉딱 헤서 파네부뜨니 후헤셍게.

= ** 이:리 여그 와서 퍽또 헤:쏘예51)

음:

= 집 지서쩨. 그떼 세마을 각쩌 할 떼 단:장52) 저런 땀:53) 쩌 쩌 행낭 체 모도 고깐체 다:: 집.

- 쩌 저 아:페가 다 여 땀지비요, 땀. 그라면 네가 이사가가꼬 다 지용비로 용마람54) 트러서 다 거시기하고 덥꼬.

= 그래가지고는 거기에서 삼 년 살았는가, 이 년 살았는가.

- 큰집에서?

= 예.

- 한 삼 년, 삼 년 살았지.

= 한 삼년 살았을 것이오. 그래가지고 조그마한 오두막집으로 이제 이사왔었지.

- 저, 지금 뜯기고 없어 그것. 저기, 저 저기 회관 위에 저기 저쪽인데.

= 이제 이리 이제 쓰러지려고 하는 집 하나 또 이리 사가지고 왔어.

음.

= 살다가 집이 그냥.

- 여기도 고가였었는데.

= 지었어 우리가.

예.

= 예. 지었는데 집이 조금 낮게 지어졌어 그때는.

- 그때만 해도 안 파내고 지었으면 좋을 텐데.

= 좋을 텐데 너무 파내 버렸어.

- 흙이 높다고 해서 파내 버렸더니 후회가 생겨.

= ** 일이 여기 와서 퍽도 했어요.

음.

= 집 지었지. 그때 새마을 가꾸기 할 때 담장 저런 담 저, 저 행랑채 모두 곳간채 다 집.

- 저 저 앞이 다 담집이오 담. 그러면 내가 이사가가지고 다 짚으로 용마름 틀어서 다 거시가 하고 덮고.

= 퍼게서 이지비 드러와쓸떼. 하이고, 서기나 일.

= 그레가꼬 인자 이러고 병:신뎅께 누가 아라주요? 그떼 항거슨 어:디 다 불고.

— 헤헤헤헤.

허허허허.

— 나도 일 무지허게 헤써. 안 한 상 불러도.[55]

에:.

= 우리는 성:지리 그베가꼬 일: 나두고는 모:뗑에. 이로고 언녕언녕[56] 헤:부러야제. 그거시 골병이네.

헤헤헤.

— 아이, 동:네 하다무테 마댱마 하여, 하도 노코 나만 빌려가고담 데려가고

— 밀판질. 반지라이 요러케 문데야제.[57] 저, 보, 보뚝도 나는 느께 가도 얼렁 오, 오라 헤 싸:코 거 감도기. 거 딴 사람 막 보네불고 일쩍 가도.

오:,

— 거 나는 또, 또 안 보네 셍인.

이를 자라시니까 글조.

— 아이 일 자라든 모:다지마는. 그 누네 드러뚱가 어쩨뚱가. 그떼 마네도 또 세멩가틍 거또 다 네게다 메께블고, 세멘[58] 네:주라 헤싸코 머:다고.

— 그떼 그거또 귀차넙띠다마는 헤:도 할 쑤 업씨. 또 네가 또 고깐문 끌러노먼 네:서 주고.

— 또 가 이:런 또 가:치 하고. 일 무지하게 헤써 나도.

예:.

= 예:.

— 아이, 오지게서[59] 나도 하꾜를 몬: 뗑에 부쏘. 뎅이다가 헤:방 후:로

아:, 일 헐라구요?

= 퍽 해서 이 집에 들어왔을 때. 하이고, 퍽이나 일.

= 그래가지고 이제 이렇게 병신되니까 누가 알아줘요? 그때 한 것은 다 어디 가 버리고.

- 헤헤헤헤.

허허허허.

- 나도 일 무지하게 했어. 안 한 것 같아도.

예.

= 우리는 성질이 급해가지고 일 놔 두고는 못 다녀. 이렇게 얼른 얼른 해 버려야지. 그것이 골병이네.

헤헤헤.

- 아이, 동네 하다못해 마당만 해도 나만 빌려가고 데려가고

- 밑판질. 반질하게 이렇게 문질러야지. 저, 보, 보 둑도 나는 늦게 가도 얼른 오, 오라고 해 쌓고 그 감독이. 그 딴 사람 막 보내버리고 일찍 가도.

오,

- 그 나는 또, 또 안 보내 생전.

일을 잘하시니까 그러지요.

- 아이, 일 잘하지는 못하지마는. 그 눈에 들었던지 어쨌던지. 그때만 해도 또 시멘트 같은 것도 다 내게 맡겨 버리고, 시멘트 내주라고 해 쌓고 뭐 하고.

- 그때 그것도 귀찮습디다마는 그래도 할 수 없이. 또 내가 또 곳간문 열어 놓으면 내어서 주고.

- 또 가서 일은 또 같이 하고. 일 무지하게 했어 나도.

예.

= 예.

- 아이, 오죽했으면 나도 학교를 못 다녀 버렸소. 다니다가 해방 후로.

아, 일 하려고요?

- 아이, 그거시 아이고.

= 골:라닝께 도:늘 모:떼중께 그라제 부모도.

- 그랑께 인자 하꾜 뎅에먼 인자 월싸그믈 안 중께.

에:.

- 납뿌를 모:당께 나도 인자 나부꾸롭제. 선셍한테 데이고[60] 인자 학
쏑들또 미야나고.

에:.

- 에이 오:지게서 예, 헤:방 후:로 안 뎅에부쓰꺼시요?

아:,

- 부모드리 업:쓴께 얼릉 거 학삐를 안중께.

에:

- 에:기, 네 팔짜가 이랑가비다[61] 그라고는,

하하하.

- 일 헤무글 팔짜다. 지비서 어:디 나갈라게도 나갈 쑤도 업:꼬 쌀, 서
어머이 서 쌀, 서:이 이쓰면 쌀 서: 데만 주씨요.

- 그 동아네 네가 어:디 가든지 직짜~에 드러갈라그끔 에이 쯔쯔 업:
쓴께 안조불고 어:디 모:까부러쩨.

= 가저 지금도 그란다 이따거민. 쌀 서: 데만 어머니가 조:쓰머는 나
직짱에 가서 페나나니.

- 그라고 일, 이:라나고.

= 이:라나고 사:꺼신디.

- 그떼 누가 말 헤:조서 시게빵이라도 보네준다 헨:넌디.

아.

- 그떼마네도 괜찬헤:쓰꺼신디 인자 거그 가쓰면.

= 서:데 안 조서 이러고 이:레무꼬 산:다고.

하하하하.

- 아이, 그것이 아니고.
= 곤란하니까 돈을 못 대주니까 그러지 부모도.
- 그러니까 이제 학교 다니면 이제 월사금을 안 주니까.
예.
- 납부를 못하니까 나도 이제 낮부끄럽지. 선생한테 데고 이제 학생들도 미안하고.
예.
- 에이, 오죽했으면 에, 해방 후로 안 다녀 버렸을 것이오?
아,
- 부모들이 없으니까 얼른 그 학비를 안 주니까.
예.
- 에이, 내 팔자가 이런가 보다. 그러고는,
하하하.
- 일 해 먹을 팔자다. 집에서 어디 나가려고 해도 나갈 수도 없고, 쌀, 어머니 쌀, 셋이 있으면 쌀 석 되만 주십시오.
- 그 동안에 내가 어디 가든지 직장에 들어가려고 에이 쯔쯔 없으니까 안 줘 버리고, 어디 못 가 버렸지.
= 그래 지금도 그런대요 이따금. 쌀 석 되만 어머니가 줬으면은 나 직장에 가서 편안하게.
- 그리고 일, 일 안 하고.
= 일 안 하고 살 텐데.
- 그때 누가 말 해 줘서 시계포라도 보내준다고 했는데.
아.
- 그때만 해도 괜찮았을 텐데 이제 거기 갔으면.
= 석 되 안 줘서 이렇게 일해 먹고 산다고.
하하하하.

- 아이, 시방잉께 우슴 나오고 그러구로, 아이고, 그떼 차말로 서:룸,
서:룸 나오고 눔물도 마:니 흘르고 그레쩨.

예:.

- 시방잉께 인자 그런 예:기도 하고 저런 에:기도 한디.

= 쩨::깐 인자 돈: 버러가꼬 쩨:깐 또 논 한마지기나 두:마지기나 사고,
또 멤 마지기나 서:마지기나 사고, 쪼까썩,62) 쪼까썩.

- 전답또, 저 전답또 다 네가 사써요.

= 그레가꼬.

- 집또 그라고.

= 그레도 하:인, 한 수물 뗀 마지기 데네요.

아, 아이구.

= 집 찌스고, 자식뜰 다선 녀우고.

마:니 버션네.

= 그랑께 벙:거또 마니 버러써라.

에:.

= 인자, 인자 도:는 업:쩨라.

- 그마만치 네가 인자 깡깡하니63) 하고 모아씅께 그라제, 그라나먼,

처, 처:메는 아무거또 업따가.

- 아, 그레쩨.

노난나도 업:꼬.

- 어, 업:써쩨.

아:,

= 큰집써 논 서:마지기 타가꼬 나와써요.

- 에이, 머이 타가꼬 나와써.

= 에이, 그레 타가꼬 나와쩨 머:시 어쩨써?

- 아이, 저 네가 저 주저 버:러논놈 왼:64) 저 자기 또 두:마지기 인는

− 아이, 시방이니까 웃음 나오고 그러고, 아이고, 그때 정말로 설움, 설움 나오고 눈물도 많이 흘리고 그랬지.

예.

− 시방이니까 이제 그런 얘기도 하고 저런 얘기도 하는데.

= 조금 이제 돈 벌어가지고 조금 또 논 한 마지기나 두 마지기나 사고, 또 몇 마지기나 세 마지기나 사고, 조금씩, 조금씩.

− 전답도, 전답도 다 내가 샀어요.

= 그래가지고.

− 집도 그렇고.

= 그래도 한, 한 스물 댓 마지기 되네요.

아, 아이고,

= 집 짓고, 자식들 다섯 결혼시키고.

많이 버셨네.

= 그러니까 번 것도 많이 벌었어요.

예.

= 이제, 이제 돈은 없지요.

− 그만큼 내가 이제 단단하게 하고 모았으니까 그렇지, 그렇지 않으면.

처, 처음에는 아무 것도 없다가.

− 아, 그렇지.

논 하나도 없고.

− 어, 없었지.

아,

= 큰집에서 논 서 마지기 타가지고 나왔어요.

− 에이, 뭐가 타가지고 나왔어.

= 에이, 그렇게 타가지고 나왔지 뭐가 어쨌어?

− 아이, 저 내가 저 저 저 부쳐 놓은 것 원래 저 자기 또 두 마지기 있는

노고 그넘 저 거시기 상:하냥도 안 드러간 저 거시기 서:마지기아고 가까
웅께 게롬 버러라고[65] 헨는디,

— 머:러도 그놈 자기트로 두:마지기 버:제 누가 그, 또 그넘 삼포기여.[66]

어:.

— 상:하냥 다 너 너:서, 인자 헤:쓱께.

아:.

— 긍게 제:불[67] 삼포기여.

음, 하하하.

— 껀 함마지기 더 이따게서 그거시 문제가 아이~:제.

에:, 하이튼 데:다나심다. 스물 마지기 이상을.

= 예: 검나게 서:럽께 사라써, 서:럽께. 일:도 무지허게 헤써. 나는 나
제마는.

아:,

= 일 무지하게 헤써. 소니로[68] 몸뚱아리로[69] 헤:서 사라써. 놈더런 머
리로 영:리헤서 산:디 우리는 모미로 노력헤서.

하하하. 그 스무, 스무마지기 이상 버:시먼 그레도 인자.

= 우리 싱냥은 허지요.

— 아, 인자 우리는 머꼬.

엔:나레, 엔:날부터도 쫌 웸망큼 싱냥도 하고, 아 그레 에:들 다 가르칠만
하게 그러케 헤찌요이~?

= 갈치도 모:데써요, 에기들또.

어:.

— 그랑께 포도시[70] 고등하꾜 나오고, 저, 데야꾜 나온 노믄, 막뚱이만
나완능가 데야꾜?

= 막뚱이만 쩌: 목포, 목포 거 어:디.

— 데:불?

것하고 그것 저 거시기 상환(償還)이랑도 안 들어간 저 거시기 세 마지기 하고 가까우니까 그것 부치라고 했는데,

– 멀어도 그것 자기 손으로 두 마지기 부치지, 누가 그, 또 그것 산 셈이야.

어.

– 상환이랑 다 너, 넣어서 이제 했으니까.

아.

– 그러니까 두벌 산 셈이야.

음, 하하하.

– $ 한 마지기 더 있다고 해서 그것이 문제가 아니지.

예, 하여튼 대단하십니다. 스무 마지기 이상을.

= 예, 굉장히 서럽게 살았어, 서럽게. 일도 무지하게 했어. 나는 나지마는.

아,

= 일 무지하게 했어. 손으로 몸뚱이로 해서 살았어. 남들은 머리로 영리해서 사는데 우리는 몸으로 노력해서.

하하하. 그 스무, 스무 마지기 이상 부치시면 그래도 이제.

= 우리 식량은 하지요.

– 아, 이제 우리는 먹고.

옛날에, 옛날부터도 좀 웬만큼 식량도 하고, 아 그래 애들 다 가르칠 만하게 그렇게 했지요?

= 가르치지도 못했어요, 아이들도.

어.

– 그러니까 겨우 고등학교 나오고, 저, 대학교 나온 놈은, 막둥이만 나왔는가 대학교?

= 막둥이만 저 목포, 목포 그, 어디.

– 대불?

= 목포 가먼 데:불학꾜 이써.

데:불데약.

— 응.

= 데:불데약, 거그 나와뜨라.

아:,

— 이:년데?

= 이:년.

어? 사:년제 아니여?

= 사:년뎅가 이:년뎅가.

긍게.

응, 예.

= 목포 거, 유, ○○, 누구? 거 시수기 먼: 데야기요 거그는?

— 거그는 ○○, ○○○씨라고 거그는 요 우리 고모님 아야, 아드리신
디 나는 나로 해서는 헹님덴디 목포 ○○병원하고.

거 ○○병워니.

— ○○병원하고 하꾜도 마:니 지:꼬.

그러먼 아이를 나아가지고 이러게 제금나션나요?

— 아:이~요.

= 아:니요, 에기들 나:찌요.

크넨.

= 우리 저, 큰따를, 큰딸 임:신해:가꼬 저금나와서71) 나:쏘웨.

에:, 그레써요?

= 에.

음:.

= 그라고 인자 다, 다 여과서 나:써.

음:.

= 목포 가면 대불학교 있어.

대불대학.

- 응.

= 대불대학, 거기 나왔더래요.

아,

- 이년대?

= 이년.

어? 사년제 아니에요?

= 사년대인가 이년대인가.

그러니까.

응, 예.

= 목포 그, 유, ○○, 누구? 그 시아주버니가 무슨 대학이요 거기는?

- 거기는 ○○, ○○○ 씨라고 거기는 요, 우리 고모님 아야, 아들이신
데 나는 나에게는 형님 되는데, 목포 ○○병원 하고.

그 ○○병원이.

- ○○병원하고 학교도 많이 짓고.

그러면 아이를 낳아 가지고 이렇게 분가하셨나요?

- 아니요.

= 아니요, 아이들 낳았지요.

큰애는.

= 우리 저, 큰딸을, 큰딸 임신해가지고 분가해서 낳았소.

예, 그랬어요?

= 예.

음.

= 그리고 이제 다, 다 여기 와서 낳았어.

으음.

= 아니, 여그 와서 나:꾸나.

- 머::, 우, 막뚱이 한나만 나:써.

= 쩌:그서 나:꾸나.

- 다 나:코, 오막찌비서 다: 나:코 막뚱이만 여과서. 그랑께 저 시:제72) 점 쩌그 ○○○, ○○○가 여 안 갈랑다고 막 기양 떼 쓰고 그레쩨.

= 여그 이:상 유:리 가장께 앙갈란다고 거그서 산:다고.

- 거그서 살:란다고.

하하하, 요러코 조은, 조은 지비 인는디 안 간다고. 헤헤.

- 기도, 살:떼 게:도73) 시방 살:기보듬 그, 거가 더 나서써라우.

- 팔짜 펴네써. 시방은 더 무더니74) 띠끼다 판나.75)

= **** 더 징 거시 더 머리가 아푸데요. 더 쩨깐 질: 떼라.

- 아, 기예도.

= 잘싸란는디.

- 기도 거그서 사라써도 누가 뜨더간 사람 업:꼬, 어리통이76) 두:게썩 이써꼬 그레써.

= 히히히.

머:시 이써요?

- 아이요, 자근 방에다 이빠이77) 젱에 노코. 오리통 이꼬.

오:리통이요?

(함께) 하하하.

- 어리통도.

= 엔:나레는 나락 하먼 이로코 어리통 만드라.

@2 아: 어리:

= 마리랑78) 마당에다 이로코 어리.

아, 아, 어리통을?

= 함석 사다가 요로코.

= 아니, 여기 와서 낳았구나.

- 뭐, 우, 막둥이 하나만 낳았어.

= 저기에서 낳았구나.

- 다 낳고 오두막집에서 다 낳고. 막둥이만 여기 와서. 그러니까 저 셋째 저 저기 ○○○, ○○○가 여기서 안 가겠다고 막 그냥 떼 쓰고 그랬지.

= 여기 이사 이리 가자니까 안 가겠다고 거기에서 산다고.

- 거기에서 살겠다고.

하하하, 이렇게 좋은, 좋은 집이 있는데 안 간다고. 헤헤.

- 그래도, 살 때 그래도 시방 살기보다 그, 거기가 더 나았어요.

- 팔자 편했어. 시방은 더 공연히 뜯기다 끝나.

= **** 더 지은 것이 더 머리가 아프데요. 더 조그맣게 지을 때라.

- 아, 그래도.

= 잘살았는데.

- 그래도 거기서 살았어도 누가 뜯어가는 사람 없고, 나락뒤주가 두 개씩 있었고 그랬어.

= 히히히

뭐가 있어요?

- 아이, 이, 작은 방에다 가득 쟁여 놓고. '오리통' 있고.

오리통이요?

(함께) 하하하

- '어리통'도.

= 옛날에는 벼 하면 이렇게 '어리통' 만들어.

@2 아, 어리.

= 광이랑 마당에다 이렇게 '어리.'

아, 아, '어리통'을?

= 함석 사다가 이렇게.

- 함석 사다가 아니, 가마니 딱 하고, 쩌, 하고, 또 함석 사, 사다도 하고

= 이, 그떼는 인자 그마니 농사 쩨:깐 지여도 더 페넨넌디, 요러고 농사 더 징께 요로코 고중하다고[79] 그 말쓰미여게 지금.

그레도 인자 그떼는 에기드리 어려쓰니까 하꾜 학삐가 안 들고, 크먼 인자 학삐가 드니까 더 힘들조. 아무레도.

- 그라지요.

에, 그 아이를 가지거나 그러며는 막 입떠또 하고 그러셔써요?

= 그렌, 그러지요.

그러면 엔:날, 지그믄 막 남편드리 머:또 사 주고, 머:또 사 주고 막 그란디.

= 머또 사주도 아납띠다.

하하하

- 그렁 거이 업:써써.

= 그:저네는.

- 아이, 차말로 나는

= 거 입떤, 요, 우리 큰딸 날:떼 거, 여가 에:긴지도[80] 그떼는 몰:라씨요. 그런 뜨뜸 지그밍 쪼깐 이짜먼 병:워네 가서 보고 항께 에:긴 증 알제, 머:디여 그떼는 에:긴 지도 모르지요.

= 그레가꼬 에, 멜:겁씨[81] 이르코 수루메가[82] 오중어가 무꼬 잡뜨라고요. 그멉씨.[83]

@2 어.

= 인자 헤:봉께 알:지요에~?

하하하.

= 아이, 그:멉씨 오중어가 무꼬 자바요.[84] 이상하다. 인자, 그떼 인자 이런 체경이 이써써. 게로날떼 거, 그 게: 무더가꼬. 여름 여, 체경을 헤:주더라고요.

음.

- 함석 사다가 아니, 가마니 딱 하고, 저, 하고, 또 함석 사, 사다가도 하고

= 이, 그때는 이제 그만큼 농사 조금 지어도 더 편했는데, 이렇게 농사 더 지으니까 이렇게 고되다고 그 말씀이셔 지금.

그래도 이제 그때는 아이들이 어렸으니까. 학교 학비가 안 들고, 크면 이제 학비가 드니까 더 힘들죠. 아무래도.

- 그렇죠.

예, 그 아이를 가지거나 그러면은 막 입덧도 하고 그러셨어요?

= 그랬, 그렇죠.

그러면 옛날, 지금은 막 남편들이 뭐도 사 주고, 뭐도 사 주고 막 그런데.

= 무엇도 사 주지도 않습디다.

하하하

- 그런 것이 없었어.

= 그전에는.

- 아이, 정말로 나는

= 그 입덧, 이, 우리 큰딸 낳을 때 거, 이것이 아기인 줄도 그때에는 몰랐어요. 그런 $$ 지금이야 조금 어쩌면 병원에 가서 보고 하니까 아기인 줄 알지, 뭐 그때는 아기인 줄도 모르지요.

= 그래가지고 에, 괜히 이렇게 마른 오징어가 오징어가 먹고 싶더라고요. 뜬금없이.

@2 어.

= 이제 해보니까 알지요?

하하하.

= 아이, 뜬금없이 마른 오징어가 먹고 싶어요. 이상하다. 이제, 그때 이제 이런 체경이 있었어. 결혼할 때 그, 계 들어가지고. 여, 여름 체경을 해주더라고요.

음.

= 큰::노믈, 그란디, 거그 저, 우리 저기가 아서, 칭구가 와서 기양, 께:
부러써, 그거슬. 그랑께.

= 머 영산포 장에로 체경 사로 간다고 그러고 가데요. 그레서 우메 나
수루메가 무꼬, 어쩨 수루메가 이상하게 무꼬 잠네. 수루메 한나 사다주
씨요85) 그레써. 인자 어:디 드:레서 이:라고 와가꼬.

— 네여 그거인또 모:르고 또 깜방 이저불고 와부쩨.

= 수루메가 어디가 사다 난능가 오:만86) 디를

@2 하하하.

= 엔:나레는 바꾸리가틍87) 거 막 동구리짝가틍88) 거 이써써라.

에.

= 혹씨 그런 데다 사다 너:난능가. 벨::반디를89) 다 뒤여바도90) 머 수
루메켕이는91) 머:또 업써. 그레서 서우네써라.

— 그레가꼬 서우네따고 *** 항시 마:레싸라우.

@2 에:.

아:,

— 나도 마:른 드런넌디 이저불곤 체경만 사가꼬 게양.

@2 하하하.

— 거 이칭께라 하고 헤:서 써부천넌디 거그서 또 써서 너:서

= 그 뒤:로는 인자 에기덜92) 이써도 먼: 묵꼬 잔:능가 어쩬능가 모르
거쏘요.

(웃음)

= 웨냐먼 머꼬, 무꼬 시퍼서 머그니까 두러노꼬 나는 에기슨93) 그거
깔크마기라94) 안 시여네, 안 서농께 잘 몰:라.

음.

@2 에?

= 먼 머꼬 십꼬 그라든 아네써.

= 큰 것을, 그런데, 거기 저, 우리 저기가 와서, 친구가 와서 그냥 깨 버렸어, 그것을. 그러니까.

= 뭐 영산포 장으로 체경 사러 간다고 그렇게 가데요. 그래서 아이고 나 마른 오징어가 먹고, 어째서 마른 오징어가 이상하게 먹고 싶네. 마른 오징어 하나 사다 주시오 그랬어. 이제 어디 들에서 일하고 와가지고.

- 에이, 그것인 것도 모르고 또 깜빡 잊어버리고 와 버렸지.

= 마른 오징어가 어디에 사다 놓았는지 오만 곳을.

@2 하하하.

= 옛날에는 바구니 같은 것, 막 동구리 같은 것 있었어요.

예.

= 혹시 그런 데다 사다 넣어 놓았는가. 별의별 곳을 다 뒤져봐도 뭐 오징어는 커녕 아무것도 없어. 그래서 서운했어요.

- 그래가지고 서운했다고 *** 항시 말을 해 쌓아요.

@2 예.

아,

- 나도 말은 들었는데 잊어버리고는 체경만 사가지고 그냥.

@2 하하하.

- 그 잊어 버릴까라고 해서 써 붙였는데 거기서 또 써서 넣어서

= 그 뒤로는 이제 아이들 있어도 뭐 먹고 싶었는지 어땠는지 모르 겠어요.

(웃음)

= 왜냐하면 먹고, 먹고 싶어서 먹으니까 드러눕고, 나는 아기가 선 그 것, 가풀막같이 안 들어, 안 들어 놓으니까 잘 몰라.

음.

@2 예?

= 뭐 먹고 싶고 그러지는 않았어.

@2 에.

= 깔크막하게 안 서따고. 에기 스먼 슨지도 모:르게.

@2 에:

= 이뜰 나부러고 그렌넌디 큰딸만 그러케 오중어가 무꼬 잡떼요.

<u>으흐흠.</u>

에들 나:은 후에.

— 딸, 그랑께 딸 랄라고 오중어가 말 업 구뭉꾸마.

하하하, 아이들 나:코는 요세는 마:니들 쉬자나요이~. 엔:나레는 몯 쉬:셔쪼?

= 그러지요.

— 시:도 모:다고 그떼는.

= 지그믄 페나지요, 엔:나레다 데:먼.95)

— 인나서96) 도로 그, 이:라고.

메칠 마네 나가서 일: 하셔써요?

= 어이고, 큰딸 망 나:노코, 아이, 큰딸 망 나:노코는 밤메다 나:코, 유:월따레 나써요. 유:월 여

— 그 산 더울 떼.

= 여레쎈날 나쏘. 금방 쩌, 너머가쏘. 그렌넌디.

— 음녁 유:월따링께 그떼도 더워, 더와쏘.

= 네:일 인자 콩받 맘:드리97) 한다 그라모 오늘 저니게, 오늘 나:쏘.

= 우리 저, 큰따를. 그렌넌디,

= 글떼는98) 그냥:: 이:레쪼이~. 큰딸, 그레도 에:기 나:가꼬는 비가 마:니 와써 그헤. 그랑께 바슬 몸: 멩께 마:니 시여써요.

음.

= 조리를 더 마:니 헤:써. 그렌넌디 우리 크나들 나:코는 세밀도 앙 가서 가마니 짜써요. 토:지99) 토:저가 앙거서.

음:.

@2 예.

= 가풀막 있게 안 섰다고. 아기가 들면 든 줄도 모르게.

@2 예.

= $$ 낳아 버리고 그랬는데 큰딸만 그렇게 오징어가 먹고 싶데요.

<u>으흐흠.</u>

애들 낳은 후에.

— 딸, 그러니까 딸 낳으려고 오징어가 먹고 싶었구먼.

하하하, 아이들 낳고는 요즘은 많이들 쉬잖아요. 옛날에는 못 쉬셨죠?

= 그렇죠.

— 쉬지도 못하고 그때에는.

= 지금은 편하지요, 옛날에 비하면.

— 일어나서 도로 그, 일하고.

며칠 만에 나가서 일하셨어요?

= 아이고, 큰딸 막 낳아 놓고는, 아이, 큰딸 막 낳아 놓고는 밭 매다 낳고, 유월에 낳았어요. 유월 여

— 그 한창 더울 때

= 열엿샛날 낳았소. 금방 저 넘어갔소. 그랬는데.

— 음력 유월이니까 그때도 더워, 더웠소.

= 내일 이제 콩밭 만도리 한다 그러면 오늘 저녁에 오늘 낳았소.

= 우리 저 큰딸을. 그랬는데

= 그때는 그냥 일했죠. 큰딸, 그래도 아기 낳아가지고는 비가 많이 왔어 그 해. 그러니까 밭을 못 매니까 많이 쉬었어요.

음.

= 몸조리를 더 많이 했어. 그랬는데 우리 큰아들 낳고는 삼 일도 안 가서 가마니 짰어요. 마루 마루에 앉아서.

음.

= 우리 형니마고 두:리. 가마니 짜야 그놈 파라서 무꼬 상:께.

음:.

= 일:도 퍼게쏘.

− 예, 우리지비 와서 고상 마:니 헤써라우.

= 모 떼우고, 모 숭꼬.

− 우리지베 와서 고상을 마:니 헤써 차말로.

허허허, 그러면 에기들 저, 나:코 나선 돌 가틍 거슨 다 세워주고 그레씀니까?

= 돌도 안 세쪼, 그떼는 먼:, 그떼가 먼:. 지금가치로, 지그믄 돌 세고 그라지마는. 돌도 안 세고 머 에기덜.

− 도리먼 도링갑따 하고, 나, 나, 나이 너머가불고.

= 지그밍께 거식허제.

음:, 그면 에:기들 키우면서 기엉 남는 이리 이쓰심니까? 머 에드리 마:니 아파따등가, 아니면 에:드리.

= 예, 우리 큰딸, 큰딸 ○○가 마:니 아퍼써요. 아퍼가꼬 저, 그떼 멀::한디 친정에로 먼 야글 가지로 간다고 가써. 먼 야기, 존: 야기따고.

= 우리 친정 어무니가 '아이마다100) 쩌, 거시기 우리집까 먼: 야기땀마다. 가서 가꽈야 쓰거따' 그라고. 여그 네:까짱 보가 이써요. 보 건:닐라믄 무리 검:나 지퍼요.

= 간:디101) 우리 친정 어무니가 가서 약 가꼬 와서 그놈 양 미기고,102) 그놈 미기고, 어쩨 쉬:렌 쉬:레써라우.

에: 머, 머, 먼: 병인지도 몰르고.

= 검:나 그거시

= 예, 먼: 병인지도 몰:르고, 검나 마:니 아퍼써요. 그떼는 인자 이른 사람드리,103) 절무고 그랑께는, 머:시 어쩨뜽가, 마:니 아퍼서 곧 주글라게써.

− 그떼 호녀기104) 아니여쓰까?

= 먼:, 머시여뜽까 몰:라. 그레가꼬 우리 친정 어무니가105) 먼: 약 가따

= 우리 형님하고 둘이서. 가마니 짜야 그것 팔아서 먹고 사니까.

음.

= 일도 무척 했소.

- 예, 우리집에 와서 고생 많이 했어요.

= 모 떼고, 모 심고.

- 우리집에 와서 고생을 많이 했어 정말로.

허허허, 그럼 아이들 저, 낳고 나서는 돌 같은 것은 쇠어 주고 그랬습니까?

= 돌도 안 쇠었지요, 그때는. 무슨, 그때가 무슨. 지금같이, 지금은 돌 쇠고 그렇지만. 돌도 안 쇠고 뭐 아기들.

- 돌이면 돌인가 보다 하고, 나, 나, 나이 지나버리고.

= 지금이니까 거시기하지.

음, 그럼 아이들 키우면서 기억 남는 일이 있으십니까? 뭐 애들이 많이 아팠다든지, 아니면 애들이.

= 예, 우리 큰딸, 큰딸 ○○가 많이 아팠어요. 아파가지고 저, 그때 뭐 하는데 친정으로 무슨 약을 가지러 간다고 갔어. 무슨 약이, 좋은 약 있다고

= 우리 친정 어머니가 "아이 말이다, 저, 거시기 우리집에 무슨 약이 있단 말이다. 가서 가지고 와야 되겠다." 그러고. 여기 냇가에 보가 있어요. 보 건너려면 물이 매우 깊어요.

= 그런데 우리 친정 어머니가 가서 약 가지고 와서 그것 약 먹이고, 그것 먹이고, 어떻게 수월했 수월했어요.

예. 뭐, 뭐, 무슨 병인 줄도 모르고.

= 굉장히 그것이

= 예, 무슨 병인지도 모르고, 굉장히 많이 아팠어요. 그때는 이제 우리들이, 젊고 그러니까, 뭐가 어쨌던지, 많이 아파서 곧 죽으려고 했어.

- 그때 홍역이 아니었을까?

= 무슨, 무엇이었던지 몰라. 그래가지고 우리 친정 어머니가 무슨 약 갖다

조:뜽까 어쩨뜽가, 그라고는 쉬:레쏘이~.

　－ 에헤어.

　＝ 오메, 그떼 차라꼬106) 저 에레서 저기하데. 아따 그떼 차라꼬 주거부러쓰믄 요로코 아나꺼신디 그란다고 밤나 그레써.

　따:리요?

　＝ 예.

하하하

　＝ 아퍼싸꼬 그랑께.

아:, 지금도요?

　＝ 에, 차:코107) 아퍼싸요. 전데병워니 즈그 지비여.

어이고.

　－ 시방 쉬운 두:링가?

　＝ 쉬운108) 두:리제.

오:, 나이도 인자, 지금도 어디 아퍼요?

　＝ 차:코 아퍼싸요.

오:,

　＝ 요, 모게 가서 거시기, 갑쌍서니 이써가꼬 고, 수술허고.

아, 갑쌍선 암?

　＝ 펭야 그거이 암: 종류라가데요.

에:.

✛　＝ 성:씨가 누구시요? 베까 아저씨?

✛　@2 남편, 남편요?

✛　＝ 에에.

✛　@2 송, 송.

✛　＝ 송씨?

✛　@2 에.

갖다 줬던지 어쨌던지, 그렇게 하고는 수월했소.

— 에헤어.

= 아이고, 그때 차라리 저 어려서 저기하데. 아따 그때 차라리 죽어 버렸으면 이렇게 안 할 것인데 그런다고 밤낮 그랬어.

딸이요?

= 예.

하하하.

= 자꾸 아프고 그러니까.

아, 지금도요?

= 예, 자꾸 아파요. 전남대학교병원이 자기 집이야.

아이고.

— 시방 쉰둘인가?

= 쉰둘이지.

오, 나이도 이제, 지금도 어디 아파요?

= 자꾸 아파요.

오,

= 이, 목에 거시기, 갑상선이 있어가지고 그 수술하고.

아, 갑상선 암?

= 내나 그것이 암 종류라고 하데요.

예.

✛ = 성씨가 누구시요? 바깥 아저씨?

✛ @2 남편, 남편요?

✛ = 응응.

✛ @2 송, 송.

✛ = 송씨?

✛ @2 예.

✛ － 송:씨?

✛ ＝ 우리, 우리 사우는 신, 싱:가.

✛ － 송:씨여라우?

✛ @2 에.

✛ ＝ 우리 사우도 알:면 다 알:건네.

✛ － 아이고, 종제허고도 가:치 일허고 다 알:제.

✛ ＝ 저 사우는 ○○○.

✛ － ○○○○라고.

✛ @2 예:

✛ 음:.

✛ － 거가 시방 쉬운 네:살.

✛ ＝ 쉬운 네:살.

✛ 예:

✛ ＝ 송:씨?

✛ @2 예.

<u>흐흐흠</u>, 다른 아이드른 머 크게 아푸거나 크게 머 어쩌거나 그런 이른 업:
써꼬요?

＝ 머 에기들도 인자 키:다가 봉께 또 마:니 아푸제 아나푸꺼요?

＝ 다 이저불고 어:디가 아퍼서 어쩬능가는.

＝ 또, 우리 또, 거시기, 저 두:짜 따른 그 떼 마::니 아퍼가꼬 곧 주꺼써.

＝ 그레서는 우리 친정 아부지나 그떼 우리 짐니, 그떼는 지붕이로 짐
마람109) 여꺼서 짐 넌디, 곧 주꺼써 에기가.

＝ 그레서 거시기 어:쩨 이러고 에기가 요로고 마:니 아푸끄나고, 머 에
기가 숨:도 모:쒸고, 말:도 모다고 그라더니.

＝ 아이, 가서 이제 어꼬, 어꼬 갈 떼는 에기가 거시기 저 곧 죽꺼써라.
딜:렁디리랑 말: 한자리도 아나고 가드니.

✚ － 송씨?

✚ ＝ 우리, 우리 사위는 신, 신가.

✚ － 송씨예요?

✚ @2 예.

✚ ＝ 우리 사위도 알면 다 알겠네.

✚ － 아이고, 종재하고도 같이 일하고 다 알지.

✚ ＝ 저 사위는 ○○○.

✚ － ○○○이라고.

✚ @2 예.

✚ 음.

✚ － 거기가 시방 쉰 네 살.

✚ ＝ 쉰 네 살.

✚ 예.

✚ ＝ 송씨?

✚ @2 예.

흐흐흠, 다른 아이들은 뭐 크게 아프거나 크게 뭐 어쩌거나 그런 일은 없었고요?

　＝ 뭐 아이들도 이제 키우다가 보니까 또 많이 아프지 안 아플 것이오?

　＝ 다 잊어 버리고 어디가 아파서 어쨌는지는.

　＝ 또, 우리 또, 거시기, 저, 둘째 딸은 그때 많이 아파가지고 곧 죽겠어.

　＝ 그래서는 우리 친정 아버지나 그때 우리 집 이 그때는 지붕으로 짚마름 엮어서 짚 이는데, 곧 죽겠어 아이가.

　＝ 그래서 거시기 왜 이렇게 아이가 이렇게 많이 아플거나 하고, 뭐 아이가 숨도 못 쉬고, 말도 못하고 그러더니.

　＝ 아이, 가서, 이제 업고, 업고 갈 때에는 아이가 거시기, 저, 곧 죽겠어요. 덜렁덜렁 말 한 마디도 안 하고 가더니.

= 가서, 친 쩌:그 시눠리라 간서 체 네고 나서는 말:도 허고, 노레도, 콘노레도 부르고.

어이고.

체 헤, 체 헤꾸나.

= 그레가꼬 함번 그레써.

= 예, 체 헤가꼬.

– 체 헤, 체 헤써.

= 또 함버는, ○○가 자꼬 아퍼써써요.

= 저기, 또 함버네 아퍼가꼬 곧 주꺼써. 그레서 그떼 거, 저, 쩌:그서 살 떼 거 께종나무로 요,[110] 울짱에다가[111] 께종나무를 시먼넌디 그노믈 비여다가 데야지마그로[112] 지서써요.

= 그레께 동:전[113] 나뜽갑쏘, 그떼.

– 아, 하하하.

= 동:정 나가꼬 곧 주껀는디 그놈 비여불 그놈 뜨더불고 제:비하고[114] 낭께 쉬:라드라우.

오:, 그먼, 긍까 그거는 나:무를 안 비, 나:무로 헤:서는 안 델 꺼슬 헤:따 그 마리지요?

– 그러지요. 데:고,[115] 데:고 빋, 안 빌 꺼슬 비여붕께.

= 데야지마그로 지서뜨니 그거시 타:리 나가꼬. 그레가꼬 두:, 두: 번 주글 고페를[116] 넝거써.

아:,

= ** 다릉 거뜰도 먀:니 아퍼쓸테지라우 인자.

예. 예. 예. 헤헤.

– 그떼 동:에지른[117] 누가 헤뜽가?

= 큰집 시수기 헤:게꾸만.

= 가서, 저기 신월리에 가서 체 내고 나서는 말도 하고, 노래도, 콧노래도 부르고.

아이고.

체해, 체했구나.

= 그래가지고 한 번 그랬어.

= 예, 체해가지고.

― 체해, 체했어.

= 또 한번은 ○○가 자꾸 아팠었어요.

= 저기, 또 한번은 아파가지고 곧 죽겠어. 그래서 그때 그, 저, 저기서 살 때 그 가죽나무로 이, 울타리에다 가죽나무를 심었는데, 그것을 베어다가 돼지우리로 지었어요.

= 그래서 동티 났던가 봐요, 그때.

― 아, 하하하.

= 동티 나가지고 곧 죽겠는데 그것 베어 버리 그것 뜯어 버리고 동티잡이 하고 나니까 수월하더래요.

오, 그럼, 그러니까 그것은 나무를 안 베어, 나무로 해서는 안 될 것을 했다 그 말이지요?

― 그렇지요. 함부로 함부로 베, 베지 않아야 할 것을 베어 버리니까.

= 돼지우리로 지었더니 그것이 탈이 나가지고. 그래가지고 두, 두 번 죽을 고비를 넘겼어.

아,

= ** 다른 것들도 많이 아팠을 테지요 이제.

예. 예. 예. 헤헤.

― 그때 동아질은 누가 했던가?

= 큰집 시아주버니가 하셨구먼.

2.5 시집살이

그 다메 혹씨 그:, 우리 할머니는 시집싸:리는 어트케.

= 나는 시집싸리는 아나.

아나셔써요?

= 예, 시집싸리 아네.

시어머니가 조으션나?

= 에, 시집싸리는 아네써.

- 시집싸리는 아나고, 아이, 아나고 또.

= 우리 형님도 조:으시고

= 시집싸리라고는 아네바서.

- 이를 잘 항께.

= 먼: 시집싸리 하고 먼.

- 시킬 꺼시, 시킬 거씨 업:쓰께.

= 그러먼 징허니도[118] 나는 안 조아헤.

아:,

= 시집싸리 항 거시 업:써가꼬 머:신지 머:신지 모:르고 사라써.

- 어머이가 그러케 조아게써라우.

예:

= 할머이나[119] 어머이나.

- 함머니도[120] 그라고.

아:,

= 엔:나레는 머글 끄니에 쌀:도 안 시어머니드리 네:주고 안 그레쏘 안?

= 엔:나렌 베:추지[121] 다머가꼬도[122] 어:런더리 베:추지 다무먼 말레

그 다음에 혹시 그, 우리 할머니는 시집살이는 어떻게.

= 나는 시집살이는 안 해.

안 하셨어요?

= 예, 시집살이 안 해.

시어머니가 좋으셨나?

= 예, 시집살이는 안 했어.

‑ 시집살이는 안 하고, 아이, 안 하고 또.

= 우리 형님도 좋으시고

= 시집살이라고는 안 해봐서.

‑ 일을 잘 하니까.

= 무슨 시집살이하고 무슨.

‑ 시킬 것이, 시킬 것이 없으니까.

= 그러면 굉장히 나는 안 좋아해.

아,

= 시집살이 한 게 없어가지고 뭔지 뭔지 모르고 살았어.

‑ 어머니가 그렇게 좋으셨어요.

예.

= 할머니나 어머니나.

‑ 할머니도 그렇고.

아,

= 옛날에는 먹을 끼니에 쌀도 시어머니들이 내어 주고 그러잖았소?

= 옛날에는 배추김치 담가가지고도 어른들이 배추김치 담그면 광에

다123) 딱 도가지에다 다머서 가따 도:불고 메느리나 몸:무께.

아:,

= 상에만 노라고. 상에만 노라고 몸:무께 하고 그레따게써. 그렌넌 나는 그렁 거슨 아네반넌디.

= 싱냥, 인자 싸:리 저기 헝께 시어마니더른 싸:를 마:니썩, 바블 모:다게항께, 우리 형니미 모:르게 시어마니 모르게 싸를 언넝 마:니 떠다가, 인자 나 시집 와농께 에롭쩨.124)

에.

= 그라나요? 밥 쩨:까썩125) 주기도 에롭꼬 그랑께 우리 형니미 쌀:도 마:니 퍼가꼬 와써. 모:르게 마:니 퍼가꼬 바베가꼬.

= 옌:나레는 막 진짜 항에다,126) 도가지에다127) 다머서 막 줄:랑 짐체128) 도가지에도 노코 그레써라. 한지129) 다머서 연는디.

= 거런 디다가 막 바베서, 양파네다 퍼서, 막 감체노코 무꼬 그레써. (웃음)

하하하, 형니미 조으션네.

= 긍께 나느뇨이~ 시지바서.

- 그랑께 그 냥바니 요:렝이 이씽께 그레.

= 나는 그랑게 궁:꼬 머:다고 그라도 아네써. 그란디,

- 그레, 그냥바니 요:렝이 이씽께 그라제.

= 마네써라우, 그떼는.

이 동네에서도 시집싸리 시:마게한 사람도 이써써요?

= 그라제라우. 시:마게 한 사람도 이쩨라우.

아:.

= 긍께 나는 시집싸릴 아네바서 시지싸리다하믄 몰.

네:.

- 몰라, 시집싸리 헤고도 아네따고 항가.

다 딱 독에다 딱 담아서 갖다 둬 버리고. 며느리나 못 먹게.

아,

= 상에만 놓으라고. 상에만 놓으라고 못 먹게 하고 그랬다고 했어. 그랬는데 나는 그런 것은 안 해 봤는데.

= 식량, 이제 쌀이 저기하니까 시어머니들은 쌀을 많이씩 밥을 못하게 하니까, 우리 형님이 모르게 시어머니 모르게 쌀을 얼른 많이 떠다가, 이제 나 시집 와 놓으니까 어렵지.

예.

= 그렇잖아요? 밥 조금씩 주기도 어렵고 그러니까 우리 형님이 쌀도 많이 퍼가지고 왔어, 모르게 많이 퍼가지고 밥 해가지고.

= 옛날에는 막 진짜 항아리에다 독에다 담아서 막 주르르 김치독에도 놓고 그랬어요. 물김치 담가서 넣는데.

= 그런 데다가 막 밥 해서, 양판에다 퍼서, 막 감춰 놓고 먹고 그랬어.

(웃음)

하하하, 형님이 좋으셨네.

= 그러니까 나는요 시집와서.

– 그러니까 그 양반이 요령이 있으니까 그래.

= 나는 그러니까 굶고 뭐하고 그러지도 안 했어. 그런데

– 그래, 그분이 요령이 있으니까 그렇지.

= 많았어요, 그때에는.

이 동네에서도 시집살이 심하게 한 사람도 있었어요?

= 그러지요. 심하게 한 사람도 있지요.

아.

= 그러니까 나는 시집살이를 안 해 봐서 시집살이라고 하면 몰라.

네.

– 몰라, 시집살이 하고도 안 했다고 하는지.

= 아니여.

헤헤헤헤.

= 아부니도[130] 나를 이:빼허시고 할무이도[131] 그라고 그랑께 몰:라.

— 함머니가 아은두:레 도라가시고, 어머이는 벵니:세 도라가셔써.

@2 음:.

아이구, 에: 아주 장:수지바니시네.

— 아여간 남자드른 그르케.

= 우리 친정어무니도 아은니:세 도라가시고.

@2 음:.

= 으흐.

시누이는 오니까 머: 다 시집가부러서.

= 예.

시누이도 업:꼬이~.

= 여워 불고 오:꼬

— 머 시누드리 업:씅께 먼 시집싸리라거도 누가 할 라:께 아나고.

하하.

— 시누드리[132] 시집싸리 싱킨다 하두만.

= 아니야.

헤헤헤헤.

= 아버지도 나를 예뻐하시고 할머니도 그러고 그러니까 몰라.

― 할머니가 아흔 둘에 돌아가시고, 어머니는 백 넷에 돌아가셨어.

@2 으음.

아이고, 네, 아주 장수 집안이시네.

― 하여간 남자들은 그렇게.

= 친정어머니도 아흔 넷에 돌아가시고.

@2 으음.

= 으흐.

시누이는 오니까 뭐 다 시집 가 버려서.

= 예.

시누이도 없고.

= 여의어 버리고 없고

― 뭐 시누이들이 없으니까 무슨 시집살이라도 누가 하려고 안 하고.

하하.

― 시누이들이 시집살이 시킨다 하더구면.

2.6 환갑잔치

에: 황:갑, 황:가븐 세셔써요?

— 예:

아:, 그 어떠케 세셔써요?

— 저:: 저 잔치, 잔치 헤:가꼬, 거 잔치하고 그레써요.

동네에선 어:서 잔치함니까?

— 지비서 헤:쪼.

지베서? 하고 다 동:네싸람들 초데하고?

= 예.

— 그레찌요.

= 지비서 초데헤서 지비서 모도. 엔:나리라 글떼는.

아:,

— 그떼는 홀차니133) 크게 세:써요.

어떠, 음:식 장마, 그다메 또 놀:기도 하고 그럼니까?

= 그러지요, 저녕:네 노라찌요 또.

— 저영네 와서 마을 양반드리134) 여그서 자:시고 가머넌 또 함바꾸 하
고 와서 또 자:시고, 늘 자시고.

아:, 하루 종일?

= 예, 하루 종일, 저니게까장.135)

— 저녀게까장도 놀:고.

하하, 그러면 밥 안허고 여그 와서 다 세:번 다 멍나요?

= 예 그러지요.

— 그러쪼야.

= 여그는 다 그러지요. 다 누구던지 다 그레요 그떼는. 항:갑 세:고.

예, 환갑, 환갑은 쇠셨어요?

― 예.

아, 그 어떻게 쇠셨어요?

― 저 저 잔치, 잔치해가지고, 그 잔치하고 그랬어요.

동네에서는 어디에서 잔치합니까?

― 집에서 했죠.

집에서? 하고 다 동네 사람들 초대하고?

= 예.

― 그랬지요.

= 집에서 초대해서 집에서 모두. 옛날이라 그때는.

아,

― 그때는 상당히 크게 쇠었어요.

어떤, 음식 장만, 그 다음에 또 놀기도 하고 그럽니까?

= 그러지요, 저녁내 놀았지요 또.

― 저녁내 와서 마을 어른들이 여기서 드시고 가면은 또 한 바퀴 하고 와서 또 드시고, 늘 드시고.

아, 하루 종일?

= 예, 하루 종일, 저녁까지.

― 저녁까지도 놀고.

하하, 그럼 밥 안 하고 여기 와서 다 세 번 다 먹나요?

= 예, 그렇지요.

― 그렇지요.

= 여기는 다 그러지요. 다 누구든지 다 그래요 그때는. 환갑 쇠고.

아:, 정말 항:갑잔치처럼 하, 헤신네요.

= 예.

네:, 요세는.

─ 그떼 나 주거부러쓰먼 항:갑또 안세쓰껄 아닝가?

= 그러제. 누구던지 주거부먼 안 세제.

하하하. 그레, 그, 자녀분드리 황:갑 상도 차려주고 그레써요?

= 그레찌요.

─ 그라고 여게, 자녀드리 다 그거 헤:쩨.

예:.

─ 우리는 아날라고 헨넌디 자녀드리 다 거시기헤가꼬.

따님드리이~.

─ 사우들또 이:기헤가꼬 다.

그러먼 그떼는 머 다른 집떼도 황:갑잔치도 초데바다서 가시고도 그레찌요?

= 그르지요.

그떼는 그냥 빈:소느로 감니까?

= 그떼는 먼:, 머:또 헤:가 지금가간니먼 돈:도 가꼬가고 그란디 그떼 그저네는 그러케 머 돈:도 별로 앙가꼬가꼬.

─ 벨라136) 아나.

= 술 한 데썩 바다가꼬 가고 막 그레써라.

─ 그날 어 은자 인사로 수란데썩 바다가꼬 가기도 하고.

= 머, 또 이러코 인자 중가네 한 사람드른 또 도:니로 쪼까썩 주고 인자 그레찌요.

= 우들 헐떼는 벨라 돈:도.

─ 벨라 도:늘 앙 가꼬와

= 돈 마:뉜써기나 수란데씩 그르케 바다아꼬 오고 그레쩨.

음:. 예, 조씁니다.

아, 정말 환갑잔치처럼 하셨네요.

= 예.

네, 요즘은.

- 그때 나 죽어 버렸으면 환갑도 안 쇠었을 것 아닌가?

= 그렇지. 누구든지 죽어 버리면 안 쇠지.

하하하. 그래, 그, 자녀분들이 환갑상도 차려주고 그랬어요?

= 그랬지요.

- 그리고 여기 자녀들이 다 그것 했지.

예.

- 우리는 안 하려고 했는데 자녀들이 다 거시기 해가지고.

따님들이.

- 사위들도 얘기해가지고 다.

그러면 그때는 뭐 다른 집 때도 환갑잔치도 초대 받아서 가시고도 그랬지요?

= 그러지요.

그때는 그냥 빈손으로 갑니까?

= 그때는 무슨, 무엇도 해 가지 지금과 같으면 돈도 가지고 가고 그런 데, 그때 그전에는 그렇게 뭐 돈도 별로 안 가져 가고.

- 별로 안 해.

= 술 한 되씩 받아가지고 가고 막 그랬어요.

- 그날 어 이제 인사로 술 한 되씩 받아가지고 가기도 하고.

= 뭐, 또 이렇게 이제 중간에 한 사람들은 또 돈으로 조금씩 주고 이 제 그랬지요.

= 우리들 할 때에는 별로 돈도.

- 별로 돈을 안 가지고 와.

= 돈 만원씩이나 술 한 되씩 그렇게 받아가지고 오고 그랬지.

으음. 예, 좋습니다.

2.7 장례

그 다메는 인제 장:네에, 사람 주그면 인제 어뜨케 장:네를 치르는지 옌:날 거 함번 말쓰메 주실람니까?

— 예:.

그 사람 주그먼 어떠케.

— 엔:나레는 거시게찌라.

사람 주거따 그러먼 인제 우선 알려야데조이~?

— 알려야지요.

어:

— 부:고 데고, 저 부:엄도 쓰고, 딱 거시기 하면, 딱 주그먼.

에.

— 예: 사:자밥, 사:자밥 헤 논다고 밥, 바베 노코.

예.

— 또, 에, 사:자신도 사마야 쓰고.

아:.

— '끄렝이밥'137) 또또 그랑께 인자 사:자바비 인자 끄렝이로 싹 그놈 가꼬 인자 싸:, 싸:요.

먼, 먼: 바비요? '끄렝이밥'?

— 끄렝이밥 싸:.

끄렝이바비 멈:니까.

= 지베다가.

— 지베다가.

= 여로코 헤:서.

— 싸:.

그 다음에는 이제 장례에, 사람 죽으면 이제 어떻게 장례를 치르는지 옛날 그거 한번 말씀해 주시겠습니까?

— 예.

그 사람 죽으면 어떻게.

— 옛날에는 거시기했지요.

사람 죽었다 그러면 이제 우선 알려야 되지요?

— 알려야지요.

어.

— 부고, 저 부음도 쓰고, 딱 거시기하면, 딱 죽으면.

예.

— 예, 사잣밥, 사잣밥 해 놓는다고 밥, 밥 해 놓고.

예.

— 또, 사잣신도 삼아야 하고.

아.

— '꾸러미밥'도 그러니까 이제 사잣밥이 이제 꾸러미로 싹 그것 가지고 싸, 싸요.

무슨, 무슨 밥이요? '끄랭이밥'?

— 꾸러미밥 싸.

꾸러미밥이 뭡니까.

= 짚에다가.

— 짚에다가.

= 이렇게 해서.

— 싸.

= 지베다가 요로고 저, 엔:나레 게란하머는, 게란 엔:나레는 거, 지베다 싸요 안?

− 게란싸데끼.138)

= 게란 싸데끼 거 끄레미 이로코 만드러가꼬 거그다가.

− 시:반디다 싸:여.

= 시:반디다 딱 끄레밀139) 싸:데요. 그레가꼬 거그다 돈:도 거 엄마썩140) 너:코. 그레가꼬 어:디 쩌:그 가따 안:사네다 다라노테요, 으흐흐. 그거 사:자바비라고.

사:자밥.

− 쩌: 다, 당:산나무인넌디 여그 또 별또로 숩, 수비 이써써요. 거기다가 다라 다라메:노코,

아:,

− 그라고, 그라고 아 인는 사람드른 오:일 출쌍또 하고, 사:일 출쌍또 하고, 데:략 보먼 사밀 출쌍.

예, 예. 그럼 부고는 이제 누가 돌림니까?

− 부고::는 게: 무더가꼬.

예.

− 하머는 벨 수 업써 게:원드리 인자 가야제 또. 부:고 하인이 업:쓰, 업:쓰니까. 아:로 안 갈라가니까.

에:

− 그럼 푸마시 거시기로 마:니 뎅이기도 하고.

예.

− 그거 뎅이며는 암마네도 천:데 바꼬 먼, 그냥. (웃음)

부:고가 조, 안 조, 안 조은 소식이니까이~.

− 그러조. 인쟌 인쟌 엔:나레는 거시기 안 조은 사람드리 마:이 뎅잉께. 부:고도 마이 뎅이고.

= 짚에다가 이렇게 저, 옛날에 계란 하면은, 계란 옛날에는 그, 짚에다 싸잖아요?

－ 계란 싸듯이.

= 계란 싸듯이 그 꾸러미 이렇게 만들어가지고 거기다가.

－ 세 군데다 싸요.

= 세 군데에다 딱 꾸러미를 싸데요. 그래가지고 거기에다 돈도 그 얼마씩 넣고. 그래가지고 어디 저기 가져다 안산에다 매달아 놓데요. 으흐흐. 그게 사잣밥이라고.

사잣밥.

－ 저 다, 당산나무 있는데 여기 또 별도로 숲, 숲이 있었어요. 거기에다가 매달아 놓고,

아,

－ 그리고, 그리고 아 있는 사람들은 오일 출상도 하고, 사일 출상도 하고, 대략 보면 삼일 출상.

예, 예. 그럼 부고는 이제 누가 돌립니까?

－ 부고는 계 들어가지고.

예.

－ 하면은 별 수 없어. 계원들이 이제 가야지 또. 부고 하인이 없으, 없으니까. 하러 안 가려고 하니까.

예.

－ 그럼 품앗이 거시기로 많이 다니기도 하고.

예.

－ 그것 다니면은 아무래도 천대 받고, 뭐 그냥.

부고가 조, 안 좋, 안 좋은 소식이니까.

－ 그러지요. 이제 이제 옛날에는 거시기 안 좋은 사람들이 많이 다니니까. 부고도 많이 다니고.

아:, 아, 아, 아, 그러니까.

— 예.

— 그랑께 부:고 가며는 인자:: 그 산지기나 제젱이, 제지기드리 마:이 뎅엔넌디, 시방은 쩌.

= 지그믄 머.

— 떼에 따라서 게:원드리 마:니 뎅에붕께.

예.

— 곱 마:냐게 그런 헹셰한 사람 혼나지요이~

엔:나레 제 어려쓸 떼 봄, 보니까 그 부:고를 바드면 지바느로 안 드리고 이러케 다메다가 꼬자.

= 예.

노트라고.

= 예.

— 그란디.

예.

— 멀, 거시기한다 헤:서 쩌, 쩌, 울타리에다 찡게노코[141] 가라하고, 머: 단 사람드른 그거이 또 바까테다 낟:, 저 찡게노꼬 가서 나:두고 가란 사람도 이꼬.

— 거 괸찬한 사람드른 고셍한다고 술짜니라도 바더주고.

예:

— 그라고 여:비도 준 사람도 인는디.

예:

— 엔: 거시기한 사람드른 양:반티한다고 거러다가 코 다칠라고.

하하하.

— 그린, 그린 소리도 하고.

허허, 그레가지구요. 이제 부:고는 그러케 하고. 사람 주그면 인제, 인제 아, 아, 아, 아, 그러니까.

─ 예.

─ 그러니까 부고 가면은 이제 그 산지기나 제지, 제지기들이 많이 다녔는데, 시방은 저.

= 지금은 뭐.

─ 때에 따라서 계원들이 많이 다녀 버리니까.

예.

─ 그 만약에 그런 행세한 사람 혼나지요.

옛날에 저 어렸을 때 보니까 그 부고를 받으면 집안으로 안 들이고 이렇게 담에다가 꽂아.

= 예.

놓더라고.

= 예.

─ 그런데.

예.

─ 뭐 거시기한다고 해서 저, 저, 울타리에다 끼워 놓고 가라고 하고, 어떤 사람들은 그것이 또 밖에다 놔, 끼워놓고 가서 놔두고 가라는 사람도 있고.

─ 그 괜찮은 사람들은 고생한다고 술잔이라도 받아주고.

예.

─ 그리고 여비도 주는 사람도 있는데.

예.

─ 원래 거시기한 사람들은 그 양반 티 낸다고 그렇게 하다가 큰코 다치려고 하하하.

─ 그런, 그런 소리도 하고.

허허, 그래가지고요. 이제 부고는 그렇게 하고. 사람 죽으면 이제, 이제,

관 가틍 거슨 어터케 만듬니까?

 - 간, 엔:나레는.

널: 이제.

 - 솔 비여다가, 인는 사람드른 지비서.

예.

 - 톱찔 헤:서 짜:구질142) 다 헤:서, 데:페질 헤:가꼬 그레가꼬 과늘 멩 길기도 하고.

@2 예:.

 - 거:그 또 시방잉께 인자, 마:니 인자 과늘 사다가 마:니 쓴디

예.

 - 그저네는, 인는 사람드른 마:니 여그서 목쑤 데레다가 다 짜:서 다 거 헤:써요.

아, 그레써요?

 = 짜:쏘?

 - 어~, 인는 사람드른 마:니 그레쩨, 우리 에레서.

그이~까 미리 줌:비를 헤: 논 집또 이꼬.

 - 그러지라.

아임 줌:비를.

 - 아난, 아난 사람도 이꼬.

고먼 도라가시먼 바로 사네 가서 나:무를 벰:니까?

 - 야, 비여다가 또 네리, 네레가꼬 하기도 하고.

음:.

 - 줌:비헤:논 사라믄 이꼬.

음:

 - 판자를 조:케 나:둔 사라미 만: 주로 마:네요.

긍께 저 기여게도.

관 같은 것은 어떻게 만듭니까?

　－ 관, 옛날에는.

널 이제.

　－ 소나무 베어다가, 있는 사람들은 집에서.

예.

　－ 톱질 해서 자귀질 다 해서, 대패질 해가지고, 그래가지고 관을 만들기도 하고.

@2 예.

　－ 거기 또 시방이니까 이제, 많이 이제 관을 사다가 많이 쓰는데.

예.

　－ 그전에는, 있는 사람들은 많이 여기서 목수 데려다가 다 짜서, 다 그 했어요.

아, 그랬어요?

　＝ 짰소?

　－ 응, 있는 사람들은 많이 그랬지, 우리 어려서.

그러니까 미리 준비를 해 놓은 집도 있고.

　－ 그렇지요.

아니면 준비를.

　－ 안 한, 안 하는 사람도 있고.

그러면, 돌아가시면 바로 산에 가서 나무를 벱니까?

　－ 예, 베어다가 또 내려, 내려가지고 하기도 하고.

으음.

　－ 준비해 놓은 사람은 있고.

으음.

　－ 판자를 좋게 놔 둔 사람이 많 주로 많아요.

그러니까 제 기억에도.

— 몰, 몰룬143) 놈.

예, 판자로.

— 아이, 우리집또 그저네 저, 저, 널:깜144) 한다고 판자 여런 뜨꼬. 네:
겡가 나:도뜨마이라.

예.

— 네:게.

에.

— 그놈 인자 다 써불고 거식헤서 피료하니 쓰기 좁:띠다 거.

흐흠.

— 허허허.

= 지그믄 그거 누가 이까니?145)

— 어?

= 지그믄 누가 그렁건 이깐디?146)

— 아, 여:저, 끄:끄: 우리 큰지비여 그떼 써쩨.

= 큰지베는 써써.

— 간 저 사다 쓰고 그노문 써쩨.

음: 그러지요. 음. 그르고.

— 그라오 사일 출쌍하먼 인자 여그서 인자 지비서 거시기 제: 모시고
'황복쩨' 모:시고.

— 또 쩌:그, 거리쩨 모:신다고 또, 마을 아페 가서 체얄 처 노코 모타
가꼬 거리쩨 모:시머는, 제: 모:시고.

— 이자 유데군들,147) 소임들 오먼 소임 바꼬, 또 저라고 나오먼 한 탕
썩 미기고, 유데군들또 한 탕썩 무꼬. 간: 그 떼만 헤:도 유데군드리 파니
제, 유데군드리 제, 제미 바: 부러쩨.

에:

— 아, 거그는 저 유데군드른 고셍한다고 뭉텡이로148) 상을 논 놈 다

─ 마, 마른 것.

예, 판자로.

─ 아이, 우리집도 그 전에 저, 저, 널감한다고 판자 여럿 뜯고 네 개인가 뵈 됐더구면요.

예.

─ 네 개.

예.

─ 그것 이제 다 써 버리고. 거시기해서 필요하니 쓰기 좋습디다 그.

흐흠.

─ 허허허.

＝ 지금은 그것 누구에게 있기나 하나요?

─ 어?

＝ 지금은 누가 그런 게 있나요?

─ 아, 여어 우리 큰집에도 그때 썼지.

＝ 큰집은 썼어.

─ 관 저 사다 쓰고 그것은 썼지.

음, 그렇지요. 음, 그리고.

─ 그리고 사 일 출상하면 이제 여기서 이제 집에서 거시기 제사 모시고 '황복제' 모시고.

─ 또 저기, 거리제 모신다고 또, 마을 앞에 가서 차일 쳐 놓고 모아가지고 거리제 모시면은 제 모시고.

─ 이제 상여꾼들, 손님들 오면 손님 받고, 또 절하고 나오면 한 차례씩 먹이고, 상여꾼들도 한 차례씩 먹고. 그런데 그 때만 해도 상여꾼들이 판이지, 상여꾼들이 재, 재미 봐 버렸지.

예.

─ 아, 거기는 저 상여꾼들은 고생한다고 뭉텅이로 상을 놓은 것 다

가지가요.

　－ 다리 한나썩 딱 가지가고.

헤헤헤.

　－ 헤헤.

유데군들리 셍이 멘, 셍이 멘: 사람드리조?

　－ 그러제. 그랑께 우리는 주로: 게원드리라 서로 푸마시 거시깅께 거 가서 헤:야제, 아나문 안 데고.

예.

　－ 우리는 인자 셍에도[149] 무지하이 띠머쏘[150] 우리 나도.

아:,

　－ 주로 아:페서 마:이 띰:쩨 나는.

아, 히미 세:그등.

@2 하하하

　－ 아니, 키가 또 크고 그랑께.

키가 크니까.

　－ 시미 이짜네 거 엔:나레는 에나무다리도 건네 뎅에쏘.

웨나무다리믄 한 줄로 서야, 가야 데는데.

　－ 그라네라우. 거: 저: 셍에야 여그시 징 마라자면 여그시 셍에라하면 요거시 셍에라면 요구시 바리 다 이써.

　－ 그라고 주를 메.

예.

　－ 그라면 저이 한쪼게다만 여그다 그냐 지 평지사니 여그데로 간디,

　－ 인자 이짜게다 딱 거러. 그라고 지금 마라자면 여거시 다리라가면 요르케 양:쪼게, 양:쪼게서 버틈니다.

아:,

　－ 발 마처 감시로 요러케, 요러케 뛰여 감시로.

가져가요.

- 다리 하나씩 딱 가져가고.

헤헤헤.

- 헤헤.

상여꾼들이 상여 메는, 상여 메는 사람들이지요?

- 그렇지. 그러니까 우리는 주로 계원들이라 서로 품앗이 거시기니까 거기 가서 해야지, 안 하면 안 되고.

예.

- 우리는 이제 상여도 무지하게 떠멨소 우리 나도.

아,

- 주로 앞에서 많이 떠메지 나는.

아, 힘이 세거든.

@2 하하하

- 아니, 키가 또 크고 그러니까.

키가 크니까.

- 힘이 있어서가 아니라 그 옛날에는 외나무다리도 건너 다녔소.

외나무다리면 한 줄로 서야, 가야 하는데.

- 그렇지 않아요. 그 저 상여 이것이 즉 말하자면 이것이 상여라 하면 이것이 상여라면 이것이 발이 다 있어.

- 그리고 줄을 매.

예.

- 그러면 저 이 한쪽에다만 여기다 그 이제 평지이면 여기대로 가는데,

- 이제 이쪽에다가 딱 걸어. 그리고 지금 말하자면 이것이 다리라고 하면 이렇게 양쪽에, 양쪽에서 버팁니다.

아,

- 발 맞춰 가면서 이렇게 이렇게 떼어 가면서.

오:

- 너머 버테불먼 안뎅께.

= 긍께 요러코.

- 안 버티고.

= 여가 다리, 외나무다, 지리다그라먼 여그다가 양:쪼게서 이로코 버트고.

- 양:쪼게 보투고,[151] 보투고 이로고 가. 요, 저짝, 저짝 싸람드른 이러케 보투고 서로.

= 응, 서로.

- 발 마처 감시로.

= 그레야꼬.

- 그레가꼬 건:네르 뎅임마.

아유.

@2 아~.

= 그랑께 힘들제 거그는. 까딱잘모:다믄 요:리 너머가부먼 요:리 너머 가불고 항께 서로가 또까치.

- 그랑께 소리꾸니 또 자라고.

아:.

- 또 아:페서 부튼 사라미 이꼬 또 뒤에서 안 부튼 사라미 이꼬.

아:.

- ***

음. 에헤헤헤.

- 아 그라고 함번썩 멤:문 따 저 땀 땀차제라. 힘드러. 쩌이 먼:디 아 저 쪼:그 저 거시기 돈남[152] 뒤예까장 갈라믄 차말 머:러,

- 그 떼는 질도 고야가고 그랑께 인자 시방 하천 뚜기씅께 시방이야는 예:인자 차로 마:니 움지겨불고 머:다고 항께 그라제 우리.

오,

- 너무 버텨 버리면 안 되니까.

= 그러니까 이렇게.

- 안 버티고.

= 여기가 다리, 외나무다, 길이라고 하면 여기에다가 양쪽에서 이렇게 버티고.

- 양쪽에 버티고, 버티고 이렇게 가. 이 저쪽 저쪽 사람들은 이렇게 버티고 서로.

= 응, 서로.

- 발 맞춰 가면서.

= 그래가지고.

- 그래가지고 건너를 다니는구면.

아유.

@2 아.

= 그러니까 힘들지 거기는. 까딱 잘못하면 이리 넘어가 버리든지 이리 넘어가 버리고 하니까 서로가 똑같이.

- 그러니까 소리꾼이 또 잘하고.

아.

- 또 앞에서 붙는 사람이 있고, 또 뒤에서 안 붙는 사람이 있고.

아.

- ***

음. 에헤헤헤.

- 아 그리고 한 번씩 메면 저 땀 차지요. 힘들어. 저 이 먼 데 저 저기 저 거시기 돈남(지명) 뒤까지 가려면 정말 멀어,

- 그때는 길도 고약하고 그러니까 이제 시방 하천 둑이 있으니까 시방 이야 예 이제 차로 많이 움직여 버리고 뭐 하고 하니까 그렇지 우리.

= 지금 셍에*** 병:워네서 막 장.

영:구차로.

= 차로, 영:구차로 저기 헤분디.

- 우리 거시기할 떼만 헤도 셍에도 무지허니 띠:꼬.

= 지비서 던떼 안 치고 막 도라가실락 하믄 걍 병:워느로 갑띠이다.153)

- 거리쩨 머:시 올라면 여그서 한참 놀:고 가다가 또 반지 조은디 가서 이쓰먼 쉬여가꼬 또 술한잔썩 무꼬 또 가고.

- 술 안 머금 또 일: 또 안 모:다고

예, 셍 셍에는 그 동:네에 딱 하나가 이씀니까? 아니면 그떼마다 만듬니까?

- 그제::는 셍에찌비 이써써요.

에:.

- 그레가꼬 그 노멀 보:관 딱 헤:가꼬 가따 쓰고 헨:넌디

- 머 우리는 인자:: 각짜가 다 모도 겐창케 사:니까 거시기 여그 셍에 찝 업:쎄블고 거식하더니 셍에 지비 가서 주:문헤:가꼬 와서 거시하고

- 인는 사람드른 셍에도 지비서 만드레야서 또 쓰기도 하고

아, 꼳 머 마:니 꼬꼬

- 꼬또 아 우리 헹니믄 그릉거또 기수리 이써나서 꼬또 멩그라서 셍에 멘들고 두: 냥반드리 멘드라써요.

- 바로 아까 저: 소리 한 냥반 아부지가 그거슬 잘 멩길고

아:,

- 우리 헹님도 그거, 그렁 걸 잘 멩그라써요.

음, 그레써요, 에.

셍에 메:고 그떼 거, 그분들 노레.

- 노레 하지요.

= 지금 상여*** 병원에서 막 그냥.

영구차로.

= 차로, 영구차로 저기해 버리는데.

− 우리 거시기할 때만 해도 상여도 무지하게 떠메고.

= 집에서 텐트 안 치고 막 돌아가시려고 하면 그냥 병원으로 갑니다.

− 거리제 뭐가 오려면 여기서 한참 놀고 가다가 또 반반한 땅(?) 좋은데 가서 있으면 쉬어가지고 또 술 한 잔씩 먹고 또 가고

− 술 안 먹으면 또 일 또 못하고

예, 상여는 그 동네에 딱 하나가 있습니까? 아니면 그때마다 만듭니까?

− 그전에는 상엿집이 있었어요.

예.

− 그래가지고 그것을 보관 딱 해가지고 가져다 쓰고 했는데

− 뭐 우리는 이제 각자가 다 모두 괜찮게 사니까 거시기 여기 상엿집 없애 버리고 뭐 하더니 상엿집에 가서 주문해가지고 와서 뭐 하고

− 있는 사람들은 상여도 집에서 만들어서 또 쓰기도 하고

아, 꽃 뭐 많이 꽂고

− 꽃도 아 우리 형님은 그런 것도 기술이 있어 놔서 꽃도 만들어서 상여 만들고 두 분이 만들었어요.

− 바로 아까 저 소리 한 분 아버지가 그것을 잘 만들고

아,

− 우리 형님도 그것 그런 것을 잘 만들었어요.

음, 그랬어요, 음.

상여 메고 그때 그 그분들 노래

− 노래 하지요.

아페서, 아페서 하고.

– 소리, 소리꾸니 아:페 하고.

에.

– 그라고 우리는 뒤:쏘리 하고

에:.

– 그라고 뎅임니다.

압:쏘리는 아네보셔써요?

– 압:쏘리도 인자 할라면 한디 야, 자, 잘 아네바써요.

아하하하.

– 헤, 디, 뒤:쏘리만 하고.

뒤:쏘리는 데:게 어트케 함니까? 뒤:쏘리는?

– 처:메 거시기, 가나아:: 아::: 오오호::::오보살 그리 뒤:쏘리 함니다.

아:,

– 그라면 압:쏘리 하머는, 허을::더

= ** 하지마씨요.

– 안 헤네부러야제.

= **하먼 초상난다게.

아, 그레요?

– 저 저그, 노그메 다, 노그메 다.

괜찬헤요 노그미.

– 에, 뒤:쏘리는 그르케 하고.

예, 예, 예.

– 그라고 거, 거시기함니다.

예, 예. 알게씀니다.

– 그랑께 인자 압쏘리 한 사라미 그 소리를 돌려불면 인자 허:널허:널
함 또 그 사람 따라서 또 허:널허하고.

앞에서, 앞에서 하고

- 소리, 소리꾼이 앞에 하고.

예.

- 그리고 우리는 뒷소리 하고.

예.

- 그렇게 다닙니다.

앞소리는 안 해 보셨어요?

- 앞소리도 이제 하려면 하는데 자, 잘 안 해 봤어요.

아하하하.

- 헤, 뒤, 뒷소리만 하고.

뒷소리는 대개 어떻게 합니까? 뒷소리는?

- 처음에 거시기 가나아 아 오오호오보살 그렇게 뒷소리 합니다.

아,

- 그러면 앞소리 하면은, 허을 더

= ** 하지 마시오.

- 안 해 버려야지.

= **하면 초상난다고 해.

아, 그래요?

- 저 저그 녹음에 다, 녹음에 다.

괜찮아요 녹음이.

- 예, 뒷소리는 그렇게 하고.

예, 예, 예.

- 그리고 거, 거시기합니다.

예, 예. 알겠습니다.

- 그러니까 이제 앞소리 하는 사람이 그 소리를 돌려버리면 이제 허널 허널 하면 또 그 사람 따라서 또 허널허 하고.

음.

− 셍에 쏘리도 여러가지요.

그러거찌요이~.

마을마다 다릉가요?

= 다릅띠다.

= 아:니, 이 금방은 거자154) 간는디.

− 거자, 거자 가터요.

= 쩌 다른.

− 딴 디 지방은 또 틀리고.

= 더 이상아 함.

− 예, 여그는 벨로 절라, 절라도는 또 거시기 한디 쩌 따른 지방에 가
면 틀리긴디가 이써요.

에:.

− 아이, 바로 진도 가튼 디는 하머는 저 북짱구 치고, 아:페서 치고
가고.

에, 그러치요.

− 그라고 셍에 떵:꼬 가:곱띠다.

예. 초상날 떼 음:식 가틍거슨 멀 뒈:지를 잡꼬 그럼니까?

− 그러지요.

어:.

= 데:지 작꼬, 홍어 사고, 인자 다:: 사지요. 머글 꺼슬.

− 부:자찌비 쩌: 모:지라먼 또 되야지 두:마리 잡꼬 시:마리 자분 사람
도 이꼬. 함마리 작꼬.

예:.

− 모도 그레요.

음:.

음.

− 상여 소리도 여러가지예요.

그러겠지요.

마을마다 다른가요?

= 다릅디다.

= 아니, 이 근방은 거의 같은데.

− 거의, 거의 같아요.

= 저 다른.

− 다른 곳 지방은 또 다르고.

= 더 이상하게 합.

− 예, 여기는 별로 전라, 전라도는 뭐 하는데 저 다른 지방에 가면 다른 곳이 있어요.

예.

− 아이, 바로 진도 같은 곳은 하면은 저 북장구 치고, 앞에서 치고 가고.

예, 그렇죠.

− 그렇게 상여 떠메고 가고 합디다.

예. 초상날 때 음식 같은 것은 뭘 돼지를 잡고 그럽니까?

− 그러지요.

어.

= 돼지 잡고, 홍어 사고, 이제 다 사지요, 먹을 것을.

− 부잣집이 저 모자라면 또 돼지 두 마리 잡고, 세 마리 잡는 사람도 있고. 한 마리 잡고.

예.

− 모두 그래요.

음.

- 소임이155) 마니 오먼 암마네도.

= 장만하제라우 그떼는. 근디 지그믄 머 병:워네서 혜:붕께.

- 시방은 초상 나따 하꺼또 업꼬 마꺼또 업떼요. 돔:만 이쓰먼, 다 병:워네서 다 혜:붕께.

음.

- 그저네는 초상 나따 하문 한, 또 오:일간 거시기할람자, 아이 거시기 또 사모까지 볼라먼 상당이 시간 묵쩨라우.

그러지요.

- 거 소임 다 접떼혜:서 도시하고, 사모 모:신다고 또 사:람드리 다 오 오꺼시고.

어:,

- 주, 주, 주로 유데군들 사몬날 또 오라게서 바베다가 술 데:접 혜:야 제 아, 안데요.

= 사모 세라고도 마이 장만하지요이~.

요즘, 요세는 가족뜰만 그냥 하는데이~.

= 지금 허먼 사모도 앙:꾸또 아니제.

- 시방언, 시방은 시 앙:꼬또 아니여.

그레도 사모

= 멩테 함마리 사다 노코도 사모 셀라먼 세:고, 걍 그떼 다 업쎄붑띠 여 안?

그러지요.

= 예.

= 그레써도 암:시라토 아납띠다.156)

하하하하.

- 예, 그떼, 그떼 저 초상 치고 그날 막 모:신, 저 거시기 한 사람 사모 센 사람 이써.

- 손님이 많이 오면 아무래도.

= 장만하지요 그때는. 그런데 지금은 뭐 병원에서 해 버리니까.

- 시방은 초상 났다 할 것도 없고 말 것도 없데요. 돈만 있으면 다 병원에서 다 해 버리니까.

음.

- 그전에는 초상 났다 하면 한, 오 일간 뭐 하려면 이제, 아이 거시기 또 삼우까지 보려면 상당히 시간 걸리지요.

그렇죠.

- 그 손님 다 접대해서 뭐 하고, 삼우 모신다고 또 사람들이 다 올 것이고.

어,

- 주, 주, 주로 상여꾼들 삼우날 또 오라고 해서 밥에다가 술 대접해야지. 아, 안돼요.

= 삼우 쇠려고도 많이 장만하지요.

요즘, 요새는 가족들만 그냥 하는데.

= 지금 하면 삼우도 아무것도 아니지.

- 시방은, 시방은 아무 것도 아니야.

그래도 삼우

= 명태 한 마리 사다 놓고도 삼우 쇠려면 쇠고. 그냥 그때 다 없애버리잖습디까?

그러지요.

= 예.

= 에, 그랬어도 아무렇지도 않습디다.

하하하하.

- 예, 그때, 그때, 저 초상 치르고 그날 막 모신, 저 거시기 하는 사람 삼우 쇠는 사람 있어.

아:, 그날 세:고요? 사모는.

= 사모는 그라네. 사모는 아니고,

메칠 지네야 시.

= 지:사는 딱 그떼 모:셔불고.

― 지:사만 모:셔부문 사모 안 셍께 인자,

= 사모는 이녁쩝157) 와서 인자 셉:떠?158)

― 사모 마:니 세쩨.

= 엔:나레는 사모가 커쩨마는 지그믄,

사모란 건 이제 그 묘: 쓰고 혹씨 이케 함번,

― 예, 그라지요, 그라지요.

= 그러지요.

― 그레서 사몬날, 묘:쓰고 아치메 가서 도라보문,

― 짐승이나 멍 거뜨리 거식 망 널 파게지 아난능가.

자, 도라가시며는 인자 앞, 지남 버네 어:떤 데는 머 보기라고 지붕에 올라가서 막 소리를 치고 그러데요, 사:람 주그머는.

― 춤 추고?

복:: 그러면서 소리를 치고.

= 보껄려서 가게뚱감만. 보껄려서 가야썬 우리는 그런 디는 안 바써.

― 그런 디는159) 암반는디.

지붕에 올라가서 막 거, 도라가신.

― 도라가시먼 인자 거 복, 복하고 시:번 헤에.

예.

― 시:번 헤.

= 여그도 도라가시머는 기양 온 가따가.

― 아에, 온 가따가 쩌, 시:번 여그서 둘러가꼬 마당에서 거시기헤가꼬 복, 복하고는, 머이라고 하고는 지붕으로 떼 던저라.

아, 그날 쇠고요? 삼우는.

= 삼우는 그렇지 않아. 삼우는 아니고,

며칠 지나야.

= 제사는 딱 그때 모셔 버리고.

― 제사만 모셔 버리면 삼우 안 쇠니까 이제,

= 삼우는 자기 집에 와서 이제 쇠잖습디까?

― 삼우 많이 쇠었지.

= 옛날에는 삼우가 컸지마는 지금은,

삼우라는 것은 이제 그 묘 쓰고 혹시 이렇게 한 번,

― 예, 그렇지요, 그렇지요.

= 그렇지요.

― 그래서 삼우날, 묘 쓰고 아침에 가서 돌아보면,

― 짐승이나 뭐 이런 것들이 거시기 막 관 파괴하지 않았는가.

자, 돌아가시면은 이제 아, 지난 번에 어떤 곳은 뭐 복이라고 지붕에 올라가서 막 소리를 치고 그러데요, 사람 죽으면은.

― 춤 추고?

복, 그러면서 소리를 치고.

= 복 걸려서 가셨던가 보구면. 복 걸려서 가야 돼. 우리는 그런 것은 안 봤어.

― 그런 것은 안 봤는데.

지붕에 올라가서 막 거, 돌아가신.

― 돌아가시면 이제 그 복, 복 하고 세 번 해.

예.

― 세 번 해.

= 여기도 돌아가시면 그냥 옷 가져다가.

― 아에, 옷 가져다가 저, 세 번 여기서 둘러가지고 마당에서 뭐 해가지고 복, 복하고는, 뭐라고 하고는 지붕으로 띄워 던져요.

에:.

— 여그서도.

에:.

= 간:디 지그른.

— 지그른 인자 ****.

= 병:워네서 도라가싱게 머 여그다 온 땅길: 일:도 오:꼬.

— 하하하하.

에, 지난버네 노무현 데:통령 도라가실 떼도.

= 에.

헴사 하는데 그 헴사를 하드라고.

= 예:

— 아, 바:게꾸만.

복:, 복: 허드라고요.

— 복, 복.

어:, 허허허. 에, 엔:날 시그로 헌다고.

= 엔:날 시그로 한다?

— 엔:나레 다 그게 그레써요.

에.

✛ = 참말, 노무혀니가치로 차말로 도라가시여 그러케 홀:려나, 홀:릉 시로께 도라가신 양바는 다, 아:무리 데:통령 도라가셔써도 그르케는 안 하꺼시요.

✛ = 그 냥바는 억:끼로 저기혜가꼬 도라가셔농께.

✛ 예:.

✛ = 원:도 하원도 업:씨.

에: 자, 그러면 인제 도라가신다메 제:사 지네지 안씀니까이~

= 예.

예.

− 여기서도.

예.

= 그런데 지금은.

− 지금은 이제 ****.

= 병원에서 돌아가시니까 뭐 여기다 옷 던질 일도 없고.

− 하하하하.

예, 지난 번에 노무현 대통령 돌아가실 때에도.

= 예.

행사 하는데 그 행사를 하더라고.

= 예.

− 아, 보셨구먼.

복, 복 하더라고요.

− 복, 복.

어, 허허허. 예, 옛날식으로 한다고.

= 옛날식으로 한다?

− 옛날에 다 그게 그랬어요.

예.

✛ = 정말, 노무현처럼 정말로 돌아가셔 그렇게 훌륭하, 훌륭하게 돌아가신 양반은 다, 아무리 대통령 돌아가셨어도 그렇게는 안 할 것이오.

✛ = 그 양반은 억지로 저기해가지고 돌아가셔 놓으니까.

✛ 예.

✛ = 원도 한도 없이.

예, 자, 그러면 이제 돌아가신 다음에 제사 지내지 않습니까?

= 예.

제:사 지네고, 제:사는 이러고 인제 방아네서 지네는 제사도 이꼬.

— 그러지요.

또 인제 저, 시제도 이꼬이~.

— 그떼에 삼년상 모:시며는,

예.

— 쩌, 거시기 아나요? 베 베 베까테서 마이 저, 삼녀늘 모:시게 데먼.

삼년 동안.

— 거시기 제:사, 영호160) 이꼬, 영호에다가 밥 차라노코.

밥 차려노코 그러지요?

— 제: 모:시 제, 제, 제: 모:시고 그레써요.

에, 삼년 동안이~?

= 그라고는 인자 삼년 가먼 방에로.

— 삼년 가먼 인자, 자 방으로 가입씨다 하고 인자 인사하고 저, 방에
서 인자 모:싱거시제.

그러찌요. 긍께 인제 쩌:기 저, 막 지코 거 무덤까에서 이써야덴디 거 그거
슨 모:다고 지베서 인제 삼년간 영호에다가 밥 올린다고 그 마리조이~.

— 그러지요이.

에.

— 상:식하데끼 이자 그레쩨.

자:, 에.

— 밥 차라 노코는 아이고, 아이고 세:번 또.

날마다?

— 에고, 에고.

세: 번?

= 아니, 보름나리먼.

보름나리먼.

제사 지내고, 제사는 이렇게 이제 방 안에서 지내는 제사도 있고.

― 그렇지요.

또 이제 저, 시제도 있고.

― 그때에 삼년상 모시면은,

예.

― 저, 거시기 하잖아요? 밖에서 많이 저, 삼 년을 모시게 되면.

삼 년 동안.

― 거시기 제사, '영호' 있고, 요 영호에다가 밥 차려 놓고.

밥 차려 놓고 그러지요?

― 제 모시 제, 제, 제 모시고 그랬어요.

예, 삼년 동안?

＝ 그리고는 이제 삼 년 가면 방으로.

― 삼 년 가면 이제, 자 방으로 가십시다 하고 이제 인사하고 저, 방에서 이제 모시는 것이지.

그렇지요. 그러니까 이제 저기 저, 움막 짓고 그 무덤가에서 있어야 하는데 그 그것은 못하고 집에서 이제 삼 년간 영호에다가 밥 올린다고 그 말이지요.

― 그렇지요.

예.

― 상식하듯이 이제 그랬지.

자, 예.

― 밥 차려 놓고는 아이고, 아이고 세 번 또.

날마다?

― 에고, 에고.

세 번?

＝ 아니, 보름날이면.

보름날이면.

= 초하레[161] 보름날.

― 초하레 보름.

아:,

― 거 머한 사람드른 막 거시기 하먼 나:지고 바미고 차라 논는 사람
이찌저.

= 그 보:통 일 야:니제.

― 그랑께 그거시 정성이제.

에:, 제:사::, 제:사는 큰지베서 지네시조?

= 그러지요.

― 예.

에:, 그 어떤 차레로 지네심니까? 이거또 지방마다 차레도 다르고 그
러튼데.

― *** 자레찌마는 펭야 저 종오리 우리는 우리 물례데로 펭야 그러케
모:시제라.

에:

― 저 저 사네서 시양[162] 모:시데끼 펭야.

예. 근데 고로고 제:사 지네는 절차나 요렁 게 엔:날하고 지금 똑:가씀니
까? 머 달라지거나 그러지는 안씀니까?

― 달라지든 아너거코.

그 음:식가틍 거슨 또 달라지거나 그러지는.

― 음:시기요?

에, 제:사쌍에 올리는 음:식.

― 가테요 그자.

요, 그리 또:까꼬.

― 예.

에. 큰지베서 제:사 지네먼 가서 음:식 하시조? 제:산나른?

= 초하루 보름날.

— 초하루 보름.

아,

— 그 뭐한 사람들은 막 뭐하면 낮이고 밤이고 차려 놓는 사람 있지.

= 그 보통 일 아니지.

— 그러니까 그것이 정성이지.

예, 제사, 제사는 큰집에서 지내시죠?

= 그러지요.

— 예.

예, 그 어떤 차례로 지내십니까? 이것도 지방마다 차례도 다르고 그렇던데.

— *** 잘했지마는 내나 저 종오리 우리는 우리 문례대로 내나 그렇게 모시지요.

예.

— 저 저 산에서 시제 모시듯이 내나.

예, 그런데 그렇게 제사 지내는 절차나 이런 게 옛날하고 지금 똑같습니까? 달라지거나 그렇지는 않습니까?

— 달라지지는 않겠고.

그 음식 같은 것은 또 달라지거나 그러지는.

— 음식이요?

예, 제사상에 올리는 음식.

— 같아요 그저.

이, 그리 똑같고.

— 예.

예. 큰집에서 제사 지내면 가서 음식 하시지요? 제삿날은?

- 참석 하, 하지요.

= 그러지요.

에, 음:시근 머 비슨 하건데요이~

- 비슨혜. *** 또 어디나 또 비슨비스 헤.

그치요 에, 특뻐리 제:사할, 또 올려서는 안 델 음:시기 이씀니까? 올리먼 안 덴다는 음:시기?

- 인제 엔:나렌 안 올림스근 안 올리고, 올링 거시만 올리고, 올리고 그라제.

= 게정,163) 이런 데는 게정가틍 거슨 아놀린디, 요, 딴 디는 또 게정도 올린닥 하데요. 게정 가꼬도 지:사 모:신다고 하데요.

- 게: 자바서도 제: 모:신디 머 이꼬 이따게. 헌디 여그는 그렁거슨.

= 여그는 안 항께.

- 주로 과:이른 초, 율, 베, 베는 이:잉께 이, 시

- 시: 이로 모:시면, 우리는 주로 시: 이, 시: 이로 모:싱께 우리는 거시기아고.

에.

- 베는 인자, 이, 쩌, 베 이짜 이:고.

예. 예. 예.

- 우린 '시: 이:'로 모:심니다.

예, 그레요. 그럼 꼬깜, 꼬:까미나 가:믈 먼저 하고.

- 예, 그랑께 인자 '시: 이:'제.

네에.

- (헛기침)

제:사 떼는 떠글, 머떤 떠글 저기 만드시등가요?

- 쩌, 주로 시시 시리떠가고164) 임절메:, 또 저.

= 인절미아고.

- 참석 하, 하지요.

= 그러지요.

예, 음식은 뭐 비슷할 건데요.

- 비슷해. *** 또 어디나 또 비슷비슷해.

그렇지요 예, 특별히 제사할 또 올려서는 안 될 음식이 있습니까? 올리면 안 된다는 음식이?

- 이제 옛날에는 안 올리는 음식은 안 올리고, 올릴 것만 올리, 올리고 그러지요.

= 개장국, 이런 곳은 개장국 같은 것은 안 올리는데, 이, 딴 곳은 또 개장국도 올린다고 하데요. 개장국 가지고도 제사 모신다고 하데요.

- 개 잡아서도 제사 모시는 곳 뭐 있다고 해. 그런데 여기는 그런 것은.

= 여기는 안 하니까.

- 주로 과일은 棗, 栗, 배 배는 梨이니까 梨, 柿

- '柿梨'로 모시면, 우리는 주로 '柿梨', '柿梨'로 모시니까 우리는 거시기하고.

예.

- 배는 이제, 저, 저 배 '梨'자 '梨'고.

예. 예. 예.

- 우리는 '柿梨'로 모십니다.

예, 그래요. 그럼 곶감, 곶감이나 감을 먼저 하고.

- 예, 그러니까 이제 '시이'지요.

네.

- (헛기침)

제사 떼는 떡을, 뭐 어떤 떡을 저기 만드시던가요?

- 저, 주로 시루떡하고 인절미, 또 저.

= 인절미하고.

— 그라고 또 머단 사람드른 보꾼떡또165) 마:니 하고 그랍띠다.

먼: 떠기요?

— 보꾼떡.

보꾼떠기요?

— 아, 보까서 고물 나:서 여그 짝, 똥그라니 헤:가꼬 고물 나:가꼬 요로케 접체요.

= 그거뽀다 '우찌지'람니다.

— 우쩨지.166)

우찌지?

— 예.

우쩨지?

보까가지고 아:네, 아:네 고물 너코?

= 예, 예.

— 고물 너:코 딱 접쳐서.

아, 거 보꾼떠기라고 그레요?

— '보꾼떡.'

= 그거뽀다 '우찌지'라가데요.

우찌지.

— 거 인자 떡 우게다 그런 자 영거 농께 우찌지라고 헌디. 우제지.

우리, 저히는 거 '부께미'라 그등가?

— 하하하.

= 펭야 여그도 부께미라167) 한디 그보다 우찌지라 하데요.

에:, 그래요이~. 셍서는 어떤 셍선 주로 사서 올리세요?

— 셍서는 모도 조구,168) 또 상어, 거시기 안 합띠여? 숭어, 벵치,169) 멘테170) 모도 그릉 걸 마:이 올립띠다.

예. 홍어 가틍 거또 올리는...

－ 그리고 또 어떤 사람들은 '볶은떡'도 많이 하고 그럽디다.

무슨 떡이요?

－ '볶은떡.'

'볶은떡'이요?

－ 아, 볶아서 고물 넣어가지고 짝, 동그랗게 해가지고 고물 넣어가지고 이렇게 접쳐요.

＝ 그것보고 '우찌지'라고 합니다..

－ 우쩨지.

우찌지?

－ 예.

우쩨지?

볶아가지고 안에, 안에 고물 넣고?

＝ 예, 예.

－ 고물 넣고 딱 접쳐서.

아, 거 '볶은떡'이라고 그래요?

－ '볶은떡.'

＝ 그것보고 '우찌지'라고 하데요.

우찌지.

－ 거 이제 떡 위에다 그런 이제 얹어 놓으니까 우찌지라고 하는데. 우쩨지.

우리, 저희는 그 '부께미'라 그러던가?

－ 하하하.

＝ 내나 여기도 '부께미'라 하는데 그것보고 '우찌지'라 하데요.

예, 그래요. 생선은 어떤 생선 주로 사서 올리세요?

－ 생선은 모두 조기, 또 상어, 거시기 하잖습디까? 숭어, 병어, 명태, 모두 그런 것 많이 올립디다.

예. 홍어 같은 것도 올리는...

- 홍어도 올리고.

아:,

= 낙짜.

- 홍어도, 낙짜 올리고, 홍어도 저, 꾐:끼171) 맹그라가꼬 끼여서,

= 끼여서 노치요.

- 다 거시기하고, 다 거시기헤:요.

그레요이~

- 또 훼:판172) 헤:로 또 노키도 하고

헤를료? 셍선, 아, 홍어훼?

- 야.

아, 홍어헤:.

예, 우서는 여기까지 하고 쉬:게씀니다.

- 홍어도 올리고.

아,

= 낙지

- 홍어도, 낙지 올리고, 홍어도 저, 꿰미 만들어가지고 끼워서,

= 끼워서 놓지요.

- 다 뭐 하고 다 뭐 해요.

그래요.

- 또 생선회 회로 또 놓기도 하고.

회를요? 생선, 아, 홍어회?

- 예.

아, 홍어회.

예, 우선은 여기까지 하고 쉬겠습니다.

■ 주석

1) '-든'은 '-지는'의 뜻. 전남방언에서는 부정문 구성에서 '-지를'은 '-들', '-지는'은 '-든', '-지도'는 '-도'로 쓰인다. 예를 들어 '가들 안헌다', '가든 안헌다', '가도 안헌다'처럼 쓰이는 것이다.

2) '중마'는 '중매(仲媒)'의 방언형.

3) '고무'는 '고모'의 방언형.

4) '막동이'는 '막둥이'의 방언형.

5) '살어게'의 '게'는 주체높임의 '-게-'에 반말의 씨끝 '-어'가 결합된 형태이다. 이것은 본시 보조동사로 쓰였던 '겨시-'가 주체높임의 씨끝으로 문법화된 결과이다. 이런 이유로 '게'는 앞에 '살어'와 같이 씨끝 '-어'를 요구하는 제약을 갖는다.

6) '달레'는 '달리'의 방언형.

7) '-다우'는 완형보문 뒤에 씨끝 '-우'가 결합된 것으로서 표준어 '-다오'에 대응한다. 역사적으로 '-다오 > 다우'의 변화를 겪었다.

8) '겁나'는 '굉장히'의 뜻. 원래 '겁나다'의 활용형 '겁나게'는 '겁이 날 정도로'의 의미를 가졌지만 전남방언에서는 정도를 강조하는 부사로 굳어졌다. 때로는 엄청나게 많은 양을 나타낼 때 '겁나다'가 쓰이는 수도 있다. 예를 들어 '그 사람은 책이 겁나다'와 같이 쓰인다. 정도를 강조하는 기능의 '겁나게'가 굳어지면서 '게' 없이 '겁나'만으로도 같은 기능을 수행하기도 한다.

9) '우게서'는 '위에서'의 뜻. 전남방언형 '욱'은 옛말 '웋(上)'에 대응하는 형태이다. 따라서 전남방언에서 '욱'은 '욱에서', '욱으로', '욱에다가' 등으로 쓰인다.

10) '-음수로'는 '-으면서'의 방언형. '-음시로', '-음시롱' 등으로 쓰이기도 한다.

11) '떵떵'은 '퉁퉁'의 뜻으로서 붓는 상태를 강조하는 말이다.

12) '누꽈(ぬか)'는 '등겨'나 '쌀겨'의 일본말. 전남방언에서는 벼의 겉껍질을 벗기고 이후 방아를 찧은 결과물을 '죽제', 그리고 이보다 더 고운 것은 '이무깨'라고 한다. 따라서 일본어 '누꽈'나 '누까'는 이 '죽제'나 '이무깨'와 혼용되는 말이다.

13) '떼끼다'는 한 벌 찧은 보리 등을 더 곱게 찧는 것을 가리키므로, 표준어 '쓿다'와 같은 뜻으로 보인다.

14) '죽제'는 쌀의 등겨나 고운 보릿겨를 가리킨다. '쇠죽' 등 가축의 사료로 주로 쓰이기 때문에 그 사용처인 '죽'을 사용하여 '죽제'라 한 것으로 보인다.

15) '-이세'는 '-일세'의 방언형. '이다'와 '아니다' 등 지정사 다음에 '하게체'의 서술형 씨끝 '-ㄹ세'가 결합한 형태이다. 전남방언에서는 /ㄹ/이 탈락되어 '-세' 또는 '-시'로 변이되어 쓰인다. 예를 들어 하게를 할 상대방을 부를 때 전남방언에서는 흔히 '어이 마시'라고 하는데, 이는 부름말 '어이'에 '말일세'의 뜻을 갖는 '마시'가 결합된 말이다. '어이 마시'에 대응하는 해라체 표현은 '아이 마다'(=아이 말이다)이며,

하오체로는 '에 말이요'라는 표현이 쓰인다.

16) '금지'는 지명.

17) '방망골'은 지명.

18) '꼴창'은 '골짜기'의 방언형. 여기서는 구체적인 골짜기가 아닌 외진 곳을 뜻한다. 지역에 따라 '꼴착'이라고도 한다.

19) '-드마'는 '-더구먼'의 방언형. 표준어 '-더구먼'은 '-더-'에 마침씨끝 '-구먼'이 결합한 형태이다. 이때 '-구먼'은 '-군'으로 줄어들어 '-더군'처럼 쓰이기도 한다. '-구먼'은 전남방언에서 '-구만'으로 나타나는데, 이 '-구만'은 끝소리 /ㄴ/이 탈락하여 '-구마'로 쓰이는 것이 보통이다. 그리고 '구'의 /ㅜ/가 탈락하여 '-ㄱ만'이나 '-ㄱ마'로 쓰이기도 한다. 예를 들어 '잘 가구만'은 '잘 강만'이나 '잘 강마'처럼 쓰이는 것이다. 따라서 '-드마'는 결국 '-드구만'에서 '-드구마 → -등마 → -드마'처럼 변이되어 생긴 형태라고 해석할 수 있다. 표준말은 '-구먼'의 끝 어절 '먼'에서 탈락이 일어난다면, 전남방언은 '구'에서 탈락이 일어나는 점에 차이가 있다고 할 수 있다.

20) '어장생이'는 '오장성'으로서 지명.

21) '산꼴창'은 '산골짜기'의 방언형. 지역에 따라 '산꼴착'이라고도 한다.

22) '야튼'은 '하여튼'의 방언형.

23) '잿등'은 지명.

24) '이서'는 '에서'의 방언형.

25) '속없다'는 '철없다'의 뜻. 철없음을 강조하기 위해 창자의 방언형 '창아리', '창세기'와 같은 말을 '속'에 덧붙여 '속창아리 없다', '속창세기 없다'라고 하기도 한다.

26) '중방쟁이'는 옛날 전통혼례식에서 함을 지고 가는 사람을 이르는 전남방언이다. 사모관대를 하였으나 어리숙하였으며, 얼굴에는 숯검정을 발라 우스운 꼴을 하고 있었다. 마을의 어린 개구쟁이들은 이 사람을 따라다니며 야유하거나 구슬나무 열매나 콩 등을 던지며 놀려댔다.

27) '암만해도'는 '아무래도'의 방언형. 전남방언에서 '암만'은 표준어 '아무리'에 대응한다. 예를 들어 '니가 암만 애를 써도 나를 못 이게'는 '네가 아무리 애를 써도 나를 못 이겨'와 같은 뜻을 나타내는 말이다. 표준어 '아무래도'가 '아무리 해도'에서 온 말이므로 이에 대응하는 전남방언의 표현은 '암만해도'가 될 수밖에 없다.

28) '-을라고'는 '-으려고'의 방언형.

29) '아제'는 '아저씨'의 방언형으로서 어근 '앚'에 접미사 '-에'가 결합해 생긴 어형이다. 전남방언에서 '아제'는 일반적으로 당숙(堂叔)이나 숙항 되는 어른을 가리키며, 경우에 따라서는 친척이 아니지만 친밀한 어른을 가리킬 때도 쓰일 수 있다. 또한 '시동생'을 가리켜 '시아제'라 하기도 한다.

30) '아짐'은 '아주머니'의 방언형으로서 옛말 '아즈미'에서 발달한 말이다. 일반적으로 당숙모(堂叔母)나 당숙모 항렬의 아주머니를 가리키며, 형수를 가리키는 말로 쓰이기도 한다. 경우에 따라 친척이 아닌 동네의 친밀한 여자 어른을 가리키거나 아니면 단순히 여자 어른을 부르는 말로 쓰일 때도 있다.

31) '솔차니'는 '상당히'의 뜻. 전남방언에서 '솔찬하다'는 '상당하다'의 뜻으로 쓰이는데, '솔차니'는 이 '솔찬하다'에서 파생된 부사로서, 원래는 '솔찬하니'이었을 것이나 축약되어 '솔차니'로 쓰인다. 전남방언의 '솔찬하다'는 형태적으로 표준어 '수월찮다'에 대응되며, 표준어 '수월찮다'는 '까다롭거나 힘들어서 하기가 쉽지 아니하다'는 뜻 외에 '꽤 많다'는 이차적 의미를 지닌다. 전남방언형 '솔찬하다'는 이 이차적 의미인 '꽤 많다'만을 나타낼 뿐, '까다롭거나 힘들어서 하기가 쉽지 아니하다'와 같은 부정적인 의미는 나타내지 않는 점에서 표준어 '수월찮다'와 다르다.

32) '딴 집'은 여기서는 '남의 집'을 뜻함.

33) '앙끼다'는 '앉히다'의 방언형. 전남방언에서 '앉다'는 '앉다'로 쓰이므로 '앙끼다'는 '앉다'에 사동접미사 '-기'가 첨가된 '앉기다'이다. 지역에 따라서 '앙치다'라고도 한다.

34) '머끄다'는 '멈추다'의 방언. 표준말 '멈추다'는 자동사 '멎다'에 사동접미사 '-후'가 결합된 '머추다'에서 발달한 말이다. 중세어에 '머추다'가 문헌에서 확인되며, '멈추다'는 '머추다'에서 /ㅁ/이 첨가된 후대형이다. 사동접미사가 결합되었으므로 '머추다'는 원래 타동사로 쓰였을 것이나 현대에 와서 자동사로까지 쓰일 수 있도록 그 의미가 확대되었다. 전남방언에서는 '멈추다'는 쓰이지 않고 '머끄다'가 주로 쓰인다. 아마도 '멎다'에 사동접미사 '-구'가 결합된 것으로 추정되며, 이 '머끄다'도 표준어 '멈추다'와 마찬가지로 오늘날에 와서는 자동사와 타동사 양쪽으로 쓰일 수 있다.

35) '엄마나'는 '얼마나'의 방언형. 중세어에 '언마'가 나타나므로 전남방언형 '엄마나'는 이 옛 어형을 유지하고 있는 보수적인 형태인 셈이다. 표준어의 '얼마'는 '언마'로부터 발달한 후대형이다.

36) '했던고'는 여기서 '했던지'의 뜻. 표준어에서 씨끝 '-던지'는 막연한 의문이 있는 채로 그것을 뒤 절의 사실이나 판단과 관련시키는 데 쓰는 이음씨끝이다. 전남방언에서는 '-던지'의 방언형 '-든지'와 함께 '-던고'와 '-던가'가 함께 쓰인다. '-던고'와 '-던가'가 물음말의 유무에 따라 구별되어 쓰이는 것은 물론이다.

37) '말기다'는 '말리다'의 방언형.

38) '지'는 '줄'의 뜻을 갖는 의존명사.

39) '가차이'는 '가까이'의 방언형. '가깝다'를 전남방언에서는 '가찹다'라 하므로 여기에 파생접미사 '-이'가 결합된 '가찹이'가 /ㅂ/의 탈락을 거쳐 '가차이'가 되었다.

40) '인접'은 혼인 때에 가족 중에서 신랑이나 신부를 데리고 가는 사람을 말하며, 표준어에는 '위요', '상객', '후행' 등의 말이 있다. 전남방언에서도 보성 지역에서는 '후양'(<후행), 담양 지방에서는 '상각'(<상객) 등이 쓰인다.

41) '시아바니'는 '시아버님'의 방언형으로서 '시아바님'의 /ㅁ/이 탈락된 형태이다.

42) '여우다'는 '결혼시키다'의 뜻. 표준어 '여의다'는 딸을 시집보내다는 뜻이지만, 전남방언의 '여우다'는 딸과 아들 모두에게 적용되는 말이다.

43) '만하다'는 '많다'의 방언형. 표준어와 달리 전남방언은 축약이 일어나지 않는다. 이

때문에 '않다'는 '안하다', '괜찮다'는 '괸찬하다' 등으로 쓰인다.

44) '-음시롱'은 '-으면서'의 방언형. '-음시로'로 쓰이기도 한다.

45) '낳다'는 삼 껍질, 솜, 털 따위로 실을 만들거나, 실로 피륙을 짜다는 뜻이다. 여기서는 후자의 뜻으로 쓰였다.

46) '힉하다'는 '하얗다'의 방언형. 관형형 '힉한'에서 /ㅎ/이 약화되어 '히간'으로 소리난다. 표준어에서 白을 나타내는 말로 '희다'와 '하얗다'가 있다. '희다'는 부사 '희끗희끗'으로 미루어 '*획다'와 같은 형을 재구할 수 있다. 색채어의 첩어부사는 모두 접미사 '-읏'을 통해 만들어지므로(예 : 불긋불긋, 거뭇거뭇, 푸릇푸릇, 노릇노릇 등) '희끗희끗'은 '획-'에 접미사 '-읏'이 결합한 '획긋'에서 발달한 말로 생각할 수 있기 때문이다. 만약 표준어에서 '희다'의 옛말로 '획다'를 재구할 수 있다면, 이것은 바로 전남방언형 '힉하다'의 어근 '힉'에 연결될 수 있다고 하겠다. 전남방언에서 '힉하다' 외에 '흑하다'로도 쓰이는데 이러한 모음의 변이는 이 말의 선대형이 '획하다'이었음을 말해 주고 있다.

47) '징하다'는 '憎하다'에서 온 말로 원래의 뜻은 모양이 지나치게 크거나 괴상하여 보기에 흉하고 징그럽다는 뜻이다. 전남방언에서 '징하다'는 '징그럽다'는 뜻 외에 '정도가 매우 심하다'와 같은 뜻으로 쓰이는 수가 많다.

48) '짜그라지다'는 짓눌려서 여기저기 고르지 아니하게 오그라지다는 뜻이지만, 여기서는 '쓰러질 듯한 집'을 형용하는 말로 쓰였다.

49) '짓다'는 전남방언에서 '짓어서'처럼 규칙 활용을 한다.

50) '야찹다'는 여기서 '낮다'의 뜻으로 쓰였다. '낮다'는 지역에 따라 '나찹다'와 '야찹다'의 두 가지 방언형이 쓰이는데, '야찹다'는 '얕다'의 방언형으로도 쓰인다. '낮다'와 '얕다'의 의미적 유사성 때문에 이런 어휘적 통합이 일어난 것으로 보인다.

51) '예'는 말할이가 경험한 바를 상대에게 확인시키는 기능을 하는 양태 토씨이며 전남방언에서는 '하소체'의 서술법 씨끝 뒤에 결합하는 것이 특징이다. 이런 환경에서는 '예' 외에 '야'도 혼용될 수 있다.

52) '단장'은 '담장'의 방언형. 표준어 '담장'은 고유어 '담'과 같은 뜻의 한자어 牆이 결합한 합성어이다. 따라서 전남방언형 '단장'은 '담장 > 단장'의 변화를 겪은 어형이다.

53) '땀'은 '담'의 방언. 보성, 영암 등지에서 이렇게 된소리로 실현된다. 서부 전남에서는 이러한 된소리로 변한 어형은 쓰이지 않는다.

54) '용마람'은 '용마름'의 방언형으로서 초가의 지붕마루에 덮는 'ㅅ' 자형으로 엮은 이엉을 말한다.

55) '상불르다'는 표준어 '성부르다'의 방언형. 전남방언에서는 '상시푸다'로도 쓰이며, '것 같다'와 같은 뜻을 나타낸다.

56) '언넝'은 '얼른'의 방언형. 중세어가 '어른'이었으므로 표준어는 '어른 > 얼른'의 변화를 겪었다. 이에 반해 전남방언은 '어른 > 어는 > 언는 > 언능' 정도의 변화를 겪은 것으로 추정된다.

57) '문데다'는 '문지르다'와 같은 뜻으로 쓰인다. 표준어에서는 '문지르다'와 '문대다'

의 두 낱말이 혼용되고 있으나 전남방언은 '문데다'만이 쓰이고 '문지르다'는 쓰이지 않는다. '문데다'는 지역에 따라 '문테다'로도 쓰인다.

58) '세멘'은 '시멘트(cement)'의 방언형.

59) '오직해서'는 '오죽했으면'의 뜻.

60) '데이다'는 '데다'의 뜻. 표준어에서 '데다'는 타동사와 자동사의 두 가지 용법을 갖는다. 그래서 '끓는 물에 팔을 데다'는 타동사, '팔이 끓는 물에 데다'는 자동사이다. 전남방언의 '데이다'도 마찬가지로 두 가지 용법을 갖는다. '데이다'는 수의적으로 '디:다'로도 변이한다. 여기서 '데이다'는 심한 괴로움을 겪어 진저리가 나다의 뜻으로 쓰였다.

61) '-웅가비다'는 '-나 보다' 또는 '-는가 보다'의 방언형이다. 원래 '-은가 보다'에서 발달한 말이지만, '보다'가 '비다'로 바뀌면서 '-은가비다', '-은가비여', '-은가비시'처럼 쓰이므로, 이것은 '-은 갑이다'처럼 재구조화된 것으로 해석할 수 있다(이승재 1980). 지정사 '이다'에만 쓰이는 '-여'나 '-시'의 씨끝과 결합해서 쓰이는 예가 이러한 해석을 뒷받침한다.

62) '쪼까썩'은 '조금씩'의 방언형. 표준어 '조금'은 전남방언에서 '쩨끔', '쩨깐', '쩨까', '쪼깜', '쪼깐', '쪼까', '조깜', '조깐', '조까' 등 다양한 형태로 나타난다.

63) '깡깡하다'는 '단단하다'의 뜻. '꽝꽝하다'로도 쓰인다. 표준어에서 '꽝꽝'은 매우 단단하게 굳어시는 모양을 나타내는 말로서, '강물이 꽝꽝 얼어붙다', '시멘트를 발라 놓은 바닥은 이미 꽝꽝 굳어 있었다.'처럼 쓰인다. 전남방언의 '꽝꽝하다'는 바로 이 부사를 어근으로 하여 생긴 파생어이다. 보통은 단모음화 하여 '깡깡하다'로 쓰인다.

64) '원'은 '원래의'의 뜻. 표준어에서 '원'은 접두사로서 '본래의' 또는 '바탕이 되는'의 뜻을 더하는 말이다. 예를 들어 '원자재'나 '원저자' 등에 쓰인 '원'이 그런 예로서 한자로는 原에 해당하는 말이다. 한편 전남방언의 '원-은 '원어메'(=친어머니)처럼 '으붓-'(=의붓)의 반대 접두사로 쓰이기도 한다.

65) '벌다'는 '농사를 짓다'의 뜻이다. 「표준국어대사전」에는 '벌다'의 뜻으로서 소작 따위로 농사를 짓다는 뜻풀이가 되어 있는데, 전남방언에서는 단순히 소작농뿐 아니라 자작농까지 모두 포괄한다. 따라서 이런 의미의 '벌다'에 대응하는 표준어로는 '부치다'를 들 수 있다.

66) '폭'은 '셈'의 뜻을 갖는 의존명사. '폭이다'(=셈이다), '폭을 대다'(=셈 치다)처럼 쓰인다.

67) '제불'은 '재(再)불'로서 초벌 다음에 두 번째로 하는 일, 또는 두 번 하는 일을 가리키며, 표준어 '두벌'에 대응한다.

68) '이로'는 '으로'의 방언형.

69) '몸뚱아리'는 '몸뚱이'의 방언형.

70) '포도시'는 '겨우'의 뜻. 옛말 'ᄇᆞ드시'에서 발달한 말로서, 표준어 '빠듯이'와 어원을 같이 하나, 용법은 차이가 있다. 예를 들어 '몸이 아파서 포도시 서 있었네'는 가능하나 '빠듯이'는 불가능하다. 지역에 따라 '포로시'나 '보도시', '보돕씨' 등이 쓰

이기도 한다.

71) '저금'은 '분가'의 뜻. '저금'은 '제금', '지금'이라고도 하는데, 옛말 '지여곰'에서 발달한 말이다. '지여곰'은 옛말에서 '각자'를 뜻하던 말이었는데, 전남방언에서는 '각자'의 뜻 외에 '분가'라는 뜻으로 바뀌어 쓰인다. '저금나다'는 '분가하다', '저금내다'는 '분가시키다'의 뜻을 갖는다.

72) '시쩨'는 '셋째'의 방언형.

73) '기도'는 '그래도'의 방언형.

74) '무더니'는 '공연히'의 뜻을 갖는 방언형. 지역에 따라 '무담씨'라고도 한다.

75) 표준어에서 '판나다'는 '끝장이 나다'(예 : 승부는 벌써 오래전에 판났다.), 또는 '재산이나 물건이 모조리 없어지다'(예 : 노름을 해 대더니 결국 전 재산이 판나고 말았다.)의 뜻으로 쓰이지만, 전남방언에서 '판나다'는 '끝장이 나다'의 의미를 갖는 것은 일치하나 쓰이는 환경이 이음씨끝 '-다가' 뒤에 쓰여 '-다가 세월이 다 가다 또는 끝나다' 정도의 의미를 갖는 것이 다르다.

76) '어리통'은 곳간이 없는 집에서 벼 따위를 넣어 두는 커다란 통을 말한다. 지역에 따라 '두데', '두데통' 등으로 불리기도 한다. 표준어는 '나락뒤주.'

77) '이빠이(いっぱい)'는 '가득'의 일본말.

78) '마리'는 '광'을 뜻하는 말로서 주로 곡식을 저장하는 장소이며 방처럼 폐쇄된 공간이다. 서남해 연안 지방에서 주로 쓰는 말이며, 전남의 내륙에서는 '광'이나 '고방'을 쓰기도 한다.

79) '고중하다'는 '고되다'의 뜻.

80) '지'는 '줄'의 뜻을 갖는 의존명사.

81) '멜겁씨'는 '괜히'의 뜻. '멜'은 '특별한 이유나 근거'를 나타내는 말이므로 '멜 없이'는 곧 '이유 없이'를 뜻하게 된다. 지역에 따라 '메겁씨'나 '뻬겁씨'로도 쓰인다. 표준어에서 '멜'과 어원이 같은 것으로 추정되는 말로 '며리'가 있다. 이 '며리'는 '-을' 뒤에 쓰여 '까닭'이나 '필요'의 뜻을 나타낸다. 예를 들어 채만식의 '태평천하'에는 '시비를 따질 수도 있겠지만 그럴 며리가 도무지 없다.', '폐를 끼칠 며리가 없지 않은가?'와 같은 예가 보인다. 전남방언에서도 '멜'이 표준어 '며리'와 같이 '내가 그럴 멜이 없제.'처럼 쓰일 수 있다.

82) '수루메(するめ)'는 '마른 오징어'를 뜻하는 일본말.

83) '금없이'는 '뜬금없이'의 뜻.

84) '잡다'는 보조형용사 '싶다'의 방언형. 지역에 따라 '짢다'라고도 한다.

85) '-씨요'는 '-ㅂ시오'에서 발달한 명령형 씨끝이다. 예를 들어 '주씨요'는 '줍시오'에서 발달한 말인데, 표준어 같으면 '줍쇼'로 변했을 터이나 전남방언에서는 '주씨요'로 변하였다. 같은 기원이라도 변화의 방향이 달라 방언 차이가 발생한 것이다.

86) '오만(五萬)'은 매우 종류가 많은 여러 가지를 이르는 말이다.

87) '바꾸리'는 '바구니'의 방언형.

88) '동구리'는 대나무 줄기나 버들가지를 촘촘히 엮어서 만든 상자를 말하며, 음식을 담아 나를 때 쓰는데, 아래위 두 짝으로 되어 있다. 그래서 '동구리짝'이라고도 한다. 전남의 다른 지역에서는 '석짝'이라는 말도 쓴다.

89) '반디'는 '군데'의 방언형. 원래 '군데'는 전남방언에서 '간디'로 쓰이는데, 이 '간디'가 '반디'로 수의적 변동을 보이기도 한다. 그래서 '네 군데'는 '니 간디' 또는 '니 반디'라 한다. 여기서 '벨 반디'는 '별의별 곳'이라는 뜻이다.

90) '뒤여보다'는 '뒤져보다'의 방언형. 전남방언의 동사 '뒤다'는 '뒤지다'의 뜻으로서 중세어 '드위다'의 후대형이다. 곧 '드위다 > 뒤다'의 변화가 일어났는데, 전남방언에서는 '뒤다'로, 표준어는 '뒤지다'로 분화가 일어났다. 원래 3음절어인 '드위다'가 2음절어인 '뒤다'로 축약되었으므로 이 줄어든 음절을 보상하기 위해 '뒤다'는 긴소리인 '뒤:다'로 변하였다.

91) '켕이는'은 '커녕은'의 방언형이다. 표준어에서는 'A는 커녕 B도'와 같은 구성이 일반적이라면 전남방언에서는 'A는 켕이 B도' 외에 'A켕이는 B도'와 같이 쓰이기도 한다. 방언형 '켕이'와 표준어 '커녕' 모두 옛말 'ᄒ거니와'에서 발달한 것이다.

92) '에기'는 '아이'의 방언형. 전남방언에서 '아이'는 '아그'로 쓰이는 것이 보통이다. '아이'의 옛말 '아히'를 고려하면 /ㄱ/과 /ㅎ/의 대응 현상을 확인할 수 있다. 그리고 '아기'는 보통 전남방언에서 '에기'로, 쓰이는데, '에기'와 '아그'의 형태적 유사성 때문에 '에기'로도 '아이'를 가리킬 수 있게 되었다.

93) '에기스다'는 '아기 서다'로서 '임신하다'의 뜻이다.

94) '깔크막'은 몹시 가파르게 비탈진 곳 즉 '가풀막'을 말한다. 그래서 표준어 '가파르다'는 '깔크막지다' 또는 '깍지다'처럼 쓰인다. 표준어 '가풀막'은 형용사 '가파르다'와 명사 '막'이 합성된 '가팔막'이 변한 말이다. 반면 전남방언의 '깔크막'의 '막'은 표준어 '가풀막'의 '막'과 같은 것이므로, '깔크'가 표준어 '가풀' 또는 '가팔'에 대응하는 형태임을 짐작할 수 있다. 아마도 '가풀'로부터 '깔크'가 형성된 것으로 추정되며 이 과정에 /ㅍ/과 /ㅋ/의 자음 교체가 개재된 것으로 보인다. 여기서 '깔크막'은 임신한 여자의 배가 심하게 부른 상태를 나타낸 것이다.

95) '-에다 대다'는 '-와 비교하다'의 뜻.

96) '인나다'는 '일어나다'의 방언. '일으키다'는 '인나치다'라고 한다.

97) '맘드리'는 마지막 김매기를 뜻하는 '만도리'의 방언형.

98) '글때'는 '그럴 때'의 방언형. 전남방언에서 '그러-'는 '글-'로 줄어들어 쓰이는 것이 보통이다. 예를 들어 '그러하면'은 '글먼', '그러고'는 '글고' 등으로 쓰이기 때문이다. 그렇다면 '글 때'의 '글-'도 '그러할 때'에서 왔을 가능성이 크다.

99) '토지'는 '마루'의 방언. 전남방언에서 '마루'는 '말레', '말리', '물레', '물리', '말캉' 등 다양한 형태로 쓰이는데, 특히 서남해안 지역과 내륙 일부 지역에서는 '토지'가 '마루'의 뜻으로 쓰인다. '토지'가 지역에 따라서는 '토방'을 가리키기도 하므로, 애초에 토방과 마루의 구별이 없었던 시절의 '토지'가 마루가 생긴 뒤로 '마루'를 가리키게 된 것이 아닐까 추측할 수 있다.

100) '아이마다'는 '아이 말이다'가 줄어든 말이다. 여기서 '아이'는 아랫사람을 부르는 말이며, '말이다'는 메타언어적 표현이다. 전남방언에서 '아이마다'는 해라를 할 정도의 아랫사람에게 말을 붙일 때 시작하는 말로 흔히 쓰인다. 하게할 사람에게는 '어이 마시'(← 어이 말일세)라고 하며, 하오할 사람에게는 '에 말이요'라 한다.

101) '간디'는 '그런데'의 방언형. 전남방언에서 '하다'는 북부에서 '허다', 남부에서 '하다'로 쓰인다. 이에 따라 '하다'를 포함하는 다른 낱말들도 방언 분화를 보이는데, '그런데'가 전형적인 예이다. 그래서 북부 전남에서는 '근디', 남부 전남에서는 '간디'로 쓰인다. 이런 분화는 모두 '하다'의 분화에서 비롯된 것이다.

102) '미기다'는 '먹이다'의 방언형.

103) '이런 사람들'은 '우리들'을 가리킨다. 보통 '이런 사람'은 말할이 자신을 가리키는 일인칭 표현으로 해석된다. 자신을 가리키기 위해 자신을 포함하는 다수를 가리키는 말을 사용하는 것이 우리말의 일반적 표현법이다.

104) '호녁'은 '홍역'의 방언형. '홍역'의 /ㅇ/이 탈락하면서 이중모음 /ㅕ/ 앞에서 /ㄴ/이 첨가되었다. 고유명사 '광양'을 흔히 '과냥'이라 말할 때에도 같은 변화가 확인된다.

105) '엄니'는 '엄마'의 방언형. 지역에 따라 '어메'라는 말을 쓰기도 한다.

106) '차라꼬'는 '차라리'의 방언형.

107) '차꼬'는 '자꾸'의 방언형.

108) '쉬운'은 '쉰'의 방언형. 수를 셀 때 앞선 십 자리 수인 '서른', '마흔'과 뒤따르는 '예순', '일흔' 등에 유추되어 '쉰'이 '쉬운'처럼 이음절의 낱말로 바뀐 것이다.

109) '마람'은 '마름'과 '이엉'의 방언형. 표준어에서는 이엉을 엮어서 말아 놓은 단을 마름이라 하고, 초가집의 지붕이나 담을 이기 위하여 짚이나 새 따위로 엮은 물건을 '이엉'이라 하지만, 전남방언에서는 '마름'과 '이엉'을 구별하지 않고 모두 '마람'이라고 한다.

110) '께종나무'는 '가죽나무'의 방언형.

111) '울짱'은 '울타리'의 뜻. 지역에 따라 '우타리' 또는 '후타리'라고도 한다.

112) '데야지막'은 '돼지우리'의 방언형.

113) '동전'은 '동티'의 방언형으로서 땅, 돌, 나무 따위를 잘못 건드려 지신(地神)을 화나게 하여 재앙을 받는 일, 또는 그 재앙을 가리킨다.

114) '제비'는 '동티 잡이'로서 동티를 없애기 위한 특별한 행위나 굿을 하는 일을 말한다. 집안의 나무를 잘못 베어 생긴 동티를 잡기 위해서는 나무에 부엌칼을 꽂은 다음 그 위에 된장을 푼 물을 흠뻑 부으면서 "동티 잡자" 하고 외친다고 한다.

115) '데고'는 '함부로'의 뜻.

116) '고페'는 '고비'의 방언형. '고비'가 동사 '곱다'에서 파생되었고, '곱다'는 '굽다'와 모음변이로 분화된 말이므로 일이 되어 가는 과정에서 가장 중요한 단계나 대목. 또는 막다른 절정처럼 전환기의 의미를 지니게 된다. '고비'의 옛말은 '곱-'에 접미사 '-익'가 결합한 '고빅'였으며, 이 '고빅'의 /ㅂ/이 /ㅍ/으로 바뀐 것이 현재의 전남방언형 '고페'인 셈이다.

117) '동에질'은 아마도 동아줄을 두르는 일을 가리키는 것으로 추정된다.

118) '징허다'는 '징그럽다'의 뜻이지만 여기서는 '굉장히'의 뜻.

119) '할머이'와 '어머이'는 각각 '할머니'와 '어머니'의 방언형으로서 /ㄴ/이 탈락한 형이다.

120) '함머니'는 '할머니'의 방언형. '할머이'라고도 한다.

121) '배추지'는 '배추김치'의 뜻. 여기서 '지'는 옛말 '디히'에서 온 말로서 전남방언에서는 채소를 절여 만든 반찬 종류를 가리키는 데 쓰인다. 예를 들어 '짠지', '싱건지', '무시지', '갓지', '솔지'(부추김치) 등이 있다. 표준어 '장아찌'는 전남방언에서 '짱아찌'나 '짱에찌'라 하는데 이것들은 모두 옛말 '쟝앳디히'에서 온 말로서 여기에도 '지'가 포함되어 있다.

122) '담다'는 표준어 '담그다'의 방언형. 옛말에 '담그다'는 '닭다'와 '돔다'의 두 가지 어형이 쓰였는데, 자음 씨끝 앞에서는 '돔-', 모음 씨끝 앞에서는 '닭-'이 쓰였다. 현대에 와서 이러한 변동은 사라지고, 표준말은 '닭다'를, 전라도나 경상도 방언에서는 '돔다'를 계승하였다.

123) '말레'는 '광'의 방언형. '마리'라고도 한다. 전남의 일부 지역에서는 '말레'가 '마루'를 가리키지만, 영암 지역에서는 '마루'를 가리키는 방언형으로 '토지'가 있다. 그리고 '광'으로 쓰이는 방을 따로 '말레'라 하여 구분하고 있다.

124) '에롭다'는 '어렵나'의 방언형.

125) '쩨까썩'은 '조금씩'의 방언형.

126) '항'은 '항아리'의 방언형으로서 아래위가 좁고 배가 부른 질그릇을 가리킨다.

127) '도가지'는 '독'의 방언형으로서 간장, 술, 김치 따위를 담아 두는 데에 쓰는 큰 오지그릇이나 질그릇을 가리킨다. 운두가 높고 중배가 조금 부르며 전이 달려 있다. 항아리에 비해 배가 부른 정도가 덜한 것이 다르다.

128) '짐체'는 '김치'의 방언형. 옛말 '딤치'를 그대로 계승한 말이다. 오늘날 '김치'는 '딤치 > 짐체 > 짐치 > 김치'와 같은 변화를 겪어 생겨난 말이다.

129) '한지'는 무로 싱겁게 담근 물김치를 가리킨다.

130) '아부니'는 '아버님'의 방언형.

131) '할무이'는 '할머니'의 방언형.

132) '시누'는 '시누이'의 준말인데, 전남방언에서는 일반적으로 '시누이'보다 '시누'를 더 즐겨 사용한다. 때로 '씨누'라고도 한다.

133) '홀차니'는 흔히 '솔차니'로 발음되는데 '상당히'의 뜻. 이 제보자는 낱말 첫 소리의 /ㅅ/을 /ㅎ/으로 발음하는 특징을 보이는데, 아마도 개인어일 가능성이 크다.

134) 표준어에서 '양반'은 일반 남자들을 범상하게 또는 홀하게 이르는 말이다. 그러나 여기서는 마을 남자들을 높여 부르는 말로 이해된다. 특히 남자의 택호로서 사용될 수 있는 점이 이러한 높임의 기능을 뒷받침한다. 남자의 택호는 처가 지명에 '양반'을 붙여 말하는데, 처가가 함평이면 '함평양반'이라고 부른다.

135) '저녁에까장'은 '저녁까지'의 뜻. 표준어와 달리 처격의 토씨 '에'가 결합된 '저녁

에'에 토씨 '까장'이 붙어 쓰이는 것이 다르다. 전남방언에서는 시간과 공간명사들에 토씨 '에'가 붙어 쓰이는 경향이 있다. 예를 들어 '아침부터'라고 할 것을 '아칙에부텀'이라고 하거나, '옆을'을 '옆에를'과 같이 말하는 것이 보통이다.

136) '벨라'는 '별로'의 방언형.

137) '끄렝이밥'은 짚으로 만든 꾸러미에 싸서 넣어 둔 사잣밥을 가리킨다. 여기서 '끄렝이'는 '꾸러미'의 방언형이다. '꾸러미'가 '꾸리다'로부터 파생된 말이며, '꾸리다'의 중세어는 '꾸리다'이므로, 전남방언형 '끄렝이'는 '끄리-엉이'로부터 파생된 것으로 보인다.

138) '-데끼'는 '-듯이'의 방언형. '-드끼'나 '-데끼' 등으로도 쓰인다.

139) '끄레미'는 '꾸러미'의 방언형. 전남방언에서 '꾸러미'는 '끄렝이'로도 쓰이므로 '끄리다'를 근간으로 하여 접미사 '-엉이'와 '-어미'를 달리 결합시켜 파생된 말이라 할 수 있다.

140) '엄마썩'은 '얼마씩'의 방언형. '엄마'는 '얼마'의 옛말 '언마'를 그대로 계승한 어형이다.

141) '찡기다'는 '끼우다'의 방언형. 전남방언에서 '찡기다'는 피동과 사동의 두 용법으로 쓰이는데, 표준어 '끼이다'와 '끼우다'에 각각 대응한다. 이것은 '끼다'에 피사동 접미사 '-기'가 결합한 '끼기다'로부터 구개음화와 /ㄱ/ 앞에서의 /ㅇ/ 첨가를 겪어 생겨난 형이다.

142) '짜구'는 '자귀'의 방언형.

143) '몰루다'는 '마르다'의 방언형. 그 사동형은 전남 안에서도 지역에 따라 '몰리다'와 '몰류다'로 분화되어 쓰인다.

144) '널감'은 관을 만들기 위한 재료로서의 판자를 가리킨다. '널'은 원래 판자의 뜻이나 전남방언에서는 '관'의 뜻으로 쓰이는 것이 일반적이다.

145) '-가니'는 옛말 '-관더'의 후대형이다. 원래는 이음씨끝인데 마치 마침씨끝처럼 쓰이고 있다. '-관더'와 마찬가지로 '-가니'도 항상 의문문에만 쓰이는 것이 특징이다. 전남방언에서는 '-간디'로도 쓰이는데 '-간디'의 /ㄷ/이 탈락하여 '-가니'가 된 것으로 보인다.

146) '-간디'는 옛말 '-관더'의 후대형으로서 이음씨끝 또는 마침씨끝으로 쓰인다. /ㄷ/이 탈락하여 '-가니'로도 쓰이는데 항상 의문문에만 쓰이는 것이 특징이다.

147) '유대군'은 원래 포도청에 속하여 상여를 메는 인부를 가리키는 말인데 여기서는 일반 상여꾼을 가리킨다.

148) '뭉텡이'는 '뭉텅이'의 방언형.

149) '셍에'는 '상여(喪輿)'의 방언형.

150) '띰:다'는 '떠메다'의 방언형. '띠미다 > 띰:다'와 같은 변화를 겪은 것이다.

151) '보투다'는 '버티다'의 방언형.

152) '돈남'은 지명.

153) '갑디이다'는 '갑더이다'로서 상대높임의 안맺음씨끝 '-이-'가 남아 있는 형식이다.

같은 기원에서 발달한 '-습디다'에 비해 '-습더이다'는 예스럽고 상대를 약간 더 높이는 말맛이 있다.

154) '거자'는 '거의'의 방언형. 전남방언에서는 '거자'와 '거으'의 두 형태가 혼용되고 있는데, 이 두 낱말은 모두 옛말 '거싀'에서 분화된 것이다. /ㅿ/이 탈락되어 '거으'로 되었고, /ㅿ/가 /ㅈ/로 바뀌어 '거자'가 된 것으로 보인다.

155) '소임'은 '손님'의 방언형이다. 보통 '소님'이라고도 하므로 '소님 > 소임'과 같은 변화를 겪은 셈이다.

156) '암시라토 않다'는 '아무렇지도 않다'의 방언형. '암시랑토 않다'로도 쓰인다. '암시라토'는 '암시라하-'가 줄어든 '암시랑-'에 '도'가 결합된 것이다. '암시라하-'는 표준어 '아무러하-'에 대응하는 말이다.

157) '이녁 집'은 '자기 집'의 뜻. '이녁'은 전남방언에서 재귀대명사로 쓰여 '자기'보다 약간 존대하는 느낌을 준다.

158) '-읍디여?'는 의문의 씨끝이지만 여기서는 일반 물음이 아닌 확인물음으로 쓰였다. 전남방언에서 확인물음은 '안'을 붙여 표현하는 것이 일반적이지만, 경우에 따라 회상시제 씨끝이 포함된 표현은 '안' 없이도 확인물음을 나타낼 수 있다. '-읍디여'는 바로 이런 경우에 해당한다.

159) '데'가 장소가 아닌 추상적인 사태를 가리키는 경우로서 '것'으로 해석해야 한다.

160) '영호'는 인사를 드리기 위해 마련한 죽은 사람의 사진이나 위패를 가리킨다.

161) '초하레'는 '초하루'의 방언형.

162) '시양'은 '시향(時享)'의 방언형으로서 음력 10월에 5대 이상의 조상 무덤에 지내는 제사를 가리킨다.

163) '계정'은 '개장국'의 방언형으로서 개고기를 여러 가지 양념, 채소와 함께 고아 끓인 국을 가리킨다. 옛날부터 삼복(三伏) 때 또는 병자의 보신을 위하여 이를 먹는 풍습이 있었다. '개장국'의 '장국'은 쇠고기를 잘게 썰어 양념을 친 다음 맑은 장물에 끓인 국을 가리키는데, 쇠고기가 아닌 개고기를 넣고 끓였으므로 '장국'에 '개'를 결합하여 '개장국'이 되었다. 전남방언에서는 '개장'에 포함된 한자어 狗의 의미를 인식하지 못하면서 '계정'으로 바뀐 것으로 보인다. '계정'과 함께 '계정국'도 함께 쓰인다.

164) '시리떡'은 '시루떡'의 방언형으로서 떡가루에 콩이나 팥 따위를 섞어 시루에 켜를 안치고 찐 떡을 말한다.

165) '보꾼떡'은 '부꾸미'의 방언형으로서 찹쌀가루, 밀가루, 수수 가루 따위를 반죽하여 둥글고 넓게 하여 번철이나 프라이팬 따위에 지진 떡을 말한다. 팥소를 넣고 반으로 접어서 붙이기도 한다. 지역에 따라 '부께미'나 '우쩨지'라고도 한다.

166) '우쩨지'는 '부꾸미'의 방언형. '우찌지'라 하기도 한다. 아마도 부꾸미를 만들 때 지진 떡 위에 '웃기'를 얹기 때문에 붙여진 이름으로 생각된다. '웃기'는 떡, 포, 과일 따위를 괸 위에 모양을 내기 위하여 얹는 재료를 말하는데, 전남방언에서는 구개음화를 겪어 '웃지'로 변하였고 여기에 '웃지'의 '지'가 한 번 더 반복하여 '우

찌지'가 생겨났다. '우찌지'는 '웃기'를 가리키기도 하고 웃기를 얹은 떡을 가리키기도 한다. 여기서는 후자의 뜻으로 쓰였다.

167) '부께미'는 '부꾸미'의 방언형.

168) '조구'는 '조기'의 방언형.

169) '뱅치'는 '병어'의 방언형.

170) '멘테'는 '명태'의 방언형.

171) '꿤끼'는 '꿰미'의 방언형으로서 물건을 꿰는 데 쓰는 끈이나 꼬챙이 따위 또는 거기에 무엇을 꿴 것을 가리킨다. 표준어 '꿰다'를 전남방언에서 '꿔다'로 말하므로, '꿤끼'는 '꿤'에 접미사 '-기'가 결합된 것이다. 이 점에서 접미사 '-이'가 결합된 표준어와 차이를 보인다.

172) '훼판'은 원래 '생선회가 요리된 그릇이나 상'의 뜻을 나타내지만, 보통은 '회'와 같은 뜻으로 쓰인다.

03 생업 활동

3.1 가을걷이와 겨우살이

아이고, 김데중 데통녕이 끈네 도라가

＝ 그랑께요.

예:ː, 자:ː, 그러면 저이는 또 이 볼리리 이쓰닌까뇨.

— 시뿐 다 되야부쏘.

(웃음)

녜녜, 그러쓸니다.

＝ 아유, 더와라

에:, 오느른 하실 네용이요, (헛기침) 타ː작 하는 네용.

— 타ː작?

에 인자 가을

— 먼 먼 타ː자기여?

＝ 가을 가을 가락

＝ 가을 타ː작.

— 가을. 그랑께 누구던지 타ː작한다 그거시여.

에에, 고런 네ː용 하고 그 다ː메는 인제 머 소머기 소머기고 그런 이야기.

에:ː, 요거시고 그 다메 인제 우리 할머님 헤뜬 어제 지남 번 헬, 기쌈년 지남 버네 헤ː쓰니까 너머가고,

우리 할머니가 하실 꺼시 또 나먼네요. 체ː소, 요ː리 요렁 거시 쫌 나머 인네요. (웃음) 체ː소 고롱 거시 쫌 예 고거 쪼끔 하고 또 시가니 나므면 집찌끼 (웃음) 지블 어뜨케 진ː느냐 머 고렁 거. 고렁 거시 이꼬.

고거 다 모ː덜꺼요 오늘까지. 그 다음 다음나레는 인자 병ː 엔ː나레 머 마ː는 병ː이 머ː시 이썬능가 머 고런 네ː용. 그 다메 인자 (헛기침) 엔ː나레는 막 설ː라레 서ː리믄 설ː 보리미면 보름 막 머 여러가지 놀ː고 막 그렁거

아이고, 김대중 대통령이 끝내 돌아가

= 그러니까요.

예, 자, 그러면 저희는 또 이 볼일이 있으니까요.

- 10분 다 되어 버렸소

(웃음)

네네, 그렇습니다

= 아이, 더워라.

예, 오늘은 하실 내용이요, (헛기침) 타작하는 내용.

- 타작?

예, 이제 가을.

- 무슨 무슨 타작이오?

= 가을 가을 타작.

= 가을 타작

- 가을. 그러니까 누구든지 타작한다 그것이야.

예예, 그런 내용하고 그 다음에는 이제 뭐 소 먹이 소 먹이고 그런 이야기.

예, 이것이고 그 다음에 이제 우리 할머니 했던 어제 지난 번 했 길쌈은 지난 번에 했으니까 넘어가고,

우리 할머니가 하실 것이 또 남았네요. 채소 요리 이런 것이 좀 남아 있네요. (웃음) 채소 그런 것이 좀 예 그것 조금 하고 또 시간이 남으면 집짓기 (웃음) 집을 어떻게 짓느냐 뭐 그런 것. 그런 것이 있고.

그것 다 못할 거예요, 오늘까지. 그 다음 다음날에는 이제 병 옛날에 뭐 많은 병이 뭐가 있었는가 뭐 그런 내용 그 다음 이제(헛기침) 옛날에는 막 설날에 설이면 설, 보름이면 보름 막 뭐 여러가지 놀고 막 그런 것

이써짜나요? 인자 고런 네:용

　－ 그릉께 그거시여.

에: 고런 네:용이 이꼬 저:: 엔:날부터 저:네 오는 이야기나 머 그렁 거 고런 정도 고 고거시믄 다 끈나네요.

　＝ 먼: 이야기도 이야기도 업써요

　－ 야, 그라거쏘.

(웃음) 고거 업:쓰

　＝ 손지드리1) 어 함무니 이야기 잔 나는 이야기도 업씨야.2)

　－ (웃음)

　＝ 나는 입따미 안 조아가꼬 이야기도 업씨야 하먼

　－ (웃음)

　＝ 아 '함무니가3) 다 이야기도 업땅가' 그람,

　＝ 즈그드리4) 헤:라우. (웃음) 에손지드리 그르케 가먼.

네, 알게씀니다. 나락 베 가꼬 인자 타:작 허고 탈곡 허고 헝 거시 엔:나라고 지그마고 마:니 다르자나요?

　－ 그러지라.

어 엔:나레는 어트케 타:자글?

　－ 엔:나레는 저:: 가락홀테라고5)

에.

　－ 여 여러케서 뽀바서 홀트기도 하고

예.

　－ 또 손홀테6) 나아가지고 거 발 니:게 달려 가꼬 거시에가꼬 인자 딱 요르케 사네키 이르케 까:가꼬 발빤 보:꼬

예.

　－ 홀트기도 하고

아, 손홀테.

있었잖아요? 이제 그런 내용

  — 그러니까 그것이야.

예, 그런 내용이 있고 저 옛날부터 전해 오는 이야기나 뭐 그런 것 그런 정
도 그 그것이면 다 끝나네요.

  = 무슨 이야기도 이야기도 없어요

  — 예, 그렇겠소.

(웃음) 그것 없으

  = 손자들이 어 할머니 이야기 좀 나는 이야기도 없어.

  — (웃음)

  = 나는 입담이 안 좋아가지고 이야기도 없어 그러면

  — (웃음)

  = 아 "할머니가 다 이야기도 없단가?" 그러면,

  = 자기들이 해요. (웃음) 외손자들이 그렇게 가면.

네, 알겠습니다. 벼 베어가지고 이제 타작하고 탈곡하고 하는 것이 옛날하
고 지금하고 많이 다르잖아요?

  — 그렇지요.

어 옛날에는 어떻게 타작을?

  — 옛날에는 이 벼훑이라고

예.

  — 이 이렇게 해서 뽑아서 훑으기도 하고

예.

  — 또 그네 나와가지고 그 발 네개 달려가지고 거시기해가지고 이제 딱
이렇게 새끼줄 이렇게 꼬아가지고 발판 밟고,

예.

  — 훑기도 하고,

아, 그네.

─ 예, 그라고 그 뒤로:: 는,

＝ 기게가 나:쩨 인자.

─ 기 어뜨 발 볼븐 기게 그러케 헤:서 나와 가꼬,

─ 기또 거식 항께 그거시 또 후에합따. 하이, 두:리는 항시 볼부먼 두:
리는 띠예 쥐야 쓰고 부거 기게홀테 나와가지고

네.

─ 걸: 마니 쩌 홀타 디끼머는[7] 두:리는 한자는 모따 뭉꺼머는 두:리
두:리 뭉꺼야써 지벌.

예.

─ 그러케 모도 거식헤써요.

아.

─ 거 마징게[8] 글거 낸: 사람 이씨야제. 또 띠여준 사람 이씨야제.

'마징게'요?

─ 엡 검부리 나오면 검부른 글거네:야

─ 거 께:꺼시 글거진:: 남 아님

고거뽀다 '마징게'라 그럼니까?

＝ 에, 그거뽀다 '마징게.'

─ 검부를 글거 냄:먼 그거이 마징겜니다. 그라고,

─ '사싱구'가 나오먼 그거이 마징게가 데고.

멀 머:요 ?

─ '서스렁구.[9]'

서스렁구가 머:에요?

＝ 요, 나라글 홀트

─ 나라기 모가지 떠러지고

예.

─ 머이든지 여러케 갈쿠로[10] 글그면 다:: 모도 모타지요.[11]

- 예, 그리고 그 뒤로는,

= 기계가 나왔지 이제.

- 기 어떻게 발 밟는 기계 그렇게 해서 나와가지고,

- 그것도 거시기 하니까 그것이 또 후에 합디다. 아이, 둘은 항상 밟으면 둘은 떼어 줘야 하고 기계홀태 나와가지고,

네.

- 거 많이 저 훑어 젖히면은 둘은 혼자는 다 못 묶으면은 둘이 둘이 묶어야지, 짚을.

예.

- 그렇게 모두 거시기 했어요.

아.

- 거 '마징게' 긁어 내는 사람 있어야지, 또 떼어주는 사람 있어야지.

'마징게'요?

- 예, 검불이 나오면 검불을 긁어내야,

- 거 깨끗이 긁어진 남 아닙

그것보고 '마징게'라 그럽니까?

= 예 그것보고 '마징게.'

- 검불을 긁어 내면 그것이 마징겝니다. 그리고,

- '사싱구'가 나오면 그것이 '마징게'가 되고.

뭐 뭐요?

- '서스렁구.'

서스렁구가 뭐에요?

= 예, 벼를 훑으

- 벼가 이삭이 떨어지고,

예.

- 뭐든지 이렇게 갈퀴로 긁으면 다 모두 모아져요.

- 그럼 별또로 나:도따가 또 타:자글 헤:라우.

고 아:네 그니깐 근 나락 아:리 이찌요? '서스렁구'*****

- 아. 그리지요.

- 그라니까 그노믈 모타 놔:따가 똔

- '마징게' 타자글 헤:라우.

아, '마징게' 타:자글료

- 도리쩨질 다 헤. (웃음)

아, 도리께질로

아::, 요세는 인제 요세는 콤바이느로 다 하나요?

= 지그믄 그라지요.

- 콤바이요?

- 지그믄 콤바이로 다 헤:불지요.

- 콤바이로 다 헤:붕께 시방은 먼,

= 일 할 꺼시

- 시방언

어

- 그렁 거시 나옹 거시 업써요.

- 거 나랑만 나랑만 삐:가꼳 가을한닥 하먼 나랑만 삐:가꼬 지베 올
따르미제 뭘. (웃음)

아

- 건조기에다 능: 거시 이:리고.

아

= 건조기에다 너:서 말레불고

= 또 물:베[12] 한 사람덜 걍 막 노네서 홀터가꼬 차로 실코 걍

- 바로 인자

= 거시기로

- 그럼 별도로 놔뒀다가 또 타작을 해요.

그 안에 그러니까 그 벼알이 있지요? '서스렁구' ****?

- 아. 그러지요.

- 그러니까 그것을 모아 뒀다가 또,

- '마징게' 타작을 해요.

아, '마징게' 타작을요?

- 도리깨질 다 해. (웃음)

아, 도리깨질로.

아, 요새는 이제 요새는 콤바인으로 다 하나요?

= 지금은 그렇지요.

- 콤바인이오?

- 지금은 콤바인으로 다 해 버리지요.

- 콤바인으로 다 해 버리니까 시방은 뭐,

= 일할 것이

- 시방은

어

- 그런 것이 나오는 것이 없어요.

- 거 벼만 벼만 빼 가고 가을한다고 하면 벼만 빼가지고 집에 올 따름 이지 뭐. (웃음)

아

- 건조기에다 넣는 것이 일이고.

아

= 건조기에다 넣어서 말려 버리고,

= 또 물벼 하는 사람들 그냥 막 논에서 훑어가지고 차로 싣고 그냥,

- 바로 이제

= 거시기로

- 거시기 바로 공장이로 가불고,

= 공장이로 가불

저는 어려쓸 떼 봉 거시 그 기게에 기게 홀텐데 그 발똥기를 다라가꼬,

= 예.

- 예.

발로 안 보꼬,

- 안 보꼬:?

어

= 또 그레써요 중가네.

- 그러케도 헤:찌라우.

허기도 하고이~ 발로도 봅:끼도 하고,

- 야아.

= 그러지라.

에:, 그렁 거뜨리

- 엔:나레는 거 띠여주면 손홀테로 홀트먼 또 이러케 발로 딱: 보:꼬.

예

- 전 니: 게 딱 발 달:고 그라먼 사네키 저 헤:가꼬 인잠 여러켄 판자 하나 데:요. 그라면,

- 딱 보:꼬 띠여주면 홀트고 홀트고먼: 하레 마:이 홀타바짜 마:니 모 돌타요.

- 엔:날 거식헐떼는 솔 이러케 가라홀테는,

- 한나 둘:썩 인제 헤:바짜 그,

= 으::메!

- 마:니 모둘트고 (웃음)

= 징아다.

가락 홀테 헤: 보셔써요?

- 거시기 바로 공장으로 가 버리고,

= 공장으로 가버리.

저는 어렸을 때 본 것이 그 기계홀태인데 그 발동기를 달아가지고,

= 예.

- 예.

발로 안 밟고,

- 안 밟고?

어.

= 또 그랬어요 중간에.

- 그렇게도 했지요.

하기도 하고 발로도 밟기도 하고,

- 예.

= 그렇지요.

예, 그런 것들이.

- 옛날에는 거 떼어주면 그네로 홅으면 또 이렇게 발로 딱 밟고.

예.

- 저 네 발을 딱 달고 그러면 새끼 해가지고 이제 이렇게 판자 하나 대요. 그러면,

- 똑 밟고 떼어주면 홅고 홅고 하면 하루 많이 홅어 봤자 많이 못 홅어요.

- 옛날 거시기할 때는 솔 이렇게 벼홅이는,

- 하나 둘씩 이제 해 봤자,

= 아이고!

- 많이 못 홅고, (웃음)

= 징그럽다.

벼홅이 해 보셨어요?

- 아, 우리도 드른 풍우리제 그거는 아네보고, (웃음)

- 여, 발로 보:꼬 홀트기는 헤:쩨. 으~?

= 엔:나레 가락 요거 한나요?

= 한나에다 홀튼다우?[13]

- 아, 여러케 헤:가꼬 여그다 끼여서

= 웜:메.

- 어쩌 쭉 인자

막떼기 나:무로

- 헐트면 헤:기만[14] 나오고 오고

= 나:무로 만들자네[15] 인자 거 거시기로 세로 만들지요?

- 세:로 안 만들고

= 그람 머:시로 만든다?

- 나:무로 멘드러도 다 데야

가락 홀테는 나무로

= 가라걸?

에. (웃음)

- 그나 모:릉께. (웃음)

인제 손홀테부터는 하셔써요?

- 그러제라. 마니 홀타쩨요아.

손홀테부터는

- 그라고 홀투먼,

- 저 한나 차면 딱 글그고 똗 띠여 주다가 또 한나나 가서 구끼도 하고 글거서 마징게 뻬:네고 또 그라고 또 한자 또 홀트고 그레찌요.

그러면 이제 고로케 홀타가지고 인제 어떠케 함니까, 인제 고거슬? 아까 그마 '마징게'는 어?

- 마징게는 마징게데로 또 따로 하고.

- 아, 우리도 들은 풍월이지 그것은 안 해 보고, (웃음)
- 에, 발로 밟고 훑기는 했지요. 응?
= 옛날에 가락 이것 하나요?
= 하나에다 훑는대요?
- 아, 이렇게 해가지고 여기다 끼워서,
= 아이고.
- 어째 쭉 이제

막대기 나무로

- 훑으면 새꽤기만 나오고 오고
= 나무로 만들지 않고 이제 거 거시기로 쇠로 만들지요?
- 쇠로 안 만들고
= 그러면 무엇으로 만든대요?
- 나무로 만들어도 다 돼.

벼훑이는 나무로

= 가락을

예. (웃음)

- 그나 모르니까.

이제 그네부터는 하셨어요?

- 그렇지요. 많이 훑었지요.

그네부터는

- 그렇게 훑으면,
- 저 가득 차면 딱 긁고 또 떼어 주다가 또 하나나 가서 긁기도 하고 긁어서 낟알 붙은 검불 빼 내오고 또 그러고 또 혼자 또 훑고 그랬지요.

그러면 이제 그렇게 훑어가지고 이제 어떻게 합니까? 이제 그것을? 아까 그 마 '마징게'는 어?

- 낟알 붙은 검불은 검불대로 또 따로 하고.

거가서 고가서

- 그 아:네는 알:데로 헤:가꼬 또 더 조:케 헤:서 더 장처이~ 하지요.

= 엔:나레는 그래능갑뜨만. 존: 나라근 다:: 거 거시기 저 머:시기 할 떼 거 공:출 네불고,

- 아유야, 거시기::

= 마징게나 도:따가 거시기 헨:능갑뜨만.

- 엔:나레는 인자 그도 모:지레서16) 그렌는디

= 마징게는 도:따가 바사가꼬,

- 엔:나레는 거시게써. 그놈 홀타가꼬 또 공:출 다:: 네:불고

- 마징게는 그도저도 모:따 네이며는 마징게께양 다: 떠러가불고 그레 쏘요.

네::.

= 거그 부체이써요.

예.

= 예, 막 뒤예

먹 먹 머글 머글 꺼시 엄:네요.

= 예, 머글꺼시 업:쓴게

= 마징게뜰 떠 마징게나 뒤:따가 그거시나 떠러서 인자 찌거서

- 그레도 그도 모:지라먼 더 공:출 네:불고 업:쩨.

- 그믄 떠러서 공:출 넨:다고. 다 수:량이 모:떼먼

= 지금 시데는 살기 조치요이~. 그릏 거슨이~?

- 체

= 농사 지끼는.

= 물만 비만 거시기아게 오시면 차말로,

= 농사 지끼 펴나지요.

- 저 오오:쩨 금녀네 저 농사 다 진 포기여 인자.

거기에서 거기에서

- 그 안은 알대로 해가지고 또 더 좋게 해서 더 $$$ 하지요.

= 옛날에는 그랬는가 보구먼. 좋은 벼는 다 거시기 저 뭐 할 때 그 공출 내 버리고,

- 아이, 거시기

= 낟알 붙은 검불이나 됐다가 거시기 했나 보구먼.

- 옛날에는 이제 그것도 모자라서 그랬는데

= 낟알 붙은 검불은 됐다가 바숴가지고,

- 옛날에는 거시기 했어. 그것 훑어가지고 또 공출 다 내 버리고,

- 낟알 붙은 검불은 그도 저도 다 못 내면은 검불까지 다 떨어가 버리고 그랬어요.

네.

= 거기 부채 있어요.

예.

= 예, 막 뒤에

먹 먹 먹을 것이 없네요.

= 예, 먹을 것이 없으니까,

= 낟알 붙은 검불 뜰 떠 검불이나 됐다가 그것이나 떨어서 이제 찧어서

- 그래도 그것도 모자라면 더 공출 내 버리고 없지.

- 그러면 떨어서 공출 낸다고. 다 수량이 못 되면.

= 지금 시대는 살기 좋지요. 그런 것은.

- 훨씬

= 농사짓기는.

= 물만 비만 거시기하게 오시면 정말로,

= 농사짓기 편하지요.

- 저 어째 금년에 저 농사 다 지은 셈이야 이제.

= 여 오레는 하도 비가 와서 그란디.

그러고 그 저기 검불기틍 거 이렁 거는 머:로 까 어트게 치로 까부러요?

─ 치로 안 까불러. 거 모타 나따가 딱 '어리'를[17] 싸:놔.

─ 그레가꼬 날 바다가꼬 날 존: 날 뚜두러야요.

─ 도리께 도리께로 뚜두러

뚜두러요 도리께로? 예.

─ 그레가꼬 뚜두며는 인자 다 떠러지고 우게는 폭싹폭싹 하게 하머는,

─ 검불만 나옵니다. 갈쿠로 글게네, 우거지만.[18]

아.

─ 그레가꼬 또 뒤께가꼬[19] 또 뚜둘고 하먼 또 검불만 늘: 나오먼 글
글거 네:고,

아.

─ 거 알:멩이만 처지제이~.

아::.

치로 아나고요?

─ 예.

= 그레가꼬 인자 그놈 인자 저기하먼 풍노질[20] 하지라?

─ 그 다: 뚜두러가꼬 거시기 하고는 인자 모타가꼬 풍노질 또 하고 거
시하제. 검불 다 뻬:불먼.

= 그랑께.

혹씨 거 거 머:라고 함니까? 이러케 거 검불 업:쎙 거뽀다?

= 갈쿠요.

아니 저

= 풍노

기게로 풍노라고 함

─ 풍노 풍노.

= 이 올해는 하도 비가 와서 그런데,

그리고 그 저기 검불 같은 것 이런 것은 뭐로 어떻게 키로 까불러요?

- 키로 안 까불러. 거 모아 놨다가 딱 무더기를 쌓아 놔.

- 그래가지고 날 받아가지고 날 좋은 날 두들겨야 해요.

- 도리깨 도리깨로 두들겨.

두들겨요 도리깨로? 예.

- 그래가지고 두들기면은 이제 다 떨어지고 위는 푹신푹신하게 하면은,

- 검불만 나옵니다. 갈퀴로 긁어내, 우거지만.

아.

- 그래가지고 또 뒤집어가지고 또 두들기고 하면 또 검불만 늘 나오면 긁어 내고,

아.

- 그 알맹이만 처지지.

아.

키로 하지 않고요?

- 예.

= 그래가지고 이제 그것 이제 저기 하면 풍구질 하지요?

- 그 다 두들겨가지고 거시기 하고는 이제 모아가지고 풍구질 또 하고 뭐 하지. 검불 다 빼 버리면

= 그러니까

혹시 그 뭐라고 합니까? 이렇게 검불 없애는 것보고?

= 갈퀴요.

아니 저

= 풍구.

기계로 풍구라고 함.

- 풍구 풍구.

아::

- 풍노가 이씨 이써요.

그건 소느로 돌리나요?

= 예.

- 소니로 돌리기도 하고:: 이자 그저넨 소니로 마:니 돌련는디 한 사라
미 돌리고,

- 떠부꼬,

= 아:페서 끄서네고,

- 겁 더 거시기아고 헨:넌디:,

- 시방은 인자 여렫 요런 거시기 장치를 마:니 헤:부니까,

예.

- 거시기야요.

음.

- 정:기 장치를 마:니 헤:부니까.

네. 그레가지고 나달 다: 터러네먼 인 고걸 어:트케 보:간함니까?

- 그러면 인자 나라글 보:관 헤:가꼬 인자 방에 찌:무끼도 하고 보:관
하지요, 또.

- 사무끼기도[21] 하고.

= 여여 나라게다 이러코 어리통아리[22] 한다거요? 요 어리통아리. 엔:
나레가.

- 그랑께 엔:나레는 또

그랑께 엔:나레 엔:나레

- 나라글 홀타가꼬 어리통 헤쩨. 마징게 타가꼬는 아네써.

홀타가꼬 어터께 보:관하냐고?

어리통아리를 만드러요?

= 어리통아리를 만드라요.

아,

- 풍구가 있어 있어요.

그것은 손으로 돌리나요?

= 예.

- 손으로 돌리기도 하고 이제 그전에는 손으로 많이 돌렸는데 한 사람
이 돌리고,

- 떠서 붓고,

= 앞에서 끌어내고,

- 더 거시기 하고 했는데,

- 시방은 이제 이런 거시기 장치를 많이 해 버리니까,

예.

- 거시기 해요.

음.

- 전기 장치를 많이 해 버리니까.

네. 그래가지고 낟알 다 떨어내면 이제 그것을 어떻게 보관합니까?

- 그러면 이제 벼를 보관해가지고 이제 방아 찧어 먹기도 하고 보관하
지요, 또.

- 팔아 먹기도 하고.

= 이 벼에다 이렇게 나락뒤주 한다고 하오? 이 나락뒤주 옛
날에.

- 그러니까 옛날에는

그러니까 옛날에 옛날에

- 벼를 훑어가지고 나락뒤주 했지. 검불 타가지고는 안 했어.

훑어가지고 어떻게 보관하느냐고?

나락뒤주를 만들어요?

= 나락뒤주를 만들어요.

= 마당에다가

아~.

= 부:자드른 어리퉁아리를

‒ 그라고도 어리퉁아리 어리퉁아리 안차며는 어리퉁아리다 또 부서가
꼬 보:관 하고 그레써요.

에~

그거는 어리퉁아리는 지푸로 지부로,

= 에, 지비로 지브로도 하고,

‒ 지브로 하자네, 엔:날 가마니 짜:가꼬도 하고

아, 가마니요?

= 가마니 짜:가꼬 가마니를 마:떼가꼬

‒ 가마니를 짜가꼳: 시:베면 시:게, 니:게면 니:게, 딱 헤:가꼬 도빠늘
로23) 쥐:서 딱: 하며는 거 한:나24) 나락 안 빠저요.

아.

‒ 미테 똥그라니 지블 구시를25) 까라가꼬 따릉 거를 또, 둥치26) 우게
암 미테 암 빠까께27) 따릉 거슬 또 깔:고 그레야꼬 부서야제 거시기 안
하거쏘?

= 그레가꼳 그러케 어리퉁아리 헤:나따가 인자 나락 사고,

= 머시기헐라면 인자 고놈 어리퉁아리 허러가꼬,

‒ 거그서 인잔 거그서 퍼서 인자 또 삼,

= 퍼서 찌:키도 허고,

음.

= 나락 사기도 허고,

‒ 그라면 뭐 셍:전 뭘 뜨그나 머:다거나 그라 아네.

쥐는 안 다 안달라드나요?

‒ 아니, 쥐가 인자 범: 안 하거꺼28) 헤:야제. (웃음)

= 마당에다.

아.

= 부자들은 나락뒤주를

– 그러고도 나락뒤주 나락뒤주 차지 않으면은 나락뒤주에다 또 부어 가지고 보관하고 그랬어요.

예.

그것은 나락뒤주는 짚으로 짚으로,

= 예, 짚으로 짚으로도 하고,

– 짚으로 하는 것이 아니라, 옛날 가마니 짜가지고도 하고

아, 가마니요?

= 가마니 짜가지고 가마니를 맞대가지고

– 가마니를 짜가지고 세 개면 세 개, 네 개면 네 개, 딱 해가지고 돗바늘로 기워서 딱 하면은 그 하나도 벼 안 빠져요.

아.

– 밑에 둥그렇게 짚을 구유를 깔아가지고 다른 것을 또, 둥우리 위에 아니 밑에 안 빠지게 다른 것을 또 깔고 그래가지고 부어야지 거시기 하잖겠소?

= 그래가지고 그렇게 나락뒤주 해 났다가 이제 벼 팔고,

= 뭐 하려면 이제 그것 나락뒤주 헐어가지고,

– 거기서 이제 거기서 퍼서 이제 또 삼,

= 퍼서 찧기도 하고,

음.

= 벼 팔기도 하고,

– 그러면 뭐 생전 뭐 뜨거나 뭐 하거나 그러지 않아.

쥐는 안 달려드나요?

– 아니, 쥐가 이제 범하지 않도록 해야지. (웃음)

음, 보:통 무슨 고까니나 이런 데다 나:두는데 그냥 그러케 헤:가지고 마당
에다 나:둠니까?

 = 예. 예. 엔:나레 그레찌요.

 - 엔:나레는 마:니 그레써요.

 = 지그믄 이러고 고깐 지서서 머꼬 고까네 당:꼬 헨넌디 엔:나레는
다:: 마당에다 부:자들 어리통얼 시:게도 헤노코 막 크::게 그레찌요.

 - 시방은 엔:나링께 그라제 엔:나레는, 창고에다 뎅인다고 젱엔넌디
창고보듬도 거 마당에 나:둔 노미 더 나:꼬 여 이런 디 토방에 나:둔 노미
더 쥐 암 무꼬 그레요.

그러지요 어짜피이~. 그러면 에:: 보리나 미:른 어트케 타:자글 함니까?
보리 타자근 어트케 하나요?

 - 도리케질 함니다. 보리도 홀타가꼬,

예.

 - 떼약벼테 너러가꼬,

 - 한:나제 뚜두러야제 그거시 잘 뚜둘리제,[29]

 - 그늘지고 거시하먼 안 떠지요.

보리는 어:트케 홀타요?

 - 보릴 보리도 손홀테로 홀틈니다.

아

 = 엔:나렌 그레써요.

손홀테로 홀타요?

 = 예.

 = 손홀테로도 홀타요.

 - 나락 홀트드끼,

 = 여페서 띠여주고 요로코 홀트고

그레가꼬 고노믈 인젠,

음, 보통 무슨 곳간이나 이런 데에다 놔 두는데 그냥 그렇게 해가지고 마당에 놔 둡니까?

= 예. 예. 옛날에 그랬지요.

- 옛날에는 많이 그랬어요.

= 지금은 이렇게 곳간 지어서 먹고 곳간에 담고 했는데 옛날에는 다 마당에다 부자들 나락뒤주를 세 개도 해 놓고 막 크게 그랬지요.

- 시방은 옛날이니까 그러지 옛날에는, 창고에다 쟁인다고 쟁였는데 창고보다도 그 마당에 놔 둔 것이 더 낫고 이 이런 데 토방에 놔 둔 것은 더 쥐 안 먹고 그래요.

그러지요 어차피. 그러면 에 보리나 밀은 어떻게 타작을 합니까? 보리 타작은 어떻게 하나요?

- 도리깨질 합니다. 보리도 훑어가지고.,

예.

- 뙤약볕에 널어가지고,

- 한낮에 두들겨야지 그것이 잘 두들겨지지,

- 그늘지고 뭐 하면 안 떨어지지요.

보리는 어떻게 훑어요?

- 보리 보리도 그네로 훑습니다.

아.

= 옛날에는 그랬어요.

그네로 훑어요?

= 예.

= 그네로도 훑어요.

- 벼 훑듯이,

= 옆에서 떼어 주고 이렇게 훑고,

그래가지고 그것을 이제,

－ 그라먼 모게가::30) 그라먼 모게가 다 떠러지며는 그놈 모타 가꼬 인 잔 벼테다 몰려야 이:리 데제.

예.

＝ 그레야꼬 인자 뚜둘제.

에에.

－ 그라먼 뚜둘먼 제:미써라.

(웃음) 도리께로요?

－ 예.

＝ 뚜두러가꼬 인자 그 아:네가 나오제.

－ 여러케 요세 한:참 더울 떼 뚜든 파니여.

－ 땀 흘러도 벨 수가 업:써. (웃음)

＝ 그레가꼬 인자 그거이 풍노질 하지라이~? 뚜드러가꼬이~.

－ 아이, 그라고 엔:나레는

－ 이 놈 거더 네:고 얼멩이31) 아 인능가 데얼멩이 여러케

－ 그레가꼬 여러켄 부서가꼬 안 칭가?

＝ 처가꼬이

－ 그레가꼬 그너믄 껍떠근 또 딴 디로 보 저 나:두고 또 고놈 거시기 하고

－ 그 미테치32)는 똗

－ 바라메 디리던지33) 풍노질 하든지 그레야제.

바라메 어트케요?

－ 바라메 디레요.

아

－ 바라미 불:며는 여러케 슬슬 송쿠리에다34) 다마가꼬 그믄 잘 나가고

＝ 바라메 인자 그거시 가붕께 그

－ 그라나면 인자 엔:나레 인는 사람드른 풍노지를 헤:가꼬 마:니 한디

- 그러면 이삭이 그러면 이삭이 다 떨어지면은 그것 모아가지고 이제 볕에다 말려야 일이 되지.

예.

= 그래가지고 이제 두들기지.

예예.

- 그러면 두들기면 재미있어요.

(웃음) 도리깨로요?

- 예.

= 두들겨가지고 이제 그 안이 나오지.

- 이렇게 요새 한창 더울 때 두들기는 판이야.

- 땀 흘려도 별 수가 없어. (웃음)

= 그래가지고 이제 그것이 풍구질 하지요? 두들겨가지고.

- 아이, 그리고 옛날에는

- 이것 걸어 내고 어레미 있잖는가? 대 어레미 이렇게

- 그래가지고 이렇게 부어가지고 치잖는가?

= 쳐가지고

- 그래가지고 그것은 껍질은 또 다른 곳으로 져서 놔 두고 또 그것 뭐 하고

- 그 밑의 것은 또

- 바람에 드리든지 풍구질 하든지 그래야지.

바람에 어떻게요?

- 바람에 드려요.

아

- 바람이 불면은 이렇게 슬슬 삼태기에다 담아가지고 그러면 잘 나가고

= 바람에 이제 그것이 가벼우니까 그

- 그렇지 않으면 이제 옛날에 있는 사람들은 풍구질을 해가지고 많이 하

언: 풍노 엄:는 사람드른 바라메 가서 마:니 디리고 그레써요.

바라메 고걸 디린다 그레요이~?

　－ 예.

　＝ 바라메 디린다.

그러먼 그레가지고 그 그 보리가틍 거슨 어:따가 다머 둠니까?

　＝ 가마니에다 담

　－ 가마니에다 다머야지요

　＝ 거 엔:나레 지까니 지까마니

　－ 지까마니에다 딱 그 양만 담쩨, 마이. 그라고 보리가 무겁씀니다.
가:튼 거신 베아고 저 보리아고 다머도 더 무거께 베이요.

나락뽀다 무거요?

　＝ 예.

　＝ 체: 무거께 보이고

　－ 여름처리라 길려기³⁵⁾ 업:쓰께 그랑가 더더 무거께 베이고 (웃음)

어:: 미:른 미:른 어뜨케 헤씀니까? 다?

　－ 밀:도 그릉께 저

그레도 달 소느로?

　－ 미:른 소느로 잘 안 홀틈니다. 홀트기도 한디,

　－ 미:른 그르케 비여다가

　－ 증 마라자면 미:리 여 모가지³⁶⁾ 아니쏘?

에.

　－ 그라면 여러케 노며는 또 그 우:게다가 똔 여 모가지 다:메 여러케
똔 영거.

에.

　－ 조르라니³⁷⁾ 그레가꼬 도리께질 하며는 함불 딱:: 뚜둘며는 또 이러
케 반:데로 뒤낌니다.

는데 풍구 없는 사람들은 바람에 가서 많이 드리고 그랬어요.

　바람에 그것을 드린다 그래요?

　－ 예.

　＝ 바람에 드린다.

　그러면 그래가지고 그 그 보리 같은 것은 어디에다가 담아 둡니까?

　＝ 가마니에다 담

　－ 가마니에다 담아야지요.

　＝ 그 옛날에 짚 가마니, 짚 가마니,

　－ 짚 가마니에다 딱 그 양만 담지, 많이. 그리고 보리가 무겁습니다.
같은 것이 벼하고 저 보리하고 담아도 더 무겁게 보이오.

　벼보다 무거워요?

　＝ 예.

　＝ 훨씬 무겁게 보이고

　－ 여름철이라 기력이 없으니까 그러는지 더 무겁게 보이고 (웃음)

　어 밀은 밀은 어떻게 했습니까? 다?

　－ 밀도 그러니까 저

　그래도 다 손으로?

　－ 밀은 손으로 잘 안 훑습니다. 훑기도 하는데,

　－ 밀은 그렇게 베어다가

　－ 즉 말하자면 밀이 이 이삭 있잖소?

　예.

　－ 그러면 이렇게 놓으면은 또 그 위에다가 또 이 이삭 다음에 이렇게
또 얹어.

　예.

　－ 줄줄이 그래가지고 도리깨질 하면은 한 벌 딱 두들기면은 또 이렇게
반대로 뒤집습니다.

예

- 그레가꼬 뚜두러요.

아.

- 그레가꼬 또 안 떠러지면 또 함번 더 뒤께 야꼬 세:불 네:불까지도 뒤께 야꼬 뚜두러요.

아, 그 모가지 이르케 홀트도 앙코,

- 예.

그데로 나:두고 그냥 도리께질 헤부러요?

- 그레가꼬

음.

- 그러믈 또 얻: 도리께질 하먼 뇌인다고[38] 뇌이며는 도리께로 쩌::리근 상:모시미 이러케 까라조요.

음.

- 그럼 그 놈 뚜덕뚜덕 뚜두러야제, 안 뚜두먼 안 데제. 거 모가지 한나도

- 열 다: 뚜두러지게 할랑께.

음.

- 그레가꼳 다 뚜둘며는 글거넴:시로 또 뚜둘고 뚜둘고 하제.

예.

- 그레선 밀타작 함니다. 미 미:리 또 잘 빠저요.

= 인자 풍노질 하지요. **

- 딱: 글거 네:고 또 거시기 하제. 얼메이질 헤:가꼬 풍노질 하지라우.

= 처징 거슨 인자 치로 까:불고

- 거시기일 검불 가틍 거슨 따로 나오먼 거시기 하고 어 미:른 또 유드끼[39] 또 잘 빠씀니다.

아:, 그레요?

= 밀타자기나

예

－ 그래가지고 두들겨요.

아.

－ 그래가지고 또 떨어지지 않으면 또 한 번 더 뒤집어가지고 세 벌 네 벌까지도 뒤집어가지고 두들겨요.

아, 그 이삭 이렇게 훑지도 않고,

－ 예.

그대로 놔 두고 그냥 도리깨질 해 버려요?

－ 그래가지고

음.

－ 그것을 또 어디 도리깨질 하면 놓인다고 놓이면은 도리깨로 저리 그 상머슴이 이렇게 깔아 줘요.

음

－ 그럼 그것 투덕투덕 두들겨야지 안 두들기면 안 되지. 그 이삭 하나도

－ 다 두들겨지게 하려니까.

음

－ 그래가지고 다 두들기면은 긁어내면서 또 두들기고 두들기고 하지.

예

－ 그렇게 밀타작합니다. 밀이 또 잘 빠져요.

＝ 이제 풍구질 하지요 ＊＊.

－ 딱 긁어 내고 또 거시기 하지. 어레미질 해가지고 풍구질 하지요.

＝ 처진 것은 이제 키로 까부르고

－ 거시기 검불 같은 것은 따로 나오면 거시기 하고 어 밀은 또 유독 또 잘 빠집니다.

아, 그래요?

＝ 밀 타작이나

- 보리도 그라고

= 알:멩이가 얼릉 빠저요.

그 다메: : 콩: 가틍 거슨 어뜨케 함니까?

- 콩도 거식 하제라이~.

콩은

- 에::.

비여다가 그냥

- 엔?

= 비여다가 고거또 뚜두러요.

- 핀피

마 말려 말려 가꼬?

= 예예, 말려가

- 말려가꼬 저: 엔:나레는 주로 어:짠 수가 인능고니, 어제노 예:기 헤:쩨마는 엔:나른 쓔씨떼40) 아니쏘?

에.

- 인잔 허무러링께 인잔 사네키 시:게 노코 여 쭈시떼 딱 모가지 처불고 바다게 깔문 거:리 노먼 딱 끼:메도 암 빠지 껀 아니요? 동치41) 지:머는.

음.

- 그레가꼳 저다간 쩔: 농노까에나 사네다나 탁 나:두먼 그넘 주르라니 나:도요. 그에 우제지 헤:노코 거 바뻐서 모:다머는 인잔 동지 서:따레도 뚜둘고 (웃음) 그레써요 .

= 잘 가라저가꼬 잘 뚜두러저요. 거그서 가라저가꼬

아.

= 거기서 말르제 인자.

에.

= 마:라자먼 여그다 맏 말링 건 마냥 요로고 둥치 지여노먼 그 소게서

－ 보리도 그렇고

＝ 알맹이가 얼른 빠져요.

그 다음에 콩 같은 것은 어떻게 합니까?

－ 콩도 거시기 하지요.

콩은

－ 예.

베어다가 그냥

－ 예?

＝ 베어다가 그것도 두들겨요.

－ 피피

말려 말려가지고?

＝ 예예, 말려가지고

－ 말려가지고 저 옛날에는 주로 어떤 수가 있는고 하니, 어제도 얘기했지마는 옛날은 수숫대 있잖소?

예.

－ 이제 허무러지니까 이제 새끼 세 개 놓고, 여 수숫대 딱 이삭 쳐 버리고 바닥에 깔면, 그리 놓으면 딱 꿰매도 안 빠질 것 아니오? 동 지으면은.

음.

－ 그래가지고 져다가 저 농로 가에나 산에다나 탁 놔 두면 그것 줄줄이 놔 둬요. 그렇게 의지해 놓고 거 바빠서 못 하면은 이제 동지 섣달에도 두들기고 (웃음) 그랬어요.

＝ 잘 갈아져가지고 잘 두들겨져요. 거기서 갈아져가지고.

아.

＝ 거기서 마르지 이제.

예.

＝ 말하자면 여기에다 말리는 것처럼 이렇게 동 지어 놓으면 그 속에서

요로고 말릉갑떼요. 그레가꼬 뚜둘고 그먼 인자 잘 뚜두러지제.

음.

= 아, 그거또 인자 이러고 콩 뚜두레가꼬 처징 거슨

― 그란디 건 제미써라, 또 뚜둘먼, 시야네는 유드끼. 또 운동 데고 (웃음) 요러케 더울 떼는 할락 하먼 거 힘드러요.

= 지그믄 동치도 안 지서요. 막 시러다 뚜두러붕께.

@2 아.

― 시방 엔:나링께

= 엔:나링가 동치 지여다 노코 줄:주리 헤:나코,

― 동치 지여다가

= 시야네 뚜둘고 그란디 지그믄

― 쩌 눈: 누나 눈 영처가꼬 그넘 딱 미크러[42]불고 동 콩똥만 저다가 인자 마당에다 딱 까라서 뉘여놉 쩌 뉘벼노코 뚜둘기 시자가먼 제:미써라우.

= 그란디 지그믄 막 꺼더다 막 뚜두러붕께.

그레가지고 그냥 건조 건조장으로 보네버리나요? 어뜨게?

= 그레가꼬 인자 이녀기 인자 머글라먼 깍깍 몰리고

몰리고

― 거 '장:테'[43] 하고

= 또 사, 살 노믄 깡깡 몰리고

에에.

― 사무글 놈 사 무꼬

= 사기도 허고 장도 쑤고

― 사무글 놈 사 무꼬 나무먼

@2 에.

― 엔:나레 제미써. 뭘 두:리 볼바서 거시기하면 한나는 갈쿠질하고 그

이렇게 마르나 보데요. 그래가지고 두들기고. 그러면 이제 잘 두들겨지지.

음.

= 아, 그것도 이제 이렇게 콩 두들겨가지고 처진 것은,

- 그런데 그것 재미있어요, 또 두들기면, 겨울에는 유독 또 운동 되고 (웃음) 이렇게 더울 때는 하려고 하면 그 힘들어요.

= 지금은 동도 안 지어요. 막 실어다 두들겨 버리니까.

@2 아.

- 시방 옛날이니까

= 옛날이니까 동 지어다 놓고 줄줄이 해 놓고,

- 동 지어다가

= 겨우내 두들기고 그러는데 지금은

- 저 눈 눈 와 눈 얹어가지고 그것 딱 밀어 버리고 동, 콩동만 져다가 이제 마당에다 딱 깔아서 뉘어놓 저 뉘여 놓고 두들기기 시작하면 재미있어요.

= 그런데 지금은 막 걷어다가 막 두들겨 버리니까

그래가지고 그냥 건조 건조장으로 보내 버리나요? 어떻게?

= 그래가지고 이제 자기가 이제 먹으려면 꽝꽝 말리고

말리고

- 그 '장태'하고

= 또 팔 것은 꽝꽝 말리고

예예.

- 팔아 먹을 것 팔아 먹고

= 팔기도 하고 장도 쑤고

- 팔아 먹을 것 팔아 먹고 남으면

@2 예.

- 옛날에 재미있어. 뭐 둘이 밟아서 거시기 하면 하나는 갈퀴질 하고

떡빠리 시:머는 또 한나는 짐 무끄고 갈쿠질 또 하고 (웃음) 마징게 또 글
거네:먼.

　나라가틍 거슨 그:: 저기 노네서 가꼬와가지고 그러케 싸:두나요? 인제
타:자카기 저네?

　－ 엔:나레는 베늘 눌러써요. 뻥:뻥 돌려서.

　에::.

　－ 증 마라자먼 여기다가 인자 늘치카니44) 지블 잔 까라.

　－ 그 발로 요 요:러케 쩨:까낭 거시 헤머넌

　에.

　－ 함 빠꾸 또 돌:리며는 그 여페는 또 더 네:그서45). 뻥: 돌려서. 그레
가꼬 그 다으메 또 누가 올려주며는 헤 건 열: 뽀짝46) 데:서 딱 거 눌러
요. 나도 벨 지끌 다 헤쏘. (웃음)

　아아

　알로 베늘 눌러서

　－ 베늘 다: 눌러서 유제지혜:서 거

　＝ 노피 헤:가꼬 베누리 눌러서

　－ 그라먼. 지끔 나락 그 함모기라먼47) 차말론 함목 눌르먼 상당이 큼
니다.

　에.

　＝ 그레가꼬 인자 그 놈 인자 노버더서 인자 거 기게홀테

　－ 노버드먼 또 마라미로 여꺼서 딱:: 눌러노머는 똘 시야네 노버더가
꼳 그놈 우게 마람 딱 거더서 딱 헤:서 짠 네려서 인좐 딱 눌러가꼬 인자
사:람 마:니 어더야지요이~. 너:일 자우튼48) 두:리 홀트먼 양:쪼게서 띠여
주고 갈쿠질 한 사:람 이꼬. 집 두:른 무꺼야데야 안데요.

　예.

　－ 나 벨 건 다 헤쏘 거. 집뻬늘도 그러케 몬:눈는디 집뻬늘도 눌를찌

그 쪽 발이 쉬면은 또 하나는 짚 묶고 갈퀴질 또 하고 (웃음) 낟알 붙은 검불 또 긁어 내면.

벼 같은 것은 그 저기 논에서 가지고 와가지고 그렇게 쌓아 두나요? 이제 타작하기 전에?

– 옛날에는 가리 쌓았어요, 빙빙 둘러서.

예.

– 즉 말하자면 여기다가 이제 널찍하게 짚을 조금 깔아.

– 그 발로 이렇게 조그마한 것이 하면은

예.

– 한 바퀴 또 돌리면은 그 옆은 또 더 내그어. 빙 둘러서. 그래가지고 그 다음에 또 누가 올려 주면은 그것 열 바짝 대어서 딱 그 쌓아요. 나도 별 짓거리 다 했소. (웃음)

아아.

아래로 가리 쌓아서

– 가리 다 쌓아서 의지해서 그

＝ 높이 해서 가리 쌓아서

– 그러면 지금 벼 그 한 '목'이라면 그 정말로 한 '목' 쌓으면 상당히 큽니다.

예.

＝ 그래가지고 이제 그것 이제 놉 얻어서 이제 그 탈곡기

– 놉 얻으면 또 마름으로 엮어서 딱 쌓아 놓으면은 또, 겨울에 놉 얻어가지고 그것 위에 마름 딱 걷어서, 딱 해서 이제 내려서 이제 딱 쌓아가지고 이제 사람 많이 얻어야지요. 넷, 좌우간 둘이 훑으면 양 쪽에서 떼어 주고 갈퀴질 하는 사람 있고, 짚 둘은 묶어야 되지 안돼요.

예.

– 나 별 것 다 했소 그. 짚가리도 그렇게 못 쌓는데 짚가리도 쌓을 줄

알고. 헤:봉께 다 뎁띠다.

　그니까 그 노:네서 가꿍 거슬 항꺼버네 다 타:자글 안 하고 고로케 베눌 눌러나따가

　－ 엔:나레는 베누를 다 눌러쩨.

　여러번 나놔서 타:자글 하고 그레써요?

　＝ 예.

　－ 그라께. 엔:나레 등지미 하머는 쌍아쏘리 헤:감시로도 건 와라우. 머나 먼디서 그라면 심 조은 사라믄 거 한 짐 지고 오므면 심 존: 사라믄 두: 짐 차고 와부러. 두: 번 앙 갈라고. 그람 그 사람드른 또 가. 엔:나레는 그러케 풍소기 어메써라. 시바잉께 인자 저:께지나 마:니 지나 헨:넌디 저 무쑤로 따:징께.

　아.

　－ 거그는 인잔 힘 준 사라믄 두: 짐도 차불고 석:찜도 차분디, 거 심야간 사라믄 한 짐 지고 얼릉 빨리빨리 뎅일라고 에:를 쓰고 간디, 힘 존 사라믄 깐닥::까닥49) 짐 싸가꼬 오면 그거이 더 소:라와.50) 나도 솔차니 헤:바찌마는 지믈 잘 싸야써, 소 처쩨. 석: 씸 쏠:라며는 지게까지에다가 지게까지가 시방 중 마라자면 여그 꼬작51) 아님니까?

　－ 여그 여기다 시:게 여그다 시:게 여그다 시:게 여그다 그러믄 여서께 아님 여여 여서께 안 여서께. 시:게 시:게 여서께에다가 열 뚜게 안뎀니까? 그 우그로 올라가서는 두: 게썩 싸: 또. 올라갈쑤록 하나를 싸:고 지믈 잘 싸야 써.

　아오께.

　－ (웃음) 삼사믄 구

　아.

　－ 그라면 또 두: 게썩 올라가면 똘 양:쪼게 두: 게썩 올라가면 (웃음) 그레가꼬 두: 게썩 올라가꼬 하나썩 딱:: 헤:가꼬 가면 지미 게오끄등.52)

알고. 해 보니까 다 됩디다.

그러니까 그 논에서 가지고 온 것을 한꺼번에 다 타작을 안 하고 그렇게 가리 쌓아 놓았다가

― 옛날에는 가리를 다 쌓았지.

여러 번 나눠서 타작을 하고 그랬어요?

= 예.

― 그러니까. 옛날에 등짐을 하면은 '쌍아소리' 해 가면서, 그 와요, 머나 먼 곳에서, 그러면 힘 좋은 사람은 거 한 짐 지고 오면은 힘 좋은 사람은 두 짐 차고 와 버려, 두 번 안 가려고. 그러면 그 사람들은 또 가. 옛날에는 그렇게 풍속이 엄했어요. 시방이니까 이제 적게 지나 많이 지나 했는데 저 뭇 수로 따지니까.

아.

― 거기는 이제 힘 좋은 사람은 두 짐도 차 버리고 석 짐도 차 버리는데, 거 힘 약한 사람은 한 짐 지고 얼른 빨리빨리 다니려고 애를 쓰고 가는데, 힘 좋은 사람은 천천히 짐 싸가지고 오면 그것이 더 수월해. 나도 상당히 해 봤지마는 짐을 잘 싸야 돼, 첫째. 석 짐 쌓으려면은 지게 가지에다가 지게 가지가 시방 즉 말하자면 여기 '꼬작' 아닙니까?

― 여기 여기다 세 개 여기다 세 개 여기에다 세 개 여기다 그러면 여섯 개 아니면 여 여 여섯 개 안 여섯 개, 세 개, 세 개, 여섯 개에다가 열두 개 되잖습니까? 그 위로 올라가서는 두 개씩 싸, 또. 올라갈수록 하나를 싸고 짐을 잘 싸야 돼.

아홉 개.

― (웃음) 삼삼은 구

아.

― 그러면 또 두 개씩 올라가면 또 양 쪽에 두 개씩 올라가면 (웃음) 그래가지고, 두 개씩 올라가지고 하나씩 딱 해가지고 가면 짐이 가볍거든.

(웃음)

- 그거시 요:렝이제.

(웃음) 규녕을 마처가지고

- 두: 짐 쏠라먼53) 나는 저: 엔:나레는 지게 막 바처노코 놈드릉 지게까지에다 낀:디 나는 앙 끼고도 막 차곤 항껜, 그 키가 커야 머기든지 지를 쏘:끼가 조:코 그랍따.

예예.

- 그레가꼬 나는 우리 자그나부진 네야를54) 머냐 싸:나아체.

네.

- 그레야 네:가 따라가제. 그라고 자그나부지 거슨 딱 네야 싸:노코 자그나부지 가시라 하고 싸:주 부:고 가시오 따라가라고 네얀 뒤에 따라가도 충:부니 따라가 그렁께. (웃음)

- 그라고 나는 푸마시헤쏘.

(웃음)

- 자그나부지 모:시고도,

네.

그 다으멘: 예 그 다으메 이자 이루켄 타:작 헌노문 인자 방아 찌여야 데지 앙커쏨니까이~?

= 그라지요.

방에를이~. 기게도 이꼬 저네는 기게 아니고 또 그냥 지베서

= 조:작빵에다55) 찌여쪼.

에?

= '조:작빵에'라고 이써.

- '조:작빵에'라고.

'조:작빵에'가 머에요?

= (웃음)

(웃음)

― 그것이 요령이지.

(웃음) 균형을 맞춰가지고

― 두 짐 쌓으려면 나는 저 옛날에는 지게 막 받쳐 놓고 남들은 지게 가지에다 끼는데 나는 안 끼고도 막 차고 하니까 그 키가 커야 뭐든지 짐을 쌓기가 좋고 그럽디다.

예예.

― 그래가지고 나는 우리 작은아버지, 내 것을 먼저 쌓아 놓았지.

네.

― 그래야 내가 따라가지. 그리고 작은아버지 것은 딱 내 것 쌓아 놓고 작은아버지 가시라 하고, 쌓아 줘 버리고 "가시오" 따라가라고 내 것은 뒤에 따라가도 충분히 따라가, 그러니까. (웃음)

― 그렇게 나는 품앗이했소.

(웃음)

― 작은아버지 모시고도,

네.

그 다음에는 예, 그 다음에 이제 이렇게 타작한 것은 이제 방아 찧어야 되지 않겠습니까?

= 그렇지요.

방아를 기계도 있고 전에는 기계 아니고 또 그냥 집에서

= '조작방아'에다 찧었지요.

예?

= '조작방아'라고 있어.

― '조작방아'라고.

'조작방아'가 뭐예요?

= (웃음)

− 디들빵아

= 디들빵아

아.

− 발로 볼바서 (웃음) 그 떨그덩 떨그덩 그랑께 남자드리 저 어어 여으서 볼부면 또 사:라미 한나 이기 너:코56) 그레가꼬 발로 볼바서 마:니 찌여찌요.

그 디들빵아.

− 디들빵아.

'조:작빵아'는 멀: 멀: 찌씁니까?

− 아, 머:이든지 보리방아도 찌:꼬

= 보리방에도

− 저 걸 나락빵아도 찌꼬

아

− 그레요. 서:숙빵아도57) 찌꼬.

= 다 그레써요, 엔:나레는.

− 꼬:치방아도 찌꼬.

= 그: 방에를 찌여서 쌀도 ** 보리 방에도 ** 거 기게 아나씰쩨는.

아.

= 그릉께 저:네 어:런더리 우덜58) 에레서 어:런더리 여 이르고 게론 안 헤쓸 차메 어:런더리 인제 저니게면 보리방에 찌:로 가시드만. 보리방에 찌:로가면 그노믈 인자 함 불 찌여. 함 불 찌여가고 땅 너러가꼬 또 인자 고놈 또 떼끼로59) 가.

− 저 인자 모르면 인자 또 께끼로 간다고 또

= 떼끼로 가. 떼께야 인자 바블 헤:묵쩨. 인자 고와야, 고와야.

떼낀단 마리 무슨 마리에요?

= 조:케 까꿍다 그 마리여 싹.

− 디딜방아

= 디딜방아

아.

− 발로 밟아서 (웃음) 그 떨그덩 떨그덩 그러니까 남자들이 저 어어 여기서 밟으면 또 사람이 하나 이겨 넣고 그래가지고, 발로 밟아서 많이 찧었지요.

그 디딜방아.

− 디딜방아.

'조작방아'는 뭘 뭘 찧습니까?

− 아, 뭐든지 보리방아도 찧고,

= 보리방아도

− 저 건 벼 방아도 찧고,

아.

− 그래요. 조 방아도 찧고.

= 다 그랬어요, 옛날에는.

− 고추 방아도 찧고

= 그 방아를 찧어서 쌀도 ✱✱ 보리 방아도 ✱✱ 거 기계 하지 않았을 때는.

아.

= 그러니까 전에 어른들이 우리들 어려서 어른들이 여 이렇게 결혼 안 했을 때에 어른들이 이제 저녁이면 보리방아 찧으러 가시더구먼. 보리방 아 찧으러 가면, 그것을 이제 한 벌 찧어. 한 벌 찧어가지고 딱 널어가지 고 또 이제 그것 또 '떼끼러' 가.

− 저 이제 마르면 이제 또 곱게 다시 찧으러 간다고 또

= '떼끼러' 가. '떼께야' 이제 밥을 해 먹지. 이제 고와야, 고와야.

'떼낀다'는 말이 무슨 말이에요?

= 좋게 깎는다 그 말이야 쌀.

- 야야, 까:꺼서 바베 뭉는다.

머:스로 까꺼요?

= 거그거 방에에다가

- 방에에다가 찌여야 인자 또 (웃음)

도:구통에다?

- 베께 베께지요.

= 아니

- 방에 디들빵에다가.

= 디들빵에라고?

아, 디들빵에로 함 번 더 찌거요?

- 더 찌여. 두: 불 찌여야제. 함 불 찌여 가꼬는 안 데여.

어.

= 그레가꼬 인자 거 거저 거그서 '떼낀다'고 그레요 그람.

= 고 놈 찌여가꼬 엔:나레는 어:런더리 오레::덴 디 그 방에 찌여가꼬
도 또 고놈가꼬도 밀:께떡 헤: 저거 보리게떡도 헤:무거요이~.

- 거저 두: 불 찐노믄 인자 조으니까.

= 두: 불 찐 노믄 몽글몽글,

아.

= 그레가꼬 그 그거까꼬 보리싸를 또 보리싸를 저기 보리바발: 떼 그
뜸무를60) 또 탑탑:한61) 노물 바더요 우리 어:런더른. 그레가꼬 그 뜸물가
꼬 똘 여 지금 단술끼레62) 묵떵끼 끼레무거. 술 끼레 묵떼끼. 설탕 설탕
아이 설탕 안 치고 그 떼는 머

에.

= 사까리 처쓰까? (웃음)

에.

= 그랑께 어:른드른 벨 거슬 다 잡싸써.

− 예, 깎아서 밥해 먹는다.

무엇으로 깎아요?

= 거기에다 방아에다가

− 방아에다가 찧어야 이제 또 (웃음)

절구에다?

− 벗겨 벗기지요.

= 아니

− 방아 디딜방아에다.

= 디딜방아라고?

아, 디딜방아로 한 번 더 찧어요?

− 더 찧어. 두 벌 찧어야지 한 벌 찧어가지고는 안 돼.

어.

= 그래가지고 이제 그 그 저 거기서 '떼낀다'고 그래요, 그러면,

= 그것 찧어가지고 옛날에는 어른들이 오래 된 것 그 방아 찧어가지고도 또 그것 가지고도 밀개떡 해 저거 보리개떡도 해 먹어요.

− 그 저 두 벌 찧은 것은 이제 좋으니까.

= 두 벌 찧은 것은 몽글몽글,

아.

= 그래가지고 그 그것 가지고 보리쌀을 또 보리쌀을 저기 보리밥 할 때 그 뜨물을 또 걸쭉한 것을 받아요. 우리 어른들은. 그래가지고 그 뜨물 가지고 또 이 지금 단술 끓여 먹듯이 끓여 먹어. 술 끓여 먹듯이. 설탕 설탕 아니 설탕 안 치고 그때는 뭐,

예.

= 사카린 쳤을까? (웃음)

예.

= 그러니까 어른들은 별 것을 다 잡쉈어.

@2 함 번 함 번 찌면 몸: 멍나요?

= 몸: 무거. 함 번찌면 몸: 무거.

− 보리는 꺼뿔63) 찌여가꼬는 젤:때 몸: 무그니까.

= 두: 불 찌여가고 묵쩨.

@2 두: 불 찌믄 저히 지금 멍는 거처럼 그러케,

− 그, 그레야 보리가 흐:가니64) 익찌 인자.

@2 싸:른 싸:른 며 뻔 찐나요?

= 싸:른 쌀: 함 불 찌체.

싸:른 함 벌 찌여.

− 싸:른 함 번 찌고 인자 거시기 메야

@2 싸른 한 번씩 찌는데 보리는 두: 번씩

− 요 기게에다 찌며는 쌀도 요 요 기게 나와가꼬는 아 데버네 찌여분
디. 엔:나레 발통기에다 떨: 때는 요:리 요:리 요리 가따 요리 기따 요리가
따 에일고 야라빨 찌여써. 시방 여그:: 시방 헨:제 기게 찌:며는 시방도 찌
여보면 나라그로 망 너먼 데버네 쩌 쌀로 나와분디.

= 에.

− 엔:나레는 여 발통기라고 이써. 그라면 그놈 도라가면 요 함 불 느:
쩨 두: 불 느:쩨 시:불 느:쩨 니:불 다서 여서뿔 가차이65) 드 드러가고 그
럿 그레야 싸:리데쩨 그라나먼 안데 안데고.

기에 여기서는 주로 그런 디들빵아를 마:니 사용헤꾸뇨?

= 예.

− 엔나레는 디들빵아를 마:니 사용헤쩨 어쩨땅가?

음.

− 그라고 엔:나레는 저니66) 푸마시를 마:니 하고 저그 젇: 노:인드리
저녀기면 자믈 모짜고.

= 나.제도 이러고 잠: 모:씨여요 거 나.제먼 인자 또 그 놈 또 방에 찡:게.

@2 한 번 한 번 찧으면 못 먹나요?

= 못 먹어. 한 번 찧으면 못 먹어.

− 보리는 꺼풀 찧어가지고는 절대 못 먹으니까.

= 두 벌 찧어가지고 먹지.

@2 두 벌 찧으면 저희 지금 먹는 것처럼 그렇게,

− 그래야 보리가 하얗게 익지 이제.

@2 쌀은 쌀은 몇 번 찧나요?

= 쌀은 쌀 한 벌 찧지.

쌀은 한 벌 찧어.

− 쌀은 한 번 찧고 이제 거시기 매야

@2 쌀은 한 번씩 찧는데 보리는 두 번씩

− 요 기계에다 찧으면은 쌀도 요요 기계 나와가지고는 아 대번에 찧어 버리는데, 옛날에 발동기에다 찧을 때는 이리 이리 이리 갔다 이리 갔다 이리 갔다 여닐곱 여덟 벌 찧었어. 시방 여기 시방 현재 기계 찧으면은 시방도 찧어 보면, 벼로 막 넣으면 대번에 저 쌀로 나와 버리는데.

= 예.

− 옛날에는 이 발동기라고 있어. 그러면 그것 돌아가면 이 한 벌 넣지 두 벌 넣지 세 벌 넣지 네 벌 다섯 여섯 벌 가까이 드 들어가고 그랬 그 래야 쌀이 되지 그러지 않으면 안 돼 안 되고.

그래 여기서는 주로 그런 디딜방아를 많이 사용했군요?

= 예.

− 옛날에는 디딜방아를 많이 사용했지 어찌했단가?

음.

− 그리고 옛날에는 완전히 품앗이를 많이 하고 저기 저 노인들이 저녁 이면 잠을 못 자고.

= 낮에도 이렇게 잠 못 쉬어요 그 낮이면 이제 또 그것 또 방아 찧으니까.

아.

　= 그레노코 인자 방에 찌여노코 또 밤메로 가제.

　─ 쉬:도 모:데써, 엔나레는.

쉴: 트미 엄네요. 그 디들빵아도 미테가 요로코 옴폭 파저찌요?

　= 예, 요로코 요로고

　─ 거 파저 파저가꼬 이쩨.

고 머:라고 함니까? 고거 머:락 함니까?

　= 그거뽀다 하:기라게요.67) 학:.

　─ 확:.

어?

　─ 학:.

학:.

　─ 하:기꼬 도:구떼68) 저: 방에고.69)

　= 방에 방에 학:.

음 방에고이꼬.

　─ 방에고이꼬?

　= 방에고 거가 거: 하:게로 탁탁 찌여지제.

　─ 그레야 그레야 캉캉 찌여야 거시하제.

하:근 그먼 도:그로 데이써요?

　= 예.

　─ 학또 도:그로70) 데야가꼬 다 거시간디. 시방은 저 어지께 안 바게쓰
께 근디 그 학:또 이꼬.

음.

　─ 도:굳 도:구떼도 방에고도 이꼬. 어이께 찰 자세이 안 바게꾸만.

(웃음) 아니예요. 예

　─ 거그 다 이써요.

아.

= 그래가지고 이제 방아 찧어 놓고 또 밭 매러 가지.

- 쉬지도 못 했어, 옛날에는.

쉴 틈이 없네요. 그 디딜방아도 밑이 이렇게 움푹 파졌지요?

= 예, 이렇게 이렇게

- 그 파져 파져가지고 있지.

그 뭐라고 합니까? 그것 뭐라고 합니까?

= 그것보고 확이라고 해요. 확.

- 확

어?

- 확

확

- 확 있고 절굿공이 저 방앗공이.

= 방아 방아 확.

음 방앗공이 있고.

- 방앗공이 있고,

= 방앗공이 거기가 그 확으로 탁탁 찧어지지.

- 그래야 그래야 꽝꽝 찧어야 뭐 하지.

확은 그러면 돌로 되었어요?

= 예.

- 확도 돌로 되어가지고 다 뭐 하는데 시방은 저 어저께 안 봤으니까 그런데 그 확도 있고.

음.

- 절구 절굿공이도, 방앗공이도 있고, 어저께 자세히 안 보셨구먼.

(웃음) 아니예요. 예.

- 거기 다 있어요.

예

― 아 하:근 업:써.

= 하:근 업쩨이~.

― 그란디 방에고는 이떼.

= 고는 고는 우리 우리 건 가따가,

― 으~ 마저. 엔:날 우리 건.

그러머는 인제 고로케 찌키도 하고 그믄 도:구 도:구통 도:구지른 얻 언:제 씀니까?

= 인자 도굼 도:구지른⁷¹⁾ 인자 또 이 먼: 쩨:끔 할 떼는 인자 또 도:구 질 헤.

― 나무도:구통인는디다가 또 나:무로 저 도:구떼 만드라서 꾹:꾹 찌꼬 머 그러기도 하고.

쪼그만 할 떼

= 예예, 또 먼: 할 떼 거그다가 인자 찌:꼬 그라고.

마:니 헐라며는?

= 예 마:니 할라면

― 그랑께 사:라미 마:니 피로 아나니까 한자⁷²⁾ 그거슨 여 도:구또게다 부서가꼬 나묻 콩콩 찌:끼도 하고 그러케 헨:넌디. 인자 아깐 방에찔 떼는 사:라미 너:이 볼바야 쓰고 또 학 씨러 는: 사람 이꼬.

― 그러켄 헤:야 인자 데제 그라나먼 안테.

보:통 그러면 함 메, 메 뻬니나 찐나요? 엔:날 디들빵아로는? 두: 번? 세: 번? 메 뻬니나 찌

― 거시긴

나락빵에 가틍 거슨?

― 나락빵에는 거시헤쩰.

= 나락빵에는 막 찌:꺼시요. 예.

예

- 아 확은 없어.

= 확은 없지.

- 그런데 방앗공이는 있데.

= 공이는 공이는 우리 우리 것 가져다가,

- 응, 맞아. 옛날 우리 것.

그러면은 이제 그렇게 찧기도 하고 그러면 절구 절구통 절구질은 언제 씁니까?

= 이제 절구 절구질은 이제 또 이 무슨 조금 할 때는 이제 또 절구질 해.

- 나무 절구통 있는 데다가 또 나무로 저 절굿공이 만들어서 꾹꾹 찧고 뭐 그러기도 하고

조금만 할 때

= 예예, 또 뭐 할 때 거기다가 이제 찧고 그러고.

많이 하려면은?

= 예, 많이 하려면은

- 그러니까 사람이 많이 필요하지 않으니까 혼자 그것은 이 절구통에다 부어가지고 나면 콩콩 찧기도 하고 그렇게 했는데 이제 아까 방아 찧을 때는 사람이 넷이 밟아야 되고 또 확 쓿어 넣는 사람 있고.

- 그렇게 해야 이제 되지, 그렇지 않으면 안 돼.

보통 그러면 한 몇 몇 번이나 찧나요? 옛날 디들방아로는? 두 번? 세 번? 몇 번이나 찧

- 거시기

벼 방아 같은 것은?

- 벼 방아는 거시기했지.

= 벼 방아는 막 찧을 것이오. 예.

- 거 방에 버틈 여 보:끼 시자가면 막 시러서73) 가저옹가?

= 시러서 가저와

- 먼: 머:할 떼는 거시가드만. 막 안 시러서도 가저올끼도 하고.

= 몰라, 난 막 시러서

- 막 찌여서 가저오기도 하고 그레써. 엔:나레 나 보기는 저:장 헤:나 따가 또 그 놈 가따가 또 시른다고 시르데.

시른다는 마리 무슨 말?

- 거 뉘: 뉘: 업:씨 인자 고:께 실 시른다고,

= 나라기 거가 한나씩

- 한나썩 이쓰니까

= 잘 안 찌여지면 나라기 한나씨 이쓰니 고 놈 인자 찐:닥 헤:서 시르

- 그러면 인자 시러서 멍는다고,

= 그라면 인자 싸:리 고:께, 흐:가니

아 긍께 안 찌여진 놈 업:께 다 찐:는다고?

= 예예 다 찌은다고 그 마리제 인자.

- 예

보리::방, 보리는 어:뜨케 찌:씀니까?

- 보리는 그거시 물 부서야 찌여지제 물 안 부수면 안 찌여저요 또.

아

- (웃음)

= 디들빵에다 찜:서 물 부서요.

- 물 부서야 찌여지제. (웃음)

= 물 부서야 찌여저.

- 그 부러야 찌여지젤. 기양 건더꾸롣74) 그라나면 막 찌여부면 께:지 그나 어짜그나 항께.

= 무를 부서야

- 그 방아부터 여 밟기 시작하면 막 쓿어서 가져 오나?

= 쓿어서 가져와.

- 무슨 뭐 할 때는 뭐 하더구먼. 막 안 쓿었어도 가져오기도 하고.

= 몰라, 난 막 쓿어서

- 막 찧어서 가져오기도 하고 그랬어. 옛날에 나 보기에 저장해 놨다가 또 그것 가져다가 또 쓿는다고 쓿데.

쓿는다는 말이 무슨 말?

- 그 뉘 뉘 없이 이제 곱게 쓿 쓿는다고,

= 벼가 거기에 하나씩

- 하나씩 있으니까

= 잘 안 찧어지면 벼가 하나씩 있으니 그것 이제 찧는다고 해서 쓿

- 그러면 이제 쓿어서 먹는다고,

= 그러면 이제 쌀이 곱게, 하얗게

아, 그러니까 안 찧어진 것 없게 다 찧는다고?

= 예예, 다 찧는다고 그 말이지 이제.

- 예

보리 방아, 보리는 어떻게 찧습니까?

- 보리는 그것이 물 부어야 찧어지지 물 안 부으면 안 찧어져요 또. 아

- (웃음)

= 디딜방아에다 찧으면서 물 부어요.

- 물 부어야 찧어지지. (웃음)

= 물 부어야 찧어져.

- 그 불어야 찌어지지. 그냥 대충으로 그렇지 않으면 막 찧어 버리면 깨지거나 어쩌거나 하니까.

= 물을 부어야

- 무를 부서야 바로

아, 껍띠기 껍띠기 버서

- 껍띠기[75] 베께지고

= 예, 딱 함 불 찌여다가 인자 그 놈 찌여가꼬 초불 찌여가꼬 마당에다 너러요. 거 너르믄 깡깡[76] 몰르믄 인자 가서 인자 건 떼께 또. 떼께야 인자 그거시 고:우제.

- 그눔 인자 초불 찌여다가 인잔 너러따가 또 몰려 가꼬

= 몰려가꼬 또 물 처서 찌거요.

- 또또또 찌여요. 그레가꼬 인자 물 처가꼬 또

= 바베 무글라먼 인자 이거 학:또게다[77] 또 가라.

음

= 끄니먼 또 쩨:끄미랑 바발라먼 엔:나레는 학:또게다 가라찌요.

= 요로고 거 그르기 이써. 학:또기라고.

- 요마넌 학:또기

= 우드루드란 셍게가꼬

- 페에가꼬 이써요. 그라고

= 그라먼 그레가꼬 도:기 또 이써.

고 머라 험니까?

- 여마난 건 학:독 독

= 학:똑

아니 여 소느로 자꼬 돈

= 그랑께 그거시 학똑

- 거:기 학 도:기제. 그놈 자꼬 요러케 에: 증 마라자먼 요러케 셍엔디 여 가운데는 거시아고 요러케: 양:쪼게 가서 인잔 페여가꼬 이써요. 양:쪼게가

= 그놈 자꼬 인자 거그다 가라요.

- 물을 부어야 바로

아, 껍질이 껍질이 벗어

- 껍질이 벗겨지고

= 예, 딱 한 벌 찧어다가 이제 그것 찧어가지고 초벌 찧어가지고 마당에다 널어요. 그 널면 꽝꽝 마르면 이제 가서 이제 그것은 곱게 찧어 또. 곱게 다시 찧어야 이제 그것이 곱지.

- 그것 이제 초벌 찧어다가 이제 널었다가 또 말려가지고

= 말려가지고 또 물 쳐서 찧어요.

- 또또또 찧어요. 그래가지고 이제 물 쳐가지고 또

= 밥해 먹으려면 이제 이것 돌확에다 또 갈아.

음

= 끼니면 또 조금이라도 밥하려면 옛날에는 돌확에다 갈았지요.

= 이렇게 그 그릇이 있어. 돌확이라고.

- 이만한 돌확이

= 우툴두툴하게 생겨가지고

- 파여가지고 있어요. 그리고

= 그러면 그래가지고 돌이 또 있어.

그 뭐라 합니까?

- 이만한 것 돌확 돌

= 돌확

아니 이 손으로 잡고 도는

= 그러니까 그것이 돌확 돌

- 그것이 돌확 돌이지. 그것 잡고 이렇게 예 즉 말하자면 이렇게 생겼는데 이 가운데는 거시기 하고 이렇게 양 쪽에 가서 이제 파여가지고 있어요. 양 쪽에

= 그것 잡고 이제 거기다가 갈아요.

- 그러먼 근 여러케 여러케 들들들들

요거 요거 인저 움푹 파징 거 고거시 고거시 학:똑 아니예요?

= 에에, 그거시 학:똑.

- 그거즈 아 하기 하기고

하:기고 고 자꼬 자꼬 동

- 그거시 항상 학:도기고

학:똑

= 요요: 방에 찔: 떼는 여러코 쩨:끔헤:요 학:또기 하:기. 방에 하:기 쩨:끔하고 여 보리쌀 가라 무글 떼는 요로코 이렁 옹:구78) 그러기 이르코 칼:싹79)커요.

넙 넙쩍허지요?

= 에 넙쩍하니 거 소게가 우들우들헤:가꼬80) 그므는 요코 학:또기로

- 그랑께 들들들 여러켄 떼야 지여찌요.

= 그레가꼬 엔:나레 그놈 가라가꼬 엔:나레 어:런더른 또 그 뜸무를

= 탑타:반 놈 바더가꼬 거 지금 술 끼리데끼

에.

= 끼레요. 끼레서 무거.

- 술물 끼리데끼?

= 사까리 처서 에 술물 끼리데끼 그레야

- 탑타 탑타방께 그랑가꾸만.

= 탑타방께. 그레가꼬 어:런덜 잡쑤고 그라드만

- 에 엔:나레 업:쓰께 모도 그레쩨.

= 그랑께. 업:쓰께 그레쩨.

= 골:란헤쓰께 글제, 지그믄 누가 그릉 거 무꺼쏘?

- 시방은 누가 무그라헤도 암:무꼬 (웃음)

✛ 예, 저나 와 썬네. 예.

- 그러면 이렇게 이렇게 들들들들

이것 이것 이제 움푹 파진 것 그것이 그것이 돌확 아니예요?

= 예예, 그것이 돌확.

- 그것은 아 확 확이고

확이고 그 잡고 잡고 동

- 그것이 항상 돌확이고

돌확

= 이이 방아 찧을 때는 이렇게 조그매요. 돌확이 확이. 방아확이 조그 많고 이 보리쌀 갈아 먹을 때는 이렇게 이런 옹기 그릇이 이렇게 굉장히 커요.

넙 넓적하지요?

= 예 넙적하게 그 속이 우툴두툴해가지고 그러면은 이렇게 돌확으로

- 그러니까 들들들 이렇게 $$ 지었지요.

= 그래가지고 옛날에 그것 갈아가지고 옛날에 어른들은 또 그 뜨물을

= 걸쭉한 것 받아가지고 그 지금 술 끓이듯이

예.

= 끓여요. 끓여서 먹어.

- 술물 끓이듯이?

= 사카린 쳐서 예 술물 끓이듯이 그래야

- 걸쭉 걸쭉하니까 그러나 보구먼.

= 걸쭉하니까. 그래가지고 어른들 잡수고 그러더구먼.

- 예 옛날에 없으니까 모두 그랬지.

= 그러니까. 없으니까 그랬지.

= 곤란했으니까 그러지, 지금은 누가 그런 것 먹겠소?

- 시방은 누가 먹으라 해도 안 먹고 (웃음)

✛ 예, 전화 왔었네. 예.

@2 그거 그 밀: 어 보 벼하고 보리하고 미:라고 이러케 찌으면 가루 이러케 나오자나요?

= 그라제.

에 그걸로 아까 머 음식 만드러 머거따.

— 밀까리81) 나오 나온다

= 밀:까리

아 미:른 밀:까루 나와요?

= 그라제. 밀:까루.

— 갈:믄 나오제.

= 밀: 가라가꼬 국쑤도 빼:고 저런 죽또 써 무꼬.

— 걷 거시기 밀쭉또82) 써 무꼬.

밀:도 아까 디들빵아로 헤요?

— 미:른 디들빵아로 안 찌여요.

= 예, 안 찌거요.83)

그래서 안 찌거요?

= 예, 그거슨 기양 미:른 저::

가라 부러요?

= 기게로 가서 가라가꼬

— 기게 가서 갈며는 걷

= 그레가꼬 죽 써 묵쩨.

— 갈:며는 껍떠근 껍떠끼리 나오고 또 아:레가서 흐:가니 나와 가꼬 그거슨 또 별또로 또 거시하고 그레요.

= 엔:나레 그레가꼬 그거가꼬 밀:쭉 써: 무꼬 국쑤 빼: 무꼬 막 그레찌요이~. 마::니 국쑤를 마:니 빼:무거쩨 밀:까리 밀:가꼬. 지그밍께 안 항께 그라제이~.

— 아 그레가꼬 그 껍떠까꼬는 여: 누룩 지서가꼬84) 술도 헤: 무꼬,

@2 그것 그 밀 어 보 벼하고 보리하고 밀하고 이렇게 찧으면 가루 이렇게 나오잖아요?

= 그러지.

예, 그걸로 아까 뭐 음식 만들어 먹었다.

- 밀가루 나오 나온다

= 밀가루

아, 밀은 밀가루 나와요?

= 그렇지. 밀가루.

- 갈면 나오지.

= 밀 갈아가지고 국수도 빼고 저런 죽도 쒀 먹고.

- 거시기 수제비도 쒀 먹고.

밀도 아까 디딜방아로 해요?

- 밀은 디딜방아로 안 찧어요.

= 예, 안 찧어요.

그래서 안 찧어요?

= 예, 그것은 그냥 밀은 저

갈아 버려요?

= 기계로 가서 갈아가지고

- 기계 가서 갈면은 거

= 그래가지고 죽 쒀 먹지.

- 갈면은 껍질은 껍질끼리 나오고 또 아래에서 하얗게 나와가지고 그 것은 또 별도로 또 뭐하고 그래요.

= 옛날에 그래가지고 그것 가지고 수제비 쒀 먹고 국수 빼 먹고 막 그 랬지요. 많이 국수를 많이 빼 먹었지, 밀가루 밀 가지고. 지금이니까 안 하니까 그러지.

- 아, 그래가지고 그 껍질 가지고는 이 누룩 지어가지고 술도 해 먹고,

= 마껄리 헤: 묵쩨. 누룩 디더가꼬85) 그레가꼬 인자 누룩 모까가꼬.86)

= *** 여만:씨가니

― 데:겔 **** 그거시 인자 누룩떼야. 누룩떼야먼 소:게서 노오::라니 떠.

= 뜨먼 인자 그노믈 말:려가꼬 그 놈가꼬 쑤 전 싸:라고 쌀 당가서

― 술빱 술빱 쩌가고

= 그 노마고 서꺼가꼬 수레는 싸를 찌며는 인잔 저 바비 꼬독꼬도:가 니 꼬:두밥87) 되여.

에.

― 그레가꼬 인자 거 밀까리 껍떠가고 서꺼서 누룩지스믄 누루기 널메: 안88) 뜸니다. 그레가꼬 그 노마고 딱 뽀사가꼬 서꺼요. 그레가꼬 물 정도 마처가꼬 분,부서야제 그라나먼 또 안데요. (웃음)

안디 고 고 고:뽀다는 밀 껍떨보다는 머:라 감니까, 밀?

― 지울?

= 밀:찌우리요.

에, 밀:찌우리라가지요. 아 밀:찌울 가꼬 누룩 한다하,

= 예.

― 누룩 지서요. 그거이 밀찌울만 저니 가꼬도 안 데고 또 가리잔 드러가야 또 거시기 누루기 데젤.

= 머 그레?

― 머어? 밀찌울만 가꼬 어찌게 다:: 하,항고?

= 밀찌울 가꼬 거시기 거 가리딜

― 그 그거 다 아니여. 가리 쪼깐 너:야제.

= 들들들 타가꼬도 헤.

― 그랑께 들들들 타가꼬 하면 몰라도

밀찌울 가꼬는 주로 누루글 디찌

= 예, 그러지요이.

= 막걸리 해 먹지. 누룩 디뎌가지고 이제 누룩 물을 쳐서 반죽해가지고

= *** 이만큼씩 하게

- 대개 **** 그것이 이제 누룩 돼. 누룩 되면 속에서 노랗게 떠.

= 뜨면 이제 그것을 말려가지고 그것 가지고 쒀. 쌀하고 쌀 담가서

- 술밥 술밥 쪄가지고

= 그것하고 섞어가지고 술에는 쌀을 찌면은 이제 저 밥이 꼬독꼬독하게 고두밥 돼요.

예.

- 그래가지고 이제 그 밀가루 껍질하고 섞어서 누룩 만들면 누룩이 노르스름하게 뜹니다. 그래가지고 그것하고 딱 빻아가지고 섞어요. 그래가지고 물 정도 맞춰가지고 부어야지 그러지 않으면 또 안 돼요 (웃음)

그런데, 그것보고는 밀 껍질보고는 뭐라 합니까, 밀?

- 기울?

= 밀기울이오.

예, 밀기울이라 하지요. 아 밀기울 가지고 누룩 한다하,

= 예.

- 누룩 만들어요. 그것이 밀기울만 완전히 가지고도 안 되고 또 가루 좀 들어가야 또 뭐 누룩이 되지.

= 뭐 그래?

- 뭐? 밀기울만 가지고 어떻게 다 하는고?

= 밀기울 가지고 뭐 가리 딛고

- 그 그것 다 아니야. 가루 조금 넣어야지.

= 들들들들 타가지고도 해.

- 그러니까 들들들 타가지고 하면 몰라도

밀기울 가지고는 주로 누룩을 딛지.

= 예, 그러지요.

누루글 만등 거 뽀고는 요 우리 어르신들 누룩 '지슨다' 그러고

= 누룩 '지슨다'고

또 인제 우리 할머니는 누룩 디든다 그러고 인제 마:리 다르거드뇨?

― 그란디

누룩 디든단 마른 발로 이러켄 하나요?

― 아:녀.

= 누룩 누룩 '디든다'고 그라데요, 어:런더리.

― 누룩

= 그냥 말:로

제:가 알:기로는 누룩 그 고지라 헤:가꼬

― 누룩 여 누룩 만든다 헤:서 저

발로 이러께 한다고,

― 디든다고 머한 사람드런 여런 저 거시기 데나 머:시나 하꼬짜게다 가[89] 딱 발로 보:끼도 하고

= 발로

― 이게가꼬 그러케도 헤:요. (웃음)

아아

― 인자 아라게꾸만.

= 누룩 디든다고 그러데요.

― 그레가꼬 누루글 디든다.

만드러 보시지는 아나셔써요?

= 만드러 바찌요이~.

어

= 이런 사람드른

― 머단 사람드른

발로 아나셔써? 소느로 하셔써요?

누룩을 만든 것보고는 이 우리 어르신들 누룩 '짓는다' 그러고

= 누룩 '짓는다'고.

또 이제 우리 할머니는 누룩 딛는다 그러고 이제 말이 다르거든요?

- 그런데

누룩 딛는다는 말은 발로 이렇게 하나요?

- 아니야.

= 누룩 누룩 '딛는다'고 그러데요, 어른들이.

- 누룩

= 그냥 말로

제가 알기로는 누룩 그 고지라 해가지고

- 누룩 이 누룩 만든다 해서 저

발로 이렇게 한다고,

- 딛는다고 뭐한 사람들은 이런 저 거시기 되나 뭐나 상자에다가 딱

발로 밟기도 하고

= 발로

- 이겨가지고 그렇게도 해요. (웃음)

아아.

- 이제 알았겠구먼.

= 누룩 딛는다고 그러데요.

- 그래가지고 누룩을 딛는다

만들어 보시지는 않으셨어요?

= 만들어 봤지요.

어

= 이런 사람들은

- 어떤 사람들은

발로 안 하셨어? 손으로 하셨어요?

- 소느로도 아니요 발로도

= 소니로도 허다가 이러고 어:따 다머서 발로

- 그라고

= 눌르고 그렌는디

- 머 그럭 아니쏘?

에.

- 오막바끄리나90) 거시 하면 일딴 다머가꼬 소니로 따둑따욱따둑 헤:가꼬 거 탁 어퍼서 또 멘듭띠다. (웃음)

= 그레가꼬 술 마:니 헤: 무거쩨 우리들또. 엔:나레는 술 헤:가꼬 막 감추로뎅이고 그레써라이.

에 에 에

= 지그밍께 함부로 수를 지그믄 누가 수를 헤: 묵또 아나제마넌.

- 엔:나레는 쩌:그 절 여름처레 가머는 저 데삽91) 쏘:기나 가보면

에 에

- 그놈 (웃음) 헤:노먼 거시간 사람들 머단 사람드른

= 술동우가 깍 차써.

- 거 데로

숭켜나써. (웃음)

- 데로 깔라가꼬 소:게다 느코 쭉쭉 뽀라머코 그레써요.

땅미 땅미테다가

= 예, 땅미테 파서 거그다 동우로 헤:서

- 그라고 머단 사람드른 게앙 너:키도 허고.

= 그라면 제양시론92) 사람드른 노무 술 너:나두먼 다: 무거분다 헤써, 떠다가.

(웃음)

- 떠다가 무끼도 하고 그라고 거시기 한다니까, 저 뎬: 데 요마:큼씩

- 손으로도 아니고 발로도

= 손으로 하다가 이렇게 어디에다 담아서 발로

- 그리고

= 누르고 그랬는데

- 뭐 그릇 있잖소?

예.

- '오막밥그릇'이나 뭐 하면 일단 담아가지고 손으로 다독거려가지고 그 탁 엎어서 또 만듭디다. (웃음)

= 그래가지고 술 많이 해 먹었지 우리들도. 옛날에는 술 해가지고 막 감추러 다니고 그랬어요.

예 예 예

= 지금이니까 함부로 술을 지금은 누가 술을 해 먹지도 않지마는.

- 옛날에는 저기 저 여름철에 가면은 저 대숲 속에나 가 보면은

예 예

- 그것 (웃음) 해 놓으면 뭐한 사람들 어떤 사람들은

= 술동이가 꽉 찼어.

- 그 대로

숨겨 놓았어. (웃음)

- 대로 갈라가지고 속에다 넣고 쭉쭉 빨아 먹고 그랬어요.

땅밑 땅밑에다가

= 예, 땅 밑에 파서 거기다 동이로 해서

- 그리고 어떤 사람들은 그냥 넣어 놓기도 하고.

= 그러면 짓궂은 사람들은 남의 술 넣어 놔 두면 다 먹어 버린다 했어, 떠다가.

(웃음)

- 떠다가 먹기도 하고 그리고 뭐 한다니까, 저 대 대 이만큼씩

헤:가꼬 너:가꼬 쭉쭉 뽈믄 마진놈 다 포라머거볼라. (웃음)

= 헤: 바꾸만. (웃음)

― 난 암 무거반는디, 그레따고 모도 그레싸. 쩌 안:사네 순전 저 그저
네 안사네 거 술 갑추는 고자기여써.[93]

= 무서웅께 수를 모:데 무거요. 엔:나레는 감치나라고 정시니 업써.

― 엔:나렌 세:무소 와가꼬 들켜따 하먼 벌그비[94] 상당이 마:네요.

밀찌우른 그러케 누룽 만드 술도 만들고 그러고 싸:른 싸:른 인제 찌:먼 그
껍찔 고건 머:가 나옴니까?

― 싸른 찌:먼 저:: 왕:게가 나오제.

― 왕:게요? 왕:제가 껍떠기제.

왕:제, 예 왕:제.

― 왕:제 그거시

― 쌀껍떡뽀다가[95] 앙:제라고 하요.

= 그라가꼬 또 뗀 더: 찌:머는 또 누까가[96] 나오고,

누까가 나오

= 예, 그 공: 곤: 누까가

― 싸레서 싸레서 누까가 베께지제.

네

= 처:메는 앙:제가 나아가꼬 그 거시기 헤선 다으메는 인자 누까가 나.

― 그 헴미 하며는 인자 쩌 앙:제가 나오고 이자

― 거 쌀: 따:끄기 되면 인자 저 누까가 나오제.

왕:제가꼬는 머: 함니까?

― 왕:제는 인자 머 모:데요.

= 제[97] 만들제.

― 거르미나 하고 그라고 거시기하제.

불 불 떼고?

해가지고 넣어가지고 쭉쭉 빨면. 맛있는 것 다 빨아 먹어 버릴라. (웃음)

＝ 해 봤구먼. (웃음)

－ 난 안 먹어 봤는데, 그랬다고 모두 그래 쌓아. 저 안산에 순전 저 그 전에 안산에 그 술 감추는 고장이었어.

＝ 무서우니까 술을 못 해 먹어요. 옛날에는 감추느라고 정신이 없어.

－ 옛날엔 세무서 와 가지고 들켰다 하면 벌금이 상당히 많아요.

밀기울은 그렇게 누룩 만들 술도 만들고 그리고 쌀은 쌀은 이제 찧으면 그 껍질 그건 뭐가 나옵니까?

－ 쌀은 찧으면 저 왕겨가 나오지.

－ 왕겨요? 왕겨가 껍질이지.

왕겨, 예 왕겨.

－ 왕겨 그것이

－ 쌀껍질보고 왕겨라 하오.

＝ 그래가지고 또 때 더 찧으면은 또 등겨가 나오고,

등겨가 나오

＝ 예, 그 고운 쌀겨가

－ 쌀에서 쌀에서 등겨가 벗겨지지.

네

＝ 처음에는 왕겨가 나와가지고 그 뭐 해서는 다음에는 이제 등겨가 나.

－ 그 현미 하면은 이제 저 왕겨가 나오고 이제

－ 그 쌀 곱게 찧게 되면 이제 저 등겨가 나오지.

왕겨 가지고는 뭐 합니까?

－ 왕겨는 이제 뭐 못해요.

＝ 재 만들지

－ 거름이나 하고 그리고 거시기 하지.

불 불 때고?

- 엔:나레 불도 마:니 떼찌요.

떼찌요?

= 저저 불모로98) 마:니 떼찌요.

- 저저 돌려감시로 요러케 핑겨감시로 요:러케 마이 불 마이 떼서. 따
수아요.99)

음, 왕:제

= 그란디 지그믄 글 안 항께 지그믄 다 제 멘드라 붕께.

- 그라고 그 그 제가꼬도 또 암 버리고 쩌 제에다 딱 버리고

왕:제 그 비:게 속 느:찌도 아나요?

- 엔, 그 너:요.

= 엔:날 그 소:게다 너찌요.

그러 그러기도 헤:찌요?

= 예, 너 너:찌요.

저가 엔:날 기여그로는 (웃음)

- 포깍 폭싹폭싹 폭싹폭싹하고100)

= 비:게다 느코 (웃음)

그믄 누까느뇨? 누까는 머 머: 함니까?

- 누까는

= 짐성들 주조.

아

= 소나 돼야지나101) 인자 (웃음)

- 소나 돼야지나 마:니 주먼 잘 뭉는디 사람도 무거보먼 데레102) 데
레. 그 영양 까치가 무지허게 인능거 가타요.

에, 아

= 그라제. 싸리 싸리 떼께저서 그 그 뽀사저서

- 데레.

－ 옛날에 불도 많이 땠지요.

땠지요?

＝ 저 저 풀무로 많이 땠지요.

－ 저 저 돌려가면서 이렇게 풍겨 가면서 이렇게 많이 불 많이 땠어. 따뜻해요.

음, 왕겨

＝ 그런데 지금은 그렇지 않으니까 지금은 다 재 만들어 버리니까.

－ 그리고 그 그 재 가지고도 또 안 버리고 저 재에다 딱 버리고

왕겨 그 베갯속 넣지도 않나요?

－ 예, 그 넣어요.

＝ 옛날 그 속에다 넣지요.

그러 그러기도 했지요?

＝ 예, 넣지요.

제가 옛날 기억으로는 (웃음)

－ 푹신푹신푹신푹신하고,

＝ 베개에다 넣고

그러면 등겨는요? 등겨는 뭐 뭐 합니까?

－ 등겨는

＝ 짐승들 주지요.

아

＝ 소나 돼지나 이제 (웃음)

－ 소나 돼지나 많이 주면 잘 먹는데 사람도 먹어 보면 속이 달아 달아. 그 영양 가치가 무지하게 있는 것 같아요.

예, 아

＝ 그렇지. 쌀이 쌀이 곱게 찧어져서 그 그 빻아져서

－ 속이 달아.

데린단 마른 무리 무리 차꼬 쓰여요? 데린단 마른?

― '데린다'능 거시 아니라 그거 무그며는 사:라미 '데레'가꼳

― 그 마:니 몸: 뭉는다 헤서 인자 그랑게입띠다.

아, 그니깐

지금가트며는 혐:미 아 이펴징 거?

= 예 예

고거 고거 이딴 마리지요. 오이려 영양이 더 마:능 거신데.

― 그라지요.

예, 누까에

― 그랑께 마:니 몸: 무근다 헤서 '데린다'고

@2 소:기 안 조은타이

― 그 '데리' 마:이 몸: 무근다 헤서 '데린다'고

@2 팥 끼틍 거 머그면 여기 좀 뜨겁꼬 '데린다'고

= 에 그라데끼 으! 그라데끼 인자 그랑갑쩨.

누까가꼬 누까로 허나요? 비누가틍 거또 만들지 아난나요?

― 거신

빨:레삐누 가틍 거 엔:나레

― 나는 그거슨 모:른디 먼 비누도 만드라쓰까?

= 엔:날 누까 가꼬도 먼: 비누 만드러

― 비누 만드러따고 항꺼 가튼디

= 이른 사라믄103) 안 만드라 반는디

에.

― 우리는 안 만드라 바쓰께.

= 누까로 비누 만든다고 엔:나레 그레써.

에, 저도

― 그람 아드른 머:까꼬 시방도 멩긍고 비누를 잘 만들제?

'데린다'는 말은 물이 자꾸 켜여요? '데린다'는 말은?

- '데린다'는 것이 아니라 그것 먹으면은 사람이 달아 가지고

- 그 많이 못 먹는다 해서 이제 그런 것입디다.

아, 그러니까는

지금 같으면은 현미 입혀진 것

= 예 예

그것 그것 있다는 말이지요. 오히려 영양이 더 많은 것인데.

- 그렇지요.

예, 등겨에

- 그러니까 많이 못 먹는다 해서 단다고.

@2 속이 안 좋다

- 그 달아 많이 못 먹는다 해서 단다고.

@2 팥 같은 것 먹으면 여기 좀 뜨겁고 단다고.

= 예, 그렇듯이 으! 그렇듯이 이제 그러나 보지.

등겨 가지고 등겨로 하나요? 비누 같은 것도 만들지 않았나요?

- 뭐

빨랫비누 같은 것 옛날에

- 나는 그것은 모르는데 뭐 비누도 만들었을까?

= 옛날 등겨 가지고도 무슨 비누 만들어

- 비누 만들었다고 한 것 같은데

= 나는 안 만들어 봤는데

예.

- 우리들은 안 만들어 봤으니까.

= 등겨로 비누 만든다고 옛날에 그랬어.

예, 저도

- 그러면 아들은 뭐 가지고 시방도 만드나? 비누를 잘 만들지?

- 시방도 옌제 만드라농 거이 빨레삐누, 거 멘드라가꼬 이써요 시방.
- 아드리 멘들고 이써요. 우리 부어게 영거징 거시 그거 만등 거시여.
@2 아, 그거는 기름 시공유 시공유 걸 쓰고 나믕 거
= 예, 거 닥티김 하고
티김 하고 나믄 기름 페:유 페:유.
- 아::
- 페:유?
= 글로 아나믄 절떼 안덴다에써.
에.
= 그냥 막 기르믄 안 덴닥 하드만.
에.
= 티기마고 머:이던지 티김항: 지르미야야 처진 지르미라 데제, 그라먼 안 덴다고. 그레가꼬 젬무라고 사서 어:뜨케 항갑떼.
에.
보리쩨 가꼬 보리쩨 보리쩨라고 그러나요? 보리껍찔 보리항
- 마쏘.
보리쩨 가꼬는 멀: 하나요?
- 그거또 멀: 헤:무거쩨?
= 보리쩨?
= 보리 저저 찌긍 거이요?
에에, 보리 찌긍 거
= 찌긍 거 그랑께
- 껍떡 가꼬 머
= 껍떠근 인자 네버려불제요.
그먼 안 쓰고 그냥 버려버리는
= 예, 초불찐 놈 버레불고

- 시방도 이제 만들어 놓은 것이 빨랫비누, 그 만들어가지고 있어요 시방.
- 아들이 만들고 있어요. 우리 부엌에 얹혀진 것이 그것 만든 것이야.
@2 아, 그것은 기름 식용유 식용유 그것 쓰고 남은 것
= 예, 그 닭튀김 하고
튀김 하고 남은 기름 폐유 폐유
- 아
- 폐유?
= 그것으로 하지 않으면 절대 안 된다고 했어.
예.
= 그냥 막 기름은 안 된다고 하더구먼.
예.
= 튀김하고 뭐든지 튀김한 기름이라야 처진 기름이라야 되지, 그렇지 않으면 안 된다고. 그래가지고 잿물하고 사서 어떻게 하나 보데.
예.
보릿겨 가지고 보릿겨 보릿겨라고 그러나요? 보리껍질 보리하
- 맞소.
보릿겨 가지고는 뭘 하나요?
- 그것도 뭐 해 먹었지?
= 보릿겨?
= 보리 저저 찧은 것이오?
예예, 보리 찧은 것
= 찧은 것 그러니까
- 껍질 가지고 뭐
= 껍질은 이제 내버려 버리지요.
그러면 안 쓰고 그냥 버려 버리는
= 예, 초벌 찧은 것 버려 버리고

예.

‒ 두: 불 찐놈은 머: 헤:무꼬

= 고:께 떼낑 거슨 인자 거 엔:날 게:떡또 헤:무꼬 막 그러데요.

아, 게:떠글:

= 그라고 짐승주고

‒ 그 그거가꼬 여 이따가먼 포실포실하니 맹그라가고 머끼도 하고 그라드마.

= 그레.

‒ 두: 불 찌은 놈.

아, 두:불 찌은 놈.

= 에 두: 불 찐: 놈 가꼬.

고 이르미 다 (헛기침) 엄는, 구별, 초부라고 두:부라고 이르미 엄:나요?

‒ 인자 그거슨 초불 찐: 노믄 깡까아니104) 몸: 무그니까,

아

‒ 거시가고 두: 불찐 노믄 인자 인자 머거도 겐찬하고

다 보리쩽가요? 이르미?

= 여 초불 쩡:거슨 꼽찐닥105) 하고 두:불 쩡 거슨 떼낀닥 하고 그러데요.

‘꼽찐다’고 ?

= 예

= 꼽찐다고

‒ 꼽찐다고

‘꼽찐다’고 고거슨 초불 껍찔 베께넨거뽀다 ‘꼽찐다’고?

= 예, ‘꼽찐다’ 항거 가떼요.

아~.

= 그라고 두:불분 두:불찐:다가고

예.

— 두 벌 찧은 것은 뭐 해 먹고

= 곱게 찧은 것은 이제 그 옛날 개떡도 해 먹고 막 그러데요.

아, 개떡을

= 그리고 짐승 주고

— 그 그것 가지고 여 이따금 포슬포슬하게 만들어가지고 먹기도 하고 그러더구먼.

= 그래.

— 두 벌 찧은 것.

아, 두 벌 찧은 것.

= 예, 두 벌 찧은 것 가지고.

그 이름이 다 (헛기침) 없는, 구별, 초벌하고 두벌하고 이름이 없나요?

— 이제 그것은 초벌 찧은 것은 단단해서 못 먹으니까,

아

— 뭐하고 두 벌 찧은 것은 이제 이제 먹어도 괜찮고

다 보릿겨인가요? 이름이?

= 이 초벌 찧은 것은 '꼽 찧는다'고 하고 두 벌 찧는 것은 '떼낀다'고 그러데요.

'꼽 찧는다'고

= 예

= 꼽 찧는다고

— 꼽 찧는다고

'꼽 찧는다'고 그것은 초벌 껍질 벗겨낸 것보고 '꼽 찧는다'고?

= 예, '꼽 찧는다' 하는 것 같아요.

아.

= 그리고 두 벌 두 벌 찧는다고 하고

고건 '떼낀다' 그러고이~?

= 예, '떼낀다'106) 그라고

아, 머 또 고:께 만든다고

─ 고:께 만든다 해서

= 예, 고:께 만든닥 헤:서

떼낀단 마른 나라게도 쓰고 머 보리에도 쓰고 다: 쓰네요

= (웃음) 그라

고:께 만든다고?

= 고:께 만든다고

꼽찐단 마른 제민는 마리네요. (웃음)

─ 보리를 유드키 까:꺼불면 또 골:지고 (웃음)

'떼낀다'는 마리요이~.

─ '꼽떼낀다' 그라고 엔:나레는.

= 여 보리쌀 '꼽떼낀다'고 그라등가 그레끄등 어:런더리.

먼 먼: 찐다고요?

= 꼽 꼽 '꼽찐다'고 그 마른 꼽떼낀다고 그레써.

꼽 떼낀다고?

= (웃음) 께끄시 인자 떼낀다고

음:, 꼬비라고.

= 에.

음, 눙:꼬바고 그거다 가틍 거싱감네.

─ 각 지방마당 또 그거또 틀링께 또

스: 그 다음에 이제 이제 싸: 아까 다 헌 이야기지마는 나라가틍 거 인자
다 타:작 헤:가지고 어뜨케 저장하냐 보:관하냐 즉 그런 이야김니다. 아까 마
란 싸:른 나라근 나라근 어리통에다가 보:간한다고 그레찌요.

─ 에 에

그것은 '떼낀다' 그러고?

= 예, '떼낀다' 그러고

아, 뭐 또 곱게 만든다고

- 곱게 만든다 해서

= 예, 곱게 만든다고 해서

'떼낀다'는 말은 벼에도 쓰고 뭐 보리에도 쓰고 다 쓰네요.

= (웃음) 그래

곱게 만든다고?

= 곱게 만든다고.

꼽 찧는다는 말은 재미있는 말이네요. (웃음)

- 보리를 유독 깎아 버리면 또 골이 생기고 (웃음)

'떼낀다'는 말이요.

- '꼽떼낀다' 그러고 옛날에는.

= 이 보리쌀 '꼽떼낀다'고 그러든가 그랬거든 어른들이.

뭐 뭐 찧는다고요?

= 꼽 꼽 '꼽찧는다'고 그 말은 '꼽떼낀다'고 그랬어.

'꼽떼낀다'고?

= (웃음) 깨끗이 이제 '떼낀다'고

음, 꼽이라고

= 예.

음, 눈꼽하고 그것하고 같은 것인가 보네.

- 각 지방마다 또 그것도 다르니까 또

그 다음에 이제 이제 아까 다 한 이야기지마는 벼 같은 것 이제 다 타작해 가지고 어떻게 저장하느냐 보관하느냐 즉 그런 이야기입니다. 아까 말한 쌀은 벼는 벼는 나락뒤주에다 보관한다고 그랬지요.

- 예 예

그레가지고 거그서 인제 쪼끔씩 가따가 찌글 찌글 수도 일

= 찌거서 머끼도 하고

- 그라지요, 그라제.

싸:른 그러면 어:따 보:가네요?

= 싸:른 인자

- 싸:른 마:니 안 치치요, 인자.

= 엔:나레는 글 안헤써. 엔:나른 마::이 찌여가고 통 요러 떼::락 큰 놈 통 이쑵띠여 지금 고:무통?

- 아

= 고론 노메다가 우리는 쌀: 찌:머는 그 고:무통에다 한::나썩 고:무통 그놈 시:겡가 니:겡가 가꼬 엔:나레는 다:: 그 항에다 당:꼬 그렌.

- 엔:나레는 항에다 마:니 주로 마:니 다머쩨.

= 항에다 당:꼬.

항에다 당:꼬

- 항에다가 땅꿀 굴: 파가꼬 딱 거 헤야꼬

아.

- 딱 더푸고

- 또 머: 더푸면 잘 모:르고 그라드마.

= 우리는 중가네 거시기 저 그 고:무통을 마:니 사 가꼬 쌀: 찌:머는 거그따 싹:: 다머서 줄주:라니 더퍼 나두고 그레써요.

음.

= 그란디 지그믄 누가 그떼 그떼 헤:무거 불제.

- 지그믄 인자 마:니 안 찔라게요. 엔:나레는 그렌는디 엔:나레는 누가 거시하면 쌀로 찌여다가 제 멀리 가따간 거 가따간 저: 땅 굴 여 파가꼬 황 항 무들만치 헤:가꼬 탁 더퍼서 뚜껑107) 딱: 더퍼서 멀: 깔고 딱 더퍼 부이면 모:르드마.108)

그래가지고 거기서 이제 조금씩 가져다가 찧을 찧을 수도 있고

= 찧어서 먹기도 하고

- 그러지요, 그러지.

쌀은 그러면 어디에다 보관해요?

= 쌀은 이제

- 쌀은 많이 안 찧지요, 이제.

= 옛날에는 그렇지 않았어. 옛날에는 많이 찧어가지고 통 이렇게 굉장히 큰 것 통 있잖습디까? 지금 고무통?

- 아

= 그런 것에다가 우리는 쌀 찧으면은 그 고무통에다 하나씩 고무통 그것 세 개인지 네 개인지 가지고 옛날에는 다 그 항아리에다 담고 그랬.

- 옛날에는 항아리에다 많이 주로 많이 담았지.

= 항아리에다 담고.

항아리에다 담고

- 항아리에다가 땅굴 굴 파가지고 딱 그 해가지고

아.

- 딱 덮고

- 또 뭐 덮으면 잘 모르고 그러더구먼.

= 우리는 중간에 뭐 저 그 고무통을 많이 사가지고 쌀 찧으면은 거기다 싹 담아서 줄줄이 덮어 놔 두고 그랬어요.

음.

= 그런데 지금은 누가 그때 그때 해 먹어 버리지.

- 지금은 이제 많이 안 찧으려고 해요. 옛날에는 그랬는데 옛날에는 누가 뭐 하면 쌀로 찧어다가 저 멀리 가져다가 거 가져다가 저 땅굴 여 파가지고 항아리 묻을 만큼 해가지고 딱 덮어서 뚜껑 딱 덮어서 뭐 깔고 딱 덮어 버리면 모르더구먼.

= 모:르제

- 엔나렌 그르케 마:니 헤써.

숭길라고 땅소게다 무더쓰까요?

= 예, 공:출네고 그랄 떼는.

- 아::니여. 엔:나레는 (기침) 쌀로 찌여서 그르케 저:장헤:야제.

- 나라글 마:니 주먼 다 뻬서가부니까.

= 아

= 그랑께 공:출 넬: 떼 그레따거등만.109)

- 그랑께 공:추레기 공:출 넬: 떼 그레써.

= 고로코 땅소게다가 쌀:랑110) 찌거가꼬

- 그랑께 나도 모:른디 아버니 하시는 말쓰미 그라더라고. 거 사:장 바 다긴능가? 거그다가 방에를 찌여서 거그다 감치고 감치고 모:르게 헤:따 가드만 저니게.

- 그레가꼬 또 모:르게 쩌 양석 업:쓰믄 퍼다가 또 아부지가 가따주고 그레따 하드만.

- 하나부지 떼: 또 그라고.

= 그라나먼 공:출 네:가고 막 다 뻬께붕께 그란강만.

- 그랑께 또 엔:나레는 마징게도 우리 에레서 달 떠러가불고 그러드라 고 공:출네라고.

(웃음) 머: 무꼬 사라라고. 싸:른 구:경도 모:타건네. (웃음)

- 그라니까 마을써도 엔:나레는 농노도 어:꼬 헌디

- 여그서 쩌 저 점:보떼 쩌:: 저 건네 아니쓰니까?

예 예

- 거가 바시 이써써요. 그라고 거시기 헤써라. 거 엔:나레는 또 거시기 헤써요. 저 헤:간 아페 바로 훼:가니 우리 노니여쏘.

아

= 모르지

- 옛날엔 그렇게 많이 했어.

숨기려고 땅속에다 묻었을까요?

= 예, 공출 내고 그럴 때는.

- 아니야. 옛날에는 (기침) 쌀로 찧어서 그렇게 저장해야지.

- 벼를 많이 주면 다 빼앗아 가 버리니까

= 아.

= 그러니까 공출 낼 때 그랬다고 하더구면.

- 그러니까 공출 내기 공출 낼 때 그랬어.

= 그렇게 땅속에다가 쌀이랑 찧어가지고

- 그러니까 나도 모르는데 아버님 하시는 말씀이 그러더라고 그 모래사장 바다 있잖나? 거기다가 방아를 찧어서 거기다 감추고 감추고 모르게 했다고 하더구면 저녁에.

- 그래가지고 또 모르게 저 양식 없으면 퍼다가 또 아버지가 가져다 주고 그랬다 하더구면.

- 할아버지 때 또 그러고.

= 그러지 않으면 공출 내 가고 막 다 뺏겨 버리니까 그랬나 보더구면.

- 그러니까 또 옛날에는 낟알 붙은 검불도 우리 어려서 다 떨어가 버리고 그러더라고 공출내라고.

(웃음) 뭐 먹고 살라고. 쌀은 구경도 못하겠네. (웃음)

- 그러니까 마을에서도 옛날에는 농로도 없고 한데

- 여기서 저 저 전봇대 저 건너 있잖습니까?

예 예

- 거기에 밭이 있었어요. 그리고 거시기 했어요. 그 옛날에는 또 뭐 했어요. 저 회관 앞에 바로 회관이 우리 논이었소.

아

－ 그럼 똔 쩔 바삐 거시 하면 요세 세: 보고 머:다고 하면 쥐도 마:니 무거불제 그놈 똔 비여다가 똔 거시 허기가 바뻐. (웃음)

예

－ 헤: 무끼가 바뻐.

싸:른 항아리에다 그면 가마니는 그 뒤:로 나완나요? 항:에다 놛 논 뒤:예?

－ 가마니도

쌀 까마니 쌀

＝ 쌀 가마니다 다머쓰거요.

가마니다가

－ 엔:나레는

에.

－ 지부로 거시긴 멘드러서 그 쌀 쩌 나락까마이 나락 담:떼끼 다마가 꼬 곡쑤도 마:니 네고 그레써요.

그레찌요이~.

＝ 가마니

－ 그 그 후:로 그레가꼬 가마니 짜: 가꼬 외정 떼 가마니가 짜저쓰꺼시요

그러지요. 가마니.

－ 그레가지고 가마니가 퍼저써요.

그저네는 가마니가 업:써찌요?

－ 그레찌요 지비로 만드러선 요러케 지부로 여끄면: 인잔 서믈 만드라요

아 서믈 만드라가지고, 예.

＝ 그레 나는 그렁 거슨 안 헤바써.

오레덴 이야기조. 그 저 서미라고

＝ 예, 서미라고 이써. 마:른 드러바써.

예예, 그고

－ 언 지부로 만든당께, 가마니 멘들데끼.

― 그럼 또 저 바빠 뭐 하면 요새 새보고 뭐 하고 하면 쥐도 많이 먹어 버리지 그것 또 베어다가 또 그것이 하기가 바빠. (웃음)

예

― 해 먹기가 바빠.

쌀은 항아리에다 그러면 가마니는 그 뒤로 나왔나요? 항아리에다 넣은 뒤에?

― 가마니도

쌀 가마니 쌀

= 쌀 가마니에다 담았을 것이오.

가마니에다

― 옛날에는

예.

― 짚으로 거시기 만들어서 그 쌀 저 벼 가마니 벼 담듯이 담아가지고 곡수도 많이 내고 그랬어요.

그랬지요.

= 가마니

― 그 후로 그래가지고 가마니 짜가지고 왜정 때 가마니가 짜졌을 것이오.

그렇지요. 가마니.

― 그래가지고 가마니가 퍼졌어요.

그전에는 가마니가 없었지요?

― 그랬지요 짚으로 만들어서 이렇게 짚으로 엮으면 이제 섬을 만들어요

아 섬을 만들어가지고, 예.

= 그래 나는 그런 것은 안 해 봤어.

오래 된 이야기지요. 그 저 섬이라고.

= 예, 섬이라고 있어. 말은 들어 봤어.

예예, 그리고

― 어 짚으로 만든다니까, 가마니 만들 듯이.

가마니보다 더 큼니:까? 크지요이~?

— 그 정도 데거께 헤 하지요. 한 섬나가가께 할라먼 한 섬 나거가께
하고 한 가마니 나거까게 할라먼 더 저:께 멘들고.

= 한 서믈 들고 어:쭈고 더 든다우? 항가마니에다가

— 어이 엔:나레는 절 나락 길력 신: 사람드른 한 삼썩 지고 뎅엔넌디.

— 아 열 엔:나레는 공팡장 시:게도 지고 뎅이고 뎅엔넌디,

— 얄구싟. 나도 시: 게도 지고 가반:네. 가마이로

서믄 서믄 이건 쌀: 담:찌 앙코 그냥 고 저

— 나락 공판 넬: 떼는 그떼는

나락 나라글 담쪼 나라글.

— 일본 시데 떼에 걷 나락 저 가마이로 땅 뭉꺼서 그 시: 군데 땅 무꺼
가꼬 염메111)를 헤. 그레가꼬 그 노믈 딱 뉘여서 시: 게를 딱 지고 간당께.
(웃음)

— 두: 게는 문제 아니고.

@2 (웃음)

= 몰라. 나는 그렁 거슨 아네바써.

그 다으메 인자 아까 항아 항아 항에다가도 너어 두고요. 그 저 부:자찌븐
나:무로 딱 이러케 머 만든다등가이~. 머 두지 기틍 거 이렁 거

= 두지112)

— 구시 구시

= 딸: 딸

= 쌀 쌀 두지

— 쌀 달 다락

= 두지 두지

— 두지 두지

= 부:자찝뜨른 두지라고 이써요.

가마니보다 더 큽니까? 크지요?

－ 그 정도 될 정도로 해 하지요. 한 섬 나갈 정도로 하려면 한 섬 나갈 정도로 하고 한 가마니 나갈 정도로 하려면 더 적게 만들고

＝ 한 섬을 들고 어떻게 더 든대요? 한 가마니에다가

－ 어이, 옛날에는 저 벼 기력 센 사람들은 한 섬씩 지고 다녔는데,

－ 아 여 옛날에는 공판장 세 개도 지고 다니고 다녔는데,

－ 얄구시. 나도 세 개도 지고 가 봤네. 가마니로

섬은 섬은 이것은 쌀 담지 않고 그냥 고 저

－ 벼 공판 낼 때는 그때는

벼 벼를 담지요 벼를.

－ 일본 시대 때에 그 벼 저 가마니로 딱 묶어서 그 세 군데 딱 묶어가지고 좌우로 매. 그래가지고 그것을 딱 뉘여서 세 개를 딱 지고 간다니까.

(웃음)

－ 두 개는 문제 아니고

@2 (웃음)

＝ 몰라. 나는 그런 것은 안 해 봤어.

그 다음에 이제 아까 항아 항아 항아리에다가도 넣어 두고요. 그 저 부잣집은 나무로 딱 이렇게 뭐 만든다든가. 뭐 뒤주 같은 것 이런 것.

＝ 뒤주

－ 구유 구유

＝ 쌀 쌀

＝ 쌀 쌀 뒤주

－ 쌀 다 다락.

＝ 뒤주 뒤주

－ 뒤주 뒤주

＝ 부잣집들은 뒤주라고 있어요.

- 어~, 두지제. 농마니로 셍게 가꼬

에에.

= 문 한 짜기여가꼬 널:고[113] 다꼬 그렌넌디,

아~.

= 거그다 다머노코 무꼬.

부자 부: 잗찝뜨리 하는 두지가이~.

= 두지가 이써.

네에, 그 다으메 그 씨나락 까틍 거는 딱 어디다 다마 둠니까? 어:뜽 그
르세다가?

- 인자 씬나라근 별또로이 어:따가 보:간 하지요이~ 인자.

그 그

= 항아리에다 다머노떼, 엔:나레는 항아리에다

- 엔:나레는 안 항아리다 마:니 다머 두고

항아리에다가

= 에에. 에에 지그밍께 저런 푸데에다[114] 다머서 나:두제. 엔:나레는
모다 항아리다 다머나:써.

씬나라근 그러케 마:니 담:찌는 안

- 그릉께 엔:나레는 푸데가:: 거시기 항께.

= 엔:나레 지금마이로 농사들 마:니 안 징께 쪼금썩 다머 노코 그레찌요

네, 자 그 다으메 이러케 곡씩 타:작 다:하고 인자 겨우리면 인자 항가하지안
씀니까? 그러면 인제 지부로 인자 만드러야 데자나요? 어제 말씀 하셔찌마는.

= 그라지요.

지부로 머:뜰 만든다고 인제 만등 게 하나는 우선 덕썩[115] 가틍 거 짜야셔
야데고이~,

- 그라지요.

에.

- 어, 뒤주지. 농처럼 생겨가지고

예예.

= 문 한 짝이어가지고 열고 닫고 그랬는데,

아.

= 거기다가 담아 놓고 먹고.

부자 부잣집들이 하는 뒤주가.

= 뒤주가 있어.

네, 그 다음에 그 볍씨 같은 것은 딱 어디에다 담아 둡니까? 어떤 그릇에
다가?

- 이제 볍씨는 별도로 어디에다가 보관하지요 이제.

그 그

= 항아리에다 담아 놓데, 옛날에는 항아리에다.

- 옛날에는 항아리에다 많이 담아 두고

항아리에다가

= 예예. 예예, 지금이니까 저런 포대에다 담아서 놔 두지. 옛날에는 모
두 항아리에다 담아 놨어.

볍씨는 그렇게 많이 담지는 않

- 그러니까 옛날에는 포대가 뭐 하니까.

= 옛날에 지금처럼 농사들 많이 안 지니까 조금씩 담아 놓고 그랬지요.

네, 이제 그 다음에 이렇게 곡식 타작 다하고 이제 겨울이면 이제 한가하잖
습니까? 그러면 이제 짚으로 이제 만들어야 되잖아요? 어제 말씀하셨지마는.

= 그렇지요.

짚으로 어떤 것들 만든다고 이제 만드는 것이 하나는 우선 멍석 같은 것 짜
셔야 되고,

- 그러지요.

예.

－ 알, 덜: 세끼를 마:니 까:야제 도로.

에.

－ 덕썩 만들라면

에.

－ 한 이:벡 빨116) 더 드러가야 합니다.

아, 덕썩

－ 덕썩 한나 절:라면 이:벡빨 더 드러가요. 이:벡 한 오:십빨.

아.

－ 헤야 낟 딱 나라.117)

아.

－ 그레가꼳 나라가꼳 그 그 사네끼로 그 영꺼요.118) 영꺼가꼬 가:예는 주로 니: 게썩

－ 네: 게썩 양:쪼게 네: 게썩 딱 영클헤:가꼬 절:키 시자감 빤드시 올라가야제 또 삐틀빼틀119) 올라가면 또 안데고:.

네.

－ 그거또 자란 사라먼 일쭈이리먼 끈나고

－ 머단120) 사라믄 한 이:시빌도 거등 거시기하고.

아, 한 장 (웃음)

－ 주야로:

아.

－ 우리 가튼 사라믄 주야로 하머는 한 일쭈일 야:네 아:: 일쭈이리먼 끈나거습띠다.

아.

－ 거 안 자고 자만자고 하머는 하로121) 하로 한 뼘 절: 절:며는 에 저 바메 하머는 여 반:틈 절:다가도 똗 이틀 절:면 한 여 여 정도 올라와부러요

으음

－ 아, 더 새끼를 많이 꽈야지 도로.

예.

－ 멍석 만들려면

예.

－ 한 이백 발 더 들어가야 합니다.

아, 멍석

－ 멍석 하나 결으려면 이백 발 더 들어가요. 이백 한 오십 발.

아

－ 해야 딱 날아.

아.

－ 그래가지고 날아가지고 그 그 새끼로 그 엮어요. 엮어가지고 가장자리에는 주로 네 개씩

－ 네 개씩 양 쪽에 네 개씩 딱 엮어 해가지고 겯기 시작하면 반듯이 올라가야지 또 삐뚤빼뚤 올라가면 또 안 되고

네.

－ 그것도 잘하는 사람은 일주일이면 끝나고

－ 어떤 사람은 한 이십 일도 거시기 하고

아, 한 장 (웃음)

－ 주야로

아.

－ 우리 같은 사람은 주야로 하면은 한 일주일 안에 아 일주일이면 끝나겠습디다.

아.

－ 그 안 자고 잠 안 자고 하면은 하루 하루 한 뼘 결으면은 예, 저 밤에 하면은 여 절반 겯다가도 또 이틀 결으면 한 이 이 정도 올라와 버려요.

으음.

- 그라먼 한 일쭈이리먼 끈나요. 열 네:뼈미면 충분하니까.

= 그런:쩨. 또 도리방석122) 절:제.

- 도리방석?

= 응.

- 도리방석또

= 송 송쿠리123) 절:제.

- 쩐 사네키만 까:노먼 날 디다 판낭께 날 날만 데:부먼 번쩍번쩍 헤.
음.

- 날 데:가꼬 갈르라124) 어쩔라

= 엔:나레 도리방석 쩔:고

= 제송쿠리도125) 절:고

- 제송쿠리? 어이께다 다 바:게따네.

= 골망테126) 절:고 글드만. 그랑께 그릉 거 말씀 하시라가요.

- 그랑께 그르케 헤:따고 인자 그러케 하제.

= 덕썩 절:고 골망테 절:고 제송쿠리 절:고 그렁 거 말씀 하시라거
음.

- 그랑께 짐니른 어제도 예:기헤:쩨마는 제송쿠리 하며는 짐니른 다
베와.
예.

- 이 짐닐 하기가 어렵씁니다. 제송쿠리가.
예.

- 그레 골망테는 날만 네:머는 또 거시하고:
음.

- 또
골망테는 멀 어:디다 써요?

- 그거가꼳 쩌 쌀도 당:꼬.

- 그러면 한 일주일이면 끝나요. 열 네 뼘이면 충분하니까.

= 그랬지. 또 도래방석 겼지.

- 도래방석?

= 응.

- 도래방석도

= 삼태기 겼지.

- 저 새끼만 꽈 놓으면 날 대다 끝나니까 날 날만 대 버리면 번쩍번쩍해.

음.

- 날 대 가지고 가르랴 어쩌랴

= 옛날에 도래방석 겯고

= 재삼태기도 겯고

- 재삼태기? 어저께 다 다 보셨다네.

= 멱서리 겯고 그러더구먼. 그러니까 그런 것 말씀 하시라고 하오.

- 그러니까 그렇게 했다고 이제 그렇게 하지.

= 멍석 겯고 멱서리 겯고 재삼태기 겯고 그런 것 말씀 하시라고

음.

- 그러니까 짚 일은 어제도 얘기했지마는 재삼태기 하면은 짚 일은
다 배워.

예.

- 이 짚 일 하기가 어렵습니다. 재삼태기가.

예.

- 그래 멱서리는 날만 내면은 또 뭐하고

음.

- 또

멱서리는 뭐 어디에다 써요?

- 그것 가지고 저 쌀도 담고.

= 쌀:도 당:꼬.

- 나락또 당:꼬 그러지요.

= 보리도

- 머이든지 당:꼬

골망테이~.

= 콩도 당:꼬

- 콩도 당:꼬

도레방서그뇨?

= 도리방석에다는

도리방서근 머:따 써요? 거겨는 멀:?

- 도레방서근 먼: 널:기::

쪼끄망 거 널: 떼

= 예, 쪼끄망거 널:떼

- 에, 널:고 어지께 거 마칭 거슨 거 차: 널:라고

예.

- 거 열 다서께 멩그라씀니다.

또 이러케 도리방서까치 셍견는데 위:로 올라옹거시 이뜨마뇨 그게.

- 그거이 거 멘빵석

에.

- 여 가운데다 노코 메를 나:두고 머 갈:며는

아, 메똑:

- (웃음) 메떡

= 그거뽀다 멘빵석.

- 그거이 멘빵석.

그거 인자 바까트로 안 나가게

- 어지께 바:게쓰께 인자 예:기 하신다:.

= 쌀도 담고

- 벼도 담고 그러지요.

= 보리도

- 뭐든지 담고

멱서리.

= 콩도 담고

- 콩도 담고

도래방석은요?

= 도래방석에다는

도래방석은 어디에다 써요? 그것은 뭘?

- 도래방석은 뭐 널기

조그마한 것 널 때

= 예, 조그마한 것 널 때

- 예, 널고 어제 그 마친 것은 그 차 널려고

예.

- 그 열 다섯 개 만들었습니다.

또 이렇게 도래방석같이 생겼는데 위로 올라온 것이 있더구먼요 그게.

- 그것이 거 맷방석

예.

- 여 이 가운데다 놓고 맷돌을 놔 두고 뭐 갈면은

아, 맷돌

- (웃음) 맷돌

= 그것보고 맷방석.

- 그것이 맷방석.

그것 이제 밖으로 안 나가게

- 어저께 보셨으니까 이제 얘기하시는데

= 안 튀여나가라고.

응.

= 그거뿐다 멜빵서기라게.

네. 덕써근 자주 절:지는 안 치요? 고거슨?

- 인자 자 자 자주 할라먼 되:니까 쉬여따가도 하고 하제.

아니, 고거슨 메 헤년마다 허지는 안 차나요?

덕썩

- 아니요 거 엔:날 엔:날 일꾼더런 덕써글 헤:주고 마:니 나감니다.

아, 그레요?

= 그랑께 일녀네 함 번썩 보:통 헤:요.

- 하네 시야네

= 엔:나레는

오~, 아니 그러게 그거시 다빠 별로 그러케 다라실꺼 가찌 안는데.

= 아 그라니라고 그레야 나라글 여러:: 덕써게다 널:제. 덕써게다 널:제.

- 나락 덕썩 마당에다 쪽: 피고 다 널:고 그레요.

= 거그다 나락 널:불제.

- 기도 누 노먼 눈 썰:고 날부 조음먼 덕썩 깔:고 그라곤

- 나락 널:고 그레요.

= 지그먼 인자 저런 포장이쓴께 포장 사다 하제마는 그 떼는 그렁거시

업:쓴께

- 그랑께 엔:나레는

= 주루 덕써게다가 나라글 너러요.

- 그거시 엔:나레는 그거시 임:무고 덕썩 정:거시

네. 그 담 그 다으메 인젤 저기도 집씬도 신도 저러쓴니까?

- 아 그라지요. 안 항께 그라제.

엔:나레 엔:나레도 다 헤:보셔써요, 지브로?

= 튀어 나가지 않도록

응.

= 그것보고 맷방석이라고 해.

네. 멍석은 자주 겯지는 않지요? 그것은?

- 이제 자주 하려면 힘드니까 쉬었다가도 하고 하지.

아니, 그것은 매 해마다 하지는 않잖아요?

멍석

- 아니요, 그 옛날 옛날 일꾼들은 멍석을 해 주고 많이 나갑니다.

아, 그래요?

= 그러니까 일 년에 한 번씩 보통 해요.

- 한 해 겨울에

= 옛날에는

오, 아니 그렇게 그것이 다 빠 별로 그렇게 닳아질 것 같지 않는데.

= 아, 그러느라고 그래야 벼를 여러 멍석에다 널지. 멍석에다 널지.

- 벼 멍석 마당에다 쭉 펴고 다 널고 그래요.

= 거기다 벼 널어 버리지.

- 그래도 눈 오면 눈 쓸고 날 좋으면 멍석 깔고 그리고

- 벼 널고 그래요.

= 지금은 이제 저런 포장 있으니까 포장 사다 하지마는 그때는 그런 것이 없으니까

- 그러니까 옛날에는

= 주로 멍석에다가 벼를 널어요.

- 그것이 옛날에는 그것이 임무고 멍석 겯는 것이

녜, 그 담 그 다음에 이제 저기도 짚신도 신도 겯었습니까?

- 아 그러지요. 안 하니까 그러지.

옛날에 옛날에도 다 해 보셨어요, 짚으로?

- 그레찌요.

에.

- 전 시방 엔:나레 사:람 도라가시머는 사자:신 삼는다고,

예.

- 인자 그작쩌작127) 사머도 인자 데:략 얼칙 떼로 하고

아

- 상:끼도 하고

사:자신

- 인자 조:케 시야 사믈라먼 하루 한나저레 항 커리128) 사믈랑가 두: 커리 모: 싸머요. 그거또 조:케 사믈라믄.

오

- 그랑께 나문129) 양반드리 항께 나는 따 따릉 거 절:고 그라제. (웃음)

네

그 다으메 또 지붕도 이여야지요.

- 그라지요.

= 지붕 이여야제.

지붕 지붕 인자 가을 다 끈나머이~.

- 인짣 그라며는 마람 저 지부로 마라믈 영꺼야지요.

예.

- 마람 영끈 잘 영끈 사라미 하로 열 다서께

음.

- 열 다서짱 영끄요. 그라나먼 열 석: 짱 열 두: 장

- (웃음) 또 몯: 넝끈 사라믄 열 짱 영끌라먼 심드러요, 그거또.

예.

- 그또 늘가게130) 영끌라믄 영끄고 마:니 자바서 영끄기도 하고 그란 디 우리는 마:니 자꼬 안자꼬 열 떼 짱은 보도시131) 영끄거씁띠다마는.

- 그랬지요.

예.

- 저 시방 옛날에 사람 돌아가시면은 사잣짚신 삼는다고,

예.

- 이제 그럭저럭 삼아도 이제 대략 원칙대로 하고

아.

- 삼기도 하고

사잣짚신

- 이제 좋게 삼으려면 하루 한나절에 한 켤레 삼으려나, 두 켤레 못 삼아요. 그것도 좋게 삼으려면

오

- 그러니까 다른 분들이 하니까 나는 다른 것 걸고 그러지. (웃음)

네.

그 다음에 또 지붕도 이어야지요.

- 그러지요.

= 지붕 이어야지.

지붕 지붕 이제 가을 다 끝나면.

- 이제 그러면은 마름 저 짚으로 마름을 엮어야지요.

예.

- 마름 엮는 잘 엮는 사람이 하루 열다섯 개

음.

- 열다섯 장 엮으오. 그렇지 않으면 열석 장 열두 장

- (웃음) 또 못 엮는 사람은 열 장 엮으려면 힘들어요, 그것도.

예.

- 그것도 늘려서 엮으려면 엮고 많이 잡아서 엮기도 하고 그러는데 우리는 많이 잡고 안 잡고 상관없이 열댓 장은 겨우 엮겠습디다마는.

에.

그러머 한 집 하나 이을라먼 메 쌍이나 피로한나요?

— 그랑께 집 나라미지요 삼 간 집 상:간찝 이꼬 저 이:간찝 이꼬 하며는 틀려요.

음

— 이:간찝 이을라먼 한 포도시 한 열 뗀: 쌍 시께마레서 한 상간찝 지슬라먼 한 삼십쌍 가차이 드러감니다.

음, 한 이틀 이틀 하면

— 저 한자 영끌라먼 힘들지요 그레도.

= 다 노버더서 영꺼.

— 노버더서 마:니 푸마시혜서 마:니 하고

= 줄주:라니 앙거서 막 혜:가꼬 줌니고

— 그라먼 쩌:그 쩌:그서 영꺼 서시기하먼 요로게 줄주:리 영 뻥: 둘러서 마자혜. 그레가꼬는 딱 네:일 인:닥 하먼 오늘 모도 노버더서 영꺼요.

— 그라고 한나는 또 용마름 트러야제, 우게.

음

— 다: 거시기혜도 소양업꼬 용마르미: 거시기항께.

(웃음)

— 그 이튼날 또 짐 니은다고 짐 닌 냥반 또 따로 어더야제.

— 또 지시락132) 쩸메야제.133) 그레도 짐 니은 양바는 또 여 당까가 만한디134) 지시락 쩸네롬도 그르케 데야도 당까가 더 저:거요.

아 그레요? (웃음) 아.

— 얼그비 저:거. (웃음) 그라고 지시락 쩸미기가 힘드러요.

— 그라고 짐 닌 양반도 위여마고 꺼꿀로135) 이:니까.

— 처:메 둘룰떼가 길: 위염다드만.

아, 나춘 나잔 나즌데서부터 위로 올라가지요 이러케이~?

예.

그러면 한 집 하나 이으려면 몇 장이나 필요하나요?

- 그러니까 집 나름이지요. 삼간집 삼간집 있고 저 이간집 있고 하면은 다르지요.

음.

- 이간집 이으려면 한 겨우 한 열댓 장 쉽게 말해서 한 삼간집 지으려 면 한 삼십 장 가까이 들어갑니다.

음, 한 이틀 이틀 하면

- 저 혼자 엮으려면 힘들지요, 그래도.

= 다 놉 얻어서 엮어.

- 놉 얻어서 많이 품앗이해서 많이 하고

= 줄줄이 앉아서 막 해가지고 짚 이고

- 그러면 저기 저기서 엮어 거시기 하면 이렇게 줄줄이 영 빙 둘러서 마저 해. 그래가지고는 딱 내일 인다고 하면 오늘 모두 놉 얻어서 엮어요.

- 그리고 하나는 또 용마름 틀어야지, 위에.

음.

- 다 거시기 해도 소용없고 용마름이 거시기 하니까.

(웃음)

- 그 이튿날 또 짚 인다고 짚 이는 분 또 따로 얻어야지.

- 또 기스락 잡아매야지. 그래도 짚 이는 양반은 또 여 단가가 많 은데 기스락 짚 이것도 그렇게 힘들어도 단가가 더 적어요.

아, 그래요? (웃음) 아.

- 월급이 적어. (웃음) 그리고 기스락 잡아매기가 힘들어요.

- 그리고 짚 이는 분도 위험하고 거꾸로 이니까.

- 처음에 두를 때가 제일 위험하다고 하더구먼.

아, 낮은, 낮은 데서부터 위로 올라가지요 이렇게?

- 그러제요.

떠러지게 셍겐네.

- 그라니까:

= 그러지요. 깐딱하머는

- 마라미 처:메 일: 떼는

- 거 집 데고리가136) 지시락 아:느로 올라가꼬 거시기한디

- 인잔 지시락 끼:민 사라미 그거슬 여러켄 뻬:감시로

- 또:까치 마쳐서 인잔 쩸:메야제, 그거시 안 되야.

= 보기 조:케 영꺼 고놈 쩸:밀라고.

음.

= 데 졸::라니 데:감스로 인자 사네키로

= 거시기 봉노로 인자 고놈 쩸:밀랑께 보기조케 헤:야제. 긍께 밀 갈처서

- 그랑께 지시락 데도 빤듣: 헤:야꼬.

- 지러야마니 항: 가운데 딱 쩸미고 또 쩌: 머리로 감니다.

- 그레가꼬 차근차근 쩸:메고 여그 끄터리137) 가서는 똗 또 델:라며는 거 진:놈믈 가따가 가:치 이러케 데:고

- 쩸:미고 그러케 요:령데로 헤:야제 그라나면

- 그거또 안데요.

예. (웃음)

- 나도 일 서리138) 헤써. 쩸:미기도 하고 집또 이여불고

예.

- 그란디 짐니기가 위허메요. 꺼꿀로 떠러자따먼 안 데제.

네.

- 그랑께 미리서 그 지비 이따 하면 여러켄 사네키를 침니다.

에.

- 그렇지요.

떨어지게 생겼네.

- 그러니까

= 그러지요. 까딱하면은

- 이엉이 처음에 일 때는

- 거 짚 머리가 기스락 안으로 올라가가지고 거시기 하는데

- 이제 기스락 꾸미는 사람이 그것을 이렇게 빼 가면서

- 똑같이 맞춰서 이제 잡아매야지, 그것이 안 돼.

= 보기 좋게 엮어 그것 잡아매려고.

음.

= 대 조르르하게 대 가면서 이제 새끼로

= 거시기 $$로 이제 그것 잡아매려니까 보기 좋게 해야지. 그러니까

$$$

- 그러니까 기스락 대도 반듯하게 해가지고

- 길어야만 한가운데 딱 잡아매고 또 저 머리로 갑니다.

- 그래가지고 차근차근 잡아매고 여기 끄트머리 가서는 또 또 대려면
은 그 긴 것을 가져다가 같이 이렇게 대고

- 잡아매고 그렇게 요령대로 해야지 그렇지 않으면

- 그것도 안 돼요.

예. (웃음)

- 나도 일 무척 했어. 잡아매기도 하고 짚도 이어 버리고

예.

- 그런데 짚 이기가 위험해요. 거꾸로 떨어졌다 하면 안 되지.

네.

- 그러니까 미리서 그 짚이 있다 하면 이렇게 새끼를 칩니다.

예.

─ 그레가꼬 도라감시로 저 사네키에닫 마라믈 꼬굴처가꼬139) 딱 찡게 너:코 너:코 그라고 또 도라나고

제 어려쓸 떼는 요 다메다도 마라믈

＝ 예.

이러케 씨워써요.

＝ 예, 거그 용

─ 그거이 '땀뇽'140)

＝ 땀

어?

─ '땀뇽'

'땀뇨'라 그럼니까?

─ (웃음)

아.

＝ '땀:뇽'이라가요?

─ 글 그거또 용마라미여. 용마람시기랑께.

아, '땀뇽'이라고?

─ 에.

아.

─ 그 땀우게다 우히다 올칭께141) '땀뇽'이라가제 녠::장

어. '땀뇽'

─ 앋 저 나 여으 와서 여이 이:사가가꼬 땀뇽 무지야게 안 트런능가?

＝ 그레

아

'땀뇽'

─ 한자 다 헤:서 그레가끋

＝ 그거시 이르미 '땀:뇽'이요?

－ 그래가지고 돌아가면서 저 새끼에다 마름을 구부려가지고 딱 끼워 넣고 넣고 그리고 또 돌아나가고

저 어렸을 때는 이 담에다가도 마름을

＝ 예.

이렇게 씌웠어요.

＝ 예, 거기 용

－ 그것이 '담용'

＝ 담

어?

－ '담용'

'담용'이라 그럽니까?

－ (웃음)

아.

＝ '담용'이라고 하오?

－ 그 그것도 용마름이야. 용마름식이라니까.

아, '담용'이라고?

－ 예.

아.

－ 그 담 위에다 위에다 올리니까 '담용'이라고 하지 젠장.

어. '담용'

－ 아 저 나 여기 와서 여기 이사가가지고 '담용' 무지하게 틀었잖는가?

＝ 그래

아.

'담용'

－ 혼자 다 헤서 그래가지고

＝ 그것이 이름이 '담용'이오?

- 그거여. 그거이 용마리미여 펭야 용마람.

예, 용마람 기틍 거시조.

- 거야 또:까따니까.

- 요거슨 마라므로 영꺼가꼬 '땀농'을 틀고 요거슨 바로 틍: 거슨 거
용 여 용마라미고.

- 지비다 더풍 거슨. 거 따:메다 올릴 떼는 거시긴

- 마라를 영꺼가꼬 양:쪼그로 저처서 이러켄

- 틀고 요:리 틀고 그레서 땀 땀 '땀농'을 틍 거시제.

(웃음)

예, 데씀니다.

- 그랑께 먼 데헤 나가서 거놈 나보다 트러라 하덩가. 그란딜 건 나보
다도 잘 트른디 거 헨:장 얼 절믄 사라미 더 자라드마.

= 그레가꼬 여그는 저저 쩌:이 시리시 사네키를 잘 몯: 까가꼬 꼴:뜽
나부따게.

(웃음)

- 그 사네키가 즈 아 거 거글 싸람드른 사네키를 다 까:가꼬 와떼.

- 난 모:르고이~ 가뜨니

아

- 튼디 틀긴 튼디 틀기는 네가 잘 트러써.

예

= 그랑께 틀기는 잘 트러는디 사네키가 뚝 떠러저부

(웃음)

= 곰방 바뿡께 사네키 ***

- 그 떼 막: 사네키를 그적저적 까:가꼬 그 틍께 인자

- 자부뎅잉께 떠러지제, 잘 모:당께.

= 여자드리 게양 여페서 도와줌시로 그냥 그작쩌작 까:농께 자부뎅잉

- 그거야. 그것이 용마름이야 내나 용마름.

예, 용마름 같은 것이지요.

- 그것이야 똑같다니까.

- 이것은 마름으로 엮어가지고 '담용'을 틀고 이것은 바로 트는 것은 그 용 이 용마름이고

- 집에다 덮는 것은. 그 담에다 올릴 때는 거시기

- 마름을 엮어가지고 양쪽으로 젖혀서 이렇게

- 틀고 이리 틀고 그래서 담 담 '담용'을 트는 것이지.

(웃음)

예, 됐습니다.

- 그러니까 무슨 대회 나가서 그것 나보고 틀어라 하잖던가? 그런데 그 나보다도 잘 트는데. 그 현장 어 젊은 사람이 더 잘하더구먼.

= 그래가지고 여기는 저저 저기 실에서 새끼를 잘못 꽈가지고 꼴등 나 버렸다고 해.

(웃음)

- 그 새끼가 거기 사람들은 새끼를 다 꽈가지고 왔데.

- 난 모르고 갔더니

아

- 트는데 틀긴 트는데 틀기는 내가 잘 틀었어.

예

= 그러니까 틀기는 잘 틀었는데 새끼가 뚝 떨어져버려

(웃음)

= 금방 바쁘니까 새끼 ***

- 그때 막 새끼를 그럭저럭 꽈가지고 그 트니까 이제

- 잡아당기니까 떨어지지, 잘 못하니까.

= 여자들이 그냥 옆에서 도와주면서 그냥 그럭저럭 꽈 놓으니까 잡아

께 뚝 떠러저붕께 여가 유유에가 저부러써.

(웃음)

− 그레듬 그거또 고:께 트러야제 잘 안데야.

= 아 그란디 그레, 위:메 아저씨는 잘 헫넌디 가따가 사네키가 떠러저 붙기에 꼴:뜽 나따. (웃음)

(웃음)

아, 무슨 뒈헤가 이써써요?

= 예 데훼 나가먼 그릉 거또 헤:요. ***

아

− 아이 그 헤:필[142] 늘근 사람보다 하라가니 (웃음)

(웃음)

그러지요. 절믄 사람드리 헤.

− 머이든지 하기는 네가 잘 헤:라. 안 항께 그라제.

그 다으메 인제 겨우레 겨우레는 요 나:무 나:무도 헤:놔야 데지요이~?

= 그러지요

− 그러지요.

= 나:무떼메.

그거슨 어:서 나:무 헤:서

− 사네서 하지요.

여 근처에서

− 갈쿠 땅 메:서

어:디 사니 이씀니까, 이 근처에?

− 아 쩌: 절 사네 가먼 야지에 인잦

− 게발 저 거시기 게발 단지가 데야쓰께 그라제 사 저

− 순전 산판니여쏘.

아, 그레써요?

당기니까 뚝 떨어져 버리니까 여기 이 위가 져 버렸어.

(웃음)

— 그래 또 그것도 곱게 틀어야지 잘 안 돼.

= 아, 그런데 그래. 아이고 아저씨는 잘 했는데 갖다가 새끼가 떨어져 버리기에 꼴등 났다. (웃음)

(웃음)

아, 무슨 대회가 있었어요?

= 예, 대회 나가면 그런 것도 해요. ***

아.

— 아이 그 하필 늙은 사람보고 하라고 하니 (웃음)

(웃음)

그러지요. 젊은 사람들이 해.

— 뭐든지 하기는 내가 잘 해요. 안 하니까 그러지.

그 다음에 이제 겨울에 겨울에 이 나무 나무도 해 놔야 되지요?

= 그러지요.

— 그러지요.

= 나무 때문에.

그것은 어디에서 나무 해서

— 산에서 하지요.

이 근처에서

— 갈퀴 딱 메서

어디 산이 있습니까, 이 근처에?

— 아 저 저 산에 가면 야지에 이제

— 개발 저 뭐 개발단지가 되었으니까 그러지 사 저

— 순전 산판이었소.

아, 그랬어요?

= 에, 여그만 여그만 나가먼 전:수[143] 사니지요이~.

아

= 지그믄 다 인자 밤 바치여불고[144] 그랑께 그라제,

— 끌 떠 푸 푼나무떼는[145] 나시로 마:니 하고

네

— 저 시야네는 나다고 갈쿠하고 질머지고 갑니다.

아

— 그람 단풍 들머넌 그놈 뙨 지게에 딱 질머지고 그라나먼 망테하고 또 갈쿠하고 질머지고 나가고 나:무도 억씨게 헤쏘.

= 저런 저런 나:무가 아조 단풍이 노::라이[146] 들먼

= 이러고 시야네먼 거 서리오먼 우씨우슊슊 떠러저쏘. 누::라니 떠러지먼 그 놈 그

— 그거또 보지라난[147] 사라미 극쩨,

네

— 또 게우룬 사라믄 극또 모:데. 모냐 헤:가붕께.

음, 아 입싹 널븐 거또 허고

= 예, 그러지라.

또 솔솔 솔나무 그 솔까리도 글거야데고

= 예

— 예, 그러지라.

음

= 솔나무 그거이 질: 조:아라. 그거이 단풍이.

— 절

= 그레가꼬

— 갈쿠나무가[148]

갈쿠나무

= 예, 여기만 여기만 나가면 전부 산이지요.

아

= 지금은 다 이제 밤 밭이고 그러니까 그러지

− 또 푸 풋나무 줄기는 낫으로 많이 하고

네

− 저 겨울에는 낫하고 갈퀴하고 짊어지고 갑니다.

아

− 그러면 단풍 들면은 그것 또 지게에 딱 짊어지고 그렇지 않으면 망태하고 또 갈퀴하고 짊어지고 나가고 나무도 억세게 했소.

= 저런 저런 나무가 아주 단풍이 노랗게 들면

= 이렇게 겨울이면 거 서리 오면 우수수수 떨어졌소. 누렇게 떨어지면 그것 그

− 그것도 부지런한 사람이 긁지,

네

− 또 게으른 사람은 긁지도 못해. 먼저 해 가 버리니까

음, 아 잎사귀 넓은 것도 하고

= 예, 그러지요.

또 솔 솔 소나무 그 솔가리도 긁어야 되고

= 예

− 예, 그렇지요.

음

= 소나무 그것이 제일 좋아요. 그것이 단풍이.

− 저

= 그래가지고

− 가리나무가

가리나무

= 지비다 젱에 노코 떼:요.

− 갈쿠나무가 여 단풍 저 단풍 드러서 글그믄 그거시 모꼬149) 조:치. 떼:기도 조:코.

예

= 그놈 함::베널씩 헤:노코 눌러노코 인자 시야네먼 누노먼

= 하다 떼:먼 얼:메나 잘 타고 조:타고. (웃음)

− 그라고도 눈 딱 씨러불고 나:무가 춘 성부문150) 땅 너러따간 떼:먼 잘:: 타요.

예

그떼 여기서 그게 뗄: 뗄:깜 걱정은 업쓰셔써요? 사네 나:무는 마:니 이써 씀니까?

= 예, 마:니 이써찌요. 나만 보지라나먼

− 아, 그랑께 이녕만 보지라믄 쓴디

− 그도저도 업:쓸 떼는 하레 나무도 뎅이고 그레써요.

아

− 밥 싸가꼬도 밥 업:써서 몯: 싸가꼬 간 테가 마:니써.

오: 메!

그레서

− 그라고 쑥빡버무리기151) 쪼간 헤:주먼 그놈 가꼬 드 나:무하고는 나로다가152) 인쟏 그놈 한 볼테기153) 지버무꼬 오 오고 지게지고 오고

네

− 그라고 사러쏘.

(웃음)

− 그라고 사네서 모:찌고 나라옹께 그데롣 그데롣 지게를 끄:꼬154) 나라와부러.

아

= 집에다 쟁여 놓고 때요.

- 가리나무가 이 단풍 저 단풍 들어서 긁으면 그것이 마디고 좋지. 때기도 좋고.

예

= 그것 한 가리씩 해 놓고 쌓아 놓고 이제 겨울이면 눈 오면

= 해다가 때면 얼마나 잘 타고 좋다고. (웃음)

- 그러고도 눈 딱 쓸어 버리고 나무가 축축할 것 같으면 딱 넜다가 때면 잘 타요.

예

그때 여기서 그것이 땔감 걱정은 없으셨어요? 산에 나무는 많이 있었습니까?

= 예, 많이 있었지요. 나만 부지런하면

- 아, 그러니까 자기만 부지런하면 되는데

- 그도 저도 없을 때에는 하루 나무도 다니고 그랬어요.

아

- 밥 싸가지고도 밥 없어서 못 싸가지고 가는 때가 많이 있어.

아이고!

그래서

- 그리고 쑥버무리 조금 해 주면 그것 가지고 나무하고는 내려오다가 이제 그것 한 볼따구니 집어먹고 오고 지게 지고 오고

네

- 그렇게 살았소.

(웃음)

- 그리고 산에서 못 지고 내려오니까 그대로 그대로 지게를 끌고 내려와 버려.

아

- 그레가꼬 네레와가꼬 지게를 딱 인나치가꼬 또 거시하고

= 사네는 둥치로155) 뚜글뚜글 궁굴처156)분다가드만.

- 궁굴치기도 하고 저 궁굴러 나오기도 하고 찍찍157) 끄스먼 그데로 또 따라온다이~까.

아

네, 둥치가 크니까

= 예

- 그랑께 요:령 인는 사람드른 거그다가 먼: 노끈데기나 가꼬와가꼬 딱 영꺼가꼬 나:무를 뉘페. 그레가꼬 지리 이쓰니까 졸졸졸졸 끄스먼 나로와저. 지고 나롤라먼 고야거제이~.

= 그라제. 노푼 사네 올라가먼.

- 오:두제158) 데:엘라먼 다:: 카말로 쓰

- 쩌:: 너머가선 거 비서리뗀159) 마:니 하먼 너: 묻

= 비서리떼가 모:따 헤서 그라고

- 따른 나무도 그라고. 엔:나레는 솔껍떡또 마:니 주서서 가조고

- 처:메는

네, 비서리떼요?

- 예, 비서리떼가.

에.

- 예, 씨 쎙모근160) 모둔디161) 불란 노먼

- 더 가직 여 가구와요.

예

- 딱 너: 문 무꺼서 딱 헤:노먼

- 한: 짐 데야요. 에골(?)로 딱 질머노:먼.

- 보기도 조:코 그랑께 무시 이러케 국:찌요.

- 너: 묻 영끄먼

- 그래가지고 내려와가지고 지게를 딱 일으켜가지고 또 거시기 하고
= 산에는 동으로 떼굴떼굴 굴려 버린다고 하더구먼.
- 굴리기도 하고 저 굴려 나오기도 하고 질질 끌면 그대로 또 따라온다니까.
아
네, 동이 크니까
= 예
- 그러니까 요령 있는 사람들은 거기다가 뭐 노끈이나 가져와가지고 딱 엮어가지고 나무를 눕혀. 그래가지고 길이 있으니까 졸졸졸졸 끌면 내려와져. 지고 내려오려면 고약하지.
= 그렇지. 높은 산에 올라가면
- 오두재 다니려면 다 정말로
- 저 넘어가서 거 싸릿대 많이 하면 네 뭇
= 싸릿대가 마디다 해서 그러고
- 다른 나무도 그러고. 옛날에는 소나무 껍질도 많이 주워서 가져오고
- 처음에는
예, 싸릿대요?
- 예, 싸릿대가.
예
- 예, 생나무는 마딘데 불에 탄 것은
- 더 가벼워요.
예
- 딱 네 뭇 묶어서 딱 해 놓으면
- 한 짐 돼요. 외골(?)로 딱 짊어 놓으면.
- 보기도 좋고 그러니까 뭇이 이렇게 굵지요.
- 네 뭇 엮으면

- 그저네 '도루메 아제'[162] 그러케 헤:가꼬 잘 뎅이고 나도 그라고 혼자 다니셔써요? 가:치랑 누구랑 가치 다녀?

- 가:치:: 마:니 뎅이찌요.

그러지요. 예.

- 엔:나레는

에.

- 소:구

- 여 압:쩨비가 소:구 치고 뎅이고 거 딱 하며는

- 인자 가자고 둥굴둥굴둥굴두 소:구를 치요.

아~.

- 인자 가자 인자

여러 명이 가면서 시노를

- 시노를 헤:요.

가가지고는 흐터지지요 인자, 사네 가서 각짜 아라서

= 그라지요.

- 그 그레가꼬

응

- 그 그 사라미 스 선수를 하제.

- 압:쩨비를 헤:가꼬 인자 올 떼도 인자 치면서 와요.

아, 소구로 시노를

- 그 뒤여 온 사라믄 압:쏘리 하 하며는 또 뒤에 온 사람들또 소리도 하고 엔:나레는 마:니 그레써요.

네, 지그믄 나:무를 아나니까 사네 그냥

- 인자 인자는 아나니까 인자 사네 갈 피료도 업:꼬.

사네 사네 기양 수피 우거저 가꼬

= 수피 우거저가꼬 얼척[163]업찌요이~.

- 그전에 '도루메 아제' 그렇게 해가지고 잘 다니고 나도 그러고
혼자 다니셨어요? 같이 누구랑 같이 다녀?
- 같이 많이 다녔지요.
그러지요. 예.
- 옛날에는
예
- 소고
- 이 앞잡이가 소고 치고 다니고 그 딱 하면은
- 이제 가자고 둥글둥글둥글 소고를 치오.
아.
- 이제 가자 이제
여러 명이 가면서 신호를
- 신호를 해요.
가가지고는 흩어지지요 이제. 산에 가서 각자 알아서.
= 그러지요.
- 그 그래가지고
응
- 그 그 사람이 선수를 하지.
- 앞잡이를 해가지고 이제 올 때도 이제 치면서 와요.
아, 소고로 신호를
- 그 뒤에 오는 사람은 앞소리 하면은 또 뒤에 오는 사람들도 소리도
하고 옛날에는 많이 그랬어요.
예, 지금은 나무를 안 하니까 산에 그냥
- 이제 이제는 안 하니까 이제 산에 갈 필요도 없고.
산에 산에 그냥 숲이 우거져가지고
= 숲이 우거져가지고 어처구니 없지요.

‒ 순저니 저 우리는 금정며느로164) 마:니 뎅에써요.

아, 금:정며느로요.

@2 여기서 먼:데.

‒ 금정면 데이며는 거기서도 오:두제 너머가면 거그서도 엄::마나 네레가꼬

‒ 비서리라고165) 인넌디 거 안 비서리는

‒ 비서리떼가 마:니 이딱 헤서 '비서리.' '비서리': 불 나 불머는

‒ 절 비서리떼를 마니 비:고

‒ 비서리떼 불 안난 노믄 씩:씩헤가꼬166) 무지하게 무고끼도 하고

‒ 그라고 비서리가 메끈미끈 헤가꼬 또 우게선 거시기하고.

= 뻬비꼼마이로167) 핑: 거시 비서리떼지라이~?

‒ 음, 여우 비서리떼 안 나드라고 안?168)

= 그랑께.

‒ 비서리떼가꼬 그떼 비찌락또 메:고 다 그란디.

= 궁:께 그걸 그거슨 무쟈:게 모쩨. (하품)

자 그러며는 그 다메느뇨. 겨우레는 인자 짐장가틍 거또 인자 반창 가틍 거 미리 헤: 둬:야 될 꺼시고,

= 그러지요.

겨우레 에 인제 머 줌:비헤논 그런 반창 가틍 거 머:가 이쓸까요?

= 베:차지169)

베:차지 만들고

‒ 무수지170)

무수지 만들고, 에

= 꼬:치도 따서 꼬:치도 당구고

음

= 꼬:친닙또 당구고

- 순전히 저 우리는 금정면으로 많이 다녔어요.

아, 금정면으로요.

@2 여기서 먼데.

- 금정면 다니면은 거기서도 오두재 넘어가면 거기서도 얼마나 내려가가지고,

- 비서리라고 있는데 그 안 비서리는

- 싸릿대 많이 있다고 '비서리.' '비서리' 불 나 버리면은,

- 저 싸릿대를 많이 베고

- 싸릿대 불에 타지 않은 것은 생생해가지고 무지하고 무겁기도 하고

- 그리고 싸리가 매끈매끈해가지고 또 위에선 거시기 하고.

= 뻘기꽃처럼 핀 것이 싸릿대지요?

- 음, 여기 싸릿대 났었잖아?

= 그러니까

- 싸릿대 가지고 그때 빗자루도 매고 다 그러는데

= 그러니까 그것 그것은 무지하게 마디지. (하품)

이제 그러면은 그 다음에는요, 겨울에는 이제 김장 같은 것도 이제 반찬 같은 것 미리 해 둬야 될 것이고,

= 그렇지요.

겨울에 예 이제 뭐 준비해 놓은 그런 반찬 같은 것 뭐가 있을까요?

= 배추김치

배추 김치 만들고

- 무김치

무김치 만들고, 에

= 고추도 따서 고추도 담그고

음

= 고춧잎도 담그고

음 :

= 인자 그런 모도 그릉 거시 주로 시얀 반차니지요.

네

= 베:차지 당:꼬, 무수지 당:꼬

- 주로 주로

= 꼬:치 꼬:치 당:꼬

- 엔:나레는 짐닐 떼 수, 순전 짐장을 마니 함니다. (웃음)

아하

= 엔:나레는 짐장도 요러고 여 시야메서171) 안 히처써요.172) 쩌 들씨야메가서173)

아

= 들씨야메가서 바:자게다174) 노코 바:자기라고 이써요 지게에다 바칭 거.

에.

= 그거 가꼬 와서 그 놈

바:저 바:작 나:두고

= 끈타불175) 딱 여그 바레다가 이러고

= 딱

- 물 쏘게 너:코

= 앙거서176) 물쏘게다가 시얌 쏘게다 너:코 거그서 요로고 시치드만. 엔:날 어:런덜 보믄.

아

= 그레가꼬 짐장헤요. 여런 여 무 무레서 다 모:당께. 수꾸가

- 아 여그도 여 여그 시야밈니다여.

예 예

= 그레가꼬

- 여그 시야민디 엔:나레는 저 니:모 빤드데가꼬

음

= 이제 그런 모두 그런 것이 주로 겨울 반찬이지요.

네

= 배추김치 담그고, 무김치 담그고

- 주로 주로

= 고추 고추 담그고

- 옛날에는 짚 이을 때 수 순전히 김장을 많이 합니다. (웃음)

아하

= 옛날에는 김장도 이렇게 이 우물에서 안 씻었어요, 저 들샘에 가서.

아

= 들샘에 가서 발채에다 놓고, 발채라고 있어요. 지게에다 바치는 것.

예

= 그것 가지고 와서 그것

발채 발채 놔 두고

= 끄나풀 딱 여기 발에다가 이렇게

= 딱

- 물 속에 넣고

= 앉아서 물 속에다가 샘 속에다 넣고 거기서 이렇게 씻더구먼. 옛날 어른들 보면.

아

= 그래가지고 김장해요. 이런 이 무 물에서 다 못하니까 식구가

- 아, 여기도 여 여기 우물입니다요.

예 예

= 그래가지고

- 여기 우물인데 옛날에는 저 네모 반듯해가지고

- 여 여그서도 짐장 마:니 헤써요.

아, 여기서도 하고 들씨야메서도 마:니

= 예, 들씨야메서도 마:니 헤써요.

- 시방도 요요 네리다보며는 가운데는 시:뿌란디

= 무리 인자 주거부러다가데.

- 인자 이:끼 쩌가꼬.

= 다 잉:끼[177] 쩌가지고.

- 아니, 여 가운데는 시뿌라더라니까

= 으~.

- 너머다바:도[178]

무를 차꼬 퍼네야 데능 거 아니예요?

- 야

= 퍼네야데지요.

안 퍼넹께.

- 그랑께 절믄 사람드른 모:릉게 여 묘온 거시한다한디

- 몸: 미게헤써.[179] 여 미:믄 안 덴다고

= 미:믄 모:쓰제.

비상용으로라도 나:두면 조:초.

= 예

- 아이, 그라고 엔:날부터서 우리 저

- 시:조떼부터 아유 낭남 헤:가꼬 온 떼부터 판 시야민디,

- 낭남 하신 냥바닌드리 다 팡 거신디.

그 다으메 정:기 업:떤 떼도 사셔찌요?

- 그러지요.

머: 머:로 불켜씀니까?

불 앙 켜고 사셛

- 여 여기서도 김장 많이 했어요.

아, 여기서도 하고 들샘에서도 많이

= 예, 들샘에서도 많이 했어요.

- 시방도 이이 내려다 보면은 가운데는 새파란데

= 물이 이제 죽어 버렸다고 하데.

- 이제 이끼 끼어가지고

= 다 이끼 끼어가지고

- 아니, 이 가운데는 새파랗더라니까.

= 응

- 들여다봐도

물을 자꾸 퍼내야 되는 것 아니예요?

- 예

= 퍼내야 되지요.

안 퍼내니까

- 그러니까 젊은 사람들은 모르니까 이 묘한 거시기 한다 하는데

- 못 메우게 했어. 이 메우면 안 된다고.

= 메우면 안 되지.

비상용으로라도 놔 두면 좋지요.

= 예

- 아니, 그리고 옛날부터서 우리 저

- 시조 때부터 낙남해가지고 왔을 때부터 판 우물인데,

- 낙남하신 양반님들이 다 판 것인데

그 다음에 전기 없던 때도 사셨지요?

- 그렇지요.

뭐 뭐로 불 켰습니까?

불 안 켜고 사셨

- 엔:나레는 솜: 참지름가틍 걸 나:두고 솜:
- 비벼서 거기다 키:고[180] 거 살:기도 하고

소: 메다가요?

- 그레찌요.

오::, 참기르 참기름

- 솜: 비벼부서 저 그라먼 초끈 쩰 초꼬지[181] 멩인드라:꼬 그라먼 소:
메단 그 지름 무처 가꼬 하머는 여근 미테는 젱기저가꼬 이쓩께 써: 울리
고 항께 그 창오지로 멘드라가꼬 여기다 키:먼 그르켄 그르케도 살:고.

초꼬지에요?

- 그러지요.

아

= 그라고 또

- 그거시 인자 웬: 부리고

= 깍:쩽이[182] 초꼬지 그 그

- 깍:쩽이 초꼬지는 넨:장 저 세규[183] 세규 지르므로 마:니 써쩰.

- 그랑께 엔:나레는 자네는 모룽께 인자 창오지로 멘드러서

(웃음)

- 걸 거시기 지름가틍 거슬 어:따 접씨에다 부서.

- 그레가꼬 창오지도 여여 미테 니:모 빤드다게 헤:가꼬

- 여러케 헤:가꼬 여그다가 헤:가꼬 불 키고 사라써.

= 아 그라믄 중가네 가다가 거 거시기 저

깍:쩽이가 나

= 깍:쩽이에다 초뿔

중가네 나옹 거슨

- 예 또

- 그라고 요 세규 지름 나옹 거슨 인자

- 옛날에는 솜 참기름 같은 것 놔 두고 솜

- 비벼서 거기다 켜고 그 살기도 하고

솜에다가요?

- 그랬지요.

오, 참기름 참기름

- 솜 비벼서 저 그러면 초꽃 저 초꽃이 만들어가지고 그러면 솜에다는 그 기름 묻혀가지고 하면은 여기 밑은 잠겨져가지고 켜 올리고 하니까 그 창호지로 만들어가지고 여기다 켜면 그렇게 그렇게도 살고.

초꽃이예요?

- 그렇지요.

아

= 그리고 또

- 그것이 이제 원래 불이고

= 종지 초꽃이 그 그

- 종지 초꽃이는 넨장 저 석유 석유 기름으로 많이 켰지.

- 그러니까 옛날에는 자네는 모르니까 이제 창호지로 만들어서

(웃음)

- 거 거시기 기름 같은 것을 어디에다 접시에다 부어.

- 그래가지고 창호지도 이 이 밑에 네모 반듯하게 해가지고

- 이렇게 해가지고 여기다가 해가지고 불 켜고 살았어.

= 아, 그러면 중간에 가다가 거 거시기 저

종지가 나

= 종지에다 촛불

근년에 나온 것은

- 예 또

- 그리고 이 석유 기름 나온 것은 이제

= 깍:쩽이에다가이~?

- 그거시 깍:쩽이에다 저 지름 다머가꼬

초꼬지

- 심지 멩그라서 그거시 써울려서 또 스 켜:지고

음

= 정:기뿔 업:쓸 뗴 차말로 어:찌게 사라뜽가?

- 그란다 또 걸

(웃음)

- 또 딱 크게 헤:노먼 영기가 무지허게 나 저 서규도.

= 방 다: 끄실러184)부러.

@2 에.

= 코가 코쏘기 꺼::메 불고 어런덜까지.

그러이까 일찍 자는 자는 수바께 업:쩨요. (웃음)

- (웃음)

지금 사람들 열 두시까지 이쩌만 엔:날 사람들 피곤도 하고 그러니까 머 불도 쪼끔 켜고

= 그러지요. 데:고 그랑께

(웃음)

- 그라고도 우리 에레서는 우리 지베 놀:로 가며는

- 그 소:게서도 깍쩽이불 키: 노코도 하토가꼬 논:다고 모도 놀:고

- 나는 인잔 그렁 거슨 아네바쩨마는 귀:경만 하고 이쓰니까.

바메 딴 마으레 간다 그러면 카캄헌디 머 불 쓰고 뎅기거나 그렁 걷 이써씀니까?

- 불 쑤고는185) 안 다니고

아니면 그냥 다니능 거에요?

- 게양186) 가가꼬 거가서 놀:고 거시기 하고 노:름파니나 이쓰며는 인잔

= 종지에다가?

- 그것이 종지에다 저 기름 담아가지고

초꽂이

- 심지 만들어서 그것이 켜 올려서 또 켜지고

음

= 전깃불 없을 때 정말로 어떻게 살았던가?

= 그런 데다 또 거

(웃음)

- 또 딱 크게 해 놓으면 연기가 무지하게 나 저 석유도.

= 방 다 그을려 버려.

@2 예

= 코가 콧속이 까매 버리고 어른들까지.

그러니까 일찍 자는 자는 수밖에 없지요. (웃음)

- (웃음)

지금 사람들 열두 시까지 있지만 옛날 사람들 피곤도 하고 그러니까 뭐 불도 조금 켜고

= 그렇지요. 힘들고 그러니까

(웃음)

- 그리고도 우리 어려서는 우리 집에 놀러 가면은

- 그 속에서도 종짓불 켜 놓고도 화투 가지고 논다고 모두 놀고

- 나는 이제 그런 것은 안 해 봤지마는 구경만 하고 있으니까.

밤에 딴 마을에 간다 그러면 캄캄한데 뭐 불 켜고 다니거나 그런 것 있었습니까?

- 불 켜고는 안 다니고

아니면 그냥 다니는 것이에요?

- 그냥 가가지고 거기 가서 놀고 뭐 하고 노름판이나 있으면은 이제

마:니 네기 안 하며는 그라고 또 하투가꼬 노라가꼬 따:기도 하고 이른 사
라믄 일코

　　─ 그레써요. 그떼 엔:나레는 쿵 거시기하머넌 마:니 인는 사람들 마:니
일코 그레따갑디다마는

　데씀니다. 이제는

　　─ 우리 놀: 떼는 그 마:니 놀:던 아나고 그레써요.

　@2 (웃음)

많이 내기 안 하면은 그리고 또 화투 가지고 놀아가지고 따기도 하고 잃은 사람은 잃고

- 그랬어요. 그때 옛날에는 큰 거시기 하면은 많이 있는 사람들 많이 잃고 그랬다고 합디다마는

됐습니다. 이제는

- 우리 놀 때는 그 많이 놀지는 않고 그랬어요.

@2 (웃음)

3.2 마을 공동체 생활을 위한 일손

소: 키워 보셔써요?

= 소도 키워써요.

허 에.

= 쩨:깐 소 한 마링가 두 마링가 금방 키여.

— 쪼깐 송아지 사다가 그레도 거시기합띠다. 가:치 한날 짱에 사가꼬 우리야는 그떼 쪼안 돈: 한 그떼마네도 오:베권 차이라도 차이가 이쩨 이~.

아

— 거 ○○는 더 주고 사고 우리는 덜: 주고 사고 그레쩨. 한날 짱에 사써도.

어

— 그레서 폴:떼는187)

@2 에.

— 더 가 가겨근 더: 바더써요. 우리, 네가

아

— 그 소가 뻬메드비188) 조아야제. 세끼떼도 조아야 잘 커 주고

네.

— 보기만 조:타헤서

— 저 세끼떼 종: 거시 아니라 저 뻬뻬 몰라도 뻬메드비 조아가꼬 클 쏘글189) 바야제.

네. 그럼 송아지 살, 사실 떼는 장에 가서 직쩝 골르셔써요? 뻬메듭 조:은 노므로?

— 그러제. 저 뻬메듭 존: 놈 그 떼 사가꼭 가:치 포다시피 헨:넌디 거

소 키워 보셨어요?

= 소도 키웠어요.

허 예.

= 조그마한 소 한 마린지 두 마린지 금방 키워.

- 조그마한 송아지 사다가 그래도 거시기 합디다. 같이 한날 장에 사 가지고 우리 것은 그때 조금 돈 한 그때만 해도 오백 원 차이라도 차이가 있지.

아

- 그 ○○는 더 주고 사고 우리는 덜 주고 사고 그랬지. 한 날 장에 샀어도.

어

- 그래서 팔 때는

@2 예

- 더 가 가격은 더 받았어요. 우리, 내가

아.

- 그 소가 뼈마디가 좋아야지. 새끼 때도 좋아야 잘 커 주고

네.

- 보기만 좋다고 해서

- 저 새끼 때 좋은 것이 아니라 저 빼빼 말라도 뼈마디가 좋아가지고 클 가능성을 봐야지.

네. 그럼 송아지 살, 사실 때는 장에 가서 직접 고르셨어요? 뼈마디 좋은 것으로?

- 그러지. 저 뼈마디 좋은 것 그때 사가지고 같이 팔다시피 했는데

그는 덜: 바꼬 우리는 더 바꼬 그레습띠다.

네. 또 잘 미기싱께 또 그러지.

— 예

= 그러지요 인자. 미기기에 메에쩨.

— 아 여물 미기라도 또 거그서 또 자몬 수가 이꼬 (웃음)

네. 소: 키울라머는 저게 이써야데자나요? 소: 지비 이써야델 꺼 아니
에요?

— 쩌기 이쓰, 이써, 이써요.

에.

— 그레가꼬 거그서 또 마:니 키우고

예, 머:라고 그러지요? 여기서는 ? 소 '허청'?

— '마:구청'190)

= '마구청'

'마구청', '소마구청' 이써가지고이~

= '소마구청'

그 다메 이제 소 밥 쭈는 데

= 구시191)

— 구시

구시도 만드러야데고

= 네.

— 구시도 이찌요.

= 구시도 만드라저가꼬 이찌요.

아.

— 그라고 거그 거 소짜리도 다 이꼬

— 쩌그 쩌그 방 쩌그 저 방이 또 이써요.

방이요?

거기는 덜 받고 우리는 더 받고 그랬습디다.

네. 또 잘 먹이시니까 또 그러지.

- 예.

= 그렇지요 이제. 먹이기에 달렸지.

- 아, 여물 먹이더라도 또 거기서 또 잘못 하는 수가 있고. (웃음)

네. 소 키우려면은 저것이 있어야 되잖아요? 소 집이 있어야 될 것 아니에요?

- 저기 있어, 있어, 있어요.

예.

- 그래가지고 거기서 또 많이 키우고

예, 뭐라고 그러지요? 여기서는? 소 '허청'?

- '마구청'

= '마구청'

'마구청', '소마구청' 있어가지고

= '소마구청'

그 다음에 이제 소 밥 주는 데

= 구유

- 구유

구유도 만들어야 되고

= 네.

- 구유도 있지요.

= 구유도 만들어져가지고 있지요.

아.

- 그리고 거기 그 솥 자리도 다 있고

- 저기 저기 방 저기 저 방이 또 있어요.

방이요?

- 에.

= 소죽192) 쑨?

= 에.

아.

= 그저네 세죽 쑨 쩌 지금 문 다라진 디가 방이여써요.

- 거 엔:나레 방이여쏘.

= 쩨:깐하게 세죽 쑤고

방은 누 그 누가 거:처허든 아늘 꺼 가튼데

- 아, 그떼도 거:치하고

헤:써요?

- 여그 성주할 떼도

= 우리 성주할 떼 거그서

- 거그서 잠자고 그레써요.

아, 어짜피 소죽 쑬라먼 방에 불 드러가니까

- 아, 거그서 또 바베 무꼬 소 앙 키니까 바베 무꼬

아.

- 거그서 살리마데끼 헤:쏘.

아

- 에, 성주하고

= 거그서 성주 두, 두: 집 헤:쏘.

- 두: 집 헤써. 또

= 우리야아고 ****

- 여 쩌: 아페 여 아페 여그서 절: 낭구193) 다 까꺼서

네, 소를 쪽 게:속 앙 키우셔써요?

= 예, 게:속 안

- 거 절 중가네 키:다가194) 안 키워써요.

－ 예.

＝ 쇠죽 쑤는?

＝ 예.

아.

＝ 그전에 쇠죽 쑨 저 지금 문 달린 곳이 방이었어요.

－ 그 옛날에 방이었소.

＝ 조그맣게 쇠죽 쑤고

방은 누 그 누가 거처하지는 않을 것 같은데

－ 아, 그때도 거처하고

했어요?

－ 여기 성주할 때도

＝ 우리 성주할 때 거기서

－ 거기서 잠 자고 그랬어요.

아, 어차피 쇠죽 쓰려면 방에 불 들어가니까

－ 아, 거기서 또 밥 해 먹고 소 안 키우니까 밥 해 먹고

아.

－ 거기서 살림하듯이 했소.

아.

－ 예, 성주하고

＝ 거기서 성주 두, 두 집 했소.

－ 두 집 했어. 또

＝ 우리 것하고 ****

－ 이 저 앞에 이 앞에 여기서 저 나무 다 깎아서

예, 소를 쭉 계속 안 키우셨어요?

＝ 예, 계속 안

－ 그 중간에 키우다가 안 키웠어요.

별로 그거이 도우미 안 뎅가요?

= 아:니, 소 키워가꼬는 심 홀차니 반:넌디

- 심 도우믄 바:써요.

= 그레. 그렌는디 어쩨 앙키 앙키고 마러써요.

= 기차나다고 그레뜽가 어쩨뜽가.

기차

- 거거 하:나고 이 또 농사질라 머:달라 소 히를라 모:다거쓰따다.

= 이:리 마:네. 그랑께 기양 중가네 좀 키:다가 안 키여써

- 그 소는 가따 메:먼 풀 뜨더 무꼬

네.

- 떱 떱 다른 일하고 또, 깔:195) 빌라믄 또 성가시고 깔: 빈 사라미나
이쓰믄 쓴디 깔:도 안 비여다 주고

에.

- 엔:나레는 소까:리라간:디196)

예,

- 풀, 풀보다가 인자 깔: 비여가꼬 와야제.

또 누가 저 에기라도 이쓰믄 사네 가따가 인자

- 그러지요.

데꼬 와야데는데이~.

- 그라 또 소 메:노코 또 끄지버197) 올라도 거시아고 들 또라볼라 머:
달라 바뿌고

네.

- 거시이 헤:쓰까? 소 함: 번 키여쓰까? 두: 번 키여쩨?

= 아니여.

= 한 서너번 나머198) 키여써.

- 서 서너 서너 번 나먼 키여쩨.

별로 그것이 도움이 안 되나요?

= 아니, 소 키워가지고는 힘 꽤 봤는데

— 힘 도움은 봤어요.

= 그래. 그랬는데 어쩌다가 안 키우고 말았어요.

= 귀찮다고 그랬던가 어쨌던가.

귀찮

— 그 그 계속해서 이 또 농사지으랴 뭐 하랴 소 기르랴 못 하겠습디다.

= 일이 많아. 그러니까 그냥 중간에 좀 키우다가 안 키웠어.

— 그 소는 가져다 매면 풀 뜯어 먹고

네.

— 또 또 다른 일하고 또 꼴 베려면 또 성가시고, 꼴 베는 사람이나 있으면 되는데 꼴도 안 베어다 주고

예.

— 옛날에는 쇠꼴이라고 하는데

예

— 풀 풀 보다가 이제 꼴 베어가지고 와야지.

또 누가 저 아이라도 있으면 산에 갔다가 이제

— 그렇지요.

데리고 와야 되는데.

— 그리고 또 소 매어 놓고 또 끌어 오려고 해도 거시기 하고 들 돌보랴 뭐 하랴 바쁘고

네.

— 거시기 했을까? 소 한 번 키웠을까? 두 번 키웠지?

= 아니야.

= 한 서너 번 남짓 키웠어.

— 서 서너 서너 번 남짓 키웠지.

= 그레가꼬 소가꼬 홀차니 거시기헤쩨.

- 그레가꼬 그레도 소도 키여보고 벨 건 다 헤쏘.

송아지도 나: 바써요?

- 송아지는 안 네199) 바써요.

암놈 아니여써요?

= 예 안 네 바써.

- 게:는 키여가꼬 세끼도 네:보고 그렌넌디

송아지 나으면 더 이이기 조을 텐데.

= 그라지요.

- 그러찌요.

- 아이, 그라고 암소는 앙 키여보고 '부사리'200)

'부사리'

- 송아지 키여도 쑹놈201) 키:머는 더 잘 크고 그랑께.

아, 빨리 키여가지고 네:노케.

- 암소는 모지202) 크고

에. 엔:나레느뇨,

그: 엄:는 사람드른 너무집 소를 키워 주고

= 예, 그레찌요.

저기도 한다고 그레써요.

- 그라먼 섹: 쩌 키여주고 세끼 나오면 네가 가저오고

에.

- 에미는 거시아고

= 그거뿐다 '도지쏘'라203) 그레써이~?

- 마저, 응?

= '도지쏘'

- '도지쏘'가 아니라

= 그래가지고 소 가지고 상당히 거시기 했지.

— 그래가지고 그래도 소도 키워 보고 별것 다 했소.

송아지도 낳아 보셨어요?

— 송아지는 낳게 해 보지 않았어요.

암컷 아니었어요?

= 예. 낳게 안 해 봤어.

— 개는 키워가지고 새끼도 낳게 해 보고 그랬는데

송아지 낳으면 더 이익이 좋을 텐데

= 그러지요.

— 그렇지요.

— 아니, 그리고 암소는 안 키워 보고 '부사리'

'부사리'

— 송아지 키워도 수컷 키우면은 더 잘 크고 그러니까,

아, 빨리 키워가지고 내 놓게.

— 암소는 마디게 크고

옛날에는요,

그 없는 사람들은 남의 집 소를 키워 주고

= 예, 그랬지요.

저기도 한다고 그랬어요.

— 그러면 새 저 키워 주고 새끼 나오면 내가 가져오고

예.

— 어미는 거시기 하고

= 그것보고 '도짓소'라고 그랬어.

— 맞아, 응?

= '도짓소'

— '도짓소'가 아니라

그거 머:라고 그레요?

　― 그거시

　― 에, 엔:날가트며는 소 키여주고 하면 세끼나면 거슨 킨: 사라미 세끼 나며는 메년

　― 셰끼는 인자 네 거시고 또 함 베204) 나:며는

　― 그 사라미 또 가지고 임:자가

　= 그랑께 그거뽀다 ‘도지쏘’라고

　― 그레, 그레. 걸 나나무끼

　= 나나무끼 그거뽀다 ‘도지쏘’라고 그라드만.

　― 도지, 도지쏘

도지쏘요? 아.

　= 도지쏘 킨:다고

그니까 세끼가따가 키워주고 고놈 어미 에미소는 쥐:난테 수고

　= 에, 주고

　― 에미소는 또 저 임:자가 가지가요.

세끼나:면 고놈 자기가 가꼬 가니까이~

　= 예예 함 마리 가찌요, 인자.

에.

얼마나 키워 주나요? 멘 녕가니나?

　― 할 쩔:: 저 소: 기루머는 저 소게 메여쩨. 일녀니면 수:부처가꼬205)

에.

　― 네이게206) 미여쩨. 한 이: 년 마네도 나:코

　― 수:부치머는 일 녀네 꼭 남:니다. 열뚜 달.

에.

　― 사:라마고 또까틍께.

에, 도지쏘라구요이~.

그것 뭐라고 그래요?

― 그것이

― 예, 옛날 같으면은 소 키워 주고 하면 새끼 낳으면 뭐 키운 사람이 새끼 낳으면은 매년

― 새끼는 이제 내 것이고 또 한 배 낳으면은

― 그 사람이 또 가져가고 임자가

= 그러니까 그것보고 '도짓소'라고.

― 그래, 그래. 그것 나눠먹기.

= 나눠먹기 그것보고 '도짓소'라고 그러더구먼.

― 도지, 도짓소

도짓소요? 아.

= 도짓소 키운다고

그러니까 새끼 가져다가 키워 주고 그것 어미 어미소는 주인한테 주고

= 예, 주고

― 어미소는 또 저 임자가 가져가요.

새끼 낳으면 그것 자기가 가지고 가니까

= 예예, 한 마리 가지지요, 이제.

예.

얼마나 키워 주나요? 몇 년간이나?

― 저 저 소 기르면은 저 소에 달렸지. 일 년이면 교배해가지고

예.

― 새끼를 낳게 하는 것에 달렸지요. 한 이 년만에도 낳고

― 교배시키면 일 년에 꼭 납니다. 열두 달.

예.

― 사람하고 똑 같으니까

예, 도짓소라고요.

= 에.

에. 도지쏘라고. 그러면 어::고 세끼소보다는 이르미 이씀니까? 나무집 길러다주고 길러다주고 난: 세끼소보다는 이르미 머 인나요?

― 송아지제 페냐.

그냥 송아지나 허조이~, 예. 소::를 키워가지고 바로 그냥 파:셔써요? 아니면 젱기질도 시켜보고 그러셔써요?

= 젱기지른

― 그놈 키여가꼬 인자 지를 갈처야지라이~.207)

지를 갈처야데요?

= 에.

― 질 갈처야제 질 앙 갈치면 안뎀니다.

아.

― 그냥 우리는 지를 갈처보들 아나고 놈들 봉께 질 갈치고

= 쪼깐 키여가꼬 파라무꼬 또 사고 그레써요.

― 그레 그레케나 헤:쩨.

에.

― 네가 질 갈치고 그거슨 아네바써요.

어트케 질 나무집 남들 어트게 지를 갈치덩가요?

― 남더른 보면: 그 그 '끄씰꼬'라고208) 이써요.

아.

― 그기다가 멀: 무고웅 거슬 올리가꼬

에.

― 줄 다라가꼬 소가 끄꼬가기도 하고 도:로에서

아.

― 그러케도 하고 또 따릉 거또 딴 디서도 머:슬하며는

― 머:슬 무거웅 걸 거식하고 또 끄고 가기도 하고 그랍띠다.

= 예.

예. 도짓소라고. 그러면 어 그 새끼소보고는 이름이 있습니까? 남의 집 길러다 주고 길러다 주고 낳은 새끼소보고는 이름이 뭐 있나요?

- 송아지지 내나.

그냥 송아지라고 하지요, 예. 소를 키워가지고 바로 그냥 파셨어요? 아니면 쟁기질도 시켜 보고 그러셨어요?

= 쟁기질은

- 그놈 키워가지고 이제 길들여야지요.

길들여야 돼요?

= 예.

- 길들여야지 길 안 들이면 안 됩니다.

예.

- 그냥 우리는 길들이지를 않고 남들 보니까 길들이고

= 조금 키워가지고 팔아먹고 또 사고 그랬어요.

- 그래 그렇게나 했지.

예.

- 내가 길들이고 그것은 안 해 봤어요.

어떻게 길 남의 집 남들 어떻게 길들이던가요?

- 남들은 보면 그 그 '끄실코'라고 있어요.

아.

- 거기다가 뭐 무거운 것을 올려가지고

예.

- 줄 달아가지고 소가 끌고 가기도 하고 도로에서

아.

- 그렇게도 하고 또 다른 것도 딴 곳에서도 뭐를 하면은

- 뭐를 무거운 것 거시기 하고 또 끌고 가기도 하고 그럽디다.

네

— 여:: 자전차 바뀌나 머:시나 먼 그렁 건 올려가꼬.

네, 젱기

— 자동차

젱기 체우기 저네

= 에.

— 머 자동차 바꾸에다가[209] 에 가운데 헤:가꼬 머:슬 마:니 또 올려가

꼬 끄끼도 하고 그랍띠다.

네.

자: 저 지남 버네 하션는데 소: 몰: 떼는 소: 젱기질 할 떼는 머이 소한테

인제 마:를 할 꺼 아닙니까이~?

— 그라지요.

가라고 허거나 오라고 머 도라라거나 오라고 어트게 하지요?

— 거:이 소가 전 자 에약쪼그로[210] 가면 ‘이라 이리 가자’

네

— ‘이라’하머는 오른쪼그로 가고 ‘자라’ 하먼 에약쪼그로 가라 한

소리고.

예.

— 빤드시 가면 그데로 놔:두고

예.

— 그레야지요.

카마니 서라 하믄 어트게?

— 와

와

— 머끄지요.

예, 머꺼.

네.

 ─ 이 자전거 바퀴나 뭐나 뭐 그런 것 올려가지고

예, 쟁기

 ─ 자동차

쟁기 채우기 전에

 ＝ 예.

 ─ 뭐 자동차 바퀴에다가 예 가운데 해가지고 뭐를 많이 또 올려가지고 끌기도 하고 그럽디다.

네.

이제 저 지난 번에 하셨는데 소 몰 때는 소 쟁기질 할 때는 뭐가 소한테 이제 말을 할 것 아닙니까?

 ─ 그렇지요.

가라고 하거나 뭐 돌아라 하거나 오라고 어떻게 하지요?

 ─ 그것이 소가 저 이제 왼쪽으로 가면 '이랴 이리 가자'

네.

 ─ '이랴' 하면은 오른쪽으로 가고 '자라' 하면 왼쪽으로 가라 하는 소리고

예.

 ─ 반듯이 가면 그대로 놔 두고

예.

 ─ 그래야지요.

가만히 서라 하면 어떻게?

 ─ 와

와

 ─ 멈추지요.

예, 멈춰.

- 소가 머꺼.211)

도라 도라라고 허는 말도 이씁니까?

- 돌:떼는 아마또 아나고 인자 젱기 띠여가꼬 도 돌 소를 돌려야지요.

= 이라이라이라 그라고 안

- 이라이라 하고 돌리제.

= (웃음)

- 아, 그랑께.

에.

- 와:: 헤:가꼬 이리이리 하면 젱기를 딱 띠여가꼬 이리이리 헤야꼬 돌리제.

소도요이~ 일 여러가지 종류가 이써요? 세까리나 크기나 혹씨 소 그런 암 놈 순놈 이르미

- 쑥쏘212) 암소 그라제

쑥쏘, 암소

- 에.

쑥쏘보다는 아까 머:라고 하셔씀니까?

- 아까 쑥쏘가 크게 데먼 '뿌사리'고213)

'뿌사리.' 큰놈보다는 쑥쏘 큰 놈보다는 '뿌사리'라 그러고.

- 암소는 인자 세끼떼는 인자 절 송아진디 인자 암소라 허고 인자

예.

- 펭야 그라지요 암소.

에예.

또 소가 이러케 머 무슨

= 우짜꼬, 아프건네.

아나파요. 거 털 세깔이나 머 무니나 이렁 거에 따라서 이르미 혹씨 이 써요?

- 소가 멈춰.

돌아 돌라고 하는 말도 있습니까?

- 돌 때는 아무 말도 안 하고 이제 쟁기 떼어가지고 돌 소를 돌려야지요

= 이랴 이랴 이랴 그리고 안

- 이랴 이랴 하고 돌리지.

= (웃음)

- 아, 그러니까

예.

- 와 해가지고 이리이리 하면 쟁기를 딱 떼어가지고 이리이리 해가지고 돌리지.

소도요 여러가지 종류가 있어요? 색깔이나 크기나 혹시 소 그런 암컷 수컷 이름이

- 수소 암소 그러지.

수소, 암소

- 예.

수소보고는 아까 뭐라고 하셨습니까?

- 아까 수소가 크게 되면 '뿌사리'고

'뿌사리.' 큰 놈보고는 수소 큰 놈보고는 '뿌사리'라 그러고

- 암소는 이제 새끼 때는 이제 저 송아진데 이제 암소라 하고 이제

예.

- 내나 그러지요 암소.

예예.

또 소가 이렇게 뭐 무슨

= 아이고, 아프겠네.

안 아파요. 그 털 색깔이나 뭐 무늬나 이런 것에 따라서 이름이 혹시 있어요?

- 무니는 벨로 업쓰, 업씀니다마는 세깔 틀린 놈도 더러 이찌요.

에.

- 업:써요 이저러건.

엔:나레 보믄 이러케 약

= 검정소도 이꼬

- 엉?

= 검정소도 일

- 검정소는 이쯔, 이쩨.

= 노랑소도 일

주리 주리 쭉쭉 난 소도 이꼬 그럼니까?

= 그러지요. 거 줄 난 소도 이써.

- 아, 그런 그런 소도 이꼬

이르미 이씀니까? 무슨

= 모르건네요.

- 우리는 인잪 주른 인는 소는 안 바씀니다마는 거망소는[214] 바:찌마는 쩌 소: 뿔 뿌리 이르케 나는 모양에 따라서 이름도 다를 쑤가 이쓸텐데 소:뿔.

- 뿌리:: 모냥이 틀리기는 틀린디

에.

- 여러케 난: 놈도 이꼬

에.

- 또 여러케 나:서 꼬구라진[215] 놈도 이꼬

예.

- 여 아:푸로 여러케 한 난: 놈도 이꼬

예.

- 뿌리 다 틀리요 각깍.

- 무늬는 별로 없으 없습니다만 색깔 다른 것도 더러 있지요.

예.

- 없어요 그런 것.

옛날에 보면 이렇게 약

= 검정소도 있고

- 엉?

= 검정소도 있

- 검정소는 있지 있지.

= 노랑소도 있

줄이 줄이 쭉쭉 난 소도 있고 그럽니까?

= 그렇지요. 그 줄 난 소도 있어.

- 아, 그런 소도 있고

이름이 있습니까? 무슨?

= 모르겠네요.

- 우리는 이제 줄은 있는 소는 안 봤습니다마는 검정소는 봤지마는

저 소 뿔 뿔이 이렇게 나는 모양에 따라서 이름도 다를 수가 있을 텐데 소뿔.

- 뿔이 모양이 다르기는 다른데

예.

- 이렇게 난 것도 있고

예.

- 또 이렇게 나서 구부러진 것도 있고

예.

- 이 앞으로 이렇게 한 난 것도 있고

예.

- 뿔이 다 달라요 각각.

에, 이르미 머 이씀니까?

- 이르믄 저 어러신더런 데락 압:띠다마는

(웃음)

- 그쩔 우리는 잘 모르거쏘? 그거슨.

어::, 모양에 따라서이~. 소는 또 나이::에 따라서 한 살 머근 소랄찌 두 살 머근 소랄찌 머 이름드리 이쓸 꺼 아님니까?

- 거 거시합띠다. 입 이빨 보고 모도 압:띠다.

예~.

- 시:살 무건네, 머 '압턴네'²¹⁶⁾ 먼:

- 인자 나이가 마:니 무건네 그랍띠다.

아:, '압터따'고요? '압터따'는 마른

- 에헤 아:비 트며는 인자 소가 인자 커따 인자 그 마리제.

에.

- 에레서는 아:비 안 트고

예.

- 그 커따헤서 인자 압뚜고 인잖

- 메 쌀 무건네 메 쌀 무건네 그르 어:런더런 그레쌈띠다.

메 깔 무거요. 조은 소 고를라먼 머:슬 보라고 허등가요? 소장 소:

- 존: 소 고를라면 뻠메드블²¹⁷⁾ 보기는 헌디 주로

- 절믈 놈 고를라며는 이빨 보고 다 암:니다.

아, 이빠레. 이빠레 나이가 이쓰니

- 인자 압:턴네 안턴네 절 늘건네.

- 입입 이: 보고 압:띠다.

에~, 이빠를 바:가지고. 데씀니다. 그다메 옌:나레는 요 부:자드른 머스믈 두고 살지 아나써요?

- 그레쩨요.

예, 이름이 뭐 있습니까?

— 이름은 저 어르신들이 대략 압디다마는

(웃음)

— 그 저 우리는 잘 모르겠소, 그것은.

어, 모양에 따라서 소는 또 나이에 따라서 한 살 먹은 소라든지 두 살 먹은 소라든지 뭐 이름들이 있을 것 아닙니까?

— 거 거시기 합디다. 입 이빨 보고 모두 압디다.

예.

— 세 살 먹었네, 뭐 '앞 텄네' 뭐

— 이제 나이가 많이 먹었네 그럽디다.

아, '앞 텄다'고요? '앞 텄다'는 말은

— 에헤 '앞이 트면'은 이제 소가 이제 컸다 이제 그 말이지.

예.

— 어려서는 앞이 안 트고

예.

— 그 컸다 해서 이제 '앞 트고' 이제

— 몇 살 먹었네 몇 살 먹었네 그르 어른들은 그래 쌓습디다.

몇 살 먹어요. 좋은 소 고르려면 뭘 보라고 하던가요? 소장수

— 좋은 소 고르려면 뼈마디를 보기는 하는데 주로

— 젊은 놈 고르려면은 이빨 보고 다 압니다.

아, 이빨에 이빨에 나이가 있으니

— 이제 다 컸네 안 컸네 저 늙었네.

— 입 입 이 보고 압니다.

예, 이빨을 봐가지고. 됐습니다. 그 다음에 옛날에는 이 부자들은 머슴을 두고 살았잖아요?

— 그랬지요.

머슴도 종:뉴가 이씀니까? 머 일 자라는 머슴도 이꼬

— 일 자라는 머스믄 상:모심

아.

— 또 일 모:다고 또 그 깜:살 떠 깔땀사리²¹⁸⁾나 드러갈라믄 꼬마둥이

꼬마둥이요?

— (웃음)

아 고 까:리나 비:고

— 야, 깔땀사리 헤:야뎅께 꼬마둥이

머스믄 어떤 시그로 으르케 살:게 데나요?

— 머스믄 페냐 살:며는 바비나 무꼬 소를 주로 마:니

— 농사질람 소:가꼬 마:니 움지기지요.

예, 긍게 머슴 살: 떼 고 어뜨게 그 사람 저 사라믈 우리집 머스므로 헤야

데거따 그러면 게:야글 허나요?

— 거시이

= 일년 게야글 헤:제.

— 쩔 일년 세경을 치지라우.

세경을 딱 어

— 아, 일녀네 네가 살:며는 메썸 바꼬 드러간다겅걸 나타난 거시

야지라. 아 여 써미면 여썸 가:사 열써미면 열썸 그르케 바꼬 인자 드

러가요.

음.

— 그람 인자 서:딸 금:날 그눔 차자가꼬 오고 미리서 엄:는 사라믄 가

따 쓰기도 하고

음.

= 엄:는 사라믄 선세겡이로²¹⁹⁾ 다 가따

— 선세금 마:니 가따 써쩨.

머슴도 종류가 있습니까? 뭐 일 잘하는 머슴도 있고

ㅡ 일 잘하는 머슴은 상머슴.

아.

ㅡ 또 일 못하고 또 그 꼴머슴이나 들어가려면 꼬마둥이[220]

꼬마둥이요?

ㅡ (웃음)

아 그 꼴이나 베고

ㅡ 예, 꼴머슴 해야 되니까 꼬마둥이

머슴은 어떤 식으로 이렇게 살게 되나요?

ㅡ 머슴은 내나 살면은 밥이나 먹고 소를 주로 많이

ㅡ 농사 지으려면 소 가지고 많이 움직이지요.

예, 그러니까 머슴 살 때 그 어떻게 그 사람 저 사람을 우리집 머슴으로 해야 되겠다 그러면 계약을 하나요?

ㅡ 거시기

＝ 일 년 계약을 하지.

ㅡ 저 일 년 새경을 치지요.

새경을 딱 어

ㅡ 아, 일 년에 내가 살면은 몇 섬 받고 들어간다고 하는 것을 나타났 거시기 하지요. 아, 엿 섬이면 엿 섬 가령 열 섬이면 열 섬 그렇게 받고 이제 들어가요.

음.

ㅡ 그러면 이제 섣달 그믐날 그것 찾아가지고 오고 미리서 없는 사람은 가져다 쓰기도 하고

음.

＝ 없는 사람은 선새경으로 다 가져다

ㅡ 선새경 많이 가져다 썼지.

선세경이라 그럼니까? 미리 받능 거

- 미리서 가저 옹 거이 선세경임다

아. 다른 지방 제:가 조:사 헤 보니 볼 떼 이렁 거또 이따고 그레요. 우리 쩌 여서 썸 바끼로 허자.

= 에.

- 야달[221] 썸

여서썸 바짜 근디 아이 너무 자가서 안 헌다고

= 에.

- 아, 일꾸니 인자 딴:사람

에~ 아넌다 그러무는

- 더 준 디도 이꼬.

덛 남 모:르게

= 에.

머스미 여러 명 이쓰면

= 그라지라우.

- 겔 놈 모:르게 인자

모:르게 또

- 우에로[222] 준다 이거시여 (웃음)

그런거또 이따 그러데요.

- 우에로 준다

에.

- 비:미리제 그거슨 (웃음)

예, 야튼 그렁 거 드러보셔써요, 그런?

- 그런 그런 사:라미 수니 이써요.

어.

- 그랑께 마으레서는 이러케 준 데 네가 네가 이러케 드리고 산:다.

선새경이라 그럽니까? 미리 받는 것

- 미리서 가져 오는 것이 선새경입니다.

아. 다른 지방 제가 조사해 보니 볼 때 이런 것도 있다고 그래요. 우리 저 여섯 섬 받기로 하자.

= 예.

- 여덟 섬

여섯 섬 받자 그런데 아니 너무 작아서 안 한다고,

= 예.

- 아, 일꾼이 이제 딴 사람

예. 안 한다 그러면은

- 더 주는 곳도 있고

더 남모르게

= 예.

머슴이 여러 명 있으면

= 그러지요.

- 그래 남모르게 이제

모르게 또

- 가외로 준다 이것이야. (웃음)

그런 것도 있다 그러데요.

- 가외로 준다

예.

- 비밀이지 그것은. (웃음)

예, 하여튼 그런 것 들어 보셨어요, 그런?

- 그런 그런 사람이 흔히 있어요.

어.

- 그러니까 마을에서는 이렇게 주는데 내가 내가 이렇게 들이고 산다.

네.

- 근디 인잔 거 일 쩌 쥐:나고 일꾸나고만 알:제 인자, 가으레 인자 비:밀로.

네.

- 더 주궁갑따 하고 인자 그라고 살:지요.

(웃음)

= (웃음)

그런 그걸 머:라고 허드라. 수믄 세경이라고 허등가 먼 셍강난능가 이르믈 이르믈 부르드라고요. 어.

= 선세경 선세겡 선 선세경은 미리

- 처:메 가지가며는

= 그거뽀다 선세경이라

네.

- 선수 선수를 바다와따 헤서

네

- 선세경

여 써미먼 한 세:섬 미리 반는

- 미리 미리서 가저 온다 그라먼 인자 가으레는 인자 엄마 안 데고 인자

= 더 허망하제.

일만 헤:주고이~.

= 예, 일만 헤:주고 제미가 업:찌라.

- 인자 그라고 마:니 함뻐네 몬:차자옹께 제미가 업:쩨.

또 이럭 그 처:메 이러케 머스믈 살:기로 딱 하며는 처:메 일하 하기시 하기저네 게:야글 헐 떼 술도 한 잔씩 데:접하고 머 그르케 헤서 한다고 그러데요.

- 마:니레 인자 살:러 오며는 인자 그거이 기약 쑤리나 다름업쏘.

네.

– 그런데 이제 그 일 저 주인하고 일꾼하고만 알지 이제, 가을에 이제 비밀로.

네.

– 더 주나 보다 하고 이제 그렇게 살지요.

(웃음)

= (웃음)

그런 그걸 뭐라고 하더라. 숨은 새경이라고 하던가? 무슨, 생각났는가? 이름을 이름을 부르더라고요. 어.

= 선새경 선새경 선 선새경은 미리

– 처음에 가져가면은

= 그것보고 선새경이라

네.

– 선수 선수를 받아 왔다고 해서

네.

– 선새경

엿 섬이면 한 세 섬 미리 받는

– 미리 미리서 가져 온다 그러면 이제 가을에는 이제 얼마 안 되고 이제

= 더 허망하지.

일만 해 주고,

= 예, 일만 해 주고 재미가 없지요.

– 이제 그렇게 많이 한꺼번에 못 찾아오니까 재미가 없지.

또 이렇 그 처음에 이렇게 머슴을 살기로 딱 하면은 처음에 일하기 전에 계약을 할 때 술도 한 잔씩 대접하고 뭐 그렇게 해서 한다고 그러데요.

– 만일에 이제 살러 오면은 이제 그것이 계약 술이나 다름없소.

(웃음)

― 살:러 오머는 인자 술 네:노키가 마려니제.

예.

― 머단 사람드른 안 네논다다 허고 네:논 사람도 이꼬 그레요.

자기 논 바시 이쓰먼 조:은데 엔나레는 그게 업:씀 너무집을 벌자나
요이?

= 에.

― 그라지요.

그 인자 그 머:라고 힘니까? 그라고 나눈 나:중에 인자 농사 지스머는 바:
느로 나눔니까? 아니먼 머 어트케 나눔니까?

― 그 바:누로 나나요. 노무건 쩌 지:며는

예

― 짜 반자기제 그거시.

― 반:트이로223) 나누니까. 아 네가 노무건 가따 지:니까 나만 무글쑤
웁::꼬 그랑께 이제

― 반:트는 주인 주고 반:트는 네:가 무꼬 그레야지요.

그 머:라고 저네는 머:라고 그레쓸니까? 그거슬?

― 그 반자작224)

반 반:자작?

― 반:틈 무꼬 반:트는 주고

예

― 징 마라자면 한 섬 무그먼 이 냥반 항 가마니 주고 나는 똘:

― 베끈 인자 항 가 항 가마니 주며는 네가 베끈 무꼬 그런 시기여.

그러지요이~.

그 제

― 그랑께 그거시 나나무끼요.225)

(웃음)

― 살러 오면은 이제 술 내놓기가 마련이지.

예.

― 어떤 사람들은 안 내놓기도 하고 내 놓는 사람도 있고 그래요.

자기 논밭이 있으면 좋은데 옛날에는 그게 없으면 남의 집을 부치잖아요?

＝ 예.

― 그렇지요.

그 이제 그 뭐라고 합니까? 그리고 나중에 이제 농사지으면은 반으로 나눕니까? 아니면 뭐 어떻게 나눕니까?

― 그 반으로 나눠요. 남의 것 지으면은

예

― 이제 반작이지 그것이.

― 절반으로 나누니까. 아, 내가 남의 것 가져다 지으니까 나만 먹을 수 없고 그러니까 이제

― 절반은 주인 주고 절반은 내가 먹고 그래야지요.

그 뭐라고 전에는 뭐라고 그랬습니까? 그것을?

― 반작

반작?

― 절반 먹고 절반은 주고

예

― 즉 말하자면 한 섬 먹으면 이 분 한 가마니 주고 나는 또

― 백 근 이제 한 가마니 주면은 내가 백 근 먹고 그런 식이야.

그렇지요.

그 제

― 그러니까 그것이 나눠먹기요.

나나무끼지요. 나나무낀데 그런 게 농사를 지으면 타:자글 안 허고
저 한 문, 무스로 무꺼두자나요?

　　－ 무깔 그, 그 그거슨 무깔림.

무깔림 무깔리미

　　－ 무시로 나눈다헤서 무깔리미제.

그러조. 그런 마리 이찌요이~. 그리고 타:작 헤:가지고 인자 저기로 쌀:로
나누먼

　　－ 또:까치 나나야지요.

고거슨 머:라감니까? 고거슨?

　　－ 그 페냐 그거또 또:가치 나능께 인잔

　　＝ 무깔림

무깔림? 아니 고건

나 어려쓸 떼

　　－ 무깔림 아니고 또:까치 나눈다헤서

알갈리미라고 안 헤써요?

　　＝ 알갈림?

　　－ 에?

알갈림 그런 말 안 드러보셔써요? 알갈림?

　　－ 알가리가 아니고:: 또:까치 나눈다 헤서

아, 무깔리미란 마리 이써써요.

아:

　　－ 그 음

　　＝ 나나무끼보다는 무깔리미라가데요.

　　－ 나라근 또:가치 나나닝께 무시로 나누면 무깔리미고.

음

　　－ 나락그로 나누면 또:까치 나난다 헤서 낭:꼬 그레써.

나눠먹기지요. 나눠먹기인데 그런 그래 농사를 지으면 타작을 안 하고
저 한 뭇, 뭇으로 묶어 두잖아요?
　- 뭇갈 그, 그 그것은 뭇갈림

뭇갈림 뭇갈림이
　- 뭇으로 나눈다 해서 뭇갈림이지.

그렇지요. 그런 말이 있지요. 그리고 타작해가지고 이제 저기로 쌀로 나
누면
　- 똑같이 나눠야지요.

그것은 뭐라 합니까? 그것은?
　- 그 내나 그것도 똑같이 나누니까 이제
　= 뭇갈림

뭇갈림? 아니 그건
나 어렸을 때
　- 뭇갈림 아니고 똑같이 나눈다 해서

알갈림이라고 하잖았어요?
　= 알갈림?
　- 예?

알갈림 그런 말 안 들어 보셨어요? 알갈림?
　- 알갈이가 아니고 똑같이 나눈다 해서

아, 뭇갈림이란 말이 있었어요.
아.
　- 그 음.
　= 나눠먹기보고는 뭇갈림이라고 하데요.
　- 벼는 똑같이 나누니까 뭇으로 나누면 뭇갈림이고
음
　- 벼로 나누면 똑같이 나눈다 해서 나누고 그랬어.

= 멍 그렌다? 거시기 나라기로 나누먼 무 무시나 거시기 나나무끼나 또:까치 무깔림이제 먼:

— 아이 이

— 무시로 하며는 무다고 틀, 무다고 틀리제. 무깔리미

= 아이고읻.

(웃음)

— 나라근 인자 나락떼로 나누닝께 인자 또:까치 나나지제.

= 나라가고 나라가고 똑

— 그거또 무깔리밍가?

= 그거또 무깔리미여.

— 아이고

= 나락 나나 무긍 거또 무깔리미여.

— 당시니 몰:라요.

= 아이고메.

(웃음)

= 다: 가서 무러 바.

네~.

아마 그렁 거 가테요. 처으메는 그냥 무스로 나눙: 건만 무깔리미라고 헨: 는데 나중에는 그냥 나라그로 나나도

= 그 무깔리미

무깔리미라고 씅 거 가테요.

— 아야, 그러케도 하고 또:가치 나눈다고 구러제.

= 또:가치 나눙 게 무깔리미라 그라제.

— 무깔리미라

제:가 드른

— 나나무근다게서 무깔리미:

＝ 뭐 그랬대요? 거시기 벼로 나누면 뭇이나 거시기 나눠먹기나 똑같이 뭇갈림이지 뭐

＝ 아이 이

－ 뭇으로 하면은 뭇하고 뭇하고 다르지 뭇갈림이.

＝ 아이고.

(웃음)

－ 벼는 이제 벼대로 나누니까 이제 똑같이 나눠지지

＝ 벼하고 벼하고 똑

－ 그것도 뭇갈림인가?

＝ 그것도 뭇갈림이야.

－ 아이고

＝ 벼 나눠 먹는 것도 뭇갈림이야.

－ 당신이 몰라요.

＝ 아이고

(웃음)

＝ 다 가서 물어 봐.

네~.

아마 그런 것 같아요. 처음에는 그냥 뭇으로 나누는 것만 뭇갈림이라고 했는데 나중에는 그냥 벼로 나눠도

＝ 그 뭇갈림이

뭇갈림이라고 쓴 것 같아요.

－ 아아, 그렇게도 하고 똑같이 나눈다고 그러지.

＝ 똑같이 나누는 것이 뭇갈림이라 그러지.

－ 뭇갈림이라

제가 들은

－ 나눠 먹는다 해서 뭇갈림이

= 그레.

드릉 거는

− 밤바:니

무깔리미 이꼬 알갈리미꼬 그러드라구요.

= 여그서는 알갈리미라고는 안 드러바써요.

그런 말 안드, 안 쓰조?

− 예, 알갈리미라고는 안 드러 바쏘.

보:통은 나라그로 나눔니까? 무스로 나눔니까?

= 나라기로 난:찌요.

− 나라기로 마:니 난찌요이~.

= 무시로

− 엔:나레는 무시로 안 나르고

다 타:작까지 헤:가꼬 나나.

= 에에.

− 안 무시로 나나면 무시 정:하지 아나고

에, 그러겐네요.

− 그거이 암마네도 더 무꺼진 노미꼬 덜: 무꺼진 노미꼬 여 정:하지

아나고

에

− 또 나라그로 홀타서 나눈다먼 정:학하고

그러겐네요.

− 그니로226) 떠서 하니까

= 그랑께 무깔리미여 나나 무궁거이.

네.

= 밤바트믄

− 나락 나락 그 그 마리나 그 마리나 또:까테.

= 그래.

듣는 것은

- 반반이

뭇갈림이 있고 알갈림이 있고 그러더라고요.

= 여기서는 알갈림이라고는 안 들어봤어요.

그런 말 안 들, 안 쓰지요?

- 예, 알갈림이라고는 안 들어 봤소.

보통은 벼로 나눕니까 뭇으로 나눕니까?

= 벼로 나누지요.

- 벼로 많이 나누지요.

= 뭇으로

- 옛날에는 뭇으로 안 나누고

다 타작까지 해가지고 나눠.

= 예예.

- 뭇으로 나누면 뭇이 일정하지 않고

예, 그러겠네요.

- 그것이 아무래도 더 묶어진 것이 있고 덜 묶어진 것이 있고 이 일정
하지 않고

예.

- 또 벼로 타작해서 나눈다면 정확하고

그러겠네요.

- 무게로 떠서 하니까

= 그러니까 뭇갈림이야 나눠 먹는 것이.

네.

= 반 반은

- 벼 벼 그 그 말이나 그 말이나 똑같아.

네, 그러씀니다.

  ― 그거이 무깔림

푸마시 이야기를 쫌 하션는데 언:제 푸마시를 주로 마:니 함니까? 머: 머:
할 떼?

  = 모숭굴 떼 마:니 하지요.

모숭굴 떼.

  ― 주로 모숭굴 떼도 마:니 하고 모짜리할 떼는 시방잉께 마:니 또 피
료한디

  ― 모짜리할 떼는 벨로 거시기 아나요. 모짜리 한자 모:달테먼

  ― 또 푸마시도 하고. 엔:나레는 앙파를 마:니 헤:쓰니까

  = 거시기헤요. 모숭굴떼가 질:로 푸마시

  ― 모숭굴 떼가 질:로 마:니 드러가지요이~.

  = 노비 마:니 드러가.

  ― 또 지심멜 떼도 그라고

  = 한 달레:: 모숭거요.

아 그러신다 그레찌요이~.

  = 푸마시 헤서 이녀껃

  ― 엔:나레는 차말로 한 달 숭군단 말 나:써.

  = 한 달 숭군다게써.

푸마시야 머 따로 돈: 주능 거슨 업:꼬 그냥 일:로 하니까이~

  = 예. 예.

  ― 푸마시는 인자 서로 이쟌 그 사람 데려다 부려쓰께 네:가 또 가선
가퍼야제.

에. 거 '풍가푼다' 그럼니까?

  ― 에, 풍가푼다.

  = 풍가푼다 그러지요.

예, 그렇습니다.

- 그것이 뭇갈림

품앗이 이야기를 좀 하셨는데 언제 품앗이를 주로 많이 합니까? 뭐 뭐 할 때?

= 모 심을 때 많이 하지요.

모 심을 때.

- 주로 모 심을 때도 많이 하고 못자리할 때는 시방이니까 많이 또 필요한데

- 못자리할 때는 별로 거시기 안 하오. 못자리 혼자 못 할 테면

- 또 품앗이도 하고. 옛날에는 못자리를 많이 했으니까.

= 거시기 해요. 모 심을 때가 제일 품앗이

- 모 심을 때가 제일 많이 들어가지요.

= 놉이 많이 들어가.

- 또 김맬 때도 그러고.

= 한 달 내내 모 심어요.

아, 그러신다 그랬지요.

= 품앗이해서 자기 것

- 옛날에는 정말로 한 달 심는다는 말 났어.

= 한 달 심는다고 했어.

품앗이야 뭐 따로 돈 주는 것은 없고 그냥 일로 하니까

= 예. 예.

- 품앗이는 이제 서로 이제 그 사람 데려다 부렸으니까 내가 또 가서 갚아야지.

예. '품 갚는다' 그럽니까?

- 예, 품 갚는다.

= 품 갚는다 그러지요.

에.

= 엘:로227) 그 품: 나시를 주로 마:니 헤써요.

— 그랑께 날짜를 다: 거시게야제. 쩌 안 욱씨게 또

근데 누구 꺼슬 먼저 헤:주고 나:중에 고거또 쫌 그러건네요.

— 아니, 그라니까 안 강알치게 다 하지요.

먼저 헤:중 거시 조:코

= 그러지요.

한 달 먼저 그 동아네 마:니 커부러껀넌디 여거이.

— 그러제이. (웃음)

= 그랑께 서로 먼저 바들라가지요 날짜를.

그러니까요이~.

— 날짜를 서로 머냐 바꼬

= 그렁께 엔:나레는

— 네가 모냐 할라고 에:를 쓰제 또.

= 저니게라고 두러노:쓰머는 막: 노버드러 뎅이니라고 고:싸쓰 기양

= 두신두신두시나고228) 야다니요 그라면, 얼릉 나가서 나를 바더야 이
녀기 나를 천:신하제229) 그라나먼 다: 바더부러요 몬저 나를.

응:

— 그라먼 느께바꼬 그라니까

= 그라먼 인자 성가시제 인자 노비 다 헤깔려부러요.

어

= 거:리 몬저 다: 가불고

(웃음)

= 한 지베 하례만 숭글 쑤 업:씀께요.

= 하례 두: 집또 숭근 지비꼬 석: 찜또 숭근 지비꼬 그란디

= 노비 몬저 기양 마처부면 그 지비로 다 가붕께 노비 자:거가꼬

예.

= 오히려 그 품앗이를 주로 많이 했어요.

- 그러니까 날짜를 다 거시기 해야지. 저 안 겹치게 또

그런데 누구 것을 먼저 해 주고 나중에 그것도 좀 그러겠네요.

- 아니, 그러니까 안 겹치게 다 하지요.

먼저 해 주는 것이 좋고

= 그렇지요.

한 달 먼저 그 동안에 많이 커 버렸겠는데 이것이.

- 그렇지. (웃음)

= 그러니까 서로 먼저 받으려고 하지요 날짜를.

그러니까요.

- 날짜를 서로 먼저 받고

= 그러니까 옛날에는

- 내가 먼저 하려고 애를 쓰지 또.

= 저녁에 이렇게 드러눠 있으면은 막 놉 얻으러 다니느라고 고샅에서 그냥

= 두런두런두런하고 야단이오. 그러면 얼른 나가서 날을 받아야 자기
가 날을 천신하지 그렇지 않으면 다 받아 버려요 먼저 날을.

응.

- 그러면 늦게 받고 그러니까

= 그러면 이제 성가시지 이제. 놉이 다 헷갈려 버려요.

어.

= 그리 먼저 다 가 버리고

(웃음)

= 한 집에 하루만 심을 수 없으니까요.

= 하루에 두 집도 심는 집 있고 세 집도 심는 집 있고 그런데

= 놉이 먼저 그냥 맞춰 버리면 그 집으로 다 가 버리니까 놉이 작아가지고

음.

＝ 막 헤베고[230] 뎅기제.

음.

＝ 긍께 얼릉 날도 바더야써요.

음.

＝ (웃음) 그레야 놉 천:시늘 하제 고르게.

노븐 푸마시가 아니고 노븐 싸글 주자나요?

＝ 안 주지요, 페냐

－ 푸마시하며는 서로:

푸마시 한 사람보고 노비라 그레요?

＝ 예.

아.

＝ 그 푸마시 한 사람보다 노비락 헤.

아

－ 페야 노비제. 그 날 이자 저 부리니까 노비제.

아, 그레요? 저:는 노버든다 그러먼 좀 그 돈: 주고 사:람 살 떼 그 보듬
노버든다 우리 고양에서는 그레뜽 걸 까튼데 여기는

－ 아, 여그도 그라기는 그레요. 또 거 벨또로 벨또로

＝ 푸마시 항거이

푸마시 하는

－ 푸마시도 하고

＝ 그거뿐다도 노버든다가고 돈:중 거또 노버든다가고

노버든다가고 아 다 쓰는구뇨. 예.

＝ 또 싹 싼다고[231] 그라지요 거시기, 저 돈 준다능 거슨

－ 그 인자 저:

싹 싼다고?

음.

= 막 헤매고 다니지.

음.

= 그러니까 얼른 날도 받아야 돼요.

음.

= (웃음) 그래야 놉 천신을 하지 고르게.

놉은 품앗이가 아니고 놉은 삯을 주잖아요?

= 안 주지요, 내나.

− 품앗이하면은 서로

품앗이하는 사람보고 놉이라 그래요?

= 예.

아.

= 그 품앗이하는 사람보고 놉이라고 해.

아.

− 내나 놉이지. 그 날 이제 저 부리니까 놉이지.

아, 그래요? 저는 놉 얻는다 그러면 좀 그 돈 주고 사람 살 때 그것보고 놉 얻는다 우리 고향에서는 그랬던 것 같은데 여기는

− 아, 여기도 그러기는 그래요 또. 그 별도로 별도로

= 품앗이하는 것이

품앗이 하는

− 품앗이도 하고

= 그것보고도 놉 얻는다고 하고 돈 주는 것도 놉 얻는다고 하고

놉 얻는다고. 아, 다 쓰는군요. 예.

= 또 삯 삯 산다고 그러지요. 거시기 저 돈 준다는 것은

− 그 이제 저

삯 산다고?

－ 벨또로 인자 싹 싸로 간다고

아, 싹 싼다고이~.

＝ 싹 산다고

－ 도느로 주니까.

그런 뜨스로 쓰이고 이꾸뇨이~.

＝ 예.

－ 품싹 산다고.

음.

그 다메 푸마시를 허거나 머 싸글 사거나 사:람 세:끼 밥 주고 또 중간중가 네도 간식또 주고 그레야데자나요이~?

－ 아, 그러제. 저 오:저네

머슬 마:니 줍니까? 주로?

－ 오:저네 세:껀232) 쭈고

에.

＝ 오:저넌 밥 페냐 밥 쭈제.

－ 페냐 바비고

＝ 아치메

에.

＝ 아치메 세:껀 밥 쭈고

－ 아직떼233) 세

＝ 또 나:제도 밥 쭈고 정:떼234) 세:도 인자 밥 쭐라먼 밥 쭈고 다릉 거 인자 간:식 헤다

－ 주 주 주 죽 쏘다 주믄 죽 쏘다 주고

＝ 죽쏘다 주먼 죽쏘다 주고

＝ 글고 또 저녀까장235) 헤:주지라.

네: 번? 아치믄 자기 지베서 머꼬 오고?

- 별도로 이제 삯 사러 간다고.

아, 삯 산다고.

= 삯 산다고.

- 돈으로 주니까.

그런 뜻으로 쓰이고 있군요.

= 예.

- 품삯 산다고.

음.

그 다음에 품앗이를 하거나 뭐 삯을 사거나 사람 세 끼니 밥 주고 또 중간 중간에도 간식도 주고 그래야 되잖아요?

- 아, 그러지. 저 오전에

뭘 많이 줍니까? 주로?

- 오전에 곁두리 주고

예.

= 오전엔 밥 내나 밥 주지.

- 내나 밥이고

= 아침에

예.

= 아침에 곁두리 밥 주고

- 아침 때 새

= 또 낮에도 밥 주고 점심 때 사이에도 이제 밥 주려면 밥 주고 다른 것 이제 간식 해다

- 죽 쒀다 주면 죽 쒀다 주고

= 죽 쒀다 주면 죽 쒀다 주고

= 그리고 또 저녁까지 해 주지요.

네 번? 아침은 자기집에서 먹고 오고?

- 그라지요.

= 아니요. 아침 안 무꼬 오고

- 세:꺼시로 먹쩨.

아, 세:꺼시로

= 세:꺼시로 일찍 먹찌요.

- 아 무꼬 온 사람도 이쩨 더러.

세:껄 먹찌 점심 무찌 또 세:껄 먹찌

- 거 저녁

네: 번 체려 주네요이~.

= 예.

그러먼 네: 버늘 다: 바브로 머글 쑤도 이꼬?

- 그러지요. 어 인자 그러케 한 사

= 술, 주로 수리고

수리고

= 예.

= 술 마:니 인제 술 잡쑨 냥반드른 수를 마:니 세:껄 가따주고

- 쓰 암만헤도 수를 마:니 자시고

에.

그 다메 머 특뻐라게 무슨 감자를 찐다등가 머 그런

= 그른 그릉 거슨 벨로 아네요.

업:써써요?

= 예.

아.

요세도 그릉 걷 이씀니까? 세:껄?

= 요세는 세:껄 이찌요.

- 요세도 저

- 그러지요.

= 아니요. 아침 안 먹고 오고

- 곁두리로 먹지.

아, 곁두리로.

= 곁두리로 일찍 먹지요.

- 이 먹고 오는 사람도 있지 더러.

곁두리 먹지 점심 먹지 또 곁두리 먹지

- 그 저녁

네 번 차려 주네요.

= 예.

그러면 네 번을 다 밥으로 먹을 수도 있고?

- 그러지요. 어 이제 그렇게 한 사

= 술, 주로 술이고

술이고

= 예.

= 술 많이 이제 술 잡수는 분들은 술을 많이 곁두리 가져다 주고

- 아무래도 술을 많이 드시고

예.

그 다음에 뭐 특별하게 무슨 고구마를 삶는다든지 뭐 그런

= 그런 그런 것은 별로 안 해요.

없었어요?

= 예.

아.

요새도 그런 것 있습니까 곁두리?

= 요새는 곁두리 있지요.

- 요새도 저

= 요세도 이:라먼 국쑤가틍 거

= 감자 가틍 거.

― 요세도 저 엔:날가트먼 지심메로 가며는 세:껄 다 헤:주고

예

― 그라고 저녀게 요세는 '풍장236) 한다'고 또 '풍장'도 마:니 하고 (웃음)

아.

에, 요세는 커:피도 마:니 타고

= 예. 커:피도 마:니 타고.

에 수리 술보다

― 아 시방잉께 그라제 그 떼는 커:피가 어디가 이쏘?

= 지그믄 커:피가 어:디 가도 처쩨예요.

그러치요이~.

― 아 시방은 커피가 인산디

= 헤:가네**

― 그떼는 커:피가 업써요.

엔:나레는 그러코 지금?

― 에, 지그믄

커:피드를 시고레서 다: 머꼬

― 그라지요.

= 이 우리 훼:가네는 커:피를 커:피를 서룸 멩이먼 서룸멩이 수무멩이
먼 수무멩이 하레머는

오:메

― 겁:또 안나요.237)

= 커:피 아조 그랑께 여그 인자 이녁 거시기드리

― 추:격뜨리238) 인자 게로네가꼬 산: 사람 쩌 객찌에 산: 사람드리 돈:
벌고 돈: 만: 썩 번:사람드리 요리 막 통이로 빡쓰로 사 오지요.

= 요새도 일하면 국수 같은 것

= 고구마 같은 것.

- 요새도 저 옛날 같으면 김매러 가면은 곁두리 다 해 주고

예

- 그리고 저녁에 요새는 '풍장한다'고 또 '풍장'도 많이 하고 (웃음)

아.

예, 요새는 커피도 많이 타고

= 예. 커피도 많이 타고.

에 술 술보다

- 아, 시방이니까 그러지 그때는 커피가 어디에 있소?

= 지금은 커피가 어디를 가도 첫째예요.

그렇지요.

- 시방은 커피가 인사인데

= 회관에 **

- 그때는 커피가 없어요.

옛날에는 그렇고 지금?

- 예, 지금은

커피들을 시골에서 다 먹고

- 그렇지요.

= 이 우리 회관에는 커피를 커피를 서른 명이면 서른 명이 스무 명이면 스무 명이 하루면은

아이고

- 굉장해요.

= 커피 아주 그러니까 여기 이제 자기 거시기들이

- 취객들이 이제 결혼해가지고 사는 사람 저 객지에 사는 사람들이 돈 벌고 돈 많이씩 버는 사람들이 이리 막 통으로 박스로 사 오지요.

- 그 야달 야달 빡쓰 된 노믈 한 통이로 요로코 빡쓰로 한나썩 사 와요.

- 박쓰로 사 와요.

= 박쓰로 사 와요.

- 우리 마을가치로239) 거시기 하는디가 업쏘.

아, 긍께 요거 커:피 믹쓰 뎅 거 고걸 먹찌요?

= 예예.

- 징: 거. 이레용.

= 봉다리240) 뎅 거.

아, 고건 비싼디 또

= 봉다리 뎅거 그거

= 그 이레용

= 베께짜리

어.

- 고놈 야달

✛ - 어어, 자모시야.

= 야달 빡쓰썩 사아딜

= 그레노면 그레도 머 언:제 무근지 모르게 딱 무거부. 또 마으레서 또 돈 오:처넌썩 마:넌썩 거더가꼬 또 사서 무꼬.

음.

- 수가 마:느니까 또 그 돈도

✛ = 잠잔 자먼 쓰건네.

(웃음)

자 여기까지 하시 쉬싣 겓씁니다. 아이, 수고하셔씀니다.

- 쩌 쪼간 쉬:께라우?241)

- 그 여덟 여덟 박스로 된 것을 한 통으로 이렇게 박스로 하나씩 사 와요

- 박스로 사 와요.

= 박스로 사 와요.

- 우리 마을같이 뭐 하는 곳이 없소.

아, 그러니까 이것 커피믹스 돼 있는 것 그걸 먹지요?

= 예예.

- 긴 것. 일회용.

= 봉지 돼 있는 것.

아, 그것은 비싼데 또

= 봉지 돼 있는 것 그것

= 그 일회용

= 백 개들이

어.

- 그것 여덟

✝ - 어 어 잠옷이야.

= 여덟 박스씩 사 와들.

= 그래 놓으면 그래도 뭐 언제 먹는지 모르게 딱 먹어 버려. 또 마을에서 또 돈 오천 원씩 만 원씩 걷어가지고 또 사서 먹고.

음.

- 수가 많으니까 또 그 돈도

✝ = 잠만 자면 되겠네.

(웃음)

자 여기까지 하시고 쉬겠습니다. 아이, 수고하셨습니다.

- 저 조금 쉴까요?

1) '손지'는 '손자'의 방언형.
2) '-어야'는 /ㅅ/이나 /ㅆ/ 다음에서 '-이야'로 수의적인 변이를 보인다. 그래서 '없어야'는 '없이야'가 되며, '갔어야'는 '갔이야'가 될 수 있다. 여기서 '야'는 말할이의 확신이나 상대에 대한 다짐 등을 나타내는 양태의 토씨이다.
3) '함무니'는 '할머니'의 방언형.
4) '즈그'는 '저희'의 방언형으로서 여기서는 재귀대명사로 쓰였다.
5) '가락홀테'는 '벼훑이'의 방언으로서 두 개의 나뭇가지나 수숫대 또는 댓가지의 한 끝을 동여매어 집게처럼 만들고 그 틈에 벼 이삭을 넣고 벼의 알을 훑는 농기구를 말한다.
6) '손홀테'는 '그네'의 방언형으로서, 길고 두툼한 나무의 앞뒤에 네 개의 다리를 달아 떠받치게 하고 몸에 빗살처럼 날이 촘촘한 쇠틀을 끼워 벼를 훑는 데 쓰던 농기구를 가리킨다.
7) '디끼다'는 '뒤집다'의 뜻인데 여기서는 보조동사로 쓰이는 '젖히다'와 같이 앞말이 뜻하는 행동을 막힌 데 없이 해치움을 나타내는 밀로 쓰였다.
8) '마징게'는 낟알이 붙어 있는 검불을 가리킨다.
9) '서스렁구'는 낟알이 붙은 검불을 말한다. 이 지역어에서는 '마징게'라고도 하고, '사싱구'라 하기도 한다.
10) '갈쿠'는 '갈퀴'의 방언형.
11) '모타지다'는 '모아지다'의 방언형. 전남방언의 '모투다'는 '모으다'와 '모이다'의 두 가지 뜻을 갖는다.
12) '물베'는 '물벼'의 방언으로서 채 말리지 아니한 벼를 가리킨다.
13) '-다우'는 '-다고 하오'가 축약되어 생긴 '-다오'가 고모음화 되어 만들어진 씨끝이다.
14) '헤:기'는 '새꽤기'의 방언으로서 갈대, 띠, 억새, 짚 따위의 껍질을 벗긴 줄기를 가리킨다. 동부 전남에서는 '호배기'라 하므로 이 '호배기'로부터 '호배기 > 호애기 > 홰:기 > 훼:기 > 헤:기'와 같은 변화를 겪은 것으로 보인다.
15) '-자네'는 '-는 것이 아니라', 또는 '-지 않고'의 뜻이다. 형태적으로 '-자네'는 '-지 안헤'가 축약된 것이다. 따라서 'A자네 B'는 'A지 않고 B'라는 뜻을 나타낸다. '-지 안헤'와 '-지 않고'의 대응에서 보듯이 전남방언과 표준어는 이음씨끝 '-어'와 '-고'의 대립을 보이고 있다. 이것은 물론 표준어에서는 역사적으로 '-어 > -고'의 변화가 일어난 결과이며, 전남방언의 '-자네'에서는 이러한 변화가 일어나지 않아 '-어'가 옛 용법을 유지하고 있기 때문이다.
16) '모지러다'는 '모자라다'의 방언형. '모자라다'는 어원적으로 부정어 '몯'과 '충분하다'를 뜻하는 '즈르다'가 합성된 말로서 애초의 의미는 '충분하지 않다'이다. 전남방

언에서는 표준어 '모자라다'가 '모지라다' 또는 '모지러다'로 쓰이는데, 여기에 씨끝 '-어서'가 결합하면 '모지라서', '모지러서'가 되지 않고 '모지레서'가 된다. 이것으로 미루어 전남방언의 '모지라다'는 '모질하다'로 재구조화가 일어난 것으로 보아야 한다. 이때 어근 '모질'은 접미사 '-이'와 결합하여 '어리보기'를 뜻하는 '모지리'를 형성할 수도 있다.

17) '어리'는 표준어에서 장대 셋의 한 끝은 아울러 묶고 다른 끝은 벌려 세워서 볏단을 걸어 말리는 기구를 가리킨다. 그러나 전남방언에서는 낟알이 붙은 검불을 모아서 쌓아 놓은 무더기 또는 그것을 담는 통 곧 '나락뒤주'를 가리킨다. 통은 '어리통' 또는 '어리통아리'라 하기도 한다.

18) '우거지'는 김장김치나 젓갈 따위의 맨 위에 덮여 있는 품질이 낮은 부분을 가리키는 말이지만, 여기서는 낟알이 붙어 있는 검불을 두들겨 낟알을 떼어내고 남은 검불을 가리킨다.

19) '뒤끼다'는 '뒤집다'의 뜻.

20) '풍노'는 '풍구'의 방언형으로서 곡물에 섞인 쭉정이, 겨, 먼지 따위를 날려서 제거하는 농기구를 말한다.

21) '사묵다'는 '팔아먹다'의 뜻. 전남방언에서는 곡식 따위를 팔아 돈을 산다는 의미에서 '곡식을 팔다'를 '곡식을 사다'라고 한다.

22) '어리통아리'에서 '통아리'는 '통'의 방언형이다. 그리고 '어리'는 짚으로 만들어서 곡식이나 낟알이 붙은 검불 따위를 모아 두는 것을 말한다. 지역에 따라 '두데통', '둑집' 등으로 불리기도 한다.

23) '돗바늘'은 돗자리나 이불 따위 두꺼운 것을 기울 때 사용하는 매우 크고 굵은 바늘을 말한다.

24) '한나'는 '하나'의 방언형인데 여기서는 '하나도'의 뜻인 부정극어로 사용되고 있다.

25) '구시'는 '구유'의 방언형으로서 여기서는 속이 움푹 파여 벼를 담을 수 있는 둥우리 모양의 용기를 가리킨다.

26) '둥치'는 짚으로 만든 둥우리를 뜻한다.

27) '빳다'는 '빠지다'의 방언형으로서 전남의 서남해안 지역에서 주로 사용되는 어형이다. 동부와 북부 전남에서는 '빠지다'를 사용한다.

28) '거게'는 '-겄게'로서 표준어 '-겠게'에 대응하는 형태이다. 그러나 표준어에서 '-겠게'는 결합이 불가능한 씨끝이지만 전남방언에서는 '-도록'의 의미를 나타내는 자연스러운 씨끝의 결합체이다.

29) '뚜들리다'는 '두들겨지다'와 같은 의미를 나타내므로 '뚜들다'의 피동형으로 보인다.

30) '모게'는 '이삭'의 방언형. 이삭의 수그린 모양을 신체기관인 '목'과 관련시킨 것으로서, 명사 '목'에 접미사 '-에'가 결합한 형태이다. 지역에 따라 '모가지', '이가지', '이게' 등의 낱말이 쓰이는데, '모가지'는 물론 '목'에 '-아지'가 결합한 형태이며, '이가지', '이게' 등은 아마도 표준어 '이삭'과 방언형 '모가지', '모게'와의 혼태에 의해 생긴 어형으로 보인다. '이가지', '이게'는 모두 진도 지역에서 사용된다.

31) ‘얼멩이’는 ‘어레미’의 방언형으로서 전남의 서남해안 지역에서 주로 사용되는 어형이며, 나머지 지역에서는 ‘얼게미’나 ‘얼기미’가 사용된다. ‘얼멩이’는 ‘성기다’를 뜻하는 옛말 ‘얼믜다’에서 파생된 ‘얼멍’에 접미사 ‘-이’가 결합된 것으로서 ‘성긴 체’라는 뜻이다. 반면 ‘얼게미’는 동사 ‘얽다’에 접미사 ‘-어미’가 결합된 것이다.

32) ‘치’는 ‘것’과 같이 사물을 가리키는 의존명사로서 앞에는 공간과 시간 명사가 온다. 따라서 ‘앞에치’나 ‘오늘치’와 같이 쓰인다.

33) ‘디리다’는 ‘드리다’의 방언형으로서 섞인 잡것을 없애기 위하여 떨어 놓은 곡식을 바람에 날리다는 뜻이다.

34) ‘송쿠리’는 ‘삼태기’의 방언형으로서 흙이나 쓰레기, 거름 따위를 담아 나르는 데 쓰는 기구를 말한다. 가는 싸리나 대오리, 칡, 짚, 새끼 따위로 만드는데 앞은 벌어지고 뒤는 우긋하며 좌우 양편은 울이 지게 엮어서 만든다.

35) ‘길력’은 ‘기력(氣力)’의 방언형.

36) ‘모가지’는 ‘이삭’의 방언형으로서 이삭의 모양을 신체기관인 ‘목’에 비유하여 만든 말이다. ‘목’에 접미사 ‘-아지’가 결합되었다.

37) ‘조르라니’는 ‘줄줄이’의 뜻. ‘주르라니’라고도 한다.

38) ‘뇌이다’는 ‘놓다’의 피동형으로서 도리깨질 할 수 있도록 곡식 등이 바닥에 깔아 놓이는 일을 가리킨다.

39) ‘유드끼’는 ‘유늑히’인데 표준어 ‘유독’에 내응하는 말이다. 전남빙인에서는 ‘유독’에 ‘히’를 붙여 ‘유독히’라고 해야 하나 ‘유득히’로 변해 쓰인다.

40) ‘쑤시떼’는 ‘수숫대’의 방언형. ‘쭈시떼’라고도 한다.

41) ‘동치’는 굵게 묶어서 한 덩이로 만든 묶음인 ‘동’을 가리킨다.

42) ‘미클다’는 ‘밀치다’에 대응하는 말로서, ‘밀다’에 강세접미사 ‘-클-’이 결합된 말이다. 곧 ‘밀클다’에서 /ㄹ/이 탈락하여 ‘미클다’가 되었다. 지역에 따라 ‘믹틀다’라고도 한다.

43) ‘장테’는 뜻을 알기 어려운 말이다.

44) ‘늘치카니’는 ‘널찍하게’의 방언형.

45) ‘네긋다’는 ‘내긋다’로서 앞쪽이나 바깥쪽으로 향하거나 나가게 줄을 긋다는 뜻이나, 여기서는 앞으로 더 낸다는 뜻일 뿐 줄을 긋는다는 뜻은 없다.

46) ‘뽀짝’은 ‘바짝’의 방언형으로서 매우 가까이 달라붙거나 세게 죄는 모양을 나타낸다.

47) ‘목’은 벼를 쌓아 둔 가리 한 채를 가리키는 것으로 추정된다.

48) ‘자우튼’은 ‘좌우간’과 ‘하여튼’의 혼태어.

49) ‘깐닥깐닥’은 서두르지 않고 천천히 하는 모양을 가리킨다.

50) ‘소랍다’는 ‘수월하다’의 뜻. 지역에 따라 ‘솔하다’라고도 하는데 ‘소랍다’는 ‘솔하다’에 접미사 ‘-ㅂ’이 첨가된 어형으로 보인다. ‘독하다’와 ‘독랍다’, ‘징하다’와 ‘징랍다’처럼 접미사 ‘-ㅂ’의 첨가에 따른 방언형의 분화가 전남 지역에서 나타나는데, ‘-ㅂ’ 결합형은 주로 남해안 지역어에서 확인된다.

51) ‘꼬작’은 짐을 많이 지기 위하여 지게의 윗부분에 덧세운 두 개의 나무 막대를 가리

킨다.

52) '게웁다'는 '게굽다'에서 /ㄱ/이 탈락한 형태인데 표준어 '가볍다'에 대응하는 방언형이다.

53) '솧다'는 '쌓다'의 방언형.

54) '야'는 옛말 '하'에서 온 말로서 현대의 '것'에 해당하는 뜻을 갖는다. 옛말 '하'는 나중에 '희'로 변하여 현대 표준어에서 '해'로 남아 있다. 전남방언에서는 옛말 '하'를 잇는 '야'와 후대형 '해'를 있는 '에'가 있는데, '야'가 일반적이고 '에'는 보성 등지에서 확인된다. 표준어에서 '해'는 인칭대명사 뒤에 나타나는 의존명사로 쓰이지만 전남방언에서 '야'나 '에'는 인칭대명사뿐만 아니라 사람의 의미자질을 갖는 명사 다음에 오는 제약을 갖는다. 그래서 '우리야'는 '우리 것'이고, '울아부지야'는 '우리 아버지 것'이다.

55) '조작빵에'는 '디딜방아'의 방언형.

56) '눟다'는 '넣다'의 방언형.

57) '서숙'은 '조'의 방언형. 한자어 '서속(黍粟)'은 기장과 조를 아울러 일컫는 말인데, 전남방언에서는 '서숙'으로 형태가 변하면서 의미도 조만을 가리키는 쪽으로 축소되었다.

58) '우덜'은 '우리들'의 방언형.

59) '떼끼다'는 방아를 한 벌 찧은 후에 곡식을 더 곱게 찧기 위해 방아를 재차 찧는 것을 말한다.

60) '뜸물'은 '뜨물'의 방언형.

61) '탑탑하다'는 액체가 맑지 아니하고 농도가 진한 것을 이르는 말이다. '틉틉하다'라고도 한다. 표준어 '걸다'나 '걸쭉하다'와 그 의미가 유사하다고 하겠다.

62) '단술'은 표준어에서 엿기름을 우린 물에 밥알을 넣어 식혜처럼 삭혀서 끓인 음식을 가리킴으로써 '감주(甘酒)'와 같은 뜻을 지닌다. 그러나 전남방언에서 '단술'은 보리밥에 누룩을 섞어 띄운 것으로서 단맛이 나는 음료수를 말한다.

63) '꺼뿔'은 '꺼풀'의 방언형으로서 여러 겹으로 된 껍질이나 껍데기의 층을 말한다.

64) '흐가니'는 '흑하니'이다. 여기서 '흑하다'는 표준어 '하얗다'의 방언형으로서 표준어와 달리 전남방언은 '하다'의 축약이 일어나지 않았다.

65) '가차이'는 '가까이'의 방언형.

66) '전히'는 표준어 '전혀(專혀)'와 같이 '오로지' 또는 '완전히' 등을 뜻한다.

67) '학'은 '방아확'의 방언형으로서 방앗공이로 찧을 수 있게 돌절구 모양으로 우묵하게 판 돌을 가리킨다. 방앗공이가 떨어지는 곳에 묻어 그 속에 곡식을 넣고 찧거나 빻는다.

68) '도구떼'는 '절굿공이'의 방언형으로서 절구에 곡식 따위를 빻거나 찧거나 할 때에 쓰는 공이를 말한다. 나무, 돌, 쇠 따위로 만든다.

69) '고'는 '공이'의 옛말로서 절구나 방아확에 든 물건을 찧거나 빻는 기구를 가리킨다.

70) '독'은 '돌'의 방언형.

71) '도구질'은 '절구질'의 방언형으로서 절구에 곡식 따위를 넣고 빻거나 찧는 일을 말한다.

72) '한자'는 '혼자'의 방언형. '한차'나 '혼차'라고도 한다.

73) '싫다'는 '쓿다'의 방언형으로서 거친 쌀, 조, 수수 따위의 곡식을 찧어 속꺼풀을 벗기고 깨끗하게 하다는 뜻이다.

74) '건더꿀'은 '건성'과 같이 대충 하는 행동을 가리킨다.

75) '껍딱'은 '껍데기'나 '껍질'의 뜻.

76) '깡깡'은 바싹 마른 모양을 나타내는 의태어로서 표준어 '꽝꽝'에 대응한다. 아마도 '꽝꽝'이 갖는 매우 단단하게 굳어지는 모양을 뜻하는 의미와 상통하는 경우라 하겠다.

77) '학독'은 '돌확'의 방언형으로서 돌로 만든 조그만 절구를 가리킨다.

78) '옹구'는 '옹기'의 방언형.

79) '칼싹'은 보통 '뗄싹'이라고 하는데 굉장히 큰 모습을 강조하는 말이다. 그래서 '뗄싹' 뒤에는 항상 '크다'가 와야 한다. '뗄싹'은 '떼락'이라 하기도 하는데, 여기서는 '칼싹'이라는 새로운 어형이 쓰였다.

80) '우들우들허다'는 '우툴두툴하다'의 뜻.

81) '밀가리'는 '밀가루'의 방언형.

82) '밀죽'은 '수제비'의 방언형.

83) '찍다'는 '찧다'의 방언형. 지역에 따라 '찔다'라고도 한다.

84) '짓다'는 여기서 '누룩을 만들다'의 뜻.

85) '딛다'는 누룩이나 메주 따위의 반죽을 보자기에 싸서 발로 밟아 덩어리를 짓다는 뜻으로 쓰였다.

86) '모끄다'는 물을 약간 쳐서 반죽하다는 뜻이다.

87) '꼬두밥'은 아주 되게 지어져 고들고들한 밥을 말하며, 표준어 '고두밥'에 대응하는 말이다. 술밑으로 쓸 수 있기 때문에 '술밥'이라고도 한다. 표준어로는 '술밥' 외에 '지에밥'이라는 말도 쓰인다.

88) '널메하다'는 '노르스름하다'의 뜻.

89) '하꼬(はこ)'는 상자의 일본말. 여기에 비하의 접미사 '-짝'이 결합되어 상자를 낮추는 말로 쓰였다.

90) '오막박그륵'은 '오목하게 파인 밥그릇'을 뜻하는 말로 추정된다.

91) '데샆'은 '대숲'의 방언형.

92) '제앙시롭다'는 '짓궂다'의 뜻.

93) '고작'은 어떤 물건이 많이 생산되는 곳 또는 어떤 일이 잘 일어나는 곳을 가리킨다. 예를 들어 '우리 고향은 밤 고작이다'라고 하면 밤이 많이 나는 곳이라는 의미이다.

94) '벌급'은 '벌금'의 방언형.

95) '보다가'는 토씨 '보고'의 방언형. '가' 없이 '보다'만으로 쓰이는 것이 보통이다.

96) '누까(ぬか)'는 '등겨'나 '쌀겨'의 일본말. 전남방언에서는 '누까'와 함께 '죽제'와 '이무깨'(또는 '이물깨')라는 말이 함께 쓰인다. '죽제'는 표준어 '등겨'에 대응하고, '이무깨'는 '쌀겨'에 대응한다.

97) '제'는 '재'로서 불에 타고 남는 가루 모양의 물질을 말한다. 농촌에서는 이 재를 가지고 거름으로 사용했기 때문에 흔히 '재'를 '거름'의 뜻으로 쓰곤 하였다. 이 경우에도 마찬가지이다.

98) '불모'는 불을 피울 때에 바람을 일으키는 기구인 '풀무'의 방언형이다. 전남방언 에서는 '불무'가 일반적이다. 옛말은 '붊'이 쓰이다가 이후 '불무'로 바뀌어 쓰이는 데, 전남방언은 바로 이 형태를 계승하였다.

99) '따숩다'는 '따스하다'의 뜻. 동부 전남에서는 '따시다'라고 한다. 동일한 형태적 대립을 보이는 다른 예로는 '꼬숩다/꼬시다'(=고소하다), '호숩다/호시다'(= (흔들 거리는 것을 탈 때 느끼는) 재미있다) 등을 들 수 있다.

100) '폭싹하다'는 '푹신하다'의 방언형.

101) '뒈야지'는 '돼지'의 방언형.

102) '데리다'는 영양이 너무 많은 음식을 먹여 자꾸 물이 켜이거나 속이 불편한 상태 를 가리킨다. 아마도 속이 달구어진다는 뜻을 가진 '속이 달다'의 피동형 '달이 다'에서 변한 말로 보인다. 표준말에서는 '달다'의 피동형으로 '달이다'는 쓰이지 않는다.

103) '이런 사람'은 일인칭대명사 '나'를 가리키는 말이다.

104) '깡깡하다'는 '단단하다'의 뜻.

105) '꼽찧다'는 보리를 초벌 찧는 것을 이르는 말이다. '꼽떼끼다'라고도 한다.

106) '떼끼다'는 보리를 두벌 찧는 것을 이르는 말이다.

107) '뚜겅'은 '뚜껑'의 방언형.

108) '-드마'는 '-더구먼'의 방언형. 기본형 '-드구만'에서 '-드구만 → -등만 → -드 만 → -드마'와 같은 변화를 겪은 것이다.

109) '-등만'은 '-더구먼'의 방언형.

110) '랑'은 토씨 '이랑'의 뜻인데 /ㄹ/ 다음에 쓰인 '낭'이 동화된 것이다. 영암 지역에 서는 표준어나 전남의 서부 지역과 달리 모음 다음에서는 'ㅅ낭', 자음 다음에서는 '낭'으로 변동하여 쓰여 특이한 형태를 보인다. 예를 들어 '파'에 '이랑'이 결합한 '파랑'의 뜻으로 '팟낭'(음성 실현은 [판낭]), '갓동이랑'의 뜻으로는 '갓동낭'처럼 쓰인다.

111) '옆매'는 가마니를 좌우로 묶는 것을 뜻한다. 반면 상하로 묶는 것을 신안 비금도 에서는 '선매'라 하여 '옆매'와 구별하기도 한다.

112) '두지'는 '뒤주'의 방언형.

113) '널다'는 '열다'의 방언형. 開의 뜻뿐만 아니라 '과일이 열다'를 뜻하는 경우에도 이 지역어에서는 '널다'라고 한다. 이중모음 /ㅕ/ 앞에 /ㄴ/이 첨가된 후 단모음화 된 것으로 보인다.

114) '푸데'는 '포대(包袋)'의 방언형. 전남방언에서 '푸데'는 '포대'와 함께 '자루'까지 포괄하는 넓은 의미 영역을 갖는다.

115) '덕석'은 '멍석'의 방언형. 표준어에서 '덕석'은 추울 때에 소의 등을 덮어 주는 멍

석을 가리키며, 북한 지역에서는 짚으로 걸어 부엌에서 방으로 들어갈 때 발을 닦게 만들어 놓은 것을 가리킨다. 그러나 전남방언은 '멍석'을 가리키는 말로 쓰이며, 짚으로 새끼 날을 만들어 네모지게 걸어 만든 큰 깔개를 나타낸다. 이 '덕석'은 흔히 곡식을 널어 말리는 데 쓰나, 시골에서는 큰일이 있을 때 마당에 깔아 놓고 손님을 모시기도 했다.

116) '발'은 길이의 단위. 한 발은 두 팔을 양옆으로 펴서 벌렸을 때 한쪽 손끝에서 다른 쪽 손끝까지의 길이이다.

117) '날다'는 베, 돗자리, 가마니 따위를 짜려고 베틀에 날을 걸다는 뜻.

118) '영끄다'는 '엮다'의 방언형으로서 /ㄲ/ 앞에서 /ㅇ/이 첨가되었다. 같은 변화가 '뭉끄다'(=묶다)에서도 확인된다.

119) '삐틀빠틀'은 '삐뚤빼뚤'의 방언형.

120) '머단'은 원래 '무엇 하는'의 전남방언형 '멋한'에서 온 말이지만 굳어져서 '어떤'의 뜻으로 쓰인다. '무단'이라고도 한다.

121) '하로'는 '하루'의 방언형.

122) '도리방석'은 '도래방석'의 방언형으로서 짚으로 둥글게 짠 방석을 말한다. 주로 곡식을 널어 말리는 데 쓴다.

123) '송쿠리'는 '삼태기'의 방언형으로서, 흙이나 쓰레기, 거름 따위를 담아 나르는 데 쓰는 기구를 말한다. 가는 싸리나 대오리, 칡, 짚, 새끼 따위로 만드는데 앞은 벌어지고 뒤는 우긋하며 좌우 양편은 울이 지게 엮어서 만든다.

124) '갈르다'는 '가르다'의 방언형.

125) '제송쿠리'는 '재삼태기'의 방언형으로서 아궁이에 쌓인 재를 쳐내는 데에 쓰는 삼태기이다. 볏짚으로 꼰 가는 새끼줄을 촘촘하게 걸어 만든다.

126) '골망태'는 '멱서리'의 방언형으로서 짚으로 둥글고 울이 깊게 걸어 만든 그릇을 가리킨다. 주로 곡식이나 채소 따위를 담는 데에 쓰인다.

127) '그작쩌작'은 '그럭저럭'의 뜻.

128) '커리'는 '켤레'의 방언형.

129) '나문'은 '다른'의 뜻. 전남의 해남, 영암 등지에서 사용된다. 혹시 동사 '남다(餘)'의 관형형이 굳어진 것이 아닌가 한다.

130) '늘가다'는 같은 양으로 많은 것을 만들 때 사용하는 말로서 원뜻은 '늘리게 만들다'이다. 예를 들어 '밀가리를 늘가게 묵을라먼 죽을 쑬 때 물을 많이 부서야 돼.'처럼 쓰인다.

131) '보도시'는 '겨우'의 뜻. 보통 '포도시'나 '포로시'로 쓰인다. 표준어 '빠듯이'와 같은 어원으로서 옛말 'ㅂ드시'에서 온 말이다.

132) '지시락'은 '기스락'의 방언형으로서 초가의 처마 끝을 가리킨다.

133) '쨈메다'는 '잡아매다'의 뜻으로서 옛말 '잡매다'에서 온 말이다.

134) '만하다'는 '많다'의 방언형.

135) '꺼꿀로'는 '거꾸로'의 방언형.

136) '데고리'는 '대가리'의 뜻.

137) '끄터리'는 '끄트머리'의 방언형.

138) '서리'는 '무척'의 뜻. 보통 '고생하다'와 같은 부정적인 사태를 강조할 때 쓰는 말이다.

139) '꼬굴치다'는 '구부리다'의 뜻. '꼬불치다'라고도 한다.

140) '땀용'은 돌담 위에 얹는 마름을 가리킨다. '담'과 용마름의 '용'이 합성된 말로 보인다.

141) '올치다'는 '올리다'의 뜻.

142) '혜필'은 '하필'의 방언형.

143) '전수'는 '전부'의 뜻.

144) '불다'는 표준어 보조동사 '버리다'의 방언형이다. 여기서는 지정사 '이다'에 '불다'가 결합되어 표준어와 차이를 보인다. 전남방언에서는 지정사뿐 아니라 형용사에도 '불다'가 붙을 수 있어 동사에만 '버리다'가 붙는 표준어와 다르다. 특히 형용사에 결합한 '불다'는 '새롭게 경험함'과 같은 말맛을 준다. 예를 들어 '겁나게 추와 부네'라고 하면 실내에 있다가 실외로 나오면서 추운 바깥 날씨를 처음으로 경험할 때 하는 말로 적당하다.

145) '풋나무떼'는 '풋나뭇대'로서 풋나무의 줄기를 가리킨다. '풋나무'는 갈잎나무, 새나무, 풋장 따위의 나무를 통틀어 이르는 말이다.

146) '노라이'는 '노랗게'의 뜻. '놀하다'의 부사형 '놀하니'에서 /ㄴ/이 탈락되어 생긴 어형이다.

147) '보지란하다'는 '부지런하다'의 방언형.

148) '갈쿠나무'는 '가리나무'의 방언형으로서 갈퀴로 긁어모은 땔나무를 말하는데, 특히 마른 솔가리를 뜻하는 것이 보통이다.

149) '몯다'는 '마디다'의 방언형으로서 쉽게 닳거나 없어지지 아니하다는 뜻을 나타낸다.

150) '성부르다'는 '성싶다'나 '것 같다'의 뜻.

151) '쑥밥 버무리기'는 '쑥버무리'의 방언형으로서 쌀가루와 쑥을 한데 버무려서 시루에 찐 떡을 말한다.

152) '날오다'는 '내려오다'의 방언형.

153) '볼테기'는 '볼따구니'의 방언형. 지역에 따라 '볼딱지'라고도 한다.

154) '끗다'는 '끌다'의 방언형. 옛말 '그스다'의 형태를 유지하고 있는 형태이다.

155) '둥치'는 '동'의 뜻으로서 굵게 묶어서 한 덩이로 만든 묶음을 가리킨다.

156) '궁글치다'는 '굴리다'의 방언형. 자동사 '궁글다'(=구르다)의 사동형이다.

157) '찍찍'은 질질 끄는 모양을 나타내는 의태어.

158) '오두제'는 지명.

159) '비서리'는 '싸리'의 방언형이다. 아마도 '싸리'의 옛말이 '빠리'였던 것으로 추정된다.

160) '쌩목'은 生木으로서 마르지 않은 생나무를 가리킨다.

161) '모두다'는 '마디다'의 방언형으로서 쉽게 닳거나 없어지지 아니하다는 뜻이다. '몬
다'로도 쓰인다.

162) '도루메 아제'는 고유명사로서 처가가 '도루메'인 당숙을 가리킨다.

163) '얼척'은 '어처구니'의 방언형.

164) '금정면'은 영암의 면(面) 가운데 하나.

165) '비서리'는 여기서 고유명사로 쓰였다.

166) '씩씩하다'는 여기서 '생생하다'의 뜻. 표준어에서 '씩씩하다'는 사람에게 쓰이나
전남방언에서는 무정물에게도 쓰일 수 있는 점이 다르다.

167) '삐비'는 '삘기'의 방언형으로서 띠의 어린 꽃이삭을 가리킨다.

168) '안 나드라고 안'은 확인물음말 '안'이 두 차례 쓰인 것으로서 표준어 '났었잖아'에
대응한다. 여기에서 보듯 전남방언의 확인물음은 '안'에 의해 표현되며 이 '안'은
한 문장 안에 여러 차례 나타날 수 있는 점이 특징이다.

169) '베차'는 '배추'의 방언형. 옛말 '비치'와 유사한 형태를 보인다.

170) '무수'는 '무'의 방언형. 지역에 따라 '무시'라고도 하며, 옛말 '무수'에 대응한다.

171) '시얌'은 '우물'의 방언형. 전남방언에서는 '우물'과 '샘'의 구분 없이 모두 '샘' 계
통의 말을 쓰는데, 지역에 따라 '시얌', '세미', '셈' 등의 어형이 쓰인다.

172) '히치다'는 '씻다'의 방언형. 일반적으로 전남방언에서 '씻다'는 '시치다'라고 하는
데 여기서는 역ᅟᅵ개음화가 일어나 '히치다'가 되었다. 이 제보자는 낱말 첫 소리로
쓰이는 /ㅅ/을 /ㅎ/으로 바꾸어 사용하는 특징을 보였다. '솔차니'를 '홀차니'라고
말하는 것이 예이다.

173) '들씨얌'은 들 가운데 저절로 나는 샘을 말한다.

174) '바작'은 '발채'의 방언형으로서 짐을 싣기 위하여 지게에 얹는 소쿠리 모양의 물
건을 말한다. 싸리나 대오리로 둥글넓적하게 조개 모양으로 결어서 접었다 폈다
할 수 있게 되어 있다. 끈으로 두 개의 고리를 달아서 얹을 때 지겟가지에 끼운다.

175) '끈타불'은 '끄나풀'의 방언형. 전남방언에서는 '끈타발'로 쓰이기도 한다. '끈타발'
은 '끈'과 '다발'의 합성어로서 '끈'의 옛말이 '긶'이었으므로 '긶다발'이 '긴타발'
을 거쳐 '끈타발'로 된 것이다. '다발'은 꽃이나 푸성귀, 돈 따위의 묶음을 뜻하는
말이다. 따라서 '끈타발'은 어원상 '끈의 묶음'을 가리키는 말이었을 텐데, 현재는
단순히 '끈'의 동의어로 쓰인다.

176) '얶다'는 '앉다'의 방언형. 동사 어간 끝소리 /ㄵ/의 /ㅈ/이 전남방언에서 /ㄱ/으로
대응하는데, '얹다'도 이 방언에서는 '역다'라고 한다.

177) '잉끼'는 '이끼'의 방언형. '얶다'를 '영끄다', '묶다'를 '뭉끄다'로 말하는 것처럼
/ㄲ/ 앞에서 /ㅇ/을 첨가하는 변화의 또 다른 예이다.

178) '넘어다보다'는 '넘겨다보다'의 방언형이나, 여기서 '들여다보다'의 뜻으로 쓰였다.

179) '미:다'는 '메우다'의 방언형.

180) '키다'는 '켜다'의 방언형. '쓰다'라고도 한다. 옛말 '혀다'의 /ㅎㅎ/이 전남방언에서
/ㅆ/으로 변화한 예이다.

181) '초꽂이'는 촛대나 등 따위에서, 초를 꽂게 된 장치를 말한다. 꼬챙이 끝처럼 뾰족
하게 하거나 두껍처럼 만들어서 초를 박게 한다. 그러나 여기서 '초꽂이'는 '호롱'
이나 '등잔'을 뜻하는 것으로 추정된다.

182) '깍쟁이'는 '종지'의 뜻으로서 간장·고추장 따위를 담아서 상에 놓는, 종발보다
작은 그릇을 말한다.

183) '세규'는 '석유'의 방언형.

184) '끄실리다'는 '그을리다'의 방언형으로서 옛말 '그스리다'를 계승한 형이다.

185) '쑤다'는 '켜다'의 방언형. 옛말 '혀다'가 표준어에서 '켜다'로, 전남방언에서 '쓰다'
로 분화하였다.

186) '게양'은 '그냥'의 방언형. '기양', '기냥', '걍' 등 다양한 형태가 확인된다.

187) '폴다'는 '팔다'의 방언형. 옛말 '풀다'에서 분화된 어형이다.

188) '메듭'은 원래 '매듭'의 방언이지만 여기서는 '마디'의 뜻. '매듭'은 기본적으로 노,
실, 끈 따위를 잡아매어 마디를 이룬 것을 뜻하며, '마디'의 기본의미는 대, 갈대,
나무 따위의 줄기에서 가지나 잎이 나는 부분을 가리키는 의미이다. 그리고 '마디'
는 이 기본의미에서 확대되어 뼈와 뼈가 맞닿은 부분을 가리키거나, 실, 새끼, 줄
따위가 엉키거나 맺힌 부분을 가리키기도 한다. 따라서 표준어에서 '매듭'과 '마
디'는 적어도 실이나 줄이 엉키거나 맺힌 부분을 가리키는 점에서 공통인데, 전남
방언은 '매듭'의 의미가 더 확대되어 뼈와 뼈가 맞닿는 부분까지 가리키게 되었다.
결과적으로 표준어에 비해 전남방언은 '매듭'의 의미 확장이 더 일어나 '마디'와의
의미적 공통성이 더 커지게 되었다고 할 수 있다.

189) '속'은 여기서는 '미래의 가능성'의 뜻. 따라서 '클 속'은 '클 가능성'을 뜻한다.

190) '마구청'은 '외양간'의 방언형. '마구청'은 일반적으로 말을 키우는 '마구간'을 가
리키는데, 이 지역에서는 '외양간'을 가리키는 점이 특이하다. 이런 경우 대체로
'소마구' 또는 '소마구청'과 같은 유표적 표현을 쓰기도 한다. 한편 형태적으로 '마
구청'과 '마구간'의 대립에서 보듯, '청(廳)'과 '간(間)'의 대립도 흥미롭다. 전남방
언에서는 '허청'과 '헛간'에서도 이 두 어형의 대립을 확인할 수 있다.

191) '구시'는 '구유'의 방언형. 옛말에 '구싀', '구슈'가 확인된다.

192) '소죽'은 '쇠죽'의 방언형. '쇠죽'은 역사적으로 '소'에 관형격 토씨 '익'가 결합된
'쇠'에 '죽'이 합성된 '쇠죽'에서 발달한 말인데, 전남방언은 관형격 토씨의 결합
없이 '소'와 '죽'이 바로 합성한 점이 표준어와 다르다.

193) '낭구'는 '나무'의 방언형. 옛말 '낡'의 후대형이다.

194) '키우다가'를 이 방언에서는 '키:다가'로 말한다. /ㅣ/ 모음 다음에서 /ㅜ/가 탈락한
결과이다.

195) '깔'은 '꼴'의 방언형으로서 말이나 소에게 먹이는 풀을 가리킨다.

196) '소깔'은 '쇠꼴'의 방언형.

197) '끄집다'는 '끌다'의 방언형. '끄집다'는 어원적으로 '끌다'와 '집다'의 합성어인데,
전남방언에서는 '집다'의 의미가 약화되어 오늘날에는 단순히 '끌다'의 뜻으로 쓰

인다.

198) '나머'는 '남짓'의 방언형.

199) '네다'는 '낳게 하다'의 뜻. '낳다'의 사동형 '낳이다'가 축약된 것으로서 '새끼를 네다'처럼 쓰인다. '네:다'가 장음인 것이 축약을 뒷받침한다.

200) '부사리'는 커다란 황소를 가리키는 방언형이다. 지역에 따라 '부락떼기'나 '부락찌' 또는 된소리로 변한 '뿌사리', '뿌락떼기', '뿌락찌' 등이 쓰이기도 한다.

201) '쑥놈'은 '수컷'의 방언형. '수컷'의 옛말이 '숳것'이므로, 여기에서 '놈'과 '것'의 대립을 확인할 수 있다. 전남방언은 사물을 가리킬 때 '것'보다는 '놈'을 더 선호하는 경향이 있다. 또한 옛말 '숳'과 전남방언형 '쑥'의 대립에서도 /ㅎ/과 /ㄱ/의 대응이 찾아진다. 이런 대응은 다양한 낱말에서 확인되는데, 上를 뜻하는 옛말 '웋'과 전남방언형 '욱'이 그런 예이다.

202) '모지'는 형용사 '몯다'의 어간 '몯-'에 접미사 '-이'가 결합하여 파생된 부사로서 구개음화를 겪은 어형이다. '몯다'는 표준어 '마디다'의 방언형이다. 쉽게 닳거나 없어지지 않다의 뜻 외에 자라는 속도가 느린 것을 뜻하는데, '모지'는 여기서 후자의 뜻으로 쓰였다.

203) '도짓소'는 '배냇소'의 방언형으로서 주인과 나누어 가지기로 하고 기르는 소를 말한다. 여기서 '도지(賭地)'는 원래 일정한 대가를 주고 빌려 쓰는 논밭이나 집터를 뜻하는 말이다.

204) '뻬'는 표준어 '배'의 방언형으로서 짐승이 새끼를 낳거나 알을 까는 횟수를 세는 단위이다.

205) '수붙이다'는 씨소에게 교미를 시켜 새끼를 배게 하다는 뜻이다(함평, 영암 등). 전남 안에서도 지역에 따라 '갓붙이다'(담양), '대붙이다'(신안, 진도, 무안 등), '불붙이다' 등으로 쓰이기도 한다. '수붙이다'의 '수'와 '갓붙이다'의 '갓'은 각각 雄과 雌를 나타내는 말로서, 동일한 상황을 표현하는 데 붙이는 대상을 달리하여 분화된 것이 흥미롭다. 한편 '불붙이다'의 '불'은 생식과 관련된 말이므로 '수'나 '갓'에 비해서는 중립적인 뜻이다. '대붙이다'의 '대'는 그 의미가 불분명하다.

206) '네이게'는 '네이기에'의 준말로서 여기의 '네이기'는 '낳다'의 사동형 '낳이기'의 방언형이다. 현대 표준어로 풀어 말하면 '낳게 하기' 정도로 옮길 수 있을 것이다.

207) '질을 가르치다'는 '질들이다'(=길들이다)로부터 유추된 표현이다. '질들이다'의 '질'을 따로 분석하면서, 그 뜻을 '사람의 말에 따라 행동하기' 정도로 파악하고, 여기에 '가르치다'를 덧붙여 '질가르치다'라는 말을 만들어 낸 것이다.

208) '끄실코'는 소를 길들일 때에 소 뒤에 매다는 무거운 돌이나 물건을 가리킨다. '끌다'의 방언형 '끗다'의 관형형 '끄슬'에 '코'가 합성된 말이다.

209) '바꾸'는 '바퀴'의 방언형.

210) '에약쪽'은 '왼쪽'의 방언형으로서 '외약쪽'에서 변이된 것이다. '외약쪽'의 '외'는 물론 중세어 '외다'에서 온 말로서 '그르다'의 뜻을 가졌다. 그리고 '약'은 아마도 '쪽'과 같은 방향을 나타내는 말로 추정된다. '왼손'을 전남방언에서 '외약손'이라

하는 것이 이를 뒷받침한다. '약'의 의미가 불분명해짐에 따라 '쪽'이 더 결합하여 '외약쪽'이 되었다.

211) '머끄다'는 '멈추다'의 방언형.

212) '쑥소'는 '수소'의 방언형.

213) '뿌사리'는 몸집이 커다란 황소를 가리키는 말. 그밖에 '뿌락떼기', '뿌락찌', '부사리', '부락떼기', '부락찌' 등과 같은 말이 지역에 따라 쓰인다.

214) '거망소'는 '거멍소'의 방언형.

215) '꼬구라지다'는 '구부러지다'의 뜻.

216) '앞이 텄다'는 소가 자라서 어른 소가 되었다는 뜻.

217) '뼘메듭'은 '뼈마디'의 뜻.

218) '깔담사리'는 꼴을 베는 일을 하는 어린 머슴을 말한다. '담사리'는 옛말 'ᄃᆞᆷ사리'에서 온 말로서 원래는 '더부살이'라는 뜻이다. 따라서 '깔담사리'는 꼴을 베면서 남의 집에 더부살이 하는 어린 아이들을 가리킨다.

219) '선세갱'은 머슴이 그 해 일 시작하기 전에 계약한 새경 가운데 전부나 일부를 미리 받는 것을 말한다. 보성에서는 '들새경'이라고 한다.

220) '꼬마둥이'는 어린 머슴을 일컫는 말.

221) '야달'은 '여덟'의 방언형.

222) '우에로'는 '가외로'나 '그 밖으로'의 뜻.

223) '반틈'은 '절반'의 뜻. 여기서는 '반틈'의 /ㅁ/이 탈락하여 '반트'로 발음되었다.

224) '반자작'은 '반작'(半作)의 뜻. 수확한 곡식을 소작인과 주인이 절반씩 나눠 갖는 것을 말한다.

225) '나나무끼'는 '나눠먹기'의 방언형인데, 소작인이 지은 농사의 절반을 갖고 나머지 절반은 주인에게 주는 방식을 말한다. '뭇갈림'이라고도 한다.

226) '근이로'는 '斤으로'이며, 여기서는 '무게로'의 뜻이디.

227) '엘로'는 '오히려'의 방언형.

228) '두신두신'은 '두런두런'의 방언형.

229) '천신하다'는 처음으로 또는 오랜만에 차례가 돌아와 얻을 수 있게 되다는 뜻이다.

230) '헤베다'는 '헤매다'의 뜻.

231) '싹 사다'는 '삯꾼을 사다'는 뜻으로 돈을 주고 일꾼을 얻는다는 뜻이다.

232) '세껏'은 '곁두리'의 방언형. '세껏' 외에 '세참', '술참', '셋거리', '술참거리', '참거리' 등과 같은 말이 지역에 따라 더 쓰인다.

233) '아직'은 '아침'의 방언형. '아적'이나 '아칙'이라고도 한다.

234) '정때'는 '점심 때'의 뜻. 아마도 '정오 때'에서 온 말이 아닌가 한다.

235) '까장'은 토씨 '까지'의 방언형. 중세어 'ᄀᆞ장'은 의존명사로서 '만큼 다', '끝까지'와 같은 뜻을 나타냈었다. 전남방언에서 이 'ᄀᆞ장'이 토씨로 문법화하면서 '까지'와 같은 뜻을 나타내게 되는데, 형태도 '까장'으로 쓰이는 수가 많고, 표준어 '까지'와의 혼태로 인해 '까징'으로 쓰이기도 한다.

236) '풍장'은 '풍물놀이'의 뜻.

237) '겁도 안 나다'는 '매우 많다'는 말을 뜻하는 표현이다. 원래는 '겁나다'라고 해야 할 것을 부정함으로써 오히려 긍정을 강조하는 효과를 갖는 표현이다.

238) '추격'은 '취객'인데, 사위와 같이 자기 집안 여자하고 결혼한 남자들을 총체적으로 가리키는 말이다.

239) '가치로'는 토씨 '같이'의 방언형.

240) '봉다리'는 '봉지'의 방언형.

241) '-으께라우'는 '-을까요'의 방언형.

04 식생활

4.1 채소 재배와 요리

@2 에 선생님 여기서부터 헤야 됨,

식쎙왈

@2 식쎙왈부터?

에.

어디 인제 식쎙왈: 졑 에

요건 어:르신보다 헤 한 한

@2 저네 선생님 여기 쯤 하다가 마라씀, 꺼드뇨?

아, 그러네.

@2 예.

어~. 다시 함 번 헤. 시작 다시 시작헤.

@2 예

@2 예 여기 식쎙와린데요. 저:네 함 번 저이 이거 예:기 헤:썬는데

@2 다시 예:기 좀 헤볼려구요.

그 떼 저 어르신 하라버지 저기 테원 하셔쓸 떼.

= 에에.

@2 그날

@2 그: 여기: 바테서 노네서는 벼 기르시고,

= 응

@2 바테서는 어떤 체소 가꾸셔써요?

= 페냐 베:추아고

예

= 저런 무이, 무:아고,

예

@2 예 선생님, 여기서부터 해야 됨,

식생활

@2 식생활부터?

예.

어디 이제 식생활 저 예

이것은 어르신보다 해 한 한

@2 전에 선생님 여기 좀 하다가 말았습, 거든요?

아, 그러네.

@2 예.

응, 다시 한 번 해. 시작 다시 시작해.

@2 예.

@2 예, 여기 식생활인데요. 전에 한 번 저희 이것 얘기했었는데.

@2 다시 얘기 좀 해 보려고요.

그때 저 어르신 할아버지 저기 퇴원하셨을 때

= 예예.

@2 그 날

@2 그 여기 밭에서 논에서는 벼 기르시고,

= 응.

@2 밭에서는 어떤 채소 가꾸셨어요?

= 내나 배추하고

예

= 저런 무, 무하고,

예

= 마늘

여그서는 지그믄 무:라거지만 엔:나레는 머, 머이냐먼

= 무수라게쩨. '무수.'

무수라고 헤:씀니까? 예?

= 무수아고 베:추아고

에.

= 또 거시기 마느라고 파아고

@2 에.

= 걷 시금추아고,[1]

@2 시금추

= 상추아고

@2 에.

= 그릉거슬 마:니 헤:비쩨 여그는.

@2 그 다으메 여르메 또?

@2 머 하능 거 또 여르메 반차헤 멍는 걷,

체:소는 게저레 따라 다르지 안나요?

= 그러지요.

보메는 머 어떵 게 이꼬 머

= 보메는 인자 상추가틍 걷.

@2 에.

= 그렁 거 주로 시금추 가틍 걷 그거시 주로 저기허제.

@2 여르메느뇨?

= 여르메는? 여르메는 벨로 젇 저기허제.

= 여름 반차넌 상추는 벨라 옵:쓰, 저 저런 디 가서 젇:

= 머:식 한디가선 하우스에다 한 사라미나 마, 주로 허제 여런 디서는
벨로 상추는 마:니 아네.

= 마늘

여기서는 지금은 '무'라고 하지만 옛날에는 뭐 뭐냐면

= '무수'라고 했지. '무수'

'무수'라고 했습니까? 예?

= 무하고 배추하고

예.

= 또 뭐 마늘하고 파하고,

@2 예.

= 그 시금치하고,

@2 시금치

= 상추하고

@2 예.

= 그런 것을 많이 했지 여기는.

@2 그 다음에 여름에 또?

@2 뭐 하는 것 또 여름에 반찬해 먹는 것,

채소는 계절에 따라 다르지 않나요?

= 그렇지요.

봄에는 뭐 어떤 것이 있고 뭐

= 봄에는 이제 상추 같은 것.

@2 예.

= 그런 것 주로 시금치 같은 것 그것이 주로 저기 하지.

@2 여름에는요?

= 여름에는? 여름에는 별로 저 저기 하지.

= 여름 반찬은 상추는 별로 없으, 저 저런 데 가서 저

= 뭐 하는 데 가서 이제 하우스에다 하는 사람이나, 주로 하지 이런
데서는 별로 상추는 많이 안 해.

네.

= 페냐 저기 허제.

호:박 끼틍 거 여르메 하자나요?

= 호:박 이꼬 까:주[2] 이꼬.

@2 예, 까:지 이꼬 까:주

= 여여 거시기 저저

여기는 '까:주'라고 헤요?

= '까:지'

'까:지'

= 예, 깓, 까:지아고 시금추 아니 저 거시기

= 아까 네가 머이라갑딘자?[3]

호:박

= 호:바가고

@2 에.

= 저런 똘: 고추아고

예예

@2 네

= 저기 또 머이

소:른 언:제 함니까?

= 솔:,[4] 솔:, 솔:도 페냐 보메 헤먹찌요, 보메.

아. 네.

= 에. 에:아고

에:아고

= 무레

무레

@2 요세도 요세는 또 열무도 마 하지 안나요 여그서는 열무?

네.

= 내나 저기 하지.

호박 같은 것 여름에 하잖아요?

= 호박 있고 가지 있고

@2 예, 가지 있고 가지

= 이이 거시기 저저

여기는 '까주'라고 해요?

= '까지'

'까지'

= 예, 가, 가지하고 시금치 아니 저 거시기

= 아까 내가 뭐라고 합디까?

호박

= 호박하고

@2 예.

= 저런 또 고추하고

예예.

@2 네.

= 저기 또 뭐

부추는 언제 합니까?

= 부추, 부추, 부추도 내나 봄에 해먹지요, 봄에

아. 네.

= 예. 오이하고

오이하고

= 오이

오이

@2 요새도 요새는 또 열무도 많이 하지 않나요? 여기서는 열무?

- 요세는 열무가 아니라 젙 저기 무: 하데요. 저저젙 거 먼: 무:?

= 초롱무. 초롱무가 시여써, 초롱무.

초롱무요?

= 예.

= 초롱무도 허고 암무도 허고.

@2 아.

= 여 지비서 머긍 거슨 '암무' 숭거요.

@2 '암무'요?

= 예, '암무.'

'암무'가 머:예요?

= '암무수'라고 이써요. 이파리만 머긍 걸.

@2 아, 아 요 이러케 미테는 쪼:끔 하고

= 으응, 쪼:끔 하고

@2 그거시 열무 아닝가요?

= 그 페냐 열무제 페냐 그거시. 그거뿐다 암무라게[5] 여그는.

@2 아, 여기서는 '암무'라고 헤요?

= 응응.

아

= 페냐 열무제 페냐. 그에도 암무라고도 그거뿐다 그러고

'암무'라는 마를 쓰군요. 아::

= 예, 열무란 마리 암무라고 헤.

아, 암 근디 고:가,

짐치 담:짜나요?

= 예.

여르메?

= 예.

- 요새는 열무가 아니라 저 저기 무 하데요. 저저저 그 무슨 무?

= 초록무. 초록무가 썼어, 초록무.

초록무요?

= 예.

= 초록무도 하고 '암무'도 하고

@2 아.

= 이 집에서 먹는 것은 '암무' 심어요.

@2 '암무'요?

= 예, '암무'

'암무'가 뭐예요?

= '암무'라고 있어요. 이파리만 먹는 것.

@2 아, 아 이 이렇게 밑은 조그맣고

= 으응, 조그맣고

@2 그것이 열무 아닌가요?

= 그 내나 열무지 내나 그것이. 그것보고 '암무'라고 해 여기는.

@2 아, 여기서는 '암무'라고 해요?

= 응응.

아.

= 내나 열무지 내나. 그래도 '암무'라고도 그것보고 그러고

'암무'라는 말을 쓰는군요.

= 예, 열무라는 말이 '암무'라고 해.

아, 암 그런데 그것이,

김치 담그잖아요?

= 예.

여름에?

= 예.

'암무' 짐치~.

= 예, 그거뿌다 페냐 열무라고 그레요?

@2 예, 금 초롱무는?

= 초롱무는 요로코 미시 드러써. 요로코 요로코.

@2 그거 이러케

= 똥그라게

@2 아 그거까치 다 김치 담꼬?

= 응.

에, 서울 싸람들 거 알타리무시라 허

= 또 알타리 무수 또 이써.

아.

= 알타리 무수는 시야네 이쩨.

아.

@2 이러케 뎅거

= 으~ 알타리 무수는 인자 요 가시레 시야네 그떼가 이써.

가시레 항 거시고? 여르 엳 보메 아이 여르메 하능게 초롱무라고

= 예, 초롱무라고 하고

@2 금 저히 어제 반차네 머거떰 거시

= 그거슨 그거시 암 거시기 무수, '암무'

@2 아:∷.

아, '암무'

= 예.

= 열무라강거. 검: 무수.

에, 여기서는 '암무'라고 그렁가보구나.

= 예, '암무'라고.

= 그거뿌다 페냐 열무라고도 허고 '암무'라고도 하고 그레요.

'암무' 김치.

= 예, 그것보고 내나 열무라고 그래요?

@2 예, 그러면 초록무는?

= 초록무는 이렇게 밑이 들었어. 이렇게 이렇게.

@2 그것 이렇게

= 동그랗게

@2 아, 그것까지 다 김치 담그고?

= 음.

예, 서울 사람들 그 알타리무라 하

= 또 알타리무 또 있어.

아.

= 알타리무는 겨울에 있지.

아.

@2 이렇게 된 것.

= 응, 알타리무는 이제 이 가을에 겨울에 그때에 있어.

가을에 하는 것이고? 여르 봄에 아니 여름에 하는 것이 초록무라고,

= 예, 초록무라고 하고.

@2 그러면 저희 어제 반찬 해 먹었던 것이,

= 그것은 그것이 암 거시기 무, '암무'

@2 아.

아, '암무'

= 예.

= 열무라고 하는 것. 그건 무.

예, 여기서는 '암무'라고 그러나 보구나.

= 예, '암무'라고.

= 그것보고 내나 열무라고도 하고 '암무'라고도 하고 그래요.

(웃음)

@2 베:추도: 겨우레는 이러케 통 드러 인능 거 멍는데, 여르메는:,

= 여르메는 전 거심 먼: 먼 무슨 먼: 베:추?

= 얼가리[6]

@2 에::.

= 그거뽀다 얼가리라가드라고 폭 쩨:깐항거뽀다가.

@2 에에

= 얼가리 베:추.

@2 얼가리 베:추는 다머도 마시뜨라구요.

= 으~, 마시써. 요세는 그거시 더 마시쏘이~.

@2 에, 겨우레는 통베추.

= 통베추가 마시꼬,

에, 가:꼬

얼가리라능 거슨 머예요? 얼가리?

= 거 폭 쩨:깐항거뽀다 얼가리라고.

= 폭 찰자:랑거뽀다.[7] 요세는 그거시 더 마시따가데요

음

= 얼가리가

@2 에.

@2 그 다메 마늘 가틍 거또 가:시지요?

= 그러제.

@2 양념할라고 마늘도 가:시고 그레야 또 여르메 머

= 그러제 응.

@2 반찬 할 떼

= 찌거 느:코 그라제.

@2 마느라고 또 반찬 하실 떼는 멈:머 그 양념 하실 떼는 머머?

(웃음)

@2 배추도 겨울에는 이렇게 통 들어 있는 것 먹는데 여름에는,

= 여름에는 저 뭐 무슨 무슨 무 무슨 배추?

= 얼갈이

@2 예.

= 그것보고 얼갈이라고 하더라고. 포기 조그마한 것보고.

@2 예예.

= 얼갈이 배추.

@2 얼갈이 배추는 담가도 맛있더라고요.

= 응, 맛있어. 요새는 그것이 더 맛있소.

@2 예, 겨울에는 통배추.

= 통배추가 맛있고,

예, 그래가지고

얼갈이라는 것은 뭐예요? 얼갈이?

= 그 포기 조그마한 것보고 얼갈이라고.

= 포기 자잘한 것보고. 요새는 그것이 더 맛있다고 하데요.

음.

= 얼갈이가.

@2 예.

@2 그 다음에 마늘 같은 것도 가시지요?

= 그렇지.

@2 양념 하려고 마늘도 가시고 그래야 또 여름에 뭐,

= 그렇지 응.

@2 반찬 할 때

= 찧어 넣고 그러지.

@2 마늘하고 또 반찬 하실 때는 뭐 뭐 그 양념 하실 때는 뭐 뭐?

= 양님8)할 떼, 마늘 느:코 고추까리 너:코 께 느:코

@2 예.

= 거신 인제 소금치고

에.

= 장:도 칠람 치고

@2 에.

= 거시기 쩔

@2 그렁 거 다 쩌기서 거더가꼬

= 그러제. 바테서 거더가꼬 인자 헤:나따가 그거까꼬 하제.

@2 에. 께도 저러케 말리시고,

= 이~ 께도 저러고 보까서 양님 느:코

@2 예.

= 거시기 쩐 또 다마네기9) 써:러 너코. 반찬 헐라먼.

네

@2 농사도 진:나요?

= 다마네기?

@2 에.

= 쩨::끔10) 숭거.

@2 양님 하실라고?

= 우리 머글 롬 응, 양님 한다고.

@2 어디:: 그러며는 아까 말:씀 하싱 거, 그 보메는 보메 나는 체:소들: 언:제 씨뿌려가꼬 어뜨게?

= 보메: 보메 머글 꺼슨 요 가시레 뿌레.

@2 보메 머글 꺼느뇨?

= 예.

= 예, 주로 가시레 뿌리능 거슨

= 양념할 때, 마늘 넣고 고춧가루 넣고 깨 넣고.

@2 예.

= 거시기 이제 소금 치고

예.

= 장도 치려면 치고

@2 예.

= 거시기 저

@2 그런 것 다 저기서 걷어가지고

= 그러지. 밭에서 걷어가지고 이제 해 놨다고 그것 가지고 하지.

@2 예. 깨도 저렇게 말리시고,

= 응, 깨도 저렇게 볶아서 양념 넣고

@2 예.

= 거시기 저 또 양파 썰어 넣고, 반찬 하려면.

네.

@2 농사도 짓나요?

= 양파?

@2 예.

= 조금 심어.

@2 양념 하시려고?

= 우리 먹을 것, 응, 양념 한다고.

@2 어디 그러면은 아까 말씀하신 것, 그 봄에는 봄에 나는 채소들 언제 씨 뿌려가지고 어떻게?

= 봄에 봄에 먹을 것은 이 가을에 뿌려.

@2 봄에 먹을 것은요?

= 예.

= 예, 주로 가을에 뿌리는 것은

= 시올따레나 동지따레나 뿌레.

@2 머:머를 그면 그떼 뿌리시나?

= 상추씨, 쩌그 저 시금추 씨

@2 에.

= 가똥씨[11]

@2 에, 갇, 아

= 간.

@2 에.

= 그렁 거 뾔레.

= 그라먼 인자 보메 무거.

@2 보메요?

= 응, 보메 삐레서 보메 머글라먼 기냥 동[12] 서부러.

@2 아.

= 그렁께 시야네 뿌레서 그거시 쪼끔 나야, 인자 그 놈 인자, 보메 무 끼가 조:아, 오레 무거.

@2 에 보메 며둘따레나 그럼 그걸 멍나요?

= 인자 쓩 이삼사:워레 묵쩨~.

에.

= 고 노미~ 이:월 사뮈레 모도 그떼 묵쩨.

= 시:월따레 뿌리며는?

= 응, 그레, 응.

@2 이:월따레 ***. 글면 보메 뿌리능 거 보메 뿌리능 거슨?

= 보메 뿌링 거슨, 페냐 보메도 인자 상추 삐리기는[13] 삐리제. 그레도 인자 더 얼름[14] 동 서 부러.

@2 네.

= 시금추 가틍 거 상치 가틍 거.

= 시월에나 동지달에나 뿌려.

@2 뭐 뭐를 그러면 그때 뿌리시나?

= 상추씨, 저기 저 시금치 씨.

@2 예.

= 갓씨.

@2 예, 갓, 아.

= 갓.

@2 예.

= 그런 것 뿌려.

= 그러면 이제 봄에 먹어.

@2 봄에요?

= 응, 봄에 뿌려서 먹으려면 그냥 동 서 버려.

@2 아.

= 그러니까 겨울에 뿌려서 그것이 조금 나야 이제 그것 이제 봄에 먹기가 좋아, 오래 먹어.

@2 예, 봄에 몇 월에나 그럼 그걸 먹나요?

= 이제 이삼사 월에 먹지.

예.

= 그것이 이월 삼월에 모두 그때 먹지.

= 시월에 뿌리면은?

= 응, 그래 응.

@2 이월에 ***. 그러면 봄에 뿌리는 것 봄에 뿌리는 것은?

= 봄에 뿌리는 것은, 내나 봄에도 이제 상추 뿌리기는 뿌리지. 그래도 이제 더 얼른 동 서 버려.

@2 네.

= 시금치 같은 것 상추 같은 것.

@2 인제 봄 데먼 반농사도 시자카시자나요?

= 그라제.

@2 머:멀 여기다 오레 하셔써요?

= 오렌: 머 항거또 업써. 께아고.

@2 예.

= 들, 들께 인자 엥게노코.

@2 들께요?

= 응

@2 에.

= 고추아고

@2 고추 하시고

= 응, 쩌젇 머시기 호:박.

@2 에.

= 까:지.

@2 에.

= 예:.

@2 에.

= 그렁 거뿌니15) 업:써. 저젇 머:여 토란.

@2 토란 하시고

= 토라는 쩨::깐 멥 멘 나무16) 숭거저써.

= 인자 나물 헤:무근다고.

@2 에, 다 씨만 이러케 딱 뿌리먼 데능 거에요?

= 씨만 뿌리자네,

@2 (웃음)

= 쩌 그 모중을 헌당께.

@2 모종으료?

@2 이제 봄 되면 밭농사도 시작하시잖아요?

= 그렇지.

@2 뭐 뭘 여기다 올해 하셨어요?

= 올핸 뭐 한 것도 없어. 깨하고.

@2 예.

= 들, 들깨 이제 옮겨 놓고.

@2 들깨요?

= 응.

@2 예.

= 고추하고

@2 고추 하시고

= 응, 저것 뭐 호박.

@2 예.

= 가지.

@2 예.

= 예.

@2 예.

= 그런 것밖에 없어. 저 저 뭐야 토란.

@2 토란 하시고

= 토란은 조금 몇 그루 심어졌어.

= 이제 나물 해 먹는다고.

@2 예, 다 씨만 이렇게 딱 뿌리면 되는 것이에요?

= 씨만 뿌리는 것이 아니라,

@2 (웃음)

= 저 그 모종을 한다니까.

@2 모종을요?

= 응, 모중.17)

= 모중을 사다가 엥게.

@2 에.

= 그거슬.

@2 장에서 이러케

= 으응, 장에서도 사고 여그 마으레서 인자 그거슬 부서. 종자 사다가.

@2 에.

= 그람 거그서 사다 헤.

@2 에.

= 이녀기 허자네.

= 그 상추씨 가틍 거슨 이녀기 뿌리고 종자 바더 나:따가

@2 상추는 이러케 뿌리시고 나머지는 데 다: 어떵 거 그

@2 그 고추나

= 고추도

@2 모중, 모중으로 하능 거슨 멈:멍가요?

= 모중으로 하능 거슨 고, 고추.

@2 에.

= 저런 웨:.

@2 에.

= 쩌: 저 호:박, 호:박또 야:튼 이녁쩝써 숭굴라문 숭구고,

@2 에.

= 안 숭굴라면 인자 거시기 저 놈더리 종자 네:논 놈 어더다 숭구고.

@2 에.

= 그러제

에.

= 웨:, 까:지, 호:박 저렁 거시긴 머시긴

= 응, 모종.

= 모종을 사다가 옮겨.

@2 예.

= 그것을.

@2 장에서 이렇게

= 응, 장에서도 사고 여기 마을에서 이제 그것을 부어. 종자 사다가.

@2 예.

= 그럼 거기서 사다 해.

@2 예.

= 자기가 하는 것이 아니라.

= 그 상추씨 같은 것은 자기가 뿌리고 종자 받아 놨다가,

@2 상추는 이렇게 뿌리시고 나머지는 다 어떤 것 그

@2 그 고추나

= 고추도

@2 모종, 모종으로 하는 것은 뭐 뭔가요?

= 모종으로 하는 것은 고, 고추.

@2 예.

= 저런 오이.

@2 예.

= 저 저 호박, 호박도 하여튼 자기 집에서 심으려면 심고,

@2 예.

= 안 심으려면 이제 거시기 저 남들이 종자 내 놓은 것 얻어다 심고.

@2 예.

= 그렇지.

예.

= 오이, 가지, 호박 저런 거시기 뭐

= 들께, 토란.

@2 들께는

= 토란떼.

@2 그렁거또 다 모종으로 헤:요? 들께도?

= 그라제. 모중이로 하제.

예.

= 이녀기 씨 삐레. 삐레가꼬 나:먼 고놈 웽:게.

@2 에, 다른데로

= 어~, 다른 데다 엥:게.

@2 에.

= 그라먼 인자 거그서 널:제.18)

@2 토라는 토라는

= 토란 토라는 씨로 숭구고.

@2 씨: 이느를 그며는 어:트게 장녀네?

= 장년 헤:뜬 놈 딱 어:따 무더 나.

@2 땅소게다가요?

= 으~, 땅소게다 무더 놀라먼 무더노코 어:디

= 빡쓰에다가 흑 따머서 무더나:따가 숭구고.

@2 에.

= 써거불고 옵:쓰먼 또 사다 숭구고. (웃음)

@2 에, 그레가지고 보메

= 보메 인자 먹쩨.

@2 에.

= 요세 먹쩨.

@2 에, 보메 헤: 노으시면 인제

= 먹쩨.

＝ 들깨, 토란.

@2 들깨는

＝ 토란 줄기.

@2 그런 것도 다 모종으로 해요? 들깨도?

＝ 그렇지. 모종으로 하지.

예.

＝ 자기가 씨 뿌려. 뿌려가지고 나면 그것 옮겨.

@2 예, 다른 곳으로.

＝ 응, 다른 곳에다 옮겨.

@2 예.

＝ 그러면 이제 거기서 열지.

@2 토란은 토란은

＝ 토란 토란은 씨로 심고.

@2 씨 이것을 그러면은 어떻게 작년에?

＝ 작년 했던 것 딱 어디에다 묻어 놔.

@2 땅속에다가요?

＝ 응, 땅속에다 묻어 놓으려면 묻어 놓고 어디

＝ 박스에다가 흙 담아서 묻어 놨다가 심고.

@2 예.

＝ 썩어 버리고 없으면 또 사다 심고. (웃음)

@2 예, 그래가지고 봄에

＝ 봄에 이제 먹지.

@2 예.

＝ 요새 먹지.

@2 예, 봄에 해 놓으시면 이제

＝ 먹지.

= 보메 숭거가꼬 요세 인자 끄느제.

= 끄녀서 인자 말려가꼬 베께가꼬 인자, 말려서 인자, 고놈 당, 쌀마가꼬

@2 에.

= 당가따가 나물 헤: 묵쩨.

@2 에.

= 거그다 나물 할 떼 들께까리 치고

= 모도 께: 양님 지름 곧 다:: 치고 인자 만들제. 그레서 먹쩨.

@2 여르메는 여르메 또 숭구능 거 이쓰 이쓰싱가요? 여르메?

= 머 여르메는 먼:

= 요세는 벨: 저기헤. 무시, 무시나 뭔

@2 지금 인자 곧 하실 떼 데쪼?

= 으~? 으~, 곧 인자 하제.

@2 에.

= 인자 무수 숭:쩨.

@2 무수 숭거요?

= 으~, 건 에무수,[19]

@2 에무수. 에무수라고

= 찌드런:항[20] 거 이써.

@2 아, 혹씨 그

= 다깡무마니로[21] 지드런헤.

@2 아 여그서도 그거 시므세요?

= 예 시므제. 그레가꼬 그거가꼬 한지[22] 다머.

= 한:지요?

= 흐:가니 거 벡찌.[23]

@2 에.

= 봄에 심어가지고 요새 이제 끊지.

= 끊어서 이제 말려가지고 벗겨가지고 이제, 말려서 이제, 그것 담, 삶아가지고

@2 예.

= 담갔다가 나물 해 먹지.

@2 예.

= 거기다 나물 할 때 들깨가루 치고

= 모두 깨 양념 기름 다 치고 이제 만들지. 그래서 먹지.

@2 여름에는 여름에 또 심는 것 있으 있으시나요? 여름에?

= 뭐 여름에는 무슨

= 요새는 별 저기해. 무, 무나 무슨

@2 지금 이제 곧 하실 때 됐지요?

= 응? 응, 곧 이제 하지.

@2 예.

= 이제 무 심지.

@2 무 심어요?

= 응, 그 왜무.

@2 왜무, 왜무라고.

= 기다란 것 있어.

@2 아, 혹시 그

= 단무지 담그는 무처럼 기다래.

@2 아, 여기서도 그것 심으세요?

= 예, 심지. 그래가지고 그것 가지고 싱건김치 담가.

= 싱건김치요?

= 하얗게 그 싱건김치.

@2 예.

= 그 큰:: 끌텅이로24) 헤서 거 항아리에 다묩띤자, 물로?

@2 에.

= 그거.

@2 아, 그거를 글며는 그거가 싱건지아고25) 다릉 거에요?

= 그거 싱건지.

@2 아, 근데 이렁 거 이러케 얄붕 거 이렁 걸로 다무세요?

= 응

= 그거트

@2 이러케 이러케 셍긴 통통한 무

조선무시

= 통통 저 조선무수는26) 더 뜹뜨게.

@2 에.

= 더 딱딱하고, 여 에무수는 더 사근사근하고 그레. 짐치 다머노문

@2 에.

= 그랑께

@2 그러며는

@2 그거또 지금 심:쪼? 조선무시도?

= 인자 쫌 이따 숭:쩨.

@2 에, 파뤌따리면

= 으~, 파럴따레 숭거.

@2 지금 또: 김장꺼리 할 꺼 지금 심나요?

= 아니, 토음 더 이따가

@2 아, 며뒬따레나 김장꺼리 지나며는

= 며돌따가 아니라 곧 숭거.

@2 그조.

= 응 저저 거 하:지는, 하:지? 하:지 말고 거 머이요?

= 그 큰 뿌리로 해서 그 항아리에 담그잖습디까? 물로?

@2 예.

= 그것

@2 아, 그것을 그러면은 그것이 싱건김치하고 다른 것이에요?

= 그것이 싱건김치.

@2 아, 그런데 이런 것 이렇게 얇은 것 이런 것으로 담그세요?

= 응.

= 그것

@2 이렇게 이렇게 생긴 통통한 무

조선무

= 통통 저 조선무는 더 특특해.

@2 예.

= 더 딱딱하고 이 왜무는 더 사근사근하고 그래. 김치 담가 놓으면은.

@2 예.

= 그러니까

@2 그러면은

@2 그것도 지금 심지요? 조선무도?

= 이제 좀 있다가 심지.

@2 예, 팔월이면

= 응, 팔월에 심어.

@2 지금 또 김장거리 할 것 지금 심나요?

= 아니, 조금 더 이따가.

@2 아, 몇 월에나 김장철 지나면은

= 몇 월이 아니라 곧 심어.

@2 그렇지요.

= 응, 저저 그 하지는, 하지? 하지 말고 그 뭐예요?

= 거 먼: '체:수' 아니 저

@2 처:서?

= 처:서 처:서: 그 언더리[27] 숭거.

@2 처:서 근:더리에 심:능 거시 인제 김장 떼 쓰실라고

= 에, 짐장 떼 쓸 꺼.

@2 에.

= 베:추는 그 아:네 쫌 숭, 웽기고.

@2 처:서 처:서

= 처:서 아:네 웽기고

@2 엥기고

= 무시는 처:서 너무면 엥, 숭구고

@2 에.

= 머글 로문. 그라고 또 팔 싸람드른 처:서 아:네 숭구고 그레요.

@2 더 빨리:?

= 이~, 더 빨리 숭구고.

@2 그러케 하고, 가으레도 심능 게 아까치메[28] 시월따레 심능 거 인제, 그 보메 잡쑤실라고

= 그거슨 마늘.

@2 마늘, 아, 마늘도.

= 마늘

= 파: 가틍 거

@2 마느라고 파:아고

= 응응

@2 에 그 다메 아까 양파도 쪼끔 그떼 시무:시나요? 양

= 그라제. 양파도 응 동 시:월따레 숭거.

@2 양파도 그떼 시므

= 그 뭐 '체수' 아니 저

@2 처서?

= 처서, 처서 그 언저리 심어.

@2 처서 그 언저리에 심는 것이 이제 김장 때 쓰시려고?

= 예, 김장 때 쓸 것.

@2 예.

= 배추는 그 안에 좀 심, 옮기고.

@2 처서, 처서.

= 처서 안에 옮기고.

@2 옮기고,

= 무는 처서 넘으면 옮, 심고,

@2 예.

= 먹을 것은. 그리고 또 팔 사람들은 처서 안에 심고 그래요.

@2 더 빨리?

= 응, 더 빨리 심고,

@2 그렇게 하고, 가을에도 심는 것이 아까 시월에 심는 것 이제, 그 봄에 잡수시려고.

= 그것은 마늘

@2 마늘, 아, 마늘도.

= 마늘

= 파 같은 것.

@2 마늘하고 파하고,

= 응응.

@2 예, 그 다음에 아까 양파도 조금 그때 심으시나요? 양

= 그렇지. 양파도 응 동 시월에 심어.

@2 양파도 그 때 심으

= 이~.

@2 마늘도 그 정도 갈:시, 가:시조?

= 응, 그라제. 마늘도 그떼 갈:제.

@2 에.

= 마늘:도 곧 엄:마 아이쓰먼 파럴, 파럴 구:얼 시:월 동지딸 그 언더리 숭거라. 시:월따레나.

= 느께 숭거도 겐자나고 일찍 숭거, 무단 사라믄 파뤌 따레도 숭구데요. 마늘.

@2 아, 그러며는 어:트케 데요?

= 그라면 인자 그거 인자 보메 인자 케제, 여르메.

@2 여르메요? 아니, 빨리 파뤌따레 시머도 여르메 케고

= 에, 그레.

@2 (웃음)

= 그거시 일찍 숭근 사라미 이꼬 또 느께 숭근 사라미 이꼬 그레라.

@2 에.

@2 그레서 이제 아까 그 나온 체:소들 음식:

@2 보미믄 멀: 헤:잡쑤시고 그렁 거 예:기 좀 헤:주셔쓰면 조켄는데. 할아버지 잘 잡쑤세요? 음식?

= 잘 잡쑤제.

@2 머: 조아하세요, 보메는? 머: 헤드리면?

= 페냐 상추지 가틍 거

@2 에.

이러케 저러케 머:냐, 체:소가꼬야제, 베:추먼 베:추가꼬는 뭘: 하시능가? 그러케 아 여쭈 에

@2 베:추로 그럼? (웃음)

= 베:추는 베:추지만, 베:추지 담:쩨. 가시: 으~, 시야네.

= 응.

@2 마늘도 그 정도 갈, 가시지요?

= 응, 그렇지. 마늘도 그때 갈지.

@2 예.

= 마늘도 곧 얼마 안 있으면 팔월, 구월, 시월, 동짓달 그 언저리에 심어요, 시월에나.

= 늦게 심어도 괜찮고 일찍 심어, 어떤 사람은 팔월에도 심데요, 마늘.

@2 아, 그러면은 어떻게 돼요?

= 그러면 이제 그것 이제 봄에 이제 캐지, 여름에.

@2 여름에요? 아니, 빨리 팔월에 심어도 여름에 캐고

= 예, 그래.

@2 (웃음)

= 그것이 일찍 심는 사람이 있고 또 늦게 심는 사람이 있고 그래요.

@2 예.

@2 그래서 이제 아까 그 나온 채소들 음식

@2 봄이면 뭐 해 잡수시고 그런 것 얘기 좀 해 주셨으면 좋겠는데, 할아버지 잘 잡수세요? 음식?

= 잘 잡수지.

@2 뭐 좋아하세요, 봄에는? 뭐 해 드리면?

= 내나 상추김치 같은 것.

@2 예.

이렇게 저렇게 뭐나 채소 가지고 이제 배추면 배추 가지고는 뭘 하시나? 그렇게 아 여쭤,

@2 배추로 그럼? (웃음)

= 배추는 배추김치만, 배추김치 담그지. 가을 응, 겨울에.

@2 시야네.

= 이~.

@2 아.

= 시야네 다머가꼬 여여 여름 여 하:나고29) 무꼬 인잔 또 인잔 또 짐
체30) 다무도록까장 무거야제 베:추.

@2 예, 베:추로?

= 으~, 베:추지.

@2 에.

= 무시지도

@2 제::일 마:니 드시조?

= 그라제. 제:일 마:니 쓰제, 베:추지가.

@2 그 다메 또 그 다메 저기 김장 하실 떼도 베:추지 다물 떼도 먼: 또

= 무수지 당:꼬.

@2 무수지 담:꼬

= 으~.

= 또 고춘닙 당:꼬

@2 고춘닙 담:꼬.

무수지는 어트케 다무세요?

= 무수지는 무수 이 싱건지라고

@2 에.

= 그 인자

@2 한:지?

= 예, 히:강 거. 히:가니 다뭉 거슨 그냥 무수 뽀바다가 따드마서,

@2 아.

= 이파리 쩨까만 송:닙 쪼까만 느:코 버드란 놈 쪼끔 느:코,

@2 에.

@2 겨울에

= 이.

@2 아.

= 겨울에 담가가지고 이이 여름 이 계속 먹고 이제 또 이제 또 김치 담그도록까지 먹어야지 배추.

@2 예, 배추로?

= 응, 배추김치.

@2 예.

= 무김치도.

@2 제일 많이 드시지요?

= 그렇지. 제일 많이 쓰지, 배추김치가.

@2 그 다음에 또 그 다음에 저기 김장 하실 때도 배추김치 담글 때도 뭐 또

= 무김치 담그고.

@2 무김치 담그고.

= 응

= 또 고춧잎 담그고.

@2 고춧잎 담그고.

무김치는 어떻게 담그세요?

= 무김치는 무 이 싱건김치라고,

@2 예.

= 그 이제

@2 싱건김치?

= 하얀 것. 하얗게 담근 것은 그냥 무 뽑아다가 다듬어서,

@2 아.

= 이파리 조금만 속잎 조금만 넣고 부드러운 것 조금 넣고,

@2 예.

= 인 시처가꼬 인잔 거시 소그메다 절거나따가[31] 항아리에다 인잔: 양님 마늘씨[32] 양님

= 쩌그전 양파 썰:고 베 잔 썰:고 모돈 거시긴 그릉 건 모도 양님 헤:가꼬,

= 딱 가네나. 이러콜 항아리에다 딱 둘금둘금[33] 헤:나따가 인자 전: 찰밥또 쪼끔 헤:서 싸:서 너:코,

@2 아.

= 고추도 쪼끔 걸 들들들 가라가꼬

@2 에.

= 셍꼬치 가라가꼬 거다 싸:서 찰밥하고 양님하고 딱 싸:서 너:. 항아리 소:게다 너:가꼬 인자 물 한 사흘마네 물 부서.

= 그라먼 인자, 그거시 인자, 딱: 가니 드러가꼬 시야네 머그먼 인자 마시쩨.

@2 에.

= 그러케 담제.

무수지를 고거 아니고도 또 저기도 그냥 김장할 떼에: 양념 빨:가케 헤:가꼬도,

= 예, 그걸또 또 만들제.

고건 머:라고 함니까, 고거슨?

= 깍:뚜기도 당:꼬,

깍뚜기요?

= 에, 깍:뚜기지 짐치도

킁: 거 엔:나른 이르케 깍뚜기 쪼끄마케 썰:기도 하지만 킁: 걸로,

= 예, 그그 '통지'도[34] 담:쩨 또.

'통지'라고 험니까?

@2 '통지.'

= 이제 씻어가지고 이제 그것이 소금에다 절여 놓았다가 항아리에다 이제 양념 마늘 조각 양념

= 저기 저 양파 썰고 배 조금 썰고 모두 거시기 그런 것 모두 양념 해 가지고,

= 딱 간해 놔. 이렇게 항아리에다 딱 켜켜이 해 놨다가 이제 저 찰밥도 조금 해서 싸서 넣고,

@2 아.

= 고추도 조금 그 들들들 갈아가지고

@2 예.

= 생고추 갈아가지고 거기에다 싸서 찰밥하고 양념하고 딱 싸서 넣어. 항아리 속에다 넣어가지고 이제 물 한 사흘만에 물 부어.

= 그러면 이제 그것이 이제 딱 간이 들어가지고 겨울에 먹으면 이제 맛있지.

@2 예.

= 그렇게 담그지.

무김치를 그것 아니고도 또 저기도 그냥 김장할 때에 양념 빨갛게 해가지고도,

= 예, 그것도 또 만들지.

그건 뭐라고 합니까 그것은?

= 깍두기도 담그고,

깍두기요?

= 예, 깍두기김치 김치도

큰 것. 옛날은 이렇게 깍두기 조그맣게 썰기도 하지만 큰 것으로,

= 예, 그그 '통지'도 담그지 또.

'통지'라고 합니까?

@2 '통지'

= 그거또 다머서 머꼬.

@2 김장 늘: 떼는 양념 머:머 너:가꼬 하세요?

= 짐장 베:추지 할 떼는?

@2 에에, 집찜마다 다르드라구

= 응, 거시기 전:, 멜치전 느:코.

= 잡쩌시라고 느:코

@2 에.

= 또 저 세우전 느:코,

= 굴: 느:코,

@2 에.

= 모도 저 저: 거시기도 늘:람 느:코 고기도 사서 늘:람 느:코,

@2 먼: 고기?

= 멘테 가틍 거.

@2 아.

= 멘테도 사서 늘, 포 떠서 늘:람 느:코

= 데야지 고기 거, 뻬: 사다가 푹:: 갸:가꼬, 그롬 지름 딱 거더불고 그 노메, 그놈도 늘:람 느:고.

@2 에.

= 인자 그라제.

@2 그러케 헤:가꼬 인잗,

= 그가꼬 딱: 인자 거 거시기에다 전 모도 끼레서 한테다³⁵⁾ 딱: 조합 헤:가꼬

@2 에.

= 꼬치까리나 양님 싹::

= 쩌그절 다라이다³⁶⁾ 헤:가꼬 인자 그거까꼬 짐치들 담:쩨. 고추까리 랑 싹:: 양님 께: 머:여 다: 너:가꼬.

= 그것도 담가서 먹고.

@2 김장 넣을 때는 양념 뭐 뭐 넣어가지고 하세요?

= 김장 배추김치 할 때는?

@2 예예, 집집마다 다르더라고요.

= 응, 뭐 젓, 멸치젓 넣고.

= 잡젓이라고 넣고.

@2 예.

= 또 저 새우젓 넣고,

= 굴 넣고,

@2 예.

= 모두 저 저 거시기도 넣으려면 넣고 고기도 사서 넣으려면 넣고,

@2 무슨 고기?

= 명태 같은 것

@2 아.

= 명태도 사서 넣을 포 떠서 넣으려면 넣고,

= 돼지고기 그 뼈 사다가 푹 과가지고 그것 기름 딱 걷어 버리고 그것
에 그것도 넣으려면 넣고.

@2 예.

= 이제 그렇지.

@2 그렇게 해가지고 이제,

= 그래가지고 딱 이제 그 거시기에다 젓 모두 끓여서 한데다 딱 조합
해가지고

@2 예.

= 고춧가루나 양념 싹

= 저기 저 큰 대야에다 해가지고 이제 그것 가지고 김치를 담그지. 고
춧가루랑 싹 양념 깨 뭐야 다 넣어가지고.

@2 얼:마나 다므세요?

= 응?

@2 양:을 얼:마나 다므세요?

= 뭐, 우리는 우리 짐체또 쩌 짐체 저기로 야달 통 들제:. 거시기가. 거 짐치 넨:장고 야달 통 든 노미로 우레로37) 한나.

= 우리 큰 아들레 짐체통 우레만 한 노미로 야달 쩨, 또 거시기 (웃음)

= 우리 저 큰 딸레 시: 통잉가 니: 통잉가 짐체통 거그는 잘잘하드만. 거: 가저가쩨. 우리 망네네 또 존:, 한 통 조:쩨.

= 거시긴 사둔네가 누구 할 싸람 업승께 거그 한통 줘:쩨.

@2 (웃음)

= 또 또 사둔네 또 한 통 줘:쩨.

(웃음)

사둔네까지 헤:주 (웃음)

= 예 사둔네까지 헤넌마지38) 헤:주제~.

= 이거 검:나게 마:니 헤::. 짐체를. 멘

@2 그러면 하루 종:일 그거시 어:뜨게 어:뜨게 하세요?

= 노버더 가꼬 인자 허제~.

아, 놉 어더

= 예, 오레는 유드키 네가 다리 아풍께:

= 노버더가꼬일, 다리 나 막 수술하고

= 몰거쏘 한 다리나 데야쓰, 한달 쯤 너머서등가, 짐장하기 드러써.

= 그레가꼬 나는 모:다고 인자 놉떠리 와서 헤:줘쩨. 절문사람드리 와서 지반 모도 질부드리39) 와서 동서드리 와서 헤:써.

= 그레가꼬 머: 가저가쩨.

@2 에, 지금도 그레가꼬 그걸 마시뜨라구요.

@2 얼마나 담그세요?

= 응?

@2 양을 얼마나 담그세요?

= 뭐, 우리는 우리 김치 또 저 김치 저기로 여덟 통 들지. 거시기가. 그 김치 냉장고 여덟 통 든 것으로 우리 것으로 하나.

= 우리 큰 아들네 김치통 우리 것만큼 한 것으로 여덟 개, 또 거시기 (웃음)

= 우리 저 큰 딸네 세 통인지 네 통인지 김치통 거기는 자잘하더구먼. 그 가져갔지. 우리 막내네 또 줬, 한 통 줬지.

= 거시기 사돈네가 누가 할 사람 없으니까 거기 한 통 줬지.

@2 (웃음)

= 또 또 사돈네 또 한 통 줬지.

(웃음)

사돈네까지 해 주 (웃음)

= 예, 사돈네까지 해마다 해 주지.

= 이것 굉장히 많이 해. 김치를 몇

@2 그러면 하루 종일 그것이 어떻게 어떻게 하세요?

= 놉 얻어가지고 이제 하지.

아, 놉 얻어

= 예, 올해는 유독 내가 다리 아프니까,

= 놉 얻어가지고, 다리 나 막 수술하고,

= 모르겠소 한 달이나 됐을, 한 달 좀 넘어선지, 김장철 들었어.

= 그래가지고 나는 못하고 이제 놉들이 와서 해 줬지. 젊은 사람들이 와서 집안 모두 조카며느리들이 와서 동서들이 와서 했어.

= 그래가지고 뭐 가져갔지.

@2 예, 지금도 그래가지고 그것 맛있더라고요.

= 어:쩨 암 마시드. 오레는 더 어:쩨 암 마시떼.

@2 에.

= 더 너머 싱구와가꼬

@2 그떼 또 저기 할 떼 하실 떼 그거 김장 할 떼 그거 말:고

= 응.

@2 또 담능 걷 이쓰세요?

= 또

@2 겨우린데 인제 잡쑤시고

= 인자 그라제 거거.

= 큰 무수 거, 쿵: 거 뚝뚝 뿌어가꼬 고 크:게 다뭉 거,

@2 통무?

= 응, 통무 그거또 전 인자 양님 헤:서 그거또 당:꼬

@2 에.

= 또 저 가똥지도40) 당:꼬

= 응, 무수 서꺼서 당:꼬 또 파도 전 판낭41) 쩌:저 저:기 가똥낭

@2 에.

= 머 서꺼서 또 당:꼬

= 겨으레 다머나따가 인자 묵쩨.

@2 예.

@2 양녀믄 다: 가치 가틍 거

= 이~, 똑가틍 거시로 헤.

@2 가틍 걸로 양념 헤:가지고

= 으~, 가틍 거시로 양님 헤:가꼬 고늠 다 버무리제 인자.

@2 예.

지금 방금 말씀하떼 이러케 말허거등. 판낭 가똥으낭 말씀하셔꺼든.

= 예, 팥 파또 느 파도 느:코

= 어쩐 일인지 안 맛있더. 올해는 더 왜 안 맛있데.

@2 예.

= 더 너무 싱거워가지고

@2 그때 또 저기할 때 하실 때 그것 김장할 때 그것 말고

= 응.

@2 또 담그는 것 있으세요?

= 또

@2 겨울인데 이제 잡수시고

= 이제 그러지 그것.

= 큰 무 그 큰 것, 뚝뚝 부러뜨려가지고 그 크게 담그는 것,

@2 통무?

= 응, 통무 그것도 저 이제 양념해서 그것도 담그고,

@2 예.

= 또 저 갓김치도 담그고,

= 응, 무 섞어서 담그고 또 파도 저 파랑 저 저 저기 갓이랑

@2 예.

= 뭐 섞어서 또 담그고

= 겨울에 담가 놨다가 이제 먹지.

@2 예.

@2 양념은 다 같이 같은 것

= 응, 똑같은 것으로 해.

@2 같은 것으로 양념해가지고

= 응, 같은 것으로 양념해가지고 그것 다 버무리지 이제.

@2 예.

지금 방금 말씀할 때 이렇게 말하거든. '팟낭' '갓동으낭' 말씀하셨거든.

= 예, 파 파 또 넣 파도 넣고

파낭

= 에, 간, 가똥낭

응, 가똥낭

= 예. (웃음)

가똥낭 판낭 간 파낭 가똥낭

= 예, 파도 느:코 가똥 가또 느:코 인자 가시라고 그란디 여그 그 엔: 나레 가똥이라고 그라요안?

예. 가똥.

= 에, 지그믄 가시라고 그란디 엔:나레 가똥이라고 그레써요. 그 가똥 너:코 파 느:코

= 모도 그 고로고로[42] 헤:서

@2 에.

= 인잔 거시기 만들제. 이러고 모도 전 딱 만드라 나:따 고옴

= 베:추지 비빈[43] 그 양니메다가

@2 에.

= 비베. 그레나따 머그먼 마시떼요.

@2 에.

= 그레가꼬 그렁 걸 헤:서 먹쩨. (웃음)

@2 에 그리고: 또:

@2 여기 다릉 거 그 머 보메 보메는 인제 세김치 즈, 드시고 십짜나요?

= 응.

@2 그러며는

= 인자 세 짐치 들곤 은음

@2 에.

= 헤:무꼬 자먼 인자 사다가 다머 묵쩨.

@2 베:추 베:추지.

'파낭'

= 예, 갓, '갓동낭'

응, '갓동낭'

= 예. (웃음)

'갓동낭' '팟낭' 갓 '파낭' '갓동낭'

= 예, 파도 넣고 갓 갓도 넣고 이제 갓이라고 그러는데 여기서 그 옛날에 갓동이라고 그러잖소?

예. 갓동.

= 예, 지금은 갓이라고 그러는데 옛날에 갓동이라고 그랬어요. 그 갓 넣고 파 넣고.

= 모두 그 고루고루 해서

@2 예.

= 이제 거시기 만들지. 이렇게 모두 젓 딱 만들어 놨다가 그것,

= 배추김치 버무리는 그 양념에다가

@2 예.

= 버무려. 그래 놨다가 먹으면 맛있데요.

@2 예.

= 그래가지고 그런 것 해서 먹지. (웃음)

@2 예 그리고 또

@2 여기 다른 것 그 뭐 봄에 봄에는 이제 새 김치 드시고 싶잖아요?

= 응.

@2 그러면은

= 이제 새 김치 들고

@2 예.

= 해 먹고 싶으면 이제 사다가 담가 먹지.

@2 배추 배추김치.

= 베:추 사다가 다머 묵쩨.

@2 에.

= 그란디 함 번도 안 사다 무거바:써.

@2 보메는 잘

= 응, 짐치 이쑹께. 베:추지.

@2 그지요. 그러며는 김장 다므셔가지고 보:통은

= 여르메까지

@2 여름까지

= 여름까지 세 김치 나드롱 머거.

@2 에 그리고 여,여름 데며는 그 열무 가틍 거 사가지고

= 예.

'암무' '암무' 아까 '암무'

= 암무 암무 사:서 인자 사다가 인자 갈: 지그믄 가라도 몸:무거.

= 보라지44) 땀세도.

@2 예.

= 나: 즈즈 이:처넌 주고 종자 사다가 삐레떠니 한::나도 옵:씨 보라지
가 쌍 무거부써. 다 뽀바서 네:뿌러 불고.

아

= 쩌:그 바테다가 쩌 감:나무 미테다가 쩨:까 오부작오부작45) 숭거뜨
니 그노미 여:칸46) 조아가꼬 쩌:번날 그 짐치 거

@2 에에.

= 그거시 그 짐치여.

@2 에.

= (웃음)

@2 다르지요? 김장 담능 거하고 또 열무 담능 거하고 방버비 다르

= 아, 거자47) 가터.

= 배추 사다가 담가 먹지.

@2 예.

= 그런데 한 번도 사서 먹어 보지 않았어.

@2 봄에는 잘

= 응, 김치 있으니까. 배추김치.

@2 그렇지요. 그러면은 김장 담그셔가지고 보통은

= 여름에까지

@2 여름까지

= 여름까지 새 김치 나오도록 먹어.

@2 예, 그리고 여름 되면은 그 열무 같은 것 사가지고

= 예.

'암무', '암무', 아까 '암무'

= 열무 열무 사서 이제 사다가 이제 갈, 지금은 갈아도 못 먹어.

= 벌레 때문에.

@2 예.

= 나 저 저 이천 원 주고 종자 사다가 뿌렸더니 하나도 없이 벌레가 싹 먹어 버렸어. 다 뽑아서 내버려 버리고.

아.

= 저기 그 밭에다가 감나무 밑에다가 조금 오보록하게 심었더니 그것이 아주 좋아가지고 저번에 그 김치 그

@2 예예.

= 그것이 그 김치야.

@2 예.

= (웃음)

@2 다르지요? 김장 담그는 것하고 또 열무 담그는 것하고 방법이 다르.

= 아, 거의 같아.

@2 거자 가타요?

= 응, 그: 양님 페냐 드러가.

@2 아.

= 그레도 열무 다문 디는 그냥

= 거 잘자란 세우 이쏘 안?

@2 에.

= 응, 세우 사고

@2 에.

= 페냐 엑쩌시 쪼끔 치고

@2 에.

= 그레가꼬 다머.

@2 에.

= 양님 느:코

@2 금 더 간딴하지 안나요?

= 더 간딴혜.

@2 어트켄?

= 쩌:거즈 베:추지는 오:만 양니믈 다 너:야 쓰지마는 요거슨

= 머 엑쩔 쫌 치고 세우젇 쫌 치고 인자 마, 마늘

= 고추까리

@2 에.

= 그렁 건 모도 너:서 다뭉께 체 십:쩨.

@2 에.

@2 푸른 멀:로 하세요?

= 풀도 너:코 푸른 찹쌀까리 가라가꼬.

@2 찹쌀하셔가지고

= 응. 찹쌀도 가:라서도 할라므 하고 바비로 끼레서도 당:꼬 그레, 찹

@2 거의 같아요?

= 응, 그 양념 내나 들어가.

@2 아.

= 그래도 열무 담그는 것은 그냥

= 그 자잘한 새우 있잖소?

@2 예.

= 응, 새우 사고

@2 예.

= 내나 액젓 조금 치고

@2 예.

= 그래가지고 담가.

@2 예.

= 양념 넣고

@2 그러면 더 간단하지 않나요?

= 더 간단해.

@2 어떻게?

= 저것 배추김치는 오만 양념을 다 넣어야 되지마는 이것은

= 뭐 액젓 좀 치고 새우젓 좀 치고 이제 마 마늘

= 고춧가루

@2 예.

= 그런 것 모두 넣어서 담그니까 훨씬 쉽지.

@2 예.

@2 풀은 뭘로 하세요?

= 풀도 넣고. 풀은 찹쌀가루 갈아가지고

@2 찹쌀 하셔가지고

= 응. 찹쌀도 갈아서도 하려면 하고 밥으로 끓여서도 담그고 그래, 참

쌀로.

@2 에, 찹쌀로 끄려가지고요?

= 으~, 끼레가꼬 다무면 그냥 사거부러.

@2 에.

= 찹싸리라. 그레가고 죽 써서 인자 건: 짐치 담:쩨.

@2 에.

@2 글고 여르메 또 다릉 거 다릉 김치도 혹씨 또 다므세요? 저거 말:고:

= 벨로 이런 디서는 머 벨로 짐치 다릉 걸 트기항 거슨 안 헤무거.

@2 껜니브로도

= 껜니비로도 허고

@2 에.

= 껜닙또

@2 껜니브로는 어:뜨게 하세요?

= 껜니빈 껜닙 따:다가 바테서 인잔 껜닙 지름 넙쩌가니 지르머[48]

@2 에.

= 보들보들할 떼 따:다가 시처서 인자 이러고 가주러니[49] 추레.

@2 에.

= 데가리 가지러니 추레가꼬

@2 에.

= 너무나 진: 놈 짤:라불고

@2 예

= 거시기 전 장: 웨간장 사다가 외간장에다가 인잔

= 외간장 부서나, 짤박:하니[50]

@2 에.

= 그라면 인자 그놈 오레:데머 인자 거그다가 인자

= 마늘씨 까:고 헤:서 똗 여짠 치고 헤서 끼레.

쌀로.

@2 예, 찹쌀로 끓여가지고요?

= 응, 끓여가지고 담그면 그냥 삭아 버려.

@2 예.

= 찹쌀이라. 그래가지고 죽 쒀서 이제 그 김치 담그지.

@2 예.

@2 그리고 여름에 또 다른 것 다른 김치도 혹시 또 담그세요? 저것 말고.

= 별로 이런 곳에서는 뭐 별로 김치 다른 것 특이한 것은 안 해 먹어.

@2 깻잎으로도

= 깻잎으로도 하고

@2 예.

= 깻잎도

@2 깻잎으로는 어떻게 하세요?

= 깻잎은 깻잎 따다가 밭에서 이제 깻잎 자라 넙적하게 자라면

@2 예.

= 보들보들할 때 따다가 씻어서 이제 이렇게 가지런하게 추려.

@2 예.

= 대가리 가지런하게 추려가지고

@2 예.

= 너무나 긴 것 잘라 버리고

@2 예.

= 거시기 저 장 왜간장 사다가 왜간장에다가 이제

= 왜간장 부어 놔, 잘바닥하게.

@2 예.

= 그러면 이제 그것 오래 되면 이제 거기다가 이제

= 마늘 조각 까고 해서 또 엿 좀 치고 해서 끓여.

@2 에.

= 여 소테다 폭:폭51) 끼레가꼬,

= 거그다 인자 마늘씨 헨:낭 혜:서 부서나. 그렌 그레쓰 인자 넹:장고 너:나두먼 이그먼 먹찌.

@2 에.

= 그거슨 벨 양님 안 드러가

@2 에.

= 여쫌 치고 응 마늘씨 잔 치고,

@2 에.

= 인자 거그다 엑쩌슬 쪼금 칠람 치고 그냥 거시기 젇 장:만 치, 외간 장만 칠람 치고 인자 그거 이넝 마:미여.

@2 에.

= 그레가꼬 혜:서 인자 이구먼 에기덜 조:아락 하데요.

@2 그지요

= 응, 이자 그 머글 떼는 께 좀 쪼깐 느:코,

@2 에.

= 지름도 쪼깐 거:달 느:코 그레각 치고 그레가꼬 무처서 먹쩨.

@2 에.

@2 지남 버네 또오 글 저기 마늘로:,

= 으

@2 또 머 만드셔짜나요?

= 마늘 짱아찌.52)

@2 에.

= 그거또 펭상 그레. 그언 외간장 치고

@2 에.

= 또 쩌 저런 양님 모도 다 너:서 고로고 만드라.

@2 예.

= 이 솥에다 펄펄 끓여가지고,

= 거기다 이제 마늘 해서 부어 놔. 그래 그래서 이제 냉장고 넣어 놔 두면 익으면 먹지.

@2 예.

= 그것은 별 양념 안 들어가.

@2 예.

= 엿 좀 치고 응 마늘 좀 치고,

@2 예.

= 이제 거기다 액젓을 조금 치려면 치고 그냥 거시기 젓, 장만 치, 왜 간장만 치려면 치고 이제 그것 자기 마음이야.

@2 예.

= 그래가지고 해서 이제 익으면 아이들 좋아라고 하데요.

@2 그렇지요.

= 응, 이제 그 먹을 때는 깨 좀 조금 넣고,

@2 예.

= 기름도 조금 거기에다 넣고 그래가지고 치고 그래가지고 무쳐서 먹지.

@2 예.

@2 지난 번에 또 그 저기 마늘로,

= 으

@2 또 뭐 만드셨잖아요?

= 마늘 장아찌.

@2 예.

= 그것도 내나 그래. 그 왜간장 치고

@2 예.

= 또 저 저런 양념 모두 다 넣어서 그렇게 만들어.

@2 먼: 양님? (웃음)

= 페냐 마늘씨 느:코,

@2 마늘씨 (웃음) 마늘 짱아찌니까 마늘씨 느:코

= 그레도 마늘씨도 너:야제.

@2 아, 그레요?

= 암만 마늘씨여도 마늘씨 양님 너:체

@2 마늘 통 이거를 어:뜨게 하세요? 통체로 하세요? 아니면 이러케 까:가꼬?

= 통차로도[53] 할람 하고 찌거서도 늘:람 느:고 인자 그러제.

@2 에.

= 그레가꼬 페냠 모도 께 느:코 전 느:코,

@2 에.

= 그러케 마늘, 짱아찌로 헐라면,

@2 에.

= 그냥 외간장 느:코,

@2 에.

= 그 이 먼: 양님 쪼간 너:코 헤:서 그냥 짱아찌로 다머노코

@2 에.

= 또 마늘 반차늘 다물라면 이자 파지나 그렁 건 다물라면 전 모:든 양님 헤:서 당:꼬,

= 거 전:까터 저깔가틍 거 그릉거 다:: 가처서 너:.

@2 어.

= 파짐체 그렁 거슨.

@2 에에에.

= 그라고 저런 저 껜닙 가틍 거 저렁 건 저기 다물라면 그냥 장:치고,

@2 무슨 양념? (웃음)

= 내나 마늘 넣고,

@2 마늘 (웃음) 마늘 장아찌니까 마늘 넣고,

= 그래도 마늘도 넣어야지.

@2 아, 그래요?

= 아무리 마늘이라도 마늘 양념 넣지.

@2 마늘 통 이것을 어떻게 하세요? 통째로 하세요? 아니면 이렇게 까 가지고?

= 통째로도 하려면 하고 찧어서도 넣으려면 넣고 이제 그러지.

@2 예.

= 그래가지고 내나 모두 깨 넣고 젓 넣고,

@2 예.

= 그렇게 마늘 장아찌로 하려면,

@2 예.

= 그냥 왜간장 넣고,

@2 예.

= 그 이 무슨 양념 조금 넣고 해서 그냥 장아찌로 담가 놓고,

@2 예.

= 또 마늘 반찬을 담그려면 이제 파김치나 그런 것 담그려면 젓 모든 양념 해서 담그고,

= 그 젓 같은 젓갈 같은 것 그 그런 것 다 갖춰서 넣어.

@2 어.

= 파김치 그런 것은.

@2 예예예.

= 그리고 저런 저 깻잎 같은 것 저런 것 저기 담그려면 그냥 장 치고,

= 마늘 쪼깐 너:코 여쯤 처:소 헤:서 데레서 인자 부서나. 그라먼 그거 시 인자 장:에지가[54] 데제.

@2 에.

@2 그니까 꼬추가루는 안 드러가고 거 짱아찌는 그러케 당:꼬,

= 으~, 그라제.

@2 파김치는:

= 으~, 파짐치는 인자 양님 다: 느:코,

@2 에에.

= 꼬추까루는

@2 그 다으메 지금 또 여르메 솔:로도,[55]

= 솔:로돈

= 솔:도 또 전 페냐 거시기 전 전 멜치전

@2 에.

= 세우전

@2 에.

= 거 엑쩔 그렁 건 다: 처가꼬 양님 안헐 양님 모도 께: 그렁 건 다: 너:가꼬 인자 또

= 죽 쑤고 그레가꼬 인자 또 다머.

@2 에.

= 베:차지 담:떼끼

@2 베:추지 담:뜨시.

= 그레가꼳 그레가꼬 먹쩨.

@2 에.

@2 가낌치는 그러며는

= 가낌치도 그라고

@2 여기서 지금 그거는 겨우레만 담쩨요?

= 마늘 조금 넣고 엿 좀 치고 해서 달여서 이제 부어 놔. 그러면 그것이 이제 장아찌가 되지.

@2 예.

@2 그러니까 고춧가루는 안 들어가고 그 장아찌는 그렇게 담그고,

= 응, 그렇지.

@2 파김치는

= 응, 파김치는 이제 양념 다 넣고,

@2 예예.

= 고춧가루는

@2 그 다음에 지금 또 여름에 부추로도,

= 부추로도

= 부추도 또 젓 내나 거시기 젓 젓 멸치젓.

@2 예.

= 새우젓

@2 예.

= 그 액젓 그런 것 다 쳐가지고 양념 안 할 양념 모두 깨 그런 것 다 넣어가지고 이제 또

= 죽 쑤고 그래가지고 이제 또 담가.

@2 예.

= 배추김치 담그듯이.

@2 배추김치 담그듯이.

= 그래가지고 그래가지고 먹지.

@2 예.

@2 갓김치는 그러면은

= 갓김치도 그러고

@2 여기서 지금 그것은 겨울에만 담그지요?

= 으~, 겨으레만 담:쩨.

@2 여르메는?

= 여르메는 업써.

@2 업:써. 안 당꼬.

가똥?

@2 에.

= 인자

@2 저:쪽 다른 쪼그로는

= 으~.

@2 저기 여:수쪼그로는

= 여:수쪼기론 그라제 돌:간

@2 에 다른 가시여서

= 이~, 돌:간

돌싼 돌싼

= 돌:쌍깐

@2 응.

@2 에.

= 여그서도 돌:쌍깐 헤:서 머거요.

@2 여기서 어:디가 나나요?

= 인자 그 종자 승거.

@2 에.

@2 에.

= 뻬레 바테다. 그라먼 돌:쌍가슨 데야. 그레가꼬 그롬, 우리 그놈네 시얀네[56] 헤:서 머거써.

@2 에 여기서 기르셔가지고

= 예, 마시써, 헤:노먼.

= 응, 겨울에만 담그지.

@2 여름에는?

= 여름에는 없어.

@2 없어. 안 담그고.

갓?

@2 예.

= 이제

@2 저쪽 다른 쪽으로는

= 응.

@2 저기 여수쪽으로는

= 여수쪽으로는 그렇지 돌산갓.

@2 예, 다른 갓이라서

= 응, 돌산갓.

돌산 돌산

= 돌산갓.

@2 응.

@2 예.

= 여기서도 돌산갓 해서 먹어요.

@2 여기서 어디에 나나요?

= 이제 그 종자 심어.

@2 예.

@2 예.

= 뿌려, 밭에다. 그러면 돌산갓은 돼. 그래가지고 그것 우리 그것 겨우
내 해서 먹었어.

@2 예, 여기서 기르셔가지고

= 예, 맛있어, 해 놓으면.

@2 에에에.

= 그란디 인잔 지금 쩐:: 언:제까정 무건넌지 다: 무꼬 인자 오 떠러저
부러쩨.

@2 에, 여기서도 그

= 처:메는 마시써라우

@2 베:추지 담능 거랑 거이

= 이~, 또까터. 베:추지 다믕 거 가치로.

@2 그믄 절구능 거시 어:뜨케 차이가 인나요? 절구능 거슨 어떼요?

= 절구능 거슨 여로코 전 시처서 소금 처서 절궈 노면 딱 저 게양 주
거, 숨:.

@2 에.

= 그라믄 인자 고눔 카:카리57) 히처서 바타나따 물 쪽: 빠지면 인자,

@2 에.

= 거그따 또 풀 푸를 치고

= 풀 써:서 풀 치고 인자 저런 모:든 양님 헤:가꼬 또 다머.

@2 에.

= 그레가꼬 이그면 마시써라.

@2 여르메는 또 그거 말고 무슨 반찬 헤: 드세요? 갑짜기 머,

= 여르메는 요세는 벨 먼: 먼 반찬

@2 아까

= 까:지 가틍 건

@2 까:지 가틍 거. 까:지는 어:뜨게 하세요?

─ 까:지, 무레

= 까:지는 거시기 저 무레다가 살짝 들처가꼬58)

@2 에.

= 고놈 짝:짝 찌저서 인자

@2 예예예.

= 그런데 이제 지금 저 언제까지 먹었는지 다 먹고 이제 오 떨어져 버렸네.

@2 예, 여기서도 그

= 처음에는 맛있어요.

@2 배추김치 담그는 것이랑 거의

= 응, 똑같아. 배추김치 담그는 것같이.

@2 그러면 절이는 것이 어떻게 차이가 있나요? 절이는 것은 어때요?

= 절이는 것은 이렇게 저 씻어서 소금 쳐서 절여 놓으면 딱 저 그냥 죽어, 숨.

@2 예.

= 그러면 이제 그것 깨끗이 씻어서 받아 놨다 물 쪽 빠지면 이제,

@2 예.

= 거기다 또 풀 풀을 치고

= 풀 쒀서 풀 치고 이제 저런 모든 양념 해가지고 또 담가.

@2 예.

= 그래가지고 익으면 맛있어요.

@2 여름에는 또 그것 말고 무슨 반찬 해 드세요? 갑자기 뭐,

= 여름에는 요새는 별 무슨 무슨 반찬

@2 아까

= 가지 같은 것.

@2 가지 같은 것. 가지는 어떻게 하세요?

− 가지, 오이.

= 가지는 거시기 저 물에다가 살짝 데쳐가지고

@2 예.

= 그것 짝짝 찢어서 이제,

= 인자 지름 치고 께 치고 마늘 치고 장: 치고 그라서 인자 쪼물락거서[59] 만드라아꼬 거 반찬 하고 또:,

= 그르케 안하고 그냥 노물로 헤:무글라먼

@2 에.

= 또 이러 써:러가꼬 잘자라니 이러코 한 접씨 써:러가꼬,

@2 에.

= 멀 장: 치고 여러콘 여 양님 께: 치고 지름 치고 모도

= 마늘씨 느:코 헤:가꼬 더끔더끔더끔[60] 헤:서 인자 이그먼 또 그 그 보까서도 머꼬, 그레

@2 에.

@2 아까 무레는 무레는 어:트케?

= 응, 무레는 지:꾹[61] 탈람 타고.?

@2 에.

= 지:꾹 탈라먼 똔: 저기허제, 체:로 써:러서,

= 또 그거또 소그메다간 소금 잔 처서 께 양님 모도 너:서 인자 지:꾹 타고,

@2 에.

= 물 타고,

= 또 쩌:게 하머넌 초 쪼금 치고 그레가꼬 지:꾹 타고, 또 그냥 만드라 무글라먼 써:러가꼬 또 거시기 절 소금 잔 치고 헤:서 또:,

@2 에.

= 인제 인쟌 그 떼는 모도 양님 마늘씨 양님 모도 고추까리 쪼가석 너:가꼬 또 주물러서 무꼬,

= 그냥 무글라먼. 지:꾹 안 타고.

@2 에.

= 또 나물도 멘드라무글라먼 고가꼬 나물도 만들고,

= 이제 기름 치고 깨 치고 마늘 치고 장 치고 그래서 이제 주물럭거려서 만들어가지고 그 반찬 하고 또,

= 그렇게 안 하고 그냥 나물로 해 먹으려면,

@2 예.

= 또 이러 썰어가지고 자잘하게 이렇게 한 접시 썰어가지고,

@2 예.

= 뭐 장 치고 이렇게 이 양념 깨 치고 기름 치고 모두

= 마늘 넣고 해가지고 약간 덖어서 이제 익으면 또 그 그 볶아서 먹고, 그래.

@2 예.

@2 아까 오이는 오이는 어떻게?

= 응, 오이는 오이냉국 타려면 타고,

@2 예.

= 오이냉국 타려면 또 저기하지, 채로 썰어서,

= 또 그것도 소금에다가 소금 좀 쳐서 깨 양념 모두 넣어서 이제 오이냉국 타고,

@2 예.

= 물 타고,

= 또 저기 하면은 초 조금 치고 그래가지고 오이냉국 타고, 또 그냥 만들어 먹으려면 썰어가지고 또 거시기 저 소금 좀 치고 해서 또,

@2 예.

= 이제 이제 그때는 모두 양념 마늘 양념 모두 고춧가루 조금씩 넣어가지고 또 주물러서 먹고,

= 그냥 먹으려면, 오이냉국 안 타고.

@2 예.

= 또 나물도 만들어 먹으려면 그것 가지고 나물도 만들고,

@2 무레로요?

= 응, 무레로.

@2 어:트케?

= 거:또 또 그 양님:노 치고 지름 치고,

@2 에.

= 양님치고 께 치고 헤:서 거놈도,

= 써:러서 요러코 나방나바이62) 써:러가꼬 그거또 노물 헤:놈 또 머글 만 헤:라.

@2 에.

= 항 가지꺼63) 가꼬 벨시럽게 여러 가지 꺼또 할 쑤 이써.

@2 (웃음)

= (웃음) 마:리 이씁띠여? 무수 항 가지가꼬 열뚜 반찬 만든다고? (웃음)

= 체:로 썰:고 깍뚜기 당:꼬 거시기 점: 무수지 당:꼬 뭔

= 저기 노물 하고 국 끼리고 하면 열뚜가지 다문다 헤:써, 마:리.

@2 에.

= 무수 항간, 한나 가꼬 (웃음)

@2 지남 버네 그거 그: 고:구마 시머가지고 순 네:서도 또

= 응 그거또 또 들처간 베께. 고놈 순 뜨더서.

@2 에.

= 이파리 뜨더불고 인자 이놈 껍딱 비께가꼬 인잔

= 쌀마가꼬

@2 에.

= 소금 잔 처서 쌀마, 쌀무떼.

@2 아,

= 그레야 세팥:헤.

@2 오이로요?

= 응, 오이로.

@2 어떻게?

= 그것도 또 그 양념도 치고 기름 치고,

@2 예.

= 양념 치고 깨 치고 해서 그것도,

= 썰어서 이렇게 나박나박하게 썰어가지고 그것도 나물 해 놓으면 또 먹을 만해요.

@2 예.

= 한 가지 가지고 별스럽게 여러 가지도 할 수 있어.

@2 (웃음)

= (웃음) 말이 있잖습디까? 무 한 가지 가지고 열두 반찬 만든다고? (웃음)

= 채로 썰고 깍두기 담그고 거시기 저 무김치 담그고 뭐

= 저기 나물 하고 국 끓이고 하면 열두 가지 담근다 했어, 말이.

@2 예.

= 무 한 가지 하나 가지고 (웃음)

@2 지난번에 그것 그 고구마 심어가지고 순 내어서도 또

= 응, 그것도 또 데쳐가지고 벗겨. 그것 순 뜯어서.

@2 예.

= 이파리 뜯어 버리고 이제 이것 껍질 벗겨가지고 이제

= 삶아가지고

@2 예.

= 소금 좀 쳐서 삶아, 삶을 때.

@2 아.

= 그래야 새파래.

@2 에.

= 쌀무 떼 물 좀 부:꼬 소그믈 한 줌 거그다 너:코,

@2 에.

= 폭:폭 끼리다가 인자 감자떼 거그따 너:. 그라머 세팔:헤라우.

= 그레가꼬 조:아. 그레가꼬 덥찌 말:고 그냥 그놈 쌀마. 더퍼부먼 누:레저붕께.

@2 에.

= 그레가꼬 고놈 쌀마가꼬 알:마치⁶⁴⁾ 쌀마가꼬 금 네:서 인자 거시긴 모돈

= 건 고치장 잔 치고 된:장 잔 치고 양님 모도

@2 에.

= 마늘 양님 꼬:치까리 께 그렁 건 치고 인자 또 주물러.

@2 에.

= 그레가꼳 또 모끼도 하고

@2 에.

= 고놈 또 노물 헤: 무글라먼

@2 에.

= 그냥 그놈 베께서 쌀마가꼬

= 들처가꼬 거그다가 거 절 들께까리, 들께까리 좀 치고,

= 인자 양님 헤:서 고놈 인자 저 보까 또 보까. 금 또 그노메나도 마시 써라우.

@2 에 지남버네 또 김치도 다무신다고

= 짐치도 다머.

= 고놈 가라가꼬 꼭 짐체 다무먼 열무 담:데끼,

@2 에.

= 그 양님 헤:가꼬 담:쩨.

@2 예.

= 삶을 때 물 좀 붓고 소금을 한 줌 거기다 넣고,

@2 예.

= 폭폭 끓이다가 이제 고구마 줄기 거기에다 넣어. 그러면 새파래요.

= 그래가지고 좋아. 그래가지고 덮지 말고 그냥 그것 삶아. 덮어 버리면 누래져 버리니까.

@2 예.

= 그래가지고 그것 삶아가지고 알맞게 삶아가지고 그러면 내서 이제 거시기 모두

= 그 고추장 조금 치고 된장 조금 치고 양념 모두

@2 예.

= 마늘 양념 고춧가루 깨 그런 것 치고 이제 또 주물러.

@2 예.

= 그래가지고 또 먹기도 하고

@2 예.

= 그것 또 나물 해 먹으려면

@2 예.

= 그냥 그것 벗겨서 삶아가지고

= 데쳐가지고 거기다가 그 저 들깨가루, 들깨가루 좀 치고,

= 이제 양념 해서 그것 이제 저 볶아. 또 볶아. 그러면 또 그것 해 놔도 맛있어요.

@2 예, 지난번에 또 김치도 담그신다고.

= 김치도 담가.

= 그것 갈아가지고 꼭 김치 담그면 열무 담듯이,

@2 예.

= 그 양념 해가지고 담그지.

@2 에.

= 그람 그거또 마시써. 뽈::끈65) 들처가꼬

@2 에.

= 쌀마가꼬 뽈::깡66) 짜야써. 그레야 무리 안 나와.

@2 아.

= 무리 나오먼 너머 안 조체.

@2 에에

= 긍께 뽈:깡뽈깡 짜:불고 그거또 전 전: 모도 끼리고

= 거 베:추지 담:떼끼. 그거또 전 끼리고 모도 마늘씨여 머:시여 다 너:
서 그놈도 거 만드라.

@2 에.

= 연 꼬치 잔 같:고

@2 에.

= 그레가꼬 만드라노먼 그러케 헤:서도 모도 잘 묵떼요. 그람 더 오레
무꼬 그란다고. 또 마시써.

@2 아.

= 더 오레 무거, 그레노먼.

= 망 나물 헤먼 그냥 시여불제마는 그거슨:

@2 에.

= 오레 무거, 더.

@2 에.

= 나:두고 무거도.

@2 에.

= 조아헌 사라믄 데:게 조아헤라. 노물 저 반찬 헤서 머근 사람드른
조아헤.

= 또 마시꼬 또.

@2 예.

= 그러면 그것도 맛있어. 바짝 데쳐가지고

@2 예.

= 삶아가지고 꽉 짜야 돼. 그래야 물이 안 나와.

@2 아.

= 물이 나오면 너무 안 좋지.

@2 예예.

= 그러니까 꽉꽉 짜 버리고 그것도 젓 젓 모두 끓이고.

= 그 배추김치 담그듯이. 그것도 젓 끓이고 모두 마늘이야 뭐야 다 넣어서 그것도 그 만들어.

@2 예.

= 어 고추 좀 갈고

@2 예.

= 그래가지고 만들어 놓으면 그렇게 해서도 모두 잘 먹데요. 그러면 더 오래 먹고 그런다고. 또 맛있어.

@2 아.

= 더 오래 먹어, 그래 놓으면.

= 막 나물 하면 그냥 시어 버리지마는 그것은

@2 예.

= 오래 먹어, 더.

@2 예.

= 놔 두고 먹어도.

@2 예.

= 좋아하는 사람은 아주 좋아해요. 나물 저 반찬 해서 먹는 사람들은 좋아해.

= 또 맛있고 또.

@2 에.

= 어중가니 저:긍께 모:따뭉께 그라제.

@2 양이 저거서요?

= 응, 자:긍께 그라제.

@2 에.

@2 여기서 혹씨 그 고들삐기나 이렁 거똠 하시나요?

= 고들삐기 그릉거 허도 안 혜.

@2 김치 이렁 거는

= 네.

산중에, 산중에서

= 안 혜. 그런 노무른 업:써.

@2 글지요이~.

구레나 쩌 에에 곡썽에나

@2 이런데서는 그 바테서 나는 걸로만

= 응.

= 바테서 나능 거 그 펭상 그렁 거삐끼 업:써. 나 아까 말:항 거 그렁 거삐긴 업:써.

@2 아.

= 다릉 거슨 안 항께.

@2 에.

= 페냐 그거.

@2 에.

일쩜 오쩜 일 ***

@2 이거요?

응.

@2 예.

= 어중간하게 적으니까 못 담그니까 그러지.

@2 양이 적어서요?

= 응, 적으니까 그러지.

@2 예.

@2 여기서 혹시 그 고들빼기 이런 것도 하시나요?

= 고들빼기 그런 것 하지도 않아.

@2 김치 이런 것은

= 네.

산중에, 산중에서,

= 안 해. 그런 나물은 없어.

@2 그렇지요.

구례나 저 곡성에서나

@2 이런 곳에서는 그 밭에서 나는 것으로만

= 응.

= 밭에서 나는 것 그 내나 그런 것밖에 없어. 나 아까 말한 것 그런 것밖에는 없어.

@2 아.

= 다른 것은 안 하니까

@2 예.

= 내나 그것.

@2 예.

1.5.1 ***

@2 이거요?

응.

4.2 나물 채취와 요리

@2 그 다메 이제 그 사네:

= 응.

@2 혹씨 나물 뜨드러도 가시나요?

= 앙: 가. 나물 뜨드러 셍전 앙게 바써.

엔:나레 엔:나레도 앙가 보고.

= 에, 앙 가바써요. 셍전

다른 양반드른

= 다른 양반들또 벨로 앙 가쓰꺼시여.

으~, 꼬사리 가튼 거슨 어뜨케?

= 꼬사리 가튼 거슨 인 모도 끌로 뎅입띠다. 나는 셍::전 다리 아풍게 안 뎅게.

@2 (웃음)

= 망 노무더런 가서 막 꼬사리 끄너가꼬 헤:무꼬 그란디 나는 당에[67] 이날 쑬 나 꼬사리 끄느러[68] 앙 가바써. (웃음)

— 모:까. 앙 가.

= 사다가 함 버니나 무꼬자먼[69] 사다 무꼬,

— 사네 가면 한 이르케 꼬사리 이쓰면 한나:썩 끄너다 무꼬,

@2 네, 잘 안 다니세요? (웃음)

= 페냐 꼬사리 꼬사리도 끄너가꼬 말려가꼬 쌀마가꼬 또 그거또 쌀마.

@2 에.

= 쌀마가꼬 당가나:따가 인자 그거또 들께까리 쫌 치고

@2 에.

@2 그 다음에 이제 그 산에

= 응.

@2 혹시 나물 뜯으러도 가시나요?

= 안 가. 나물 뜯으러 생전 안 가 봤어.

옛날에 옛날에도 안 가 보고.

= 예, 안 가 봤어요. 생전.

다른 양반들은

= 다른 양반들도 별로 안 갔을 것이오.

응, 고사리 같은 것은 어떻게?

= 고사리 같은 것은 이제 모두 끊으러 다닙디다. 나는 생전 다리 아프니까 안 다녀.

@2 (웃음)

= 막 남들은 가서 막 고사리 꺾어가지고 해 먹고 그러는데 나는 아직 이날까지 나 고사리 꺾으러 안 가 봤어. (웃음)

— 못 가. 안 가.

= 사다가 한 번이나 먹고 싶으면 사다 먹고,

— 산에 가면 한 이렇게 고사리 있으면 하나씩 꺾어다 먹고,

@2 네, 잘 안 다니세요? (웃음)

= 내나 고사리 고사리도 꺾어가지고 말려가지고 삶아가지고 또 그것도 삶아.

@2 예.

= 삶아가지고 담가 놨다가 이제 그것도 들깨가루 좀 치고

@2 예.

= 모도 모:든 양님 헤:서 그놈도 인자

= 박 보끄제. 지름 치고 모도 헤:서. 그레가꼳 나물 헤:서 무꼬.

@2 에.

@2 그며는 저기 바테서 나능 거 삐:노코는 보메 이렁 거 그레도 절므셔쓸

떼라

= 응.

@2 봄나물 좀 하러 다니고 그러시지 아난나요?

= 봄.

@2 쑤기나

= 쑥 쑥 케러 뎅게쩨, 쑤건.

@2 쑥 쑤기나 머 또 다릉 건?

– 그떼 나물 케러 간닥 하면 쑤기나 케쩨.

= 쑤근 쑤근 케쩨.

@2 쑤기나 쑤기나 케셔써요?

= 쑥 케고 또 반노물 이쩨.

@2 반노물?

= 응.

@2 어떤 반노무리

= 반노무리 옌:나레 우덜 에레서 반노물 이써써. 먼 여른 논뚜러게는

삐:삐젱이70) 이꼬,

= (웃음) 논뚜러게71) 가먼 삐:삐젱이 이쓰 이써라우.

@2 에에, 보메

= 그렁 걷 이꼬.

@2 에.

= 또 거 쓴 노무리라고 씀바기라고도 이꼬

@2 에에, 씀바기

= 모두 모든 양념 해서 그것도 이제

= 막 볶지. 기름 치고 모두 해서. 그래가지고 나물 해서 먹고.

@2 예.

@2 그러면은 저기 밭에서 나는 것 빼 놓고는 봄에 이런 것 그래도 젊으셨을 때라

= 응.

@2 봄나물 좀 하러 다니고 그러시지 않았나요?

= 봄.

@2 쑥이나

= 쑥 쑥 깨러 다녔지, 쑥은.

@2 쑥 쑥이나 뭐 또 다른 것은?

─ 그때 나물 캐러 간다고 하면 쑥이나 깼지.

= 쑥은 쑥은 캤지.

@2 쑥이나 쑥이나 캐셨어요?

= 쑥 캐고 또 밭나물 있지.

@2 밭나물?

= 응.

@2 어떤 밭나물이?

= 밭나물이 옛날에 우리들 어려서 밭나물 있었어. 무슨 이런 논두럭에는 질경이 있고,

= (웃음) 논두렁에 가면 질경이 있으 있어요.

@2 예예, 봄에

= 그런 것 있고.

@2 예.

= 또 그 쓴나물이라고 씀바귀라고도 있고,

@2 예예, 씀바귀

= '싸랑부리'[72)

@2 '싸랑부리'

= 엔:나레 그거뽀다 '싸랑부리'라간디 그거뽀다 씀바기라게.

@2 에에.

‑ 싸랑부리 거 그걸 무그면 입마시 당긍 거시여.

= 그걸 케다가 그 그걸 케다가

= 무처 무그면 쓰디:: 써도 좋아안 사라면 검:나 조아라게. (웃음)

‑ 아 그거시 일본 헹니미 와서 거시기 하드만.

= 일본 시수근 그거 조아라게. 오시면 그랑께 싸랑부리 그놈 케다가 헤.

‑ 그랑께 어머이가 케다 쩌: 거시기 무처주면 잘 잡쑤제.

= 에 젤:로 그걸 조아락 헤게.

@2 에.

‑ 일본 형니믄

= 그레쩨. 바테 가면 반노믈 엔:나레 보리쏘게 보리갈머넌 보리쏘게가

@2 에.

= 반노믈 이써 먼:. 나:발젱이라고도 이름도 이꼬 나상, 나셍이라고[73) 이꼬.

= 저런

‑ '세메답'또 이꼬

= '나:발젱이'라고도 이꼬 '세메답'또 이꼬 머:

= '공:두떼'도 이꼬, 여러:: 종뉴여 나물 종뉴가 바테서 켕거슨.

@2 에.

= 거에 어레서 케로 뎅길 떼.

= 그렁 거 케다가 모도 쌀마서 무처무꼬 그레써라우.

@2 에.

‑ 그란디 공:두떼도

= '싸랑부리'

@2 '싸랑부리'

= 옛날에 그것보고 '싸랑부리'라고 하는데 그것보고 씀바귀라고 해.

@2 예예.

– 씀바귀 그 그것 먹으면 입맛이 당기는 것이야.

= 그것 캐다가 그 그것 캐다가

= 무쳐 먹으면 쓰디써도 좋아하는 사람은 굉장히 좋아라고 해. (웃음)

– 아, 그것이 일본 형님이 와서 거시기 하더구먼.

= 일본 시아주버니는 그것 좋아라고 해. 오시면 그러니까 씀바귀 그것 캐다가 해.

– 그러니까 어머니가 캐다 저 거시기 무쳐 주면 잘 잡수지.

= 예, 제일 그걸 좋아라고 하셔.

@2 예.

– 일본 형님은

= 그랬지. 밭에 가면 밭나물 옛날에 보리 속에 보리 갈면은 보리 속에

@2 예.

= 밭나물 있어 무슨. '나발쟁이'라고도 이름도 있고 냉이라고도 있고.

= 저런

– '세메답'도 있고

= '나발쟁이'라고도 있고 '세메답'도 있고 뭐

= '공둣대'도 있고, 여러 종류야 나물 종류가. 밭에서 캐는 것은

@2 예.

= 그 어려서 캐러 다닐 때

= 그런 것 캐다가 모두 삶아서 무쳐 먹고 그랬어요.

@2 예.

– 그런데 공둣대도

= 엔:나레

- 쌀마서 무건능가?

= 공:두떼 공:두께도 무걷, 그저네 무거쩨.

- 저 거시기 세메다븐 저 헤:서 무그믄 부, 부:찌 안헤?

= 응, 부서.

= 거시기 저저저

= 노물도 여러:: 가진디 다 이저무거부런네.

@2 다 잘 기억 하시는데요. (웃음)

= 응 그레도 거시기

@2 에.

= 그레가꼬 고놈 인자 그 노물 인자 에레서 케로 가머는,

@2 에.

= 칭구드리랑 여러니74) 가쩨. 바구리에다75) 바구리 가꼬 칼 가꼬

@2 에.

= 가머는 인자 고놈 노물 케:가꼬 보리쏘게서 노물 케가꼬 보리도 케고 노물도 케가꼬

= 인자 거 가서 언능 아노고 인자 그놈 칼베기 헌다고 (웃음)

@2 칼베기요?

= 인자 칼 저 그 노무를 케가꼬 인자 저기 하거등.

- 서로 따:무글라고?

= 서로 따:무글라고 노물 그놈. (웃음)

- 오!

- 예끼 순!

= 여로고 칼로 여곧 팍:: 여러콘 칼베기 여러콘 탁 어퍼지먼 여러고 칵 찡게지먼76)

@2 에.

= 옛날에

- 삶아서 먹었잖는가?

= 공둣대 공둣대도 먹었, 그전에 먹었지.

- 저 거시기 세메답은 저 해서 먹으면 붓지 않아?

= 응, 부어.

= 거시기 저 저 저

= 나물도 여러 가진데 다 잊어 먹어 버렸네.

@2 다 잘 기억하시는데요. (웃음)

= 응, 그래도 거시기

@2 예.

= 그래가지고 그것 이제 그 나물 이제 어려서 캐러 가면은,

@2 예.

= 친구들이랑 여럿이 갔지. 바구니에다 바구니 가지고 칼 가지고.

@2 예.

= 가면은 이제 그것 나물 캐가지고 보리 속에서 나물 캐가지고 보리도 캐고 나물도 캐가지고

= 이제 그 가서 얼른 안 오고 이제 그것 칼박이 한다고. (웃음)

@2 칼박이요?

= 이제 칼 저 그 나물을 캐가지고 이제 저기하거든.

- 서로 따먹으려고?

= 서로 따먹으려고 나물 그것. (웃음)

- 오!

- 예끼 순!

= 이렇게 칼로 이렇게 팍 이렇게 칼박이 이렇게 탁 엎어지면 이렇게 콱 끼이게 되면

@2 예.

= 인자 이녀기 이게따고 고놈 따:서 인자 이녀께로 가저오고

@2 (웃음)

= 지면 또 께끼** 또 사:람 주고

— 어이 헤진떡!77) 암 베게지면?

= 암 베기지면 인자 자빠저부면 인자 안 주제.

— 거:

= 인자 그러고 막 혜:써라우, 어려서.

@2 에.

= 그레가꼬 인자 땅 무더나. 노물 케서. 구뎅이 파서 거:딴 암 몰르라
고. 무더노꼬 케가꼬 바구리로 한:나썩 케가꼬,

= 가꼬와서 고놈 들처서 무처무꼬 그레쩨. 뎬:장 치고 페야 양님 마늘
씨 양님 모도 지름 느:코 무처노면 그거또 마시써.

@2 에.

= 에레서는

— 우이 솔짜인 나는 그런 줄도 모를찌 아라떠니 지양시롭께 컨네.

@2 (웃음)

= 우더리 엄:마나 지양시롭께 커따고? 에레서는.

(웃음)

@2 그러면 아까 그 고사리 꺼끄셔따고 아 앙 꺼끄셔따고. 근데 여기서는
산나물 드시능 게 고사리 바께 엄:나요? 머 취나 이렁 거또?

= 취도 업:써. 여런 디는.

@2 아.

= 취가 어디 나가야 이쩨 요론 디는 업:써 취.

@2 에, 취도 업:꼬 다릉

= 고사리베께 업:써, 단숙.78)

@2 에.

= 이제 자기가 이겼다고 그것 따서 이제 자기에게로 가져오고,

@2 (웃음)

= 지면 또 $$** 또 사람 주고

- 어이, 회진댁! 안 박히면?

= 안 박히면 이제 넘어져 버리면 이제 안 주지.

- 그

= 이제 그렇게 막 했어요, 어려서.

@2 예.

= 그래가지고 이제 딱 묻어놔. 나물 캐서. 구덩이 파서 거기다가 안 마르도록. 묻어 놓고 캐가지고 바구니로 하나씩 캐가지고,

= 가지고 와서 그것 데쳐서 무쳐 먹고 그랬지. 된장 치고 내나 양념 마늘 양념 모두 기름 넣고 무쳐 놓으면 그것도 맛있어.

@2 예.

= 어려서는

- 아니 상당히 나는 그런 줄도 모를 줄 알았더니 짓궂게 컸네.

@2 (웃음)

= 우리들이 얼마나 짓궂게 컸다고? 어려서는.

(웃음)

@2 그러면 아까 그 고사리 꺾으셨다고 안 꺾으셨다고. 그런데 여기서는 산나물 드시는 것이 고사리밖에 없나요? 뭐 취나 이런 것도?

= 취도 없어. 이런 곳은.

@2 아.

= 취가 어디 나가야 있지 이런 곳은 없어. 취.

@2 예, 취도 없고 다른

= 고사리밖에 없어, 단지.

@2 예.

@2 머 도라지나 이렁 거는?

= 도라지도 잘 업:써 요론 디는.

@2 (웃음)

= 도라지도 업:써라. 그란디 무단 사라믄 한 집썩 쪼끔썩 숭거가꼬 헤: 무근 사람도 이떼요.

– 쩌;그젙 도라지 숭근 디는

@2 에, **지베다가?**

= 응, 지베다가

– 저 거시기 미오기네가[79] 숭거저떼.

= 도라지 숭거가꼬 거그는 머:더냐머넌

– 돌간.[80]

= 거시기 저젙 베 베받 이쓩께 베 베 따:다가 인자 짐네.

= 짐네서 파라무글떼 도라지 널:라고 모도 가:수원 한 사람드른 숭거.

= 에, 숭군 거만 이쩨 긍께 사네서는

= 응, 앙::케. 업:써 그릉거.

@2 **멘 인제 드:레서 나능 건만**

= 이~, 드:레서 나능 거슨 꼬사리베끼는

= 여그는 단수 그릉 거시나 끄느러 뎅임따다. 나는 당에 안 가바써. (웃음)

에 도라지를 여기서는 머:라 그레써요 엔:나레?

= '돌간'

– '돌간'

@2 아.

– '돌간'뽀다 도라지라 그레.

@2 아, '돌간'

– 저 도라지 도라지 뻭또라지 아납떠여?

@2 뭐 도라지나 아런 것은?

= 도라지도 잘 없어 이런 곳은.

@2 (웃음)

= 도라지도 없어요. 그런데 어떤 사람은 한 집씩 조금씩 심어가지고 해 먹는 사람도 있데요.

− 저기 저 도라지 심는 곳은

@2 예, 집에다가.

= 응, 집에다가.

− 저 뭐 미옥이네가 심어졌데.

= 도라지 심어가지고 거기는 뭐 하냐면은

− 도라지.

= 거시기 저 저 배 배밭 있으니까 배 배 따다가 이제 즙 내.

= 즙 내서 팔아 먹을 때 도라지 넣으려고 모두 과수원 하는 사람들은 심어.

= 예, 심는 것만 있지 그러니까 산에서는

= 응, 안 캐. 없어 그런 것.

@2 맨 이제 들에서 나는 것만.

= 응, 들에서 나는 것은 고사리밖에는

= 여기는 오직 그런 것이나 꺾으러 다닙디다. 나는 아직까지 안 가 봤어. (웃음)

예, 도라지를 여기서는 뭐라 그랬어요 옛날에?

= '돌갓'

− '돌갓'

@2 아.

− '돌갓'보고 도라지라 그래.

@2 아, 돌갓

− 저 도라지 도라지 백도라지 하잖습디까?

= (웃음)

여기는 노레를 달리 헤야겐네.

- 심:심산처네 벡또라지.

돌간 돌간 벡돌가지라 헤야쓰건네.

= (웃음)

- 한 두 뿌리만 케여도

@2 (웃음)

= 그란디 여그는 도라지 도라지 벡또라지 그레써.

@2 노레는 그러케 하고

- 헤헤요 헤헤요. 헤헤헤요.

@2 거 나물 케러 가실 떼에 머: 들고 가셔써요?

= 바구리

= 바구리에다가?

= 엔:나레는

- 바구리 가꼬 가제.

= '뱀밤바구리'라고 이써.

@2 에?

= '덴담바구리'라고 이따고.

- '뎀담바구리'라면

= 엔:나레

- 그 엔:나레 덴녕쿠리 이써가꼬 그놈 뜨더다가 바구리를 멩그라써.

데 데 덴 녕쿨로요?

- 아니 영쿨81) 여 지금 여 쩌시기가 이써요.

아

= 저쓰 사네가머넌 이르고

- (기침)

= (웃음)

여기는 노래를 달리 해야겠네.

- 심심산천에 백도라지.

돌갓 돌갓 백돌가지 해야 되겠네.

= (웃음)

- 한 두 뿌리만 캐도

@2 (웃음)

= 그런데 여기는 도라지 도라지 백도라지 그랬어.

@2 노래는 그렇게 하고

- 헤헤요 헤헤요. 헤헤헤요.

@2 그 나물 캐러 가실 때에 뭐 들고 가셨어요?

= 바구니

= 바구니에다가?

= 옛날에는

- 바구니 가지고 가지.

= '댄담바구니'라고 있어.

@2 예?

= '댄담바구니'라고 있다고.

- '댄담바구니'라면

= 옛날에

- 그 옛날에 대 넝쿨이 있어가지고 그것 뜯어다가 바구니를 만들었어.

대 대 대 넝쿨로요?

- 아니, 넝쿨 이 지금 이 거시기가 있어요.

아.

= 저 산에 가면은 이렇게

- (기침)

= 이파리가 납짝납짝 항거시 지드::러니 영쿨 이써.

− 꺼:저가꼬

= '덴담' 영쿠리라고.

@2 에.

− 그라고 고거시,

− 안 떠러지고

= 찔:그요이~.82)

@2 아.

= 그놈가꼬 인자 이런 데 비여가꼬

− (기침)

= 데 비여서 조:케 이러가꼬83)

= 인자 고놈 인자 삥:삥 돌려서 인자 바구리 저러.

− 데를

= 데를

− 얄:께 이러가꼬

= 고노믈 삥:삥 돌려서 인자 그그 덴담 그거시로 영꺼서 바구리로 멘

드라가꼬

− (기침)

= 그거다고 카라고 가꼬가.

@2 에.

= 노물케로 엔:나레.

= 그레가꼬

'덴담'바구리이~

= 예, '덴담'바구리.

@2 '덴담'바구리요

= 예, 그레가꼬 거그다가 노물 케가꼬

= 이파리가 납작납작한 것이 기다랗게 넝쿨 있어.

− 짜져가지고

= '댄담' 넝쿨이라고.

@2 예.

− 그렇게 그것이,

− 안 떨어지고

= 질겨요.

@2 아.

= 그것 가지고 이제 이런 곳 베어가지고

− (기침)

= 대 베어서 좋게 만들어가지고

= 이제 그것 이제 빙빙 돌려서 이제 바구니 결어.

− 대를

= 대를

− 얇게 만들어가지고

= 그것을 빙빙 돌려서 이제 그 그 '댄담' 그것으로 엮어서 바구니로
만들어가지고

− (기침)

= 그것하고 칼하고 가지고 가.

@2 예.

= 나물 캐러 옛날에.

= 그래가지고

'댄담'바구니

= 예, '댄담'바구니

@2 '댄담'바구니요?

= 예, 그래가지고 거기다가 나물 캐가지고

- 데로 멘드라따 헤:서 '덴담'바구리.

'덴담'넝쿠리라 허먼 덴담 넝쿨

= 예.

'덴담' 영쿨

- 아, 영쿠리 '덴담' 영쿠리 아니라 그 먼 영쿠리 이르미 이쓰꺼인디.

= '덴담' 바구리 그

= 그거이 몰라. 먼: 영쿠링가는 몰라도 덴담바구리라게써.

- 인자 그랑께 인자 그레

= 데로 영끈닥 헤:서 '덴담' 바구리.

= 그레가꼬 그런 산 모도 산 거시기

- 아, 모:릉 거슨 소네다 쥐여도 모:르니까

= 바테가서 노물 케다가 그러게 무처무꼬 그런 노물 베께 업:써.

- 얼릉 셍가기 안낭, 거또

= 다른 노무른 업:꼬.

@2 나물 케러 가실 떼에 혼자 가세요?

= 여러니 가제.

@2 여러니 가요?

= 그라지, 칭구들랑

- 혼자는 안가제이~.

@2 (웃음)

- 누가 어버가먼 으짜게?

= 크네, 크네기 떼84) 저 쬐깐 헤:서 여러:니 가제.

@2 에에.

= 여러니 가서 그러코 장난치고 막 그라제. 거 칼베기 헌다고 구라고

@2 칼베기 하고 오시고

= 응.

− 대로 만들었다 해서 '댄담'바구니.

'댄담' 넝쿨이라 하면 '댄담' 넝쿨

＝ 예.

'댄담' 넝쿨

− 아, 넝쿨이 '댄담' 넝쿨이 아니라 그 무슨 넝쿨이 이름이 있을 것인데,

＝ '댄담' 바구니 그

＝ 그것이 몰라. 무슨 넝쿨인지는 몰라도 '댄담' 바구니라 했어.

− 이제 그러니까 이제 그래.

＝ 대로 엮는다 해서 '댄담' 바구니.

＝ 그래가지고 그런 산 모두 산 거시기

− 아, 모르는 것은 손에다 쥐여도 모르니까.

＝ 밭에 가서 나물 캐다가 그렇게 무쳐 먹고 그런 나물밖에 없어.

− 얼른 생각이 안 나, 그것도.

＝ 다른 나물은 없고.

@2 나물 캐러 가실 때에 혼자 가세요?

＝ 여럿이 가지.

@2 여럿이 가요?

＝ 그렇지, 친구들이랑.

− 혼자서는 안 가지.

@2 (웃음)

− 누가 업어 가면 어떻게 해?

＝ 처녀, 처녀 때 저 조그매서 여럿이 가지

@2 예예.

＝ 여럿이 가서 그렇게 장난치고 막 그러지. 그 칼박이 한다고 그러고.

@2 칼박이 하고 오시고.

＝ 응.

= 요로코 떵겨 가꼬

아, 지 지 지지리[85] 딸 케가꼬 다 이러버리먼 어트케요?

= (웃음) 그라문 또 케가꼬 오지요 인자.

− 인자 보지라니 케야제.

= 보지라니 케야제. (웃음)

@2 아::, 이런 데는 멀: 그걸 그 나물케로 가따가: 짐승 만나고 머

= 그렁 거슨 업:써.

@2 업:쪼?

= 여거 여 머 거시기가 아니라

@2 사니 아니라

= 사니 아니라

− 기푼 산중이 아니라

= 응 아니라 그렁 거 업:써.

@2 에. 다릉 걸 아까 그거 칼베기 말고 또 다른 이야기 제민능 거슨 업:쓰세요?

= 어쓰 멀 업:써. (웃음)

= 나는 먼: 이야기를 모:단당께.

@2 어이, 잘 하시

= 입따미 업:써가꼬 이야기를 으 모:데. 곰:방 이저부러 다.

= 거 곰:방 드러가꼬도 머시락 항고 그레지고 이이 언:능 이지마[86] 마:네가꼬

@2 에.

= 아이 곰:방 넹장고에로 멀: 가지로 가도 아니 네가 머:까지로 완는디 이라고 보라꼬[87] 이따냐?

= 아서 셍각 하먼 그걸 아:: 네가 그걸 가지로 와꾸나 그로코 셍강나. 그로코 깜:방 이저불고 이저불고 이짐썽이[88] 마:네.

@2 (웃음)

= 무장[89] 더 그레.

= 이렇게 던져가지고

아, 기껏 캐가지고 다 잃어 버리면 어떻게 해요?

= (웃음) 그러면 또 캐가지고 오지요 이제.

― 이제 부지런히 캐야지.

= 부지런히 캐야지. (웃음)

@2 아, 이런 곳은 뭐 그것 그 나물 캐러 갔다가 짐승 만나고 뭐

= 그런 것은 없어.

@2 없지요?

= 여기 여 뭐 거시기가 아니라

@2 산이 아니라

= 산이 아니라

― 깊은 산중이 아니라

= 응, 아니라 그런 것 없어.

@2 예. 뭐 다른 것 아까 그것 칡박이 말고 또 다른 이야기 재미있는 것은 없으세요?

= 없으 뭐 없어. (웃음)

= 나는 무슨 이야기를 못 한다니까.

@2 아니, 잘 하시

= 입담이 없어가지고 이야기를 못해. 금방 잊어 버려 다.

= 그 금방 들어가지고도 뭐라고 하나 그래지고 이 얼른 잊음이 많아가지고

@2 예.

= 아니, 금방 냉장고로 뭐 가지러 가도 아니 내가 뭐 가지러 왔는데 이렇게 바라보고 있다니?

= 와서 생각하면 그것 아 내가 그것 가지러 왔구나 그렇게 생각나. 그렇게 깜박 잊어 버리고 잊어 버리고 잊음이 많아.

@2 (웃음)

= 갈수록 더 그래.

4.3 밑반찬의 조리

@2 (웃음) 에, 그 다메 인제 밥 어:뜨케 헤: 드시는지 그 예:기:: 좀 헤.

@2 옌:나레는 여기 저기 이러케 입씩부억 아니고:

= 불 떼:서 밥 헤쩨. 검정소테다가.

@2 검정소테다가 어:트게? 주로:: 밥 헤:드시지요?

= 그러제.

@2 다릉 걸 다릉 걸 별미로 뭐 또 헤 드시능 거 이쓰세요? 밥 하시고?

= 밤 말:고는 인자

= 또 벌무로 항거슨 찰바비나 하고 그라제.

@2 찰밥 하시고

= 응, 찰밥 하고,

− 보리메?

= 아니, 암:제라도

@2 보:통 인제

= 보:통 인자 머꼬 시푸면

= 찰바비나 헤:서 머:꼬 또 밀:까리 사두면 밀:까리 사다 주기나 쒂:무꼬 수제비

= 수제비 하시고

= 이∼, 그릉 거이나 하고 똑

= 또 머끼 시럼 또 국쑤이쓰머 여르메 국쑤 함 번썩 끼레무꼬

@2 국수 함 번 끄려 잡쑤시고

= 응, 그러제.

@2 에.

@2 그 다메: 여기서 반차는 주로 어떵 거 어떵 거 준비하세요?

@2 (웃음) 예, 그 다음에 이제 밥 어떻게 해 드시는지 그 얘기 좀 해.

@2 옛날에는 여기 저기 이렇게 입식 부엌 아니고

= 불 때서 밥 했지, 검정솥에다가.

@2 검정솥에다가 어떻게? 주로 밥 해드시지요?

= 그렇지.

@2 다른 것 다른 것 별미로 뭐 또 해 드시는 것 있으세요? 밥 하시고?

= 밥 말고는 이제

= 또 별미로 한 것은 찰밥이나 하고 그러지.

@2 찰밥 하시고

= 응, 찰밥 하고,

— 보름에?

= 아니, 아무 때라도

@2 보통 이제

= 보통 이제 먹고 싶으면

= 찰밥이나 해서 먹고 또 밀가루 사 두면 밀가루 사다 죽이나 쒀 먹고 수제비

= 수제비 하시고

= 응, 그런 것이나 하고 또

= 또 먹기 싫으면 또 국수 있으면 여름에 국수 한 번씩 끓여 먹고

@2 국수 한 번 끓여 잡수시고

= 응, 그렇지.

@2 예.

@2 그 다음에 여기서 반찬은 주로 어떤 것 어떤 것 준비하세요?

− 반찬

@2 에, 반차는

= 반찬 펭상 이 먼: 반차니써?

@2 머 김치하고

= 김치하고

− 여르메 시언헤지먼 저 쩌 옐:, 무레 따다 와 쩌 **헤가꼬.

= 까:지 따다 노물 하고

@2 아, 나물 만드시고

= 나물 만들고

@2 에.

− 까:지는 짝:짝 찌저서 노물하고

= (웃음) 짝:짝 찌저서 까:지 노물 하고

− 뚝:뚝 써러서 호:방노물

= 뚝:뚝 써러서 호:방노물 하고 (웃음)

@2 나물하시고

= 체:로 써러서 무시 노물 하고

@2 에.

= (웃음)

@2 주로 나물 드시고 저깔도 마:니 드세요?

= 저깔도 그러제. 멜치저또 자 무체 무글라면 무체무꼬

@2 에.

= 인자 잡쩌또 사다 무체무꼬

@2 에.

= 황시리저또[90] 다머서 머글라면 무꼬.

= 여러가지 인자 저까른 모도 종:뉴가 마쩌또 이꼬

@2 에.

- 반찬

@2 예, 반찬은

= 반찬 내나 이 무슨 반찬 있어?

@2 뭐 김치하고

= 김치하고

- 여름에 시원해지면 저 저 오이 따다 와 저 **해가지고.

= 가지 따다 나물 하고

@2 아, 나물 만드시고

= 나물 만들고

@2 예.

- 가지는 쫙쫙 찢어서 나물 하고

= (웃음) 쫙쫙 찢어서 가지나물 하고

- 뚝뚝 썰어서 호박나물

= 뚝뚝 썰어서 호박나물 하고 (웃음)

@2 나물 하시고

= 채로 썰어서 무나물 하고

@2 예.

= (웃음)

@2 주로 나물 드시고 젓갈도 많이 드세요?

= 젓갈도 그렇지. 멸치젓도 이제 무쳐 먹으려면 무쳐 먹고

@2 예.

= 이제 잡젓도 사다 무쳐 먹고

@2 예.

= 황석어젓도 담가서 먹으려면 먹고.

= 여러 가지 이제 젓갈은 모두 종류가 맛젓도 있고,

@2 예.

= 세비저또91) 이꼬,

@2 에.

= 저런 거시기 먼: 저기 저또 이꼬 다: 모도

= 여러 빈지럭쩔92) 이꼬 다: 이쩨.

— 엔:나레는 머식헨능고 조구 저 거시기 다뭉 거시른 머여? 먼: 저 싱고?

= 알가미쩔93)

— 알가미쩔?

= 마:리 알가미저시라

— 또 우에쩔 웅에저또 이꼬

= 웅에저또 이꼬

@2 웅에저시요? 에 저깔 마:니 드셔쪼?

= 으~.

= 마:니쩬. 그:저네는 거거 도포94) 그쪼게가

— 거 항시리쩔

= 항서리쩔 마:니써쩨.

@2 에.

@2 상에 여르메는 그며는 여르메 드실 떼에

@2 머 밥 하시고 반찬 인자 손님 마:나게 오거나 아니면 지베서 시꾸들끼리 밤 머꺼나 밥 하시고 또 김치 하나 올려노코 저깔 올려 노코 또 머 먿: 준비하세요?

= 먼 나물 사다

@2 나물

= 나물 허고

@2 하시고

= 또 찌게 하고

= 새우젓도 있고,

@2 예.

= 저런 거시기 무슨 저기 젓도 있고 다 모두

= 여기 밴댕이젓 있고 다 있지.

− 옛날에는 뭐 했는가? 조기 저 거시기 담그는 것은 뭐야? 무슨 젓
인가?

= 아가미젓

− 아가미젓?

= 말이 '알가미젓'이라.

− 또 웅어젓 웅어젓도 있고.

= 웅어젓도 있고

@2 웅어젓이요? 예 젓갈 많이 드셨지요?

= 응.

= 많이 있지. 그전에는 그 도포(지명) 그쪽에

− 그 황석어젓

= 황석어젓 많이 있었지.

@2 예.

@2 상에 여름에는 그러면은 여름에 드실 때에

@2 뭐 밥 하시고 반찬 이제 손님 만약에 오거나 아니면 집에서 식구들끼리
밥 먹거나 밥 하시고 또 김치 하나 올려 놓고 젓갈 올려 놓고 또 뭐 뭐 준비하
세요?

= 무슨 나물 사다

@2 나물

= 나물 하고

@2 하시고

= 또 찌개 하고

@2 찌게:

= 응.

@2 하시고

= 또 먼: 구꺼니95) 이쓰먼 국 끼리고

@2 응, 구꺼니 이쓰먼 국 끼리시고

= 그렁 건 저렁 건 하제.

@2 에.

@2 그러케 하고 머 인제 야:체가틍 거 싸:잡쑤시게

= 으~.

@2 하머는

= 인자 싸:머글 거슨 상추 고기 싸무글 떼는 상추하고

@2 에.

= 고추하고 들껜닙하고

@2 에.

= 그 그릉건 사서 또 싸:묵쩨.

@2 에, 된:장이랑

= 응, 된:장아고

= 고추장낭 헤:서

@2 덴:장이랑 고추장이랑

= 응, 고추장이랑 으~ 마늘랑,

@2 이건 어:트케 무러바야 델찌 모르겐네요.

이거 고기 가틍 거슨 안 드셔써요? 셍선?

= 셍선도 들지요.

어떤 셍선들 마:니 궈 잡쑤션나요?

= 조기

에, 조구

@2 찌개

= 응.

@2 하시고

= 또 무슨 국거리 있으면 국 끓이고

@2 응, 국거리 있으면 국 끓이시고

= 그런 것 저런 것 하지.

@2 예.

@2 그렇게 하고 뭐 이제 야채 같은 것 싸서 잡수시게

= 응

@2 하면은

= 이제 싸서 먹을 것은 상추 고기, 싸서 먹을 때는 상추하고

@2 예.

= 고추하고 들깻잎하고,

@2 예.

= 그 그런 것 사서 또 싸서 먹지.

@2 예, 된장이랑

= 응, 된장하고

= 고추장이랑 해서

@2 된장이랑 고추장이랑

= 응, 고추장이랑 응 마늘이랑,

@2 이것은 어떻게 물어 봐야 될지 모르겠네요.

이거 고기 같은 것은 안 드셨어요? 생선?

= 생선은 들지요.

어떤 생선들 많이 구워 잡수셨나요?

= 조기

예, 조기

= 조구하고 저런 저

- 벵치96) 가틍 거

= 벵치 가틍 거

@2 에.

= 저기 저저저 머이요, 그거시?

= 저 강 강꼬등에

@2 고등에

= 고등어 예 그릉 거또 마:니 사서 헤:머꼬

셍선 장수 여르 도라다님니까?

= 예, 여그 도라 다니 네:리 심북짱이다먼 꼭 오늘 와요.

@2 아 (웃음)

= 여자 아주마가 꼭 와요.

- 그란디 오느리 심북짱잉께 어 쩌 어제

= 어제 와써.

= 꼭: 심북짱이 네:리락 하믄 꼭 오늘 아치메 아요.

@2 에.

= 장사가

- 그랑께 어제 와써써. 오느리 심북짱잉께.

= 차 가꼬 아주마가. 거 영삼포서 꼭: 다녀.

엔:날부터 그레써요?

= 예?

에, 엔:날부터?

= 예.

- 아니여::.

= 아니요 중가네부텀 뎅게

- 중가네부텀 뎅이고

= 조기하고 저런 저

- 병어 같은 것

= 병어 같은 것

@2 예.

= 저기 저저저 뭐요, 그것이?

= 저 간 간고등어

@2 고등어

= 고등어 예 그런 것도 많이 사서 해 먹고

생선 장수 여기 돌아다닙니까?

= 예, 여기 돌아다니 내일이 신북장이라 하면 꼭 오늘 와요.

@2 아. (웃음)

= 여자 아주머니가 꼭 와요.

- 그런데 오늘이 신북장이니까 저 어제

= 어제 왔어.

= 꼭 신북장이 내일이라고 하면 꼭 오늘 아침에 와요.

@2 예.

= 장수가.

- 그러니까 어제 왔었어. 오늘이 신북장이니까.

= 차 가지고 아주머니가. 그 영산포서 꼭 다녀.

옛날부터 그랬어요?

= 예?

예, 옛날부터

= 예.

- 아니야.

= 아니요, 중간에서부터

- 중간에서부터 다니고

@2 저:네 저

= 그:: 저네 똘 저 아주마가 한나가 저 이:고 또 이러고 뎅게써.

@2 세벼게

= 세부게먼 꼭 와 이러고

@2 예 저이 동네도 와꺼등요.

- 게 땅 먼 이:고 꼭 오

= 쩌: 영삼포 아지마가 꼭 뎅게써. 그란디 인자 그 영삼포 아줌마는 안 뎅이고 또 따른 사라미 뎅이데.

@2 아.

- 그라먼 또 시 쩌 장에 시:장에 가서 먼 사가꼬

장에 가서 또 잡쑤고 시풍 거

= 예, 그러지요.

= 조기도 조 갈치도 사다무꼬 다: 사다묵찌요 인자, 장에 인능 거슨 셍서는

= 오:리도 사다 오:리탕도 헤:무꼬 데야지고기도 사다 헤:무꼬 (웃음)

- 오, 오늘또 형수씨가 저: 오:리 함 마리 사 와써.

= 어:디 형수씨가라우?

- 아, 큰집 형수씨.

= 와게습띠요?

- 아노고 저 쩌 쩌 질부한테 보네떼. 데:두엄마97)

= 워:메

- 그레 넹:장고에 너:나써.

(웃음) 국쑤는 지베서 이러케 만드시지는 안초? 사다 잡쑤셔쪼?

= 그저네 그저네 밀: 허 혜:쓸 데는 밀: 가라쓸 떼는 밀:로 거시기 밀: 건 간, 가라다가 쩔 쩍 기게에 가서 몽굴::게

= 가라다가 거시기 젼 국쑤 삐:써요.

@2 전에 저

= 그전에 또 저 아주머니가 하나가 저 이고 또 이렇게 다녔어.

@2 새벽에

= 새벽이면 꼭 와 이렇게.

@2 예, 저희 동네도 왔거든요.

− 그래 딱 무슨 이고 꼭 오

= 저 영산포 아주머니가 꼭 다녔어. 그런데 이제 그 영산포 아주머니는 안 다니고 또 다른 사람이 다니데.

@2 아.

− 그렇지 않으면 또 시 저 장에 시장에 가서 뭐 사가지고

장에 가서 또 잡수고 싶은 것

= 예, 그러지요.

= 조기도 저 갈치도 사다 먹고 다 사다 먹지요 이제, 장에 있는 것은 생선은.

= 오리도 사다 오리탕도 해 먹고 돼지 고기도 사다 해 먹고 (웃음)

− 오, 오늘도 형수가 저 오리 한 마리 사 왔어.

= 어느 형수가요?

− 아, 큰집 형수.

= 오셨습디까?

− 안 오고 저 저저 조카며느리에게 보냈데. 대두엄마.

= 아이고

− 그래 냉장고에 넣어 놨어.

(웃음) 국수는 집에서 이렇게 만드시지는 않지요? 사다 잡수셨지요?

= 그전에 그전에 밀 했을 때는 밀 갈았을 때는 밀로 거시기 밀 그것가, 갈아다가 저 저 기계에 가서 몽글게

= 갈아다가 거시기 저 국수 뺐어요.

국쑤를 뻬:기도 하셔써요?

= 예, 뻬:기도 헤써요.

− 뻬:기도 하고 반주글 이게서 여기서

그믄 기게는 국쑤 기게는 어:디에서?

= 인자 쩌 가서 이쩨. 거 기게 인는디 가서

− 아 엔:나레는 거시기 아네따고?98)

= 엔:나레는 쩌 바람장에 가면 이써.

− 여러케 미러서 또

= 심북 까도 이꼬

@2 칼국쑤

− 뻬:서 마:니 아네써?

= 그거슨 인자 칼국쑤제. 그거슨 칼국쑤고 인자 엔: 국쑤 뻬:다가 그떼
는 마:니 뻬:다가 헤: 무거쩨.

− 그라믄 *** 몰려가꼬 또 거시하제이~?

= 그라제~.

= 뻬:가꼬 땅 여러고 몰리드만. 그레가꼬 요로코 타발로99) 짬메여서
각 가따노코 마:니 헤 무거쩨.

− 그러케 쩨 다발로 쩸:밍거싱께 즈그가 다 짤라 주고.

@2 에.

= 헤:서 마:니 그거또 헤: 무거쩨.

그러쿠뇨.

@2 그

@2 고추장: 어뜨케 담그세요?

= 고추장?

@2 예.

= 처:메 거시기 젇 열 싸고

국수를 빼기도 하셨어요?

= 예, 빼기도 했어요.

- 빼기도 하고 반죽을 이겨서 여기서

그러면 기계는 국수 기계는 어디에서?

= 이제 저기에 있지. 그 기계 있는 데 가서

- 아, 옛날에는 거시기 했잖아?

= 옛날에는 저 반남장에 가면 있어.

- 이렇게 밀어서 또

= 신북 가도 있고

@2 칼국수

- 빼서 많이 안 했어?

= 그것은 이제 칼국수지. 그것은 칼국수고 이제 원 국수 빼다가 그때는 많이 빼다가 해 먹었지.

- 그러면 *** 말려가지고 또 거시기 하지?

= 그렇지.

= 빼가지고 딱 이렇게 말리더구면. 그래가지고 이렇게 다발로 잡아매서 가져다 놓고 많이 해 먹었지.

- 그렇게 저 다발로 잡아매는 것이니까 저희가 다 잘라 주고.

@2 예.

= 해서 많이 그것도 해 먹었지.

그렇군요.

@2 그

@2 고추장 어떻게 담그세요?

= 고추장?

@2 예.

= 처음에 거시기 저 엿 사고

@2 예.

= 덴:장은 이녁 덴:장이로도 허,힐람 허고 산 장에 가서도 덴:장 고추장덴:장 살라믄 사고 그레가꼬 덴:장 하고

= 거시기 여다고 또 저젼 거신 찹쌀까리아고

= 인자 그레가끈 끼레. 여 소테다 폭:폭 끼레가꼬 여다고 덴:장까리 하고

= 젼: 거그다가 마늘씨 잔 가라서 너:코 그레가꼬 폭:폭 끼레가꼬 거그다가 인자 퍼:. 인자 폭:폭 끄르면.

= 여 저 다라이예다 퍼가꼬 인자 쪼끔 쪼끔 시글락 하면 거그따가 인자 거 고추장 메주 잔 사고

@2 에.

= 장에 가서 메주까리

@2 메주까리요?

= 응, 사고 인잔 고추장까리 인잔 쩌 꼬:추를 몽굴게 뽀사.

= 고치장 만들라고. 그레가꼬 고노마고 헤:서 딱 모까[100] 나:두믄 인잔

= 응, 그레가꼬 거그따 세주도 치고

= 소주요?

= 응, 소주도 칠람 치고 또 저 사이다도 잔 치고

@2 에.

= 거 물 치지 말:고

= 인자 물치면 부글부글 게:고 그랑께 사이다 치고, 술 치, 세주 치고 그레가꼬

= 폭:폭 끼레가꼬 인자 쪼끔 시글락 하면 고추까리 처. 저 고추까리 이게 나:따가 간 차:꼬 마쳐 소금.

= 너머 짜도 모:쓰고 너머 싱가도 모:쓰고 항께 알마치 간 마쳐따가

= 인자 딱: 처 데:나따가 인 고놈 거시기하면 쫌 사글락 하면 그냥 한

@2 예.

= 된장은 자기 된장으로도 하려면 하고 장에 가서도 된장 고추장 된장 사려면 사고 그래가지고 된장 하고

= 거시기 엿하고 또 저저 거시기 찹쌀가루하고

= 이제 그래가지고 끓여. 이 솥에다 펄펄 끓여가지고 엿하고 된장가루하고

= 저 거기다가 마늘 좀 갈아서 넣고 그래가지고 펄펄 끓여가지고 거기다가 이제 퍼. 이제 펄펄 끓으면

= 이 저 대야에다 퍼가지고 이제 조금 조금 식으려고 하면 거기다가 이제 그 고추장 메주 좀 사고

@2 예.

= 장에 가서 메줏가루

@2 메주가루요?

= 응, 사고 이제 고추장 가루 이제 저 고추를 몽글게 빻아.

= 고추장 만들려고 그래가지고 그것하고 해서 딱 반죽해 놔 두면 이제

= 응, 그래가지고 거기다 소주도 치고

= 소주요?

= 응, 소주도 치려면 치고 또 저 사이다도 좀 치고

@2 예.

= 그 물 치지 말고

= 이제 물 치면 부글부글 괴고 그러니까 사이다 치고, 술 치고, 소주 치고 그래가지고

= 펄펄 끓여가지고 이제 조금 식으려고 하면 고춧가루 쳐. 저 고춧가루 이겨 놨다가 간 자꾸 맞춰. 소금.

= 너무 짜도 안 되고 너무 싱거워도 안 되고 하니까 알맞게 간 맞췄다가

= 이제 딱 치대 놨다가 이제 그것 거시기 하면 좀 삭으려고 하면 그냥 한

이틀 이따가 그냥 통에다 다머선

= 넹:장고에다 너: 부러. 잔 여러 디다 나:두먼 겐잔헤:도[101] 부글부글 게:깜송께.[102]

— 예.

= 그레노믄 셍전 언:제까지 나:도 겐찬하드만.

@2 에, 저네는 근데 바께다 이러케 네:나 쓸 꺼 아니에요? 넹:장고 업:쓸 떼는?

= 응 저네는 베까테다 네:나쩨.

@2 에, 그러면?

= 인자 암만 헤도 게:고[103] 그러제~.

@2 에.

= 게:고 그라먼 시여도 지고 그라지만 지그믄 먼:

= 넹:장고에다 너:붕께 머:시든지 보면 넹:장고에 드러강께. (웃음) 그레가꼬 고치장 헤: 묵쩨.

@2 네, 된:장은 어뜨케 만드세요?

= 덴:장은?

@2 에.

= 콩 뚜두러 가꼬

@2 에.

= 콩 그노믈 인자 말레 가꼬

= 콩 뚜듬 알:메이를 쫌 말레가꼬 인자 그놈 인자 당가가꼬 콩 인자

— 다 일리리 다 치리고 ***

= 거시기

— 하기도 하고

= 당가나:따가 인자 고놈 인자 시처가꼬 소테다가 인잔 다머가꼬

이틀 있다가 그냥 통에다 담아서는

= 냉장고에다 넣어 버려. 좀 이런 곳에 놔 두면 괜찮아도 부글부글 낄까 무서우니까.

─ 예.

= 그래 놓으면 생전 언제까지라도 놓아도 괜찮더구먼.

@2 예, 전에는 그런데 밖에다 이렇게 내놓았을 것 아니에요? 냉장고 없을 때는?

= 응, 전에는 밖에다 내놓았지.

@2 예, 그러면

= 이제 아무래도 괴고 그러지.

@2 예.

= 괴고 그러면 시어지기도 하고 그러지만 지금은 무슨

= 냉장고에다 넣어 버리니까 뭐든지 보면 냉장고에 들어가니까 (웃음) 그래가지고 고추장 해 먹지.

@2 예, 된장은 어떻게 만드세요?

= 된장은?

@2 예.

= 콩 두들겨가지고

@2 예.

= 콩 그것을 이제 말려가지고

= 콩 두들기면 알맹이를 좀 말려가지고 이제 그것 이제 담가가지고 콩 이제

─ 다 일일이 다 추리고 ***

= 거시기

─ 하기도 하고

= 담가 났다가 이제 그것 이제 씻어가지고 솥에다가 이제 담아가지고

@2 에.

= 소테다 부서가꼬 물 잔 부:꼬

@2 에.

= 떼:. 불 인자 폭:폭 메 뺄 한 서너 불 떼:라우.

= 떼:머넌 거이 물렁물렁물렁 헤:저 콩이. 그라면 그노믈 인자 퍼가꼬 쪽:

- 도:구통에다

= 물 바터가꼬 도:구통에다가 인자

= 도 지그믄 고구통에다 찌:도 아네. 쩌쩌접 푸데에다 다머서 탁 볼바, 발로.

- @2 아: 에.

엔:나레는 엔:나레는

- 찌, 찌연는디

= 예

= 도:구통에다 막 찌여찌요.

@2 아.

= 그란디 지그믄 찌:도 잘 안 헤.

- 그레가꼬 푸데에다 다머가꼬

= 마:다리104) 푸데에 다머아꼬

= 망: 머 우:게다간 비니루라 둘러씨여가꼬 막 발로 막 막 볼바. 그람 딱 이끄러저버머면105) 이노 딱:땅 여러코 지금 사람드른

= 거시기 저 이러코 만들데요, 머:슬 데마냥. 나 이러고 발 아풍께 네가 뻐:꼬 이쏘. 나 미야네도 어짤 쑤 업:써.

@2 예에, 아니요, 아니요, 아니요.

= 그레가꼬 요로고 데마니로 만드라가꼬 거그다 한:나106) 다머가꼬 거그다 먼:

= 포장 한 나 너:가꼬 어따 깡 너:가꼬는 깍::깍 눌러가꼬는 요로고

@2 예.

= 솥에다 부어가지고 물 좀 붓고

@2 예.

= 때. 불 이제 활활 몇 벌 한 서너 불 때요.

= 때면은 거의 물렁물렁해져 콩이. 그러면 그것을 이제 퍼가지고 쪽

— 절구통에다

= 물 받아가지고 절구통에다 이제

= 지금은 절구통에다 찧지도 않아. 저저 자루에다 담아서 탁 밟아, 발로.

@2 아. 예.

옛날에는 옛날에는

— 찧었는데

= 예.

= 절구통에다 막 찧었지요.

@2 아.

= 그런데 지금은 잘 찧지도 않아.

— 그래가지고 자루에다 담아가지고

= 한 말 들이 자루에 담아가지고

= 막 뭐 위에다가 비닐이랑 둘러 씌워가지고 막 발로 막 막 밟아. 그러면 딱 으깨져 버리면 이렇게 딱딱 이렇게 지금 사람들은

= 거시기 저 이렇게 만들데요, 뭐를 되처럼. 나 이렇게 발 아프니까 내가 뻗고 있소. 나 미안해도 어쩔 수 없어.

@2 예예, 아니에요, 아니에요, 아니에요.

= 그래가지고 이렇게 되처럼 만들어가지고 거기다 가득 담아가지고 거기다 무슨

= 포장 가득 넣어가지고 어디에다 꽉 넣어가지고는 꼭꼭 눌러가지고는 이렇게

쏙 빼:서 노코노코 하면 지금 꼭 장:기짱 마니로

　－ 니:모 빤드다게 헤:가꼬

　＝ 니:모 빤드데다꼬, 그레가꼬

　＝ 인자 여 불 떼:먼 정:기 즌 쩌저 보일라 방에다가

　＝ 딱:: 지블 까라.

＠2 에.

　＝ 깔:고는 그 우게다 두굼::금107) 놔.

＠2 에.

　＝ 졸:졸졸졸 놔.

　－ 뜨라고 그러제.

　＝ 뜨라고

＠2 에.

　＝ 그레서 인자 차:꼬 하레먼 날:마지108) 그놈 뚜저끄레109) 메주를. 그레가꼬 인자 한: 다리나 데머넌

　＝ 한 다리나 거자 데야먼 인자 떠:.

　－ 다 떠쏭께

＠2 에.

　＝ 그라먼 인자 고놈 네:서 인자 깡깡 몰려가꼬 인자

　＝ 또 메주 다물라믄 물 풀:고 무레다가 소금 푸러.

＠2 에.

　＝ 인자 가:사 거 장: 한하, 한 동우에

　＝ 거시긴 저 소금 두: 데썩 푸러.

＠2 아.

　＝ 두: 데 풀:고, 그레가꼬 인자 거그다가 짤랑가 어짤랑가 모릉께 게라늘 너:.

＠2 에.

쏙 빼서 놓고 놓고 하면 지금 꼭 장기짝처럼

- 네모 반듯하게 해가지고

= 네모 반듯해가지고 그래가지고

= 이제 이 불 때면 전기 저저 보일러 방에다가

= 딱 짚을 깔아.

@2 예.

= 깔고는 그 위에다 켜켜이 놔.

@2 예.

= 졸졸졸졸 놔.

- 뜨라고 그러지.

= 뜨라고

@2 예.

= 그래서 이제 자꾸 하루면 날마다 그것 뒤적거려 메주를. 그래가지고 이제 한 달이나 되면은

= 한 달이나 거의 되면 이제 떠.

- 다 떴으니까

@2 예.

= 그러면 이제 그것 내서 이제 꽝꽝 말려가지고 이제

= 또 메주 담그려면 물 풀고 물에다가 소금 풀어.

@2 예.

= 이제 가령 그 장 한 동이에

= 거시기 저 소금 두 되씩 풀어.

@2 아.

= 두 되 풀고. 그래가지고 이제 거기다가 짤지 어떨지 모르니까 달걀을 넣어.

@2 예.

= 거 항에다가 거 메주 품:스로. 게라늘 너:가꼬 게란 게라니

= 베곤짜리 돈: 한나마나[110] 우:에가 떠. 요로코 동동 뜨머

= 그람 마치[111] 조:아.

@2 아, 소그미요?

= 응, 소그미

― 시번짜리:

= 이~, 베곤짜리.

@2 (웃음)

= 베곤짜리

― ******* 시번짜리제 베곤짜리

= 웨:그메 베곤짜리 돈 하나 느:머넌

@2 크기가

― 시방 시번짜리를 마:니 느:트만.

= 베곤짜리를

= 느:차네 게라늘 너:, 그 항아리에다가.

= 메주 쓴 인자 장: 쓸 항아리에다가

― 그거는 남자드른 모르이까

= 느:머넌

= 그 게라니 베곤짜리 돈 한나마나 우:게가 베일라 말라 헤.

@2 에에

= 요 동동동 뜨머넌. 그람 돈 한나마나마니나

― 그람 베곤짜리도 그 뜻가?

베곤짜리가 아니라 (웃음)

= 음마마 베곤짜리가 아니라 게라늘 는:닥 항께.

― 게라니 뜬다 구라제.

= 달가를 거그다 늘:무는 베곤짜리마::나 우:게가 올라온당께. 게라니.

= 그 항아리에다가 그 메주 품으면서. 달걀을 넣어가지고 달걀 달걀이,

= 백 원짜리 돈 하나만큼 위에 떠. 이렇게 동동 뜨면

= 그러면 알맞게 좋아.

@2 아, 소금이요?

= 응, 소금이.

— 십원짜리.

= 응, 백원짜리.

@2 (웃음)

= 백원짜리

— ******* 십원짜리지 백원짜리

= 아이고, 백 원짜리 돈 하나 넣으면은

@2 크기가

— 시방 십 원짜리를 많이 넣더구먼.

= 백 원짜리를

= 넣는 것이 아니라 달걀을 넣어, 그 항아리에다.

= 메주 쑤는, 이제 장 담글 항아리에다가

— 그것은 남자들은 모르니까

= 넣으면은

= 그 달걀이 백 원짜리 돈 하나만큼 위가 보일락 말락 해.

@2 예예.

= 이 동동동 뜨면은. 그러면 돈 하나만큼이나

— 그럼 백원짜리도 그 뜨나?

백원짜리가 아니라 (웃음)

= 어머머, 백원짜리가 아니라 달걀을 넣는다고 하니까

— 달걀이 뜬다 그러지.

= 달걀을 거기다 넣으면은 백 원짜리만큼이나 위가 올라온다니까 달걀이.

- 올레 게라니 인자 표준마린디.

= 그라먼 인자 그거시 인자 거시기 한당께

- 달갸리라 혜:야제. '다갈'.112)

= (웃음)

네 그레.

= 그 그거시 가늘 마처. 그람 인자 고놈 인자

= 거자 한 다리나

- 근 그건 중시므로 또 거시가 하구마이~.

= 응 거자 한 다리나 데먼 인자 또 그노믄 인자 장:얼 인자

= 건제. 덴:장을.

@2 에에

= 건제가꼬 인자 다른 항아리에다 물 쪽: 이러고 장: 쪽: 바터가꼬는

= 거그다 이러고 둘금둘금 고놈 께:가꼬 인자

@2 에.

= 고 인자 초 칭거울테먼 소그믈 잔 치고

= 안 힝거울테먼 그냥 막 젱에가꼬

- (하품)

= 우:게다 장: 쪼깐 떠 부서나.

@2 에.

= 그레가꼬 따둑:따둑 혜:가꼬는 우:게다가 소금 잔 처서

@2 에.

= 딱 저기 혜:노먼 인자 그거이 사그먼 인자

= 인자 덴:장이

@2 언,언:제 멍나요? 그러케 만드러 노면 언:제 멍나요?

= 걍 이그먼 암제라도 무거.

@2 아 그람 이글라먼 얼:마나 시가니 걸려야 이거서?

- 원래 계란이 이제 표준말인데
= 그러면 이제 그것이 이제 거시기 한다니까
= 달걀이라 해야지. '닥알.'
= (웃음)
예, 그래.
= 그것이 간을 맞춰. 그러면 이제 그것 이제
= 거의 한 달이나
- 그 그것 중심으로 또 거시기 하는구먼.
= 응, 거의 한 달이나 되면 이제 또 그것은 이제 장을 이제
= 건져. 된장을.
@2 예예.
= 건져가지고 이제 다른 항아리에다 물 쪽, 이렇게 장 쪽, 받아가지고는
= 거기다 이렇게 켜켜이 그것 깨가지고 이제
@2 예.
= 그 이제 싱거울 것 같으면 소금을 좀 치고
= 안 싱거울 것 같으면 그냥 막 쟁여가지고
- (하품)
= 위에다 장 조금 떠 부어 놔.
@2 예.
= 그래가지고 다독다독 해가지고는 위에다가 소금 좀 쳐서
@2 예.
= 딱 저기 해 놓으면 이제 그것이 삭으면 이제
= 이제 된장이
@2 언제 먹나요? 그렇게 만들어 놓으면 언제 먹나요?
= 그냥 익으면 아무 때라도 먹어.
@2 아, 그러면 익으려면 얼마나 시간이 걸려야 익어서?

= 인자 그:저네 무근 덴:장 인는 놈 무꼬

@2 에.

= 또 그눔 또 머거 사그먼.

@2 에.

= 쪼끔 이쓰먼 인자 익쩨. 그냥:.

@2 에.

@2 장:은 장:은 요 인제 지금 만드러전는데 요거는 그러면

= 그노믄 인자 쪼금이쓰먼 인자 장:은 건저가꼬 인자 또 데레.113)

= 소테다가

@2 에.

= 그 장: 물만.

@2 에.

= 물만 인자 폭:폭 데레가꼬

= 잔 다라든듣:: 하니 인자 데레가꼬

@2 에,

= 또 항에다 퍼나따가 퍼서 딱 더퍼나.

@2 에.

= 그라면 인자 그눔 떠다 묵께.

@2 바로 바로 머거요?

= 응 그거슨 바로 머거. 안 데레도 무꼬 데레도 무꼬 그레라우.

@2 에.

= 그란디 데레나야 안심헤.

@2 에.

= 다레노먼 암 변하제.

= 막 날장이로114) 무그먼

@2 에.

= 이제 그전에 먹는 된장 있는 것 먹고

@2 예.

= 또 그것 또 먹어 삭으면

@2 예.

= 조금 있으면 이제 익지, 그냥.

@2 예.

@2 장은 장은 이 이제 지금 만들어졌는데 이것은 그러면

= 그것은 이제 조금 있으면 이제 장은 건져가지고 이제 또 달여.

= 솥에다가

@2 예.

= 그 장 물만.

@2 예.

= 물만 이제 푹푹 달여가지고

= 좀 닳아진 듯하게 이제 달여가지고

@2 예.

= 또 항아리에다 퍼 놨다가 퍼서 딱 덮어 놔.

@2 예.

= 그러면 이제 그것 떠다 먹지.

@2 바로 바로 먹어요?

= 응, 그것은 바로 먹어. 안 달여도 먹고 달여도 먹고 그래요.

@2 예.

= 그런데 달여 놔야 안심해.

@2 예.

= 달여 놓으면 안 변하지.

= 막 생장으로 먹으면

@2 예.

= 더 변:하기도 이고 그란디 또 데레노머넌 조:아.

= 장:은 항:상 막 갈르먼 데레부러야써.

@2 아.

= 소테다가도.

@2 그거 장: 암 만들고 덴:장 만드는 경우도 인나요?

= 그라제. 장: 암 만들고 덴:장 만들라먼

= 그냥 메주 쑨노믈 띤: 노믈 깍::깍 뽀사가꼬

@2 에.

= 인자 거그다가 소금 처서 인자 장: 치고 소금 치고 인자 요로고 만들드마.

@2 에.

= 그레가꼬 전 덴:장 만드라. 그라먼 그거뽀다 '막짱'이락[115] 하드마.

@2 에.

= 막뗀:장.

@2 달라요?

= 응?

@2 두 게가? 여론 기냥 장 뻥: 거하고 암 뻥거하고?

@2 어트게 달라요?

= 더 마시딱 하데.

@2 에::.

= 긍까 장:이 암 뻬붕께 더 마시따게.

= 막짱 다문놈.

@2 에 그먼 할머니돈 그러케

= 나는 그르케는 안 헤:바써.

(기침)

= 그러케 안 헤머넌 놈들 그러케 하면 더 마시딱 하데.

= 더 변하기도 하고 그런데 또 달여 놓으면은 좋아.

= 장은 항상 막 가르면 달여 버려야 돼.

@2 아.

= 솥에다가도.

@2 그것 장 안 만들고 된장 만드는 경우도 있나요?

= 그렇지. 장 안 만들고 된장 만들려면

= 그냥 메주 쑨 것을 뜬 것을 꼭꼭 빻아가지고

@2 예.

= 이제 거기다가 소금 쳐서 이제 장 치고 소금 치고 이제 이렇게 만들더구면.

@2 예.

= 그래가지고 저 된장 만들어. 그러면 그것보고 '막장'이라 하더구면.

@2 예.

= 막된장

@2 달라요?

= 응?

@2 두 개가? 이렇게 그냥 장 뺀 것하고 안 뺀 것하고?

@2 어떻게 달라요?

= 더 맛있다고 하데.

@2 예.

= 그러니까 장이 안 빼 버리니까 더 맛있다고 해.

= 막장 담근 것.

@2 예, 그러면 할머니도 그렇게

= 나는 그렇게는 안 해 봤어.

(기침)

= 그렇게 안 하면은 남들 그렇게 하면 더 맛있다고 해.

@2 에.

(기침)

@2 여기서 혹씨 또 머 열 까틍 거 혹씨 과: 보셔써요, 열?

= 열 까틍 거?

- (하품)

= 그:저네는 절 나 절머쓸 떼는 함 번씩 열 헤:무거 반는디 지그믄 안 항께.

= 열 페냐 열 하머넌 저기 허제.

@2 멀:로 만드셔써요?

= 시케 시케.

@2 시케로요?

= 응 보리 지러가꼬116) 보리를 인자 시야네 지러. 지르믄 이러고 초기117) 나요. 시푸라니118) 초기 나머는

- 여찌름119) 남

= 여찌름. 차::꼬 히처.

@2 에.

= 차::꼬 히치면 그거시 여러 번 시치록 달다고 엔:나레는 그레써.

= 그 자:꼬 시치면 인자 이러코 쪼까석

- 수니 나도.

= 이러고 수니 삐쪽삐쪽120) 나머넌 자:꼬 인자 시처.

= 무레다 시처서 또 여 바구리에다 퍼노코 퍼노코 헤:따가 인자 그거시 흐::가니 싸기 인자 나먼 인자

= 너러. 마당에다 너러가꼬 그놈 인자 밤니슬 마치면 서리,

= 서리오고 그레 보메.

- 더 달다게서 인자.

= 으~, 서리마처. 흐::간 서리.

@2 예.

(기침)

@2 여기서 혹시 또 뭐 엿 같은 것 혹시 과 보셨어요, 엿?

= 엿 같은 것?

- (하품)

= 그전에는 나 젊었을 때는 한 번씩 엿 해 먹어 봤는데 지금은 안 하니까

= 엿 내나 엿 하면은 저기 하지.

@2 뭘로 만드셨어요?

= 식혜 식혜.

@2 식혜로요?

= 응, 보리 길러가지고 보리를 이제 겨울에 길러. 기르면 이렇게 싹이 나요. 새파랗게 싹이 나면은

- 엿기름 남

= 엿기름. 자꾸 씻어.

@2 예.

= 자꾸 씻으면 그것이 여러 번 씻을수록 달다고 옛날에는 그랬어.

= 그 자꾸 씻으면 이제 이렇게 조금씩

- 순이 나.

= 이렇게 순이 뾰족뾰족 나면은 자꾸 이제 씻어.

= 물에다 씻어서 또 이 바구니에다 퍼 놓고 퍼 놓고 했다가 이제 그것이 하얗게 싹이 이제 나면 이제

= 널어. 마당에다 널어가지고 그것 이제 밤이슬 맞히면 서리,

= 서리 오고 그래 봄에.

- 더 달다고 해서 이제.

= 응, 서리 맞혀. 하얀 서리.

@2 에.

= 마당에다 땅: 너러 나:따가

= 고놈 인자 깡::깡 몰려가꼬 인자 기게에 가서 가라. 가라다가 고놈가꼬 인자 시카 시케 멘들제.

@2 에.

= 그레가꼬 시케 그레가꼬 시케 물 쪽:: 따라가꼬 그놈 가꼬 인자 소테다 데레. 데리먼 그거시 여시 데야.

@2 아.

= 그레가꼬 그거이 연 멘드라.

@2 에.

@2 드끼에는 간단할 꺼 가튼 디 (웃음)

= 이~ (웃음)

@2 그거시

= 시케물 그눔 그 시케 그놈 가라다가

@2 에.

= 인자 물 모까서121) 걸러.

@2 에.

= 걸러가꼬 딱: 갈앙그머는122)

= 미테 거 처징 거슨 버레불고

@2 에.

= 말:간 무릅 인자 그

= 찰밥 헤:서 바블 인자 앙:처나 시케. 거 소테다 앙처가꼬 시케가 데머는

@2 에.

= 그놈 인잦 쪽 바텁,123) 인자 거 열 할라먼 쪽 바터불고

@2 에.

@2 예.

= 마당에다 딱 널어 놨다가

= 그것 이제 꽝꽝 말려가지고 이제 기계에 가서 갈아. 갈아다가 그것 가지고 이제 식혜 식혜 만들지.

@2 예.

= 그래가지고 식혜 그래가지고 식혜 물 쭉 따라가지고 그것 가지고 이제 솥에다 달여. 달이면 그것이 엿이 돼.

@2 아.

= 그래가지고 그것이 엿 만들어.

@2 예.

@2 듣기에는 간단할 것 같은데 (웃음)

= 응. (웃음)

@2 그것이

= 식혜물 그것 그 식혜 그것 갈아다가

@2 예.

= 이제 물 쳐서 걸러.

@2 예.

= 걸러가지고 딱 가라앉으면은

= 밑에 그 처진 것은 버려 버리고

@2 예.

= 말간 물 이제 그

= 찰밥 해서 밥을 이제 안쳐 놔 식혜. 그 솥에다 안쳐가지고 식혜가 되면은

@2 예.

= 그것 이제 쭉 밭아, 이제 그 엿 하려면 쭉 밭아 버리고

@2 예.

= 그 물로 데레.

@2 에.

= 그람 여시 데.

@2 시가니 오::레 걸리지요? 그러케 그거 엳 이러케 다: 이러케

= 그라제. 홀차니 걸리제.

엳 그 전 땅게가 조:청을 만들자나요?

= 에 그러지요.

= 그레가꼬 그거까꼬 쑥떡또 찌거무꼬 그레찌요.

예에에 여까지는 앙 가도 조:청까지는 마:니 만들러 봉 거 가튼데요.

= 에, 그러지요.

= 여슨 안 만드라써도 조:청 청은 만드라쩨.

에

@2 아.

= 그레가꼬

조청을 더 조리먼 인제 여시 덴다고,

= 예예 그런닥 헤찌요.

예 조:청 암 만들고 인자 시케는 마:니 만든데,

= 에 그라지라우 시케는.

감주라능 거또 이써요?

= 걈주가[124] 시케여.

감주가 시케에요.

− 감주가 시케여.

= 감주가 시케.

− 시케보다 감, 감주라고.

단수른 머예요?

= 단수런[125]

= 그 물로 달여.

@2 예.

= 그럼 엿이 돼.

@2 시간이 오래 걸리지요? 그렇게 그것 엿 이렇게 다 이렇게.

= 그렇지. 상당히 걸리지.

엿 그 전 단계가 조청을 만들잖아요?

= 예, 그렇지요.

= 그래가지고 그것 가지고 쑥떡도 찍어 먹고 그랬지요.

예예예, 엿까지는 안 가도 조청까지는 많이 만들어 본 것 같은데요.

= 예, 그렇지요.

= 엿은 안 만들었어도 조청 청은 만들었지.

예.

@2 아.

= 그래가지고

조청을 더 졸이면 이제 엿이 된다고,

= 예예, 그런다고 했지요.

예, 조청 안 만들고 이제 식혜는 많이 만드는데,

= 예, 그렇지요 식혜는.

감주라는 것도 있어요?

= 감주가 식혜야.

감주가 식혜예요.

- 감주가 식혜야.

= 감주가 식혜.

- 식혜보고 감, 감주라고.

단술은 뭐예요?

= 단술은

= 머:요 당신 아까치메 누룩 누룽 말합띠여?

- 다른 술 인자 달거께 멩긍께 인자

= 카마니써. 네가 하께. 여그서 차:꼳 거싱항께.

= 단수런 아까 거거 밀: 거시기로

밀찌울?

= 에, 밀지울로 거 띠워서 거

누룩

= 누룩 디든닥 합띠여?

@2 에.

= 그놈 가꼬

= 인자 엔:나레는 보리바비얀 밥 하면 마:니 나므요안?

예, 쉬여

= 이:라고 그라먼 일: 놈 마:니 어더서 일하머넌

= 그 시근바비 나무먼 시:깜송께

음

= 이른 오가리에나라¹²⁶⁾ 그 단수를 헤:나. 그 저 거

= 술 누룩 하고 바바고 요로코 서꺼 나라, 물 잔 치고.

아

= 그레 노먼 인자

= 오늘 저니 헤:나딱 하먼 네:일 저니게 고놈 또 걸러요. 무거보믄 타

디다요이~.¹²⁷⁾

아하

= 그거시 단술 데야가고이~ 그람 끼레가꼬 그놈,

= 걸러가꼬 끼레서 무그먼 그거이 단수리여요.

아.

보리 보리밥 하고 누룩하고 서꺼가지고

= 뭐요 당신? 아까 누룩 누룩 말합디까?

- 다른 술 이제 달도록 만드니까 이제

= 가만 있어. 내가 할게. 여기서 자꾸 뭐 하니까.

= 단술은 아까 그그 밀 거시기로

밀기울?

= 예, 밀기울로 그 띄워서 그

누룩

= 누룩 딛는다고 하잖습디까?

@2 예.

= 그것 가지고

= 이제 옛날에는 보리밥이 밥 하면 많이 남잖소?

예, 쉬어.

= 일 하고 그러면 일 남 많이 얻어서 일하면은

= 그 찬밥이 남으면 쉴까 무서우니까

음.

= 이런 작은 항아리에다나 그 단술을 해 놔. 그 저거

= 술 누룩하고 밥하고 이렇게 섞어 놔요, 물 좀 치고.

아.

= 그래 놓으면 이제

= 오늘 저녁 해 놨다고 하면 내일 저녁에 그것 또 걸러요. 먹어 보면 다디달아요.

아하.

= 그것이 단술 돼가지고 그럼 끓여가지고 그것,

= 걸러가지고 끓여서 먹으면 그것이 단술이에요.

아.

보리 보리밥하고 누룩하고 섞어가지고

= 예예.

아.

− 거 저 참밥하고

= 지그먼 누루기 업:쓰께 사서 할라면 저기 헝께

= 지그먼 거 저 시케까리 시케까리 사다가 밥하고 서꺼 나두먼 그거이 또 단술 데야.

@2 아.

= 그람 지: 돌마네¹²⁸⁾ 고노를 걸러서 끼레.

@2 함번 헤:바야 데겐네요.

= 헤:바. 그럼 마시써.

음, 그럼 술끼우는 엄:나요?

= 아, 술끼운 업써요.

− 그거슨 그거슨 단수른 술끼운

아 술끼운 업:꼬 달짝찌근 하기만 허고이~

= 예, 달고 그라지요.

긍께 단술하고 감주하고는 다르자나요?

= 야, 틀, 다르지요.

@2 근데: 그거슬

= 감주 따로 이꼬 시케 따로 이꼬 아니 거시기 따로 이꼬

@2 하루 땅 나뚜고 이거를 이러케 바터서 끄리며는

= 취:기가 엄:는데 그거 야깐 시가니

= 이~, 오레 나머 그라면 저 거시기 하제. 술데야 불제 인자.

= (웃음) 제너머가꼬¹²⁹⁾ (웃음)

@2 아는 에:가 그

− 그랑께 오레데먼 인자 술 데부러.

− 그거이 오레 데문 술 데고

= 예예.

아.

- 그 저 찬밥하고

= 지금은 누룩이 없으니까 사서 하려면 저기 하니까

= 지금은 그 저 식혜 가루 식혜 가루 사다가 밥하고 섞어 놔 두면 그 것이 또 단술 돼.

@2 아.

= 그럼 제 돌만에 그것을 걸러서 끓여.

@2 한 번 해 봐야 되겠네요.

= 해 봐. 그럼 맛있어.

그럼 술기운은 없나요?

= 아, 술기운 없어요.

- 그것은 그것은 단술은 술기운

아, 술기운 없고 달짝지근하기만 하고

= 예, 달고 그렇지요.

그러니까 단술하고 감주하고는 다르잖아요?

= 예, 틀, 다르지요.

@2 그런데 그것을

= 감주 따로 있고 식혜 따로 있고 아니 거시기 따로 있고

@2 하루 딱 놔 두고 이것을 이렇게 받아서 끓이면은

= 취기가 없는데 그것 약간 시간이

= 응, 오래 놔 두면 그러면 저 거시기 하지. 술 돼 버리지 이제.

= (웃음)) 지나쳐가지고 (웃음)

@2 아는 애가 그

- 그러니까 오래 되면 이제 술 돼 버려.

- 그것이 오래 되면 술 되고

= 응, 오레 데먼 술 데야 불제.

@2 야깐 도카게 도카게 데면

= 응 그레. 도카게 데야부러.

수른 인자 보리바브로 안 하자나요? 쩌 꼬두바븐 쌀:로 헤:야지요.

= 응, 그라지요.

= 머:스료?

술

― 아이 술 할 떼.

수를 술 만들 떼는

= 술 만들 떼 보리쌀도 마:니 보리쌀 예 보리쌀로 헤요.

= 아 엔:나레 머 어:디가 쌀: 이써요?

아, 그레요?

= 보리쌀로 다 하지. 지그밍께 저 쌀:로 허제.

술빠비 보리싸리여요?

= 예, 보리싸리여요. 보리쌀 쩌가꼬 저 술 헤찌요.

나는 힌쌀 꼬:두밤만 바:가지고

― 아이 그라고

응.

― 시야네는 인자 쌀로 마:니 쩌서도 하고

= 중가네 인자 가다가 싸:리 마:니 낭께 쌀:로 쩌서 술 헤쩨 그:저네

아, 보리쌀로

= 예.

= 보리쌀로 헤:쩨. 어디가 쌀: 이써서 쌀: 하거쏘? 쌀:밥또 업:써서 몸:
무거넌디.

아.

= 아, 예레 엔:나레 어:런덜 밥 헤머는

= 응, 오래 되면 술 돼 버리지.

@2 약간 독하게 독하게 되면

= 응, 그래. 독하게 돼 버려.

술은 이제 보리밥으로 안 하잖아요? 저 고두밥은 쌀로 해야지요.

= 응, 그렇지요.

= 뭘요?

술

— 아니 술 할 때

술을 술 만들 때는

= 술 만들 때 보리쌀도 많이 보리쌀 예 보리쌀로 해요.

= 아, 옛날에 뭐 어디에 쌀 있어요?

아, 그래요?

= 보리쌀로 다 하지. 지금이니까 저 쌀로 하지.

술밥이 보리쌀이에요?

= 예, 보리쌀이에요. 보리쌀 쪄가지고 저 술 했지요.

나는 흰 쌀 고두밥만 봐가지고

— 아니 그리고

응.

— 겨울에는 이제 쌀로 많이 쪄서도 하고

= 중간에 이제 가다가 쌀이 많이 나니까 쌀로 쪄서 술 했지 그전에

아, 보리쌀로

= 예.

= 보리쌀로 했지. 어디에 쌀 있어서 쌀 하겠소? 쌀밥도 없어서 못 먹었는데.

아.

= 아, 어려 옛날에 어른들 밥하면은

= 쌀: 쪼끔 네:다가 오부렉::하니130) 소테다 영거가꼬

= 어:런덜만 고놈만 똑 떠드리면 얼::마나 고노미 머꼬 시푸꺼시요? 쌀:밥 그거시? (웃음)

– 그랑게 쩌 이녀근 쌀:밥 몸:무꼬

= 몸: 무꼬, 어:런덜만 똑 떠서 디리고,

= 건:디 어:디가 쌀:밥 이써서 쌀:술 허거써요?

@2 에.

= (웃음)

아, 그러니까는 단수리 저 시가니 쪼끔 더 데:면 수리 데능 거고

= 예, 그러지요.

그러케 데겐네요. 네 알게씀니다.

– 그란디 열 뚜시간 데면 단수리 덴다 하이

@2 예.

= 오늘 저니게 헤:딱 하믄 넬: 쩌니게 인자 끼레야써.

@2 근디 인자 엄 바빠가꼬

= 응, 모:끼리면 그거이 저 제너머불면 인자 이따금 시기도 헤: 불고 술 데야 불고 그레.

@2 아.

= 단수리 제너무면

– 인제 시여저붕께 인제 수리 데제.

= (웃음)

@2 그래서 그걸 마:니 이러케 머그면 (웃음) 에가 놀다가 갑짜기 픽

= 응, 그레 (웃음) 헤: 바:꾸만

@2 아니, 그 가튼:: 저 어려쓸 떼도 그걸 마:니 머거꺼드뇨. 근데

– 단술 마:니 자:셔바꾸만.

@2 아니, 따른 에가 머꼬 완는데

= 쌀 조금 내다가 오보록하게 솥에다 얹어가지고

= 어른들만 그것만 똑 떠 드리면 얼마나 그것이 먹고 싶을 것이오? 쌀밥 그것이? (웃음)

− 그러니까 저 자기는 쌀밥 못 먹고

= 못 먹고, 어른들만 똑 떠서 드리고

= 그런데 어디에 쌀밥 있어서 쌀 술 하겠어요?

@2 예.

= (웃음)

아, 그러니까 단술이 저 시간이 조금 더 되면 술이 되는 것이고

= 예, 그렇지요.

그렇게 되겠네요. 예 알겠습니다.

− 그런데 열두 시간 되면 단술이 된다 하니

@2 예.

= 오늘 저녁에 했다고 하면 내일 저녁에 이제 끓여야 돼.

@2 그런데 이제 없 바빠가지고

= 응, 못 끓이면 그것이 저 지나쳐 버리면 이제 이따금 시기도 해 버리고 술 돼 버리고 그래.

@2 아.

− 단술이 지나치면

− 이제 시어져 버리니까 이제 술이 되지.

= (웃음)

@2 그래서 그걸 많이 이렇게 먹으면 (웃음) 애가 놀다가 갑자기 픽

= 응, 그래. (웃음) 해 봤구먼.

@2 아니, 그 같은 저 어렸을 때도 그걸 많이 먹었거든요. 그런데

− 단술 많이 자셔 봤구먼.

@2 아니, 다른 애가 먹고 왔는데

취헤가꼬 와써?

@2 놀다 갑자기 픽 쓰러저서 (웃음)

= 엄마가도 헤:도 조:구 조:쩨, 단술도

@2 에 인제 그러케도 머건는데 따른 에가 함명이 그러케 한 저기 이써요. (웃음)

긍게 단수른 나믄 밥 처:치 하기 위헤서

= 예예, 그레요.

**** 하능 거시군요.

= 또 먹꼬 시풀 떼는 또 함 버니나 또 헤:무글 쑤도 이꼬 그라지요.

음. 예.

= 그란디 인자 잘 안 헤무거저요 그거시.

@2 에.

= 거 헤:무끼가 솔차니 머리 무구와.

@2 에.

게 이게 별씨기네.

= 예, 그러지요.

@2 그 무끼틍 거또 쑤:셔찌요?

= 그라제. 묵또 쑤:제.

@2 에.

@2 머 무슨 묵 무슨 묵?

= 메물.131)

@2 메물

= 메물, 바테다가 메물 가라가꼬

= 인자 메물 씨롭 바테다 쀠리먼 그 메무리 나머는

@2 에.

= 그거시 인잔

취해가지고 왔어?

@2 놀다 갑자기 픽 쓰러져서 (웃음)

= 엄마가 해서도 줬지, 단술도.

@2 예. 이제 그렇게도 먹었는데 다른 애가 한 명이 그렇게 한 적이 있어
요. (웃음)

그러니까 단술은 남은 밥 처리하기 위해서.

= 예예, 그래요.

**** 하는 것이군요.

= 또 먹고 싶을 때는 또 한 번이나 또 해 먹을 수도 있고 그러지요.
음. 예.

= 그런데 이제 잘 안 해 먹어져요 그것이.

@2 예.

= 그 해 먹기가 상당히 머리 무거워.

@2 예.

그래 이게 별식이네.

= 예, 그렇지요.

@2 그 묵 같은 것도 쑤셨지요?

= 그렇지. 묵도 쑤지.

@2 예.

@2 뭐 무슨 묵 무슨 묵?

= 메밀

@2 메밀

= 메밀, 밭에다가 메밀 갈아가지고

= 이제 메밀 씨로 밭에다 뿌리면 그 메밀이 나면은

@2 예.

= 그것이 이제

= 이러고 자라가꼬 그거시 꼳 피여.

— 꼬시 피:면 흐, 흐:가니 피:고

= 꼳 피여가꼬 그거시 열:메가 너러. 메물 우 열:메가 널:머는

= 그노믈 인자 이그머넌 비여다가 마당에 노코 뚜두러가꼬

= 그 열:메를 인자 열:메만 딱 까불라면

= 열:메만 짱: 께그시 남:쩨. 그라면 인자 고놈 가서 인자

= 메또게다 가라. 지비서 엔:나레넌.

@2 에.

= 메또게다 갈:머넌 껍떠근 껍떡떼로 나오고 알:멩이는 알:멩이데로 나와. 그라면

= 그노믈 이 알:멩이를 인자 무레다가 모까.

— 거시기 하제. 치로 안 칭가?

= 긍께 치로 다 처:가꼬 인자 조:케 인자 알:멩이만 뻬:가꼬는 인자

= 무레다 땅 모까 나:따가 거시기 꼭:꼭 찌여라우, 도:구통에 다가.

아, 또 찌여요?

= 지그믄 엔:나레는 미싸기가 업:쓰께.

@2 에.

= 도:구통에다 꼭:꼭 찌여가고는 구놈 인잔 걸러.

= 자 이러고 걸르믄 아조:: 무 껄르기가치 샤:낭 걸 업:써.

— 어이 어이 끼레가꼬 앙 거릉가?

= 아이고, 앙 끼레가꼬 구노믈 걸르면 아조 먼:

= 함빵울썩 똑:똑:똑똑 떠러지게 헤:야제. 줄줄 걸러부머는 몸:, 묵 데도 아네.

= 여러고 걸르 치에서 이러고 걸르면 미테로 함빵울썩

— 똑: 똑 떠러저야

= 이렇게 자라가지고 그것이 꽃 피어.

– 꽃이 피면 하얗게 피고

= 꽃 피어가지고 그것이 열매가 열어. 메밀 열매가 열면은

= 그것을 이제 익으면은 베어다가 마당에 놓고 두들겨가지고

= 그 열매를 이제 열매만 딱 까부르면

= 열매만 짝 깨끗이 남지. 그러면 이제 그것 가지고 이제

= 맷돌에다 갈아. 집에서 옛날에는.

@2 예.

= 맷돌에다 갈면은 껍질은 껍질대로 나오고 알맹이는 알맹이대로 나와. 그러면

= 그것을 이 알맹이를 이제 물에다가 물을 쳐서 반죽해.

– 거시기 하지. 체로 치잖나?

= 그러니까 체로 다 쳐가지고 이제 좋게 이제 알맹이만 빼가지고는 이제

= 물에다가 딱 물을 쳐 반죽해 놨다가 거시기 꼭꼭 찧어요, 절구통에다.

아, 또 찧어요?

= 지금은 옛날에는 믹서가 없으니까

@2 예.

= 절구통에다 꼭꼭 찧어가지고는 그것 이제 걸러.

= 이제 이렇게 거르면 아주 묵 거르기같이 사나운 것 없어.

– 어이 어이! 끓여가지고 거르지 않나?

= 아이고, 안 끓여가지고 그것을 거르면 아주 무슨

= 한 방울씩 똑똑똑똑 떨어지게 해야지 줄줄 걸러 버리면은 못, 묵 되지도 않아.

= 이렇게 거르 체에서 이렇게 거르면 밑으로 한 방울씩

– 뚝뚝 떨어져야

= 똑똑똑똑 떠러저야 그거시 무기데제

= 줄:줄:줄:줄: 미테로 술 거르데 빠:저부면 묵 데도 쓰도 모:데.

= 검:나 그거시 어라라. 묵 쓰기가.

— 아 그 이:체가 다 이꾸만.

= 거 걸르기가. 걸르기가 사:나.

= 그란디 지그믄: 미싸기로 들:라니 가라가꼬 물 딱 갈앙치머넌 졸:라
니 따라가꼬 항께 지그믄 조:은디 엔:나레는

= 그놈 뽀닥::뽀닥 골라가 걸러가꼬 그놈 끼리먼 조:아.

= 그레가꼬 뭉 만들고 그레써, 엔:나레는.

— 그레서 그, 그, 그레케 멩근 노미 마시써.

= 마시써. 고노미. 그란디 지금더른

= 게양 미싸기에다 가라가꼬 무레다가 훌헝하니132) 헤:가꼬 그놈 따라
불고 항께 마시업:써 더.

에, 늘렁늘렁하지요.133)

= 예 덜 마시업:써.

@2 에.

= 엔:나레는 꼬수와요이~.134) 고놈 헤:노믄

@2 다른 묵또 쑤:셔찌요? 메물뭉 말:고 다른 묵또?

= 다른 묵또 인자 절 도토리묵 까틍 거또 쒀:쩨.

= 도토리무근 인자 사다가

@2 아.

= 사다가 그거슨 도토리무근 거:

= 그 가리가 이 커:비로 한나요?

@2 에.

= 그라믄 물도 커:비로 한 남 물 다서께 부서야써.

@2 에.

= 똑똑똑똑 떨어져야 그것이 묵이 되지.

= 줄줄줄줄 밑으로 술 거르듯이 빠져 버리면 묵 되지도 쑤지도 못해.

= 아주 그것이 어려워요. 묵 쑤기가.

- 아, 그 이치가 다 있구먼.

= 거 거르기가. 거르기가 사나워.

= 그런데 지금은 믹서로 드르륵하게 갈아가지고 물 딱 가라앉히면 조르르 따라가지고 하니까 지금은 좋은데 옛날에는

= 그것 뽀닥뽀닥 골라 가 걸러가지고 그것 끓이면 좋아.

= 그래가지고 묵 만들고 그랬어, 옛날에는.

- 그래서 그 그 그렇게 만든 것이 맛있어.

= 맛있어 그것이. 그런데 지금들은

= 그냥 믹서에다 갈아가지고 물에다가 아주 묽게 해가지고 그것 따라 버리고 하니까 맛이 없어 더.

예, 물렁물렁하지요.

= 예, 덜 맛이 없어.

@2 예.

= 옛날에는 고소해요. 그것 해 놓으면

@2 다른 묵도 쑤셨지요? 메밀묵 말고 다른 묵도?

= 다른 묵도 이제 저 도토리묵 같은 것도 쒔지.

= 도토리묵은 이제 사다가

@2 아.

= 사다가 그것은 도토리묵은 그

= 그 가루가 이 컵으로 하나잖아요?

@2 예.

= 그러면 물도 컵으로 하나면 물 다섯 개 부어야 돼.

@2 예.

= 커:비로 한나믄 그 커:비로 다서께 부서.

= 그레가꼬 그거시로 두:리먼 열 께 부:꼬

@2 에.

= 그레가꼬 끼레.

@2 에.

= 여러고 인자 묵 쑤믄 인자 거그다가

- 그거도 이쩨.

= 거시기잔 치고 거그다가 참지름 쪼깐 인잖 끼릴 떼

= 끼릴 떼 참지름 잔 치고 소금 잔 치고 헤: 노먼 헤:서 땅 묵 써:. 그 라먼

= 요로코 묵 쓸: 떼 요로코 요로고 요요저 주버기로135) 똥: 여러코 데로코 여로코

= 소테가 똑 똑 똑 떠러저야 무기 데제, 너머나 질:라니 하머넌 너머 누거가꼬136) 안데.

@2 에.

= 그레가꼬 묵 써서 퍼:나따가 인자 시그믄 짤라머꼬 그라제.

@2 에.

- 아:야

@2 저히 그 외가찝 뒤에 상:수리나무가 킁: 거시 이써써요.

= 그레.

@2 명절떼 가면 상:수리로 묵 헤요.

= 그레 상:솔로도137) 묵 하제. 페냐 그러코 헤. 상:솔도.

= 가라가꼬

@2 에.

= 우레불고

@2 마시 가틍가요? 다릉가요? 도토리하고 상:솔하고

= 컵으로 하나면 그 컵으로 다섯 개 부어.

= 그래가지고 그것으로 둘이면 열 개 붓고.

@2 예.

= 그래가지고 끓여.

@2 예.

= 이렇게 이제 묵 쑤면 이제 거기다가

— 그것도 있지.

= 거시기 좀 치고 거기다가 참기름 조금 이제 끓일 때

= 끓일 때 참기름 좀 치고 소금 좀 치고 해 놓으면 해서 딱 묵 쒀. 그러면

= 이렇게 묵 쑬 때 이렇게 이렇게 이이 저 주걱으로 꼭 이렇게 이렇게

= 솥에 똑똑똑 떨어져야 묵이 되지 너무나 지르르하게 하면은 너무 눅어가지고 안 돼.

@2 예.

= 그래가지고 묵 쒀서 퍼 놨다가 이제 식으면 잘라 먹고 그러지.

@2 예.

— 아야.

@2 저희 그 외가 뒤에 상수리나무가 큰 것이 있었어요.

= 그래.

@2 명절 때 가면 상수리로 묵 해요.

= 그래 상수리로도 묵 하지. 내나 그렇게 해. 상수리도.

= 갈아가지고

@2 예.

= 우려 버리고

@2 맛이 같은가요 다른가요? 도토리하고 상수리하고.

= 가틍 거, 거자 가트꺼여. 거자 가터. 쌉쑤름하니.138) 인자 자:꼬 무를 가라야제 그랑께.

@2 에.

— 거시기 헤:야 쓰거쏘이.

@2 에.

✥ — 바람또 무레노꼬 비실 또 부레나써

✥ = 나코139) 헤끄테140) 가씨요. 헤끄테 가.

✥ — 끈 낭:

@2 떡 헤드싱 거또 쫌 여쭤 보까요? 엔:나레 떡 이러케 이러케 헤 헤:드셔쪼?

= 응

— 응?

@2 떡

= 떡

= 힌떡?

@2 엔:나레는 지그믄 저기 그 그

@2 뭐조? 방아까네 가서 다 떡 헤:오는디 엔:나레는 마으레서

= 그라제.

— 마으레서 떡 처쩨.

@2 에.

— 네가 잘 헨는디 그렁 거슨.

@2 (웃음)

= 힌떡

@2 어:뜨케 하셔써요?

= 힌떡 거 데떡141)

@2 에에.

= 같은 것, 거의 같을 거야. 거의 같아. 쌉싸래하게. 이제 자꾸 물을
갈아야지 그러니까.

@2 예.

- 거시기 해야 되겠소.

@2 예.

✢ - 반남도 물 해 놓고 비실도 뿌려 놨어.

✢ = 나중에 해거름에 가시오. 해거름에 가.

✢ - 끝 나

@2 떡 해 드신 것도 좀 여쭤 볼까요? 옛날에 떡 이렇게 이렇게 해 드셨
지요?

= 응.

- 응?

@2 떡

= 떡

= 흰떡

@2 옛날에는 지금은 저기 그 그

@2 뭐지요? 방앗간에 가서 다 떡 해 오는데 옛날에는 마을에서

= 그렇지.

- 마을에서 떡 쳤지.

@2 예.

- 내가 잘 했는데 그런 것은.

@2 (웃음)

= 흰떡

@2 어떻게 하셨어요?

= 흰떡 그 가래떡.

@2 예예.

= 데떡 허머넌 쌀:까리 뽀사가꼬

@2 에.

= 뽀사가꼬 인자 그거슬 인잔 무레다가 살:라니¹⁴²⁾ 모까가꼬

@2 에.

= 고놈 인자 시리에다 쩔:써. 쩌가꼬는 인자 이른 도:구통에다가 탕:
탕 처.

@2 에.

= 그노믈 이큼 저 쌀: 가리 이커서

= 시리에다 쩌가꼬 이커가꼬

─ 네가 그걸 그 잘 친디

= 탕:탕 저 거시기에달

= 이근 늠 처가꼬

─ 힌떡도 잘 치고 찰떡또 잘 치고

= 지비서 인자 요로고 열

= 큰 암:반¹⁴³⁾ 이써.

@2 에에

= 암:바네다 막:: 요로코 만드라.

─ 비베, 비베.

= 데떡 여로고 되게.

= 그레가꼬 요로꼳 딱딱 짤라나:따가 인자 구드문 인자 스:: 썰:먼 이
러구 그거이 떠꾹 뒈제.

@2 에.

─ 그거시 떠꾹 떼제.

= (웃음)

= 그르코 헤: 무거써. 그:저네는 지비서.

@2 에.

= 가래떡 하면은 쌀가루 빻아가지고

@2 예.

= 빻아가지고 이제 그것을 이제 물에다가 사르르 반죽해가지고

@2 예.

= 그것 이제 시루에다 쪘어. 쪄가지고는 이제 이런 절구통에다가 탕탕 쳐.

@2 예.

= 그것을 익혀 저 쌀가루 익혀서

= 시루에다 쪄가지고 익혀가지고

- 내가 그것 그 잘 치는데

= 탕탕 저 거시기에다

= 익은 것 쳐가지고

- 흰떡도 잘 치고 찰떡도 잘 치고

= 집에서 이제 이렇게 이

= 큰 안반 있어.

@2 예예.

= 안반에다 막 이렇게 만들어.

- 비벼, 비벼.

= 가래떡 이렇게 되게.

= 그래가지고 이렇게 딱딱 잘라 놨다가 이제 굳으면 이제 썰면 이렇게 그것이 떡국 되지.

@2 예.

- 그것이 떡국 되지.

= (웃음)

= 그렇게 해 먹었어. 그전에는 집에서.

@2 예.

― 그랑껜 떡 그떼 떡 칠떼야 하: 데야 무지허게. 그노믄 문저뭉게144)
헤야제. 막 처불면 뛰여 나:불고 (웃음)

음.

= 그레가꼬 음 떠꾹 헤: 무거쩨. 지그밍께 기게산 발똥기에서 헤:
다 뭉

― 떡또 무지하게 처써.

= 거시기에서 기게에다 헤: 무긍께 조:체.

음.

= 십:꼬 떡 헤무글라믄 지그믄 처나145) 신:디 엔:나레는 떡 헤무글라
믄 엄:마나 힘드럴

@2 에.

= 고로꼬 헤: 무글랑께.

@2 그 과

― 그라고 똠

― 떵 멩길떼 무를 마니 처 불면 게양 철부덕철부덕하니146) 뛰여오고
(웃음)

@2 쑥떡또 그러케 만드셔껜네요?

= 쑥떡 쑥떡또 쑥 케다가

@2 에.

= 쑥 인자 쑤기 크머는 케다가 말레가꼬 쌀마가꼬

@2 에.

= 인자 소:다 처서 살짝 쌀마. 쌀마가꼬 몰리믄147) 세쫘::라니 쑤기 조:
아. 그라믄

= 고놈 깡::깡 몰려 나따가 인자 다머나따가

= 인자 설: 다치면 인자 서:레 고놈 쌀마. 쑤글 또 쌀마.

@2 에.

- 그러니까 떡 그때 떡 칠 때에 아 힘들어 무지하게. 그것은 천천히 해야지. 막 쳐 버리면 튀어 나가 버리고. (웃음)

음.

= 그래가지고 음 떡국 해 먹었지. 지금이니까 기계 사 발동기에서 해 다 먹

- 떡도 무지하게 쳤어.

= 거시기에서 기계에다 해 먹으니까 좋지.

음.

= 쉽고 떡 해 먹으려면 지금은 아주 쉬운데 옛날에는 떡 해 먹으려면 얼마나 힘들었

@2 예.

= 그렇게 해 먹으려니까.

@2 그 과

- 그리고 또

- 떡 만들 때 물을 많이 쳐 버리면 그냥 철퍼덕철퍼덕하게 튀어 오고. (웃음)

@2 쑥떡도 그렇게 만드셨겠네요?

= 쑥떡도 쑥떡도 쑥 캐다가

@2 예.

= 쑥 이제 쑥이 크면은 캐다가 말려가지고 삶아가지고

@2 예.

= 이제 소다 쳐서 살짝 삶아. 삶아가지고 말리면 새파랗게 쑥이 좋아. 그러면

= 그것 꽝꽝 말려 났다가 이제 담아 놨다가

= 이제 설 닥치면 이제 설에 그것 삶아. 쑥을 또 삶아.

@2 예.

= 쌀마가꼬 인자

- 그놈 또 짜:야제.

= 당가 나:따가 걸

= 거시기 도간 물 빠지머넌 뽈::깡뽈깡 아조 물 안 나올 정도로 짜:가꼬 인잔

= 찹쌀 당가가꼬 인자 기게에 가서 빠사가꼬 고노메다 서꺼가꼬 쩌서

= 쩌서 인잔

- 여그서 치기도 하고

= 오 그:저네는 지비서 처꾸나. 그레가꼬 지비서 처서 인잔

= 쑥떡또 만드라 무꼬 그레쩨, 지비서.

@2 에.

= 그저네는 다 지비서 헤: 무거쩨.

@2 에.

= 지그밍께 기게가서 헤:묵쩨.

- 그:저네는 그르케 하먼 찹쌀 너:서 꼬:두밥 너:서 서꺼서 헤:노먼 처노먼 무끼도 마시꼬,

@2 에.

@2 그다메 혹씨 뭘: 여기:: 여기서만 헤: 멍는 음:식 까틍 거 이쓰까요? 이러케 무러보면 데까요? (웃음)

= 머이 음식

아이 일 다른 지방에 업:씨 이 이 지방 이 동네에서만 특뻐리 헤: 멍는 반찬이나 이렁 거시 이 이께씀

= 페냐 그거 저 우리 헤:무거 아까 그 말:항 거 그거시 헤:묵쩨 다릉 거 업:써.

에에, 그렁 거시조?

= 다릉 거슨 업:써. 페냐 그건 헤:묵쩨.

= 삶아가지고 이제

- 그것 또 짜야지.

= 담가 놨다가 그것

= 거시기 독한 물 빠지면은 힘껏 아주 물 안 나올 정도로 짜가지고 이제

= 찹쌀 담가가지고 이제 기계에 가서 빻아가지고 그것에다 섞어가지고 쪄서

= 쪄서 이제

- 여기서 치기도 하고

= 오, 그전에는 집에서 쳤구나. 그래가지고 집에서 쳐서 이제

= 쑥떡도 만들어 먹고 그랬지, 집에서.

@2 예.

= 그전에는 다 집에서 해 먹었지.

@2 예.

= 지금이니까 기계 가서 해 먹지.

- 그전에는 그렇게 하면 찹쌀 넣어서 고두밥 넣어서 섞어서 해 놓으면 쳐 놓으면 먹기도 맛있고,

@2 예.

@2 그 다음에 혹시 뭐 여기 여기서만 해 먹는 음식 같은 것 있을까요? 이렇게 물어 보면 될까요? (웃음)

= 뭐 음식

아니, 이 다른 지방에 없이 이 이 지방 이 동네에서만 특별히 해 먹는 반찬이나 이런 것이 있겠습?

= 내나 그거 저 우리 해 먹어 아까 그 말 한 것 그것이 해 먹지 다른 것 없어.

예예, 그런 것이지요?

= 다른 것은 없어. 내나 그것 해 먹지.

그러며는 지그믄 다 헝 걷 간네이~. 에에 청국짱 멘 끄테 일공오이공

= 청국짱은

청국짱은 어:뜨케 헤:요?

= 청국짱은 콩이로 페냐 거 저 장: 쓰데끼 콩 카:카리 히처가꼬 소테
다 쌀마.

= 쌀마가꼬 딱 퍼지면 저런 바구리나 시리에다나 딱 퍼.

@2 에.

= 미테다가 집 쪼깐 깔:고

= 거 시리 미테다가

— 뜨거께 인자 멘둥구마.

= 시리에다가 머:슬 거시기 저 지벌 깔:든지

= 얄븐: 보로 보제기를 미테다 깔:등, 그레가꼬 콩을 어:따 퍼가꼬 따
둑따둑 헤:가꼬는 거그따 콩 딱 뜨건뜨건한 놈 퍼가꼬는

= 거그다가 집 여 베 베찝 이쏘 안?

@2 에.

= 베찝 이쓰먼

= 한 서너게썩 여로코 꼬구작꼭짝148) 여로코 꼭 여로코 진: 눔 여로고
딱 꼬굴차149) 꼬구작 꼬구자꼬야꼬 헤: 가마가꼬

= 거그다 시:게를 꼭꼭 찔러나 그 콩에다가.

= 그레가꼰 딱: 머 보제기로나 무:름 씨여서 깍 쩸:메나라우. 그레가꼬
딱 따따단 방에다가 딱 무더나.

= 그러면 그거시 한 사날마네 딱 청구기 떠.

@2 아.

= 그라면 인쟌 찌여서 인쟌 소금 치고

= (기침) 거그따가 마늘씨 잔 느:코 찌여가꼬

= 소금 처서 인자 찌여가꼬 그레가꼬 청국 묵쩨.

그러면은 지금은 다 한 것 같네. 예 예 청국장 맨 끝에 10520

= 청국장은

청국장은 어떻게 해요?

= 청국장은 콩으로 내나 그 저 장 쑤듯이 콩 깨끗이 씻어가지고 솥에다 삶아.

= 삶아가지고 딱 퍼지면 저런 바구니나 시루에다가 딱 퍼.

@2 예.

= 밑에다가 짚 조금 깔고

= 그 시루 밑에다가

- 뜨겁게 이제 만드는구먼.

= 시루에다가 뭘 거시기 저 짚을 깔든지

= 얇은 보로 보자기를 밑에다 깔든지 그래가지고 콩을 어디에다 퍼가지고 다독다독 해가지고는 거기다 콩 딱 뜨끈뜨끈한 것 퍼가지고는

= 거기다가 짚 이 벼 볏짚 있잖소?

@2 예.

= 볏짚 있으면

= 한 서너 개씩 이렇게 꼬기작꼬기작 이렇게 꼭 이렇게 긴 것 이렇게 딱 구부려서 꼬기작꼬기작해가지고, 감아가지고

= 거기다 세 개를 꼭꼭 찔러 놔. 그 콩에다가.

= 그래가지고 딱 뭐 보자기로나 뭐를 씌워서 꽉 잡아매 놔요. 그래가지고 따뜻한 방에다가 딱 묻어놔.

= 그러면 그것이 한 사나흘만에 딱 청국장이 떠.

@2 아.

= 그러면 이제 찧어서 이제 소금 치고

= (기침) 거기다가 마늘 좀 넣고 찧어가지고

= 소금 쳐서 이제 찧어가지고 그래가지고 청국장 먹지.

@2 에.

‑ 거가 그러케 마시써.

= (기침) 시야네는 또 청구기 조:쏘이~.

= 솔차니 마시써

‑ 잘 떠야 마시쩨.

= 잘 뜨믄 마시꼬

혹시 이렁 거 헤: 보셔써요?

= (기침)

집짱 가틍 거라고 집짱이랑[150) 거 보셔

‑ 집짱이랑 거슨 페냐

= 엔:나레 집짱도이 헌 디도 어:런더리 하면

@2 으응

= 저기하더라고 집짱에다가.

‑ 집짱은 부사케다가[151) 마:니 합니다.

= (기침)

= 거그다 메주까리 느:코 무수 무수지 이쏘안?

= 무수지 고놈 뚝뚝 뿌어 느:코 베:추지 잔 써:러 너코 거 짐체 궁물

하고

에.

= 헤:서 집짱

= 다머서 저런 머시기 저

‑ 부옥 여 불 뗀 디다

= 불 뗀다도 느터,느:키도 하고

= (기침) 저런 디 먼 제뜬다도 깡:: 무더나두고 그라데요.

응, 따따 헌디다가

= 예, 따따헌디다가. 그라믄 그거시 이그면 인자

@2 예.

- 그것이 그렇게 맛있어.

= (기침) 겨울에는 또 청국장이 좋소.

= 상당히 맛있어.

- 잘 떠야 맛있지.

= 잘 뜨면 맛있고

혹시 이런 것 해 보셨어요?

= (기침)

집장 같은 것이라고 집장이란 것 보셔

- 집장이란 것은 내나

= 옛날에 집장도 하는 곳도 어른들이 하면

@2 으응

= 저기하더라고 집장에다.

- 집장은 아궁이에다가 많이 합니다.

= (기침)

= 거기다가 메줏가루 넣고 무 무김치 있잖소?

= 무김치 그것 뚝뚝 부러뜨려 넣고 배추김치 좀 썰어 넣고 그 김치 국물 하고

예.

= 해서 집장

= 담아서 저런 거시기 저

- 부엌 불 때는 곳에다

= 불 때는 곳에다도 넣기 넣기도 하고

= (기침) 저런 데 무슨 재 뜨는 곳에다가도 꽉 묻어 놔두고 그러데요.

응, 따뜻한 곳에다가

= 예, 따뜻한 곳에다가. 그러면 그것이 익으면 이제

- 저 집짱이 덴다고.

= 집짱이 데야가꼬 마시써.

음음

= (기침)

✛ 말:쓰믈 마:니 하시니까

- 그란디 저 손녕 쑹모는152) 저

- 부사케다 마:니 하데.

= 부세케다 그랑께 부사케다 다:먼 조:아.

✛ @2 물 한 잔 가따 드리까요?

✛ = 아니라우 넵 둬:게.

그 다으메::는 멀 저또 다머 보셔써요? 여기서

= 그라지요. 저또 다머.

머:슨 저슬 여기서?

= 멜치저또 다머보고 황시리저또 다머보고

황시리전 니야기 함번 헤: 주실레요?

= (웃음)

@2 어:뜨케 담씁니까? 황시리젇?

= 황시리 저슬 항시리 인자 장사153) 오먼

= 황시리 사 가꼬 거 머리빠근154) 인자 잘 안 머긍께 머리빡 띠여불고 카:까리 시처가꼬

= 소그믈 그 항시리나 소그미나 거자 가:께 가네야써요.

@2 아.

= 그레야 먹쩨 그라넘 고레부러서 몸: 무거요.

@2 아, 소금 마니 처야

= 예, 소금 마니 처야제. 소금 '써걱써걱하게'155) 반작하데끼 헤:가꼬 가네서

- 저 집장이 된다고.

= 집장이 돼가지고 맛있어.

음음.

= (기침)

✛ **말씀을 많이 하시니까**

- 그런데 저 손녕 숙모는 저

- 아궁이에다 많이 하데.

= 아궁이에다 그러니까 아궁이에다 담그면 좋아.

✛ @2 물 한 잔 가져다 드릴까요?

✛ = 아니요. 내버려두셔.

그 다음에는 뭐 젓도 담가 보셨어요? 여기서?

= 그렇지요. 젓도 담가.

무슨 젓을 여기서?

= 멸치젓도 담가 보고 황석어젓도 담가 보고

황석어젓 이야기 한 번 해 주실래요?

= (웃음)

@2 어떻게 담급니까? 황석어젓?

= 황석어젓을 황석어 이제 장수 오면

= 황석어 사가지고 그 머리는 이제 잘 안 먹으니까 머리 떼어 버리고 깨끗이 씻어가지고

= 소금을 그 황석어나 소금이나 거의 같게 간해야 돼요.

@2 아.

= 그래야 먹지 그러지 않으면 싱겁고 곯아 버려서 못 먹어요.

@2 아, 소금 많이 쳐야

= 예, 소금 많이 쳐야지. 소금 '써걱써걱하게' 반반(半半) 하듯이 해가 지고 간해서

= (물 마시는 소리) 다 가네서 따둑::따둑 헤:나따가

= 인자 그거또 이그먼 머거요.

= 거:또 항시리저또 이거요 인자. 인자 가니 다: 드러가꼬 이그문 무그먼 마시써요. 꼬수루:마니.156)

@2 에.

= 아, 그레가꼬

@2 (웃음) 치세요?

= 그르께 헤:가꼬 무꼬, 또 저런 저 멸치저또

= 메리젇157) 이쏘 안?

에

= 메리 장사 드로먼

= 여그는 거시기에다가 조하베다 신청을 헤:요.

조하베다가

= 조하베다가. 예, 신청을 헤:요. 거 부인헤:장한테

아.

= 신청허머넌 메리 그놈 하나꾸 살라먼 하나꾸를 하던지 두: 하꾸 살라먼 두: 하꾸 신청하드니 헤:노꼬

= 그롬 사가꼬 지비 오머넌 한 카:카리 시처가꼬 그롬 인자 항아리에다 당:, 거시기 통에다 당:꼳

= 고롬도 소금 한, 한 상자머 한 박, 거 한 박쓰머는

= 소금 서: 데 잔 몬: 너야써.

음

= 서: 데 잔 몬: 느코 반:싱떼로 열떼 느:먼

= 한 상자에 써라우.

아.

- 거 반:싱떼 열 쩌 열

= (물 마시는 소리) 다 간해서 다독다독해 놨다가

= 이제 그것도 익으면 먹어요.

= 그것도 황석어젓도 익어요 이제. 이제 간이 다 들어가지고 익으면 먹으면 맛있어요. 고소하게.

@2 예.

= 아, 그래가지고

@2 (웃음) 치세요?

= 그렇게 해가지고 먹고, 또 저런 저 멸치젓도

= 멸치젓 있잖소?

예.

= 멸치 장수 들어오면

= 여기는 거시기에다가 조합에다 신청을 해요.

조합에다가.

= 조합에다가. 예, 신청을 해요. 그 부녀회장한테

아.

= 신청해 놓으면 멸치 그것 한 상자 사려면 한 상자를 하든지 두 상자 사려면 두 상자 신청하든지 해 놓고

= 그것 사가지고 집에 오면은 한 깨끗이 씻어가지고 그것 이제 항아리에다 담, 거시기 통에다 담고

= 그것도 소금 한 한 상자면 한 박 그 한 박스면은

= 소금 석 되 좀 못 넣어야 돼.

음.

= 석 되 좀 못 넣고 반승되로 엿 되 넣으면

= 한 상자에 써요.

아.

- 그 반승되 엿 저 엿

‒ 여떻께 서:데제

‒ 서:데제.

= 응, 서:데제.

= 그롬 느:면 가니 딱 마저요.

으음

= 그레가꼬 인자 딱:: 여로콘

= 소:게다가 비뉴른 항아리에다 다 거 비뉴리 느:코

= 항아리 소:게다가 인자 건 비뉴르 너:코 비니류 소:게다가 그 저슬
다머. 인자 소금 처서 뚜적:뚜적헤:가꼬158) 인잔

= 따둑따둑 헤 다머노코는 우:게다는 '모게'를159) 쩌:절

= 머시긴 사료푸데라우.

에.

= 사료푸데를 딱 쩌저가꼬 그 모게를 그 소:게다가 느:머

= 그 절 거 지르미 그 거시 사료푸데가 딱 옴:막160) 둘러쓰제. 그라먼
지름끼가 더 업:쩨, 저세가.

@2 아.

= 그레가꼬 그놈 인자 건저 네:불고 인자 절 인잔 검 이그먼
끼레가꼬

= 인자 가시레 짐치 담:쪼, 베:추지.

예, 그러케 멸치저쓸 다무션네요.

= 예.

자, 이거슬 마지마그로 이거슬 마지마그로

수를 아까 마:니 다믕,가보셔따게써요?

= 예 술

에, 술 당그능 거만 인자 마지마그로 헤 좀

= 수런

- 여섯 되니까 석 되지.

- 석 되지.

= 응, 석 되지.

= 그것 넣으면 간이 딱 맞아요.

으음.

= 그래가지고 이제 딱 이렇게

= 속에다가 비닐, 항아리에다 다 그 비닐 넣고

= 항아리 속에다가 이제 그것 비닐 넣고 비닐 속에다가 그 젓을 담아. 이제 소금 쳐서 뒤적뒤적해가지고 이제

= 다독다독해 담아 놓고는 위에다가는 '모게'를 저기 저

= 거시기 사료 포대요.

예.

= 사료 포대를 딱 찢어가지고 그 '모게'를 그 속에다가 넣으면

= 그 젓 그 기름이 그것이 사료 포대가 딱 온통 둘러쓰지. 그러면 기름기가 더 없지, 젓에.

@2 아.

= 그래가지고 그것 이제 건져 내버리고 이제 젓 이제 그것 익으면 끓여가지고

= 이제 가을에 김치 담그지요, 배추김치.

예, 그렇게 멸치젓을 담그셨네요.

= 예.

자, 이것을 마지막으로 이것을 마지막으로

술을 아까 많이 담가 보셨다고 했어요?

= 예. 술

예, 술 담그는 것만 이제 마지막으로 해 좀

= 술은

= 그 아까 거 쩌 건 밀:로 누룩 띠여가꼬

예.

= 인자 술빱 인자 보리싸를 슫 당가가꼬 그노믈 쩌요 시리에다가.
꼬득:꼬득하니 인자 거 꼬:두밥 찌데끼 쩌가꼬 이그먼 그 보리싸리 땅
이그먼

= 그노믈 퍼서 인좐 저런 도리방석 가튼디다가 딱 인좐 시켜요.

예.

= 딱 시크먼 거그다가 그 누루글 인자 서꺼.

예.

= 거자 밤바틈 데게 누루글 서꺼가꼰 항아리에다가 인좐

= 물 부꼬, 물 알:만치161) 부:꼬 인좐 그 술만 다머.

= 다머가꼬 아렌모게다 따타단디다 딱 더퍼노먼 막 부글부글부글 게:
먼 한 사을마네

= 딱 게:요.

@2 에.

= 그라먼 거그따 인자 얼릉 데게 할라먼 소주쪼깜 치고

음.

= 거그 수레다가. 그레가꼬 인자 술략 치고

= 또 술 야기 이써요.

술라기 이써요?

= 예, 또 술 야기 이써. 잘자:란 싸:레기마니로 쓰, 거시기 저

= 서:쑥쌀마니로162) 셍게써. 그람 장에서 엔:나레 사다가

@2 에.

= 술략 치고 그레가꼬

— 갈라기 이써써요.

= 그롬 치고 술 만드라가꼬

= 그 아까 그 저 그것 밀로 누룩 띄워가지고

예.

= 이제 술밥 이제 보리쌀을 담가가지고 그것을 쪄요, 시루에다가. 꼬독꼬독하게 이제 그 고두밥 찌듯이 쪄가지고 익으면 그 보리쌀이 딱 익으면

= 그것을 퍼서 이제 저런 도래방석 같은 곳에다가 딱 이제 식혀요.

예.

= 딱 식히면 거기다가 그 누룩을 이제 섞어.

예.

= 거의 반반 되게 누룩을 섞어가지고는 항아리에다가 이제

= 물 붓고, 물 알맞게 붓고 이제 그 술만 담아.

= 담아가지고 아랫목에다가 따뜻한 곳에다 딱 덮어 놓으면 막 부글부글부글 괴면 한 사흘만에

= 딱 괴요.

@2 예.

= 그러면 거기다 이제 얼른 되게 하려면 소주 조금 치고

음.

= 거기 술에다가. 그래가지고 이제 술약 치고

= 또 술약이 있어요.

술약이 있어요?

= 예, 또 술약이 있어. 자잘한 싸라기처럼 거시기 저

= 좁쌀처럼 생겼어. 그러면 장에서 옛날에 사다가

@2 예.

= 술약 치고 그래가지고

– 술약이 있었어요.

= 그것 치고 술 만들어가지고

= 그놈 한 사을마네먼 데먼 인자 인잔 치에다 걸러서 인자 그거이 수 수

= 인자 마껄리 데지요.

마껄리

= 예, 그레가꼬 무그먼 잘 모다믄 그거시 술 시여저불고

= 오::메, 이:랄 떼

− 그랑께 마껄리가 마시 이쓰며는 아이 시다고 여페서

= 묵또 아네라.

− 몸: 무께 할라고

− 아이그 시다 그러믄 인자

= 마, 마시쓰머는

= 몸: 무께 할라고 아이고 에고 수리 시다 시다 그라면 차말로 암 묵쏘이~

(웃음)

= 잘 모:떼먼 그거이 수리 시여 불머는

@2 아.

= 이:랄떼 술 한나만 잘 데야불머는

= 얼:마나 그거이 조:타고요.

− 그러제.

= 수리::

− 아이, 노버더가꼳 수리 마시써야젤.

= 마시써야제. 그람먼 차말로 잘데머느

= 검들컴하니163) 마시써요. 술.

− 그랑께 욕씨미 마:난 사:람드리 술 마뽀고는

= 마껄리 잘데먼

− 아 함.

− 수리 마시쓰먼 아이고 시다고 지가 더 머글라고

= 그것 한 사흘만이면 되면 이제 이제 체에다 걸러서 이제 그것
이 수 수

= 이제 막걸리 되지요.

막걸리.

= 예, 그래가지고 먹으면 잘못하면 그것이 술 시어져 버리고

= 아이고, 일할 때

- 그러니까 맛이 있으면은 아이 시다고 옆에서

= 먹지도 않아요.

- 못 먹게 하려고

- 아이고 시다 그러면 이제

= 마 맛있으면은

= 못 먹게 하려고 아이고 술이 시다 시다 그러면 정말로 안 먹소.

(웃음)

= 잘못 되면 그것이 술이 시어 버리면

@2 아.

= 일할 때 술 하나만 잘 돼 버리면은

= 얼마나 그것이 좋다고요.

- 그렇지.

= 술이

- 아이, 놉 얻어가지고 술이 맛있어야지.

= 맛있어야지. 그러면 정말로 잘 되면은

= 약간 들큼하게 맛있어요. 술.

- 그러니까 욕심이 많은 사람들이 술 맛보고는

= 막걸리 잘 되면

- 아 함.

- 술이 맛있으면 아이고 시다고. 제가 더 먹으려고.

= (웃음)

- 그니까 걷 전 아:는 쩌 칭구들 이쓰먼 술 마시써 그라고 헤:싸

@2 (웃음)

= 그르케 헤:써.

그걸 주로 마껄리를 그러케

= 예.

= 또 인자 청주 제:사쌍에 올릴라고

= 청주하먼 인자 우:게 동동동동 뜬 놈 인자 뜨지요. 가마니 노오::란 놈 우:게가 떠요.

에.

= 그라먼 인자 가마::니 어그다간 거시기 치나 머이 너:콤 바터요.

에.

= 고롬 인잔 바가치 너:서 인자 바터가꼬 고놈 상에 나:요. 청주.

@2 음.

= 예 그 그거시 청주여. 찹쌀로 헤:가꼬

= 그거시 청주 여 상에다

@2 **** 보:통 인자 데게

= 예 보통 할떼는 걸르고

@2 걸러가지고

= 치에다가

@2 에.

= 물 치고 인자 걸르지요. 처뎀:스로164) 막

@2 옌:나레 소주꼬리 이러케 이써가지고

= 응.

@2 또 다시 아 끄리고 그렁 거 하지 아난나요?

= 소주

= (웃음)

− 그러니까 그 저 아는 저 친구들 있으면 술 맛있어 그렇게 해 쌓아.

@2 (웃음)

= 그렇게 했어.

그걸 주로 막걸리를 그렇게

= 예.

= 또 이제 청주 제사상에 올리려고

= 청주 하면 이제 위에 동동동동 뜬 것 이제 뜨지요. 가만히 노란 것 위에 떠요.

예.

= 그러면 이제 가만히 거기다가 거시기 체나 뭐 넣고 밭아요.

예.

= 그것 이제 바가지 넣어서 이제 밭아가지고 그것 상에 놔요. 청주.

@2 음.

= 예, 그 그것이 청주야. 찹쌀로 해가지고

= 그것이 청주 이 상에다

@2 **** 보통 이제 대개

= 예 보통 할 때는 거르고

@2 걸러가지고

= 체에다가

@2 예.

= 물 치고 이제 거르지요. 치대면서 막.

@2 옛날에 소줏고리 이렇게 있어가지고

= 응.

@2 또 다시 아 끓이고 그런 것 하지 않나요?

= 소주

@2 소주는 여기서 허는 데가 이써써요?

= 소주도

= 그거스 엔:나레 소주는 나도 에레서 소주 네린[165] 디도 바:써.

@2 에.

= 소주도 수를 이러고 만드라 가꼰

= 수리 시그나 어짜그나 하먼 소주를 네레불드라고

— 시:믄 어 소주 네리드라고

= 어:쭈고 네리냐머는

= 그 소주를 소테다 당:꼬 소테다 당:꼬는

= 그 우:게다가 인자

— 물 암부서?

= 물 그랑께 소테다가 그 페냐 거 수렁께 무림, 무리제 그라면,

= 그 스스 여 우:게다가 걸 먼: 요로코 머:슬 한나 다라를 느:틍가 벵얼 너:틍가 그라먼

= 그 무리 짐: 서림스로 그 거시게로 똑똑똑똑 떠러저요.

— 아, 여러케 수::

= 응, 요로코

— 지:미 거시게가꼬

= 지:미 똑똑똑 소두방[166] 꼭찌에서

= 똑똑똑똑 떠러지면 그거이 서주가 데야요.

@2 아.

= 그레가꼬 세주[167] 네리데요.

@2 에.

@2 그 그거 어려쓸 떼 봉 거 가테요.

= 예에.

@2 뒤지버징

@2 소주는 여기서 하는 곳이 있었어요?

= 소주도.

= 그것은 옛날에 소주는 나도 어려서 소주 내린 것도 봤어.

@2 예.

= 소주도 술을 이렇게 만들어가지고는

= 술이 시거나 어쩌거나 하면 소주를 내려 버리더라고.

− 시면 어 소주 내리더라고.

= 어떻게 내리냐면은

= 그 소주를 솥에다 담고 솥에다 담고는

= 그 위에다가 이제

− 물 붓잖아?

= 물 그러니까 솥에다가 그 내나 그 술이니까 물이지 그러면,

= 그 스스 이 위에다가 그 무슨 이렇게 뭘 하나 대야를 넣든지 병을 넣든지 그러면

= 그 물이 김 서리면서 그 거시기로 똑똑똑똑 떨어져요.

− 아, 이렇게 수

= 응, 이렇게

− 김이 거시기 해가지고

= 김이 똑똑똑 솥뚜껑 꼭지에서

= 똑똑똑똑 떨어지면 그것이 소주가 돼요.

@2 아.

= 그래가지고 소주 내리데요.

@2 예.

@2 그 그것 어렸을 때 본 것 같아요.

= 예예.

@2 뒤집어지

= 두지버지먼 땅 요로코 소두방 뒤지버노먼 그거이 똑똑똑똑 떠러저

- 시리뻬168) 보르데끼 안 보르등가?

= 응, 볼라가꼬 거 짐: 어디로 안 세고 그:리 떠러지라고.

@2 에.

= 그레가꼬 소주 네리드고 그라제.

아, 소주 네링 거슨 아까 마껄리가 좀 시여지고 그러면

@2 에.

= 시여지머는 고거 가꼬 소주 네리고

- 그레가꼬 암 버리고 그놈 인자 쇠주 네리

= 세주 네레가꼬 무그먼

에.

= 을::마나 도가다고 그거시, 세주가.

- 그거시 저 함빵울썩 떠러짐서 무악테사니라169) 솔,솔차니 마:니 나와

= 마:니 나와요. 그거또 홀차니.

@2 네.

= 우덜 에레서 어:런덜 보면 그라더라고

알콜 도:쑤가 놉찌요.

= 예.

- 그랑께 꼳쭈::라고170)

= 그거뿌다 꼬쭈라가고 그렌넌디

@2 꼬쭈요?

= 도가다고, 도가다게서.

아, 아이구 이걸 오늘 너무 이 에 말:씀 마:니 하셔찌요이~.

= (웃음)

- 자 그란

= 뒤집어지면 이렇게 솥뚜껑 뒤집어 놓으면 그것이 똑똑똑똑 떨어져.

- 시룻번 바르듯이 바르잖던가?

= 응, 발라가지고 그 김 어디로 안 새고 그리 떨어지도록.

@2 예.

= 그래가지고 소주 내리고 그러지.

아, 소주 내리는 것은 아까 막걸리가 좀 시어지고 그러면

@2 예.

= 시어지면은 그것 가지고 소주 내리고

- 그래가지고 안 버리고 그것 이제 소주 내리

= 소주 내려가지고 먹으면

예.

= 얼마나 독하다고 그것이, 소주가.

- 그것이 저 한 방울씩 떨어지면서 '티끌 모아 태산'이라 상당히 많이 나와.

= 많이 나와요. 그것도 상당히.

@2 네.

= 우리들 어려서 어른들 보면 그러더라고.

알코올 도수가 높지요.

= 예.

- 그러니까 꽃주라고

= 그것보고 꽃주라고 그러는데

@2 꽃주요?

= 독하다고, 독하다고 해서.

아이고, 이것 오늘 너무 예 말씀 많이 하셨지요.

= (웃음)

- 이제 그런

1) '시금추'는 '시금치'의 방언형.
2) '까주'는 '가지(茄子)'의 방언형. 지역에 따라서 '까지'라 하기도 한다.
3) '-읍딘자'는 '-읍디까'의 방언형. '-읍디갸'에서 구개음화와 /ㄴ/ 첨가를 겪어 '-읍딘자'가 되었다. 이 '-읍딘자' 형은 진도의 일부 지역에서 확인된 바 있는데, 영암에서도 쓰이고 있음이 재차 확인된 셈이다.
4) '솔'은 '부추'의 방언형. 동부 전남에서는 '소불'이나 '소풀'과 같은 형이 쓰이기도 한다.
5) '암무'는 '열무'의 방언형.
6) '얼갈이'는 푸성귀를 늦가을이나 초겨울에 심는 일, 또는 그 푸성귀를 말한다.
7) '찰잘하다'는 '자잘하다'의 방언형. '잘잘하다'라고도 한다.
8) '양님'은 '양념'의 방언형.
9) '다마네기(たまねぎ)'는 '양파'의 일본말.
10) '쩨끔'은 '조금'의 방언형.
11) '갓동'은 '갓'의 방언형.
12) '동'은 배추, 무, 상추 따위에서 꽃이 피는 줄기를 말한다.
13) '삐리다'는 '뿌리다'의 방언형. 전남 함평에서는 중세어 '빛다'를 계승한 '삥다'가 아직도 남아 있는데, 혹시 '삐리다'가 이 '삥다'와 '뿌리다'가 혼태를 일으켜 생긴 것이 아닐까 추정해 본다.
14) '얼름'은 '얼른'의 방언형.
15) '뿐이'는 '밖에'의 뜻.
16) '나무'는 '그루'의 뜻으로서 나무를 세는 단위명사.
17) '모중'은 '모종'의 방언형.
18) '널다'는 '열다'의 방언형.
19) '외무수'는 '왜무'로서 '일본무'의 뜻.
20) '찌드런하다'는 '기다랗다'의 방언형. 이에서 보듯 표준어의 접미사 '-다랗-'에 대응하는 전남방언의 접미사로 '-드라하-', '-드란하-', '-드락하-' 등이 있다. 표준어 형태 '-다랗-'이 원래 '-다라하-'로부터 발달한 것임을 감안하면 전남방언의 접미사들은 '하'의 축약을 겪지 않았음을 알 수 있다. 전남방언에서 '하'가 축약되지 않는 것은 일반적인 현상이어서, '만하다(=많다), 괜찬하다(=괜찮다), 놀하다(=노랗다), 안하다(=않다), …' 등의 예가 이를 보여 준다. 오히려 축약 대신 전남방언은 '-드라'와 '-하-' 사이에 /ㄴ/이나 /ㄱ/이 첨가되고 있는 것이 특징이다. /ㄱ/의 첨가는 신안, 진도 등 전남의 서남 해안 지역에서 주로 일어나고 /ㄴ/의 첨가는 나머지 내륙 지역에서 일어났다. 예를 들어 '-드라하-'나 '-드락하-', '-드란하-'가 '질다(長)'에 결합되면 '지드

라하다'(순천), '지드락하다'(진도), '지드란하다'(기타 지역) 등으로 나타난다. 한편 '지드란하다'는 '란'의 모음이 /ㅐ/로 변이되어 '지드랜하다'로 쓰이기도 하는데, 이 두 어형으로부터 /ㅡ/와 /ㄹ/이 탈락된 '지단하다'(담양)나 '지댄하다'(순천, 광양, 광주) 등의 어형이 확인된다. 이처럼 원래의 형에서 /ㅡ/와 /ㄹ/이 탈락한 예는 다른 낱말에서도 찾아진다. 예를 들어 '커다랗다'와 '높다랗다'에 대응하는 '크드란하다'나 '노푸드란하다'는 확인되지 않지만, '크댄하다', '노푸댄하다' 등은 나타나는데 이들 낱말은 '지단하다'와 마찬가지로 /ㅡ/와 /ㄹ/이 탈락되어 생긴 어형이다.

21) '다깡(澤庵)'은 '단무지'의 일본말.

22) '한지'는 무로 싱겁게 담근 물김치 곧 싱건김치를 말한다.

23) '백지'는 '백김치'의 뜻.

24) '끌텅'은 배추의 뿌리 부분을 가리킨다. 어원적으로 표준어 '그루터기'와 같다.

25) '싱건지'는 심심하게 담근 물김치인 '싱건김치'를 가리킨다.

26) '조선무수'는 '조선무'의 방언형으로서 둥글고 단단한 재래의 무를 왜무에 상대하여 이르는 말이다.

27) '언더리'는 '언저리'의 방언형.

28) '아까침'은 '아까참'의 방언으로서 '아까'와 같은 뜻.

29) '한하고'는 '계속'의 뜻.

30) '짐체'는 '김치'의 방언형. 옛말 '딤치'에서 온 말이므로 둘째 음절의 '체'가 옛 형태를 유지하고 있다.

31) '절구다'는 '절이다'의 방언형. 전남의 다른 지역에서는 '절이다' 또는 '간하다'와 같은 낱말이 쓰인다.

32) '마늘씨'는 여기서 '마늘'과 같은 뜻으로 쓰인다.

33) '돌금돌금'은 항아리나 시루에 물건을 켜켜이 쌓는 모양을 이르는 말. 동사 '돌다'에 접미사 '-금'이 결합하여 생긴 말로서 '켜켜이' 정도로 대응시킬 수 있을 것이다.

34) '통지'는 무를 통째로 담근 김치로서 '깍두기'에 대립되는 말이다.

35) '한테'는 '한데'의 방언형.

36) '다라이(たらい)'는 '큰 대야'의 뜻을 갖는 일본말.

37) '우레'는 '우리'와 '에'의 합성어인데, 여기서 '에'는 옛말 'ᄒᆡ'의 후대형으로서 현대어 '것'에 대응되는 말이다. 전남방언에서는 사람의 의미자질을 갖는 명사 뒤에 붙어 그 사람이 소유한 물건을 나타내는 말로 '야'와 '에'의 두 형태가 쓰인다. '야'가 옛말 'ᄒᆞ'의 후대형이라면 '에'는 'ᄒᆡ'의 후대형이라는 점이 다르다. 영암은 '야'와 '에'가 공존하는 지역이다.

38) '헤년마지'는 '해마다'의 방언형. 전남방언에서 오직 토씨 '마다'의 방언형 '마당'이나 '마지' 앞에서만 '해'와 '년(年)'의 합성어가 나타날 수 있다. 그 밖의 환경에서는 '해' 홀로 쓰인다.

39) '질부'는 '조카며느리'의 뜻.

40) '갓동지'는 '갓김치'의 뜻.

41) 'ㅅ낭'은 토씨 '이랑'의 방언. 전남의 다른 지역에서는 자음 다음에서 '이랑'처럼 매개모음 '이'가 결합되어 쓰이지만 이 지역어에서는 모음 다음에서는 '판낭'처럼 'ㅅ낭'으로, 자음 다음에서는 '갓동낭'에서 보듯이 '낭'으로 실현되는 것이 다르다.

42) '고로고로'는 '고루고루'의 방언형.

43) '비비다'는 여기서 '버무리다'의 뜻.

44) '보라지'는 '벌레'의 방언형. 지역에 따라 '버러지', '벌거지', '벌걱지' 등의 낱말이 쓰인다.

45) '오부작오부작'은 작은 것들이 서로 밀착되어 모여 있는 모양, 곧 '오보록하다'의 뜻.

46) '여칸'은 '여간'의 방언형인데, 표준어 '여간'과 달리 긍정문에 쓰일 수 있는 점이 다르다. 그 뜻은 '아주'처럼 정도를 강조하는 기능이다.

47) '거자'는 '거의'의 방언. 전남방언에서는 '거자'와 '거으'의 두 형태가 혼용되고 있는데, 이 두 낱말은 모두 옛말 '거싀'에서 분화된 것이다. /ㅿ/이 탈락되어 '거으'로 되었고, /ㅿ/가 /ㅈ/로 바뀌어 '거자'가 된 것으로 보인다.

48) '질다'는 표준어 '길다'의 방언형이다. 표준어에서 '길다'는 머리카락, 수염 따위가 자라는 것을 가리키지만, 전남방언에서 '질다'는 그 외에 식물이 자라나는 것도 가리키는 점에서 차이를 보인다. 기본적으로 '질다'는 어떤 핵으로부터 커 나가는 것을 가리키는 말이라 할 수 있다. 예를 들어 '원금'에서 '이자'가 커 가는 것도 전남방언에서는 '이자가 질다' 또는 '이자를 질우다'라고 말한다.

49) '가주런하다'는 '가지런하다'의 방언형.

50) '짤박하다'는 내용물이 약간 잠길 정도로 물이 있는 상태를 가리킨다. 표준어 '잘바닥하다'와 유사하나, '잘바닥하다'는 반죽이나 진흙 따위의 물기 있는 정도를 가리키지만, 전남방언의 '짤박하다'는 음식물을 만들 때의 상황에 주로 쓰인다는 차이가 있다.

51) 끓는 상황을 강조할 때 표준어에서는 '펄펄'을 쓰지만 전남방언에서는 '펄펄' 외에 '폭폭'과 같은 의태어를 사용한다.

52) '짱아찌'는 '장아찌'의 방언형. 지역에 따라 '짱아치', '장아찌', '장에지'라고도 한다.

53) '-차'는 '-째'의 방언형.

54) '장:에지'는 옛말 '쟝앳디히'의 토씨 'ㅅ'이 탈락한 방언형이다.

55) '솔'은 '부추'의 방언형. 동부 전남에서는 '소불'이나 '소풀'과 같은 어형도 확인된다.

56) '시안네'의 '시안'은 '세한(歲寒)'에서 온 말로서 '겨울'을 가리킨다. 따라서 '시안네'는 '겨우내'의 뜻을 나타낸다. 동부 전남에서는 '삼동(三冬)'이라고 한다.

57) '카카리'는 깨끗이 씻거나 세탁하는 모양을 가리킨다. 지역에 따라 '칼칼이'라고도 한다.

58) '들치다'는 '데치다'의 방언형으로서 물에 넣어 살짝 익히는 것을 말한다. 지역에 따라 '디치다'라고도 한다.

59) '쪼물락거리다'는 '주물럭거리다'의 뜻.

60) '더끔더끔'은 동사 '덖다'에 접미사 '-음'이 결합된 파생 부사이다. 동사 '덖다'는 물기가 조금 있는 고기나 약재, 곡식 따위를 물을 더하지 않고 타지 않을 정도로 볶아

서 익히는 것을 뜻하는데, 따라서 '더끔더끔'은 이렇게 덖는 모양을 형용하는 말이다. '볶다'에 대해서도 '보끔보끔'과 같은 부사가 가능하다.

61) '짓국'은 '김칫국'의 방언형인데, 여기서는 오이를 잘게 썰어 소금이나 간장에 절인 후 냉국에 넣고 파, 초, 설탕, 고춧가루를 친 음식인 '오이냉국'을 가리킨다.

62) '나박나박이'는 야채 따위를 납작납작 얇고 네모지게 써는 모양을 가리키는 말이다.

63) '한 가짓것'은 '한 가지'의 뜻. 전남방언에서는 '가지'에 '것'을 결합한 '가짓것'을 수사 다음에 사용한다. 그래서 '두 가짓것', '시 가짓것', '여러 가짓것' 등이 가능하다.

64) '알마치'는 '알맞게'의 방언형. 전남방언에서는 표준어 '마침맞다'를 '마치맞다'라고 하는데, 아마도 이 말과 '알맞게'가 혼태된 것으로 보인다.

65) '뽈끈'은 여기서 데치는 정도를 강조하는 말로서 '바짝' 정도로 옮길 만한 말이다.

66) '뽈깡'은 세게 짜거나 불끈 일어나는 모양을 나타내는 말이다.

67) '당에'는 '아직'의 뜻. 지역에 따라 '당아'라고도 한다. 특히 형용사 '멀다'를 수식하여 목적지에 도착하기 위해서 아직 갈 길이 많이 남아 있음을 표현할 때는 '당에'나 '당아' 외에 '당당'을 써서 '당당 멀었다'와 같이 말한다.

68) 표준어에서는 고사리를 '꺾는다'로 표현하지만 전남방언에서는 '꺾는다' 외에 '끊는다'라고도 한다.

69) '잡다'는 '싶다'의 방언형.

70) '뻬뻬젱이'는 '질경이'의 방언형.

71) '논뚜럭'은 '논두렁'의 방언형.

72) '싸랑부리'는 '씀바귀'의 방언형.

73) '나생이'는 '냉이'의 방언형. 지역에 따라 '나상구', '나시', '남수' 등의 다양한 방언형이 쓰인다. 옛말 '나싀'가 참고된다.

74) '여러니'는 '여럿이'의 방언형.

75) '바구리'는 '바구니'의 방언형.

76) '찡기다'는 '끼이다'의 방언형. 전남방언에서 '찡기다'는 피동과 사동의 두 용법으로 쓰이는 말로서 표준어 '끼이다'와 '끼우다'에 각각 대응한다. 이것은 '끼다'에 피사동 접미사 '-기'가 결합한 '끼기다'로부터 구개음화와 /ㄱ/ 앞에서의 /이/ 첨가를 겪어 생겨난 형이다.

77) '혜진떡'은 제보자가 자신의 아내의 택호를 부르는 말이다. 아내의 친정이 장흥 '회진'이므로 '회진댁'이라 부른 것이다. 여자의 택호를 나타내는 표준어 '-댁'이 전남방언에서는 '-떡'으로 나타난다. 다만 섬 지역에서는 '-떡' 대신 '-네'가 사용되는데, 이때는 친정의 지명 대신 아이 이름을 붙인다. 그래서 '함평떡'이 전남 내륙의 택호라면 '영수네'는 전남의 서남해 섬 지역의 택호이다. 특히 신안, 진도, 조도 등지에서는 큰아이의 속명으로서, 아이의 외가 지명과 성(姓) 표시어를 결합한 형태를 사용하는 경향이 있다. 예를 들어 '뒷개'라는 곳이 외가인 아이가 아들이면 '뒷개수', 딸이면 '뒷개단'이나 '뒷갯니'라고 부른다. 따라서 그 아이 어머니의 택호는 자연스럽게 '뒷개수네', '뒷개단네', '뒷갯니네'가 된다.

78) '단수'는 '단지'나 '오로지'의 뜻.

79) '미옥이네'는 고유명사.

80) '돌갓'은 '도라지'의 방언형. 전남방언에서는 '돌가지', '도라지', '돌갓', '도랏'과 같은 네 가지 어형이 쓰인다.

81) '영쿨'은 '넝쿨'의 방언형.

82) '쬚다'는 '질기다'의 방언형.

83) '일다'는 여기서 '만들다'의 뜻. 옛말 '일다'의 사동형 '이르다'가 참고된다.

84) '큰애기'는 '처녀'의 방언형.

85) '지지리'는 '기껏'의 방언형. 표준어에서 '지지리'는 '아주 몹시' 또는 '지긋지긋하게'의 뜻을 나타내는 말이므로 전남방언과는 그 의미가 전혀 다르다.

86) '잊임'은 '잊음'의 방언형으로서, '잊임이 많다'는 '잘 잊는다'는 뜻이다.

87) '보라꼬'는 '바라보고'의 방언형.

88) '잊임성'은 잘 잊어 버리는 성질을 나타내는 말이다.

89) '무장'은 '갈수록 더'의 뜻이다.

90) '황시리젓'은 '황석어젓'의 방언형. '황석어'는 '참조기'를 가리키는 말인데, 전남방언에서는 '황세기'나 '황시리'라고 하는 것이 일반적이다.

91) '세비젓'은 '새우젓'의 방언형.

92) '빈지럭'은 멸치과에 속하는 '반지'의 방언. '반지'는 '밴댕이'와 비슷하게 생겨 흔히 혼동된다. 전남에서는 지역에 따라 '송에' 또는 '빈지럭 송에'라고도 한다(김준 2013:55).

93) '알가미'는 '아가미'의 방언형.

94) '도포'는 영암군 도포면을 가리킨다.

95) '국거니'는 '국거리'의 방언형. '거리'의 방언형으로 전남방언에는 '건지'나 '거니' 등이 있다.

96) '뱅치'는 '병어'의 방언형.

97) '대두엄마'는 고유명사.

98) '안 했다고?'는 확인물음을 나타내는 말로서 '했잖아?'의 뜻.

99) '타발'은 표준어 '다발'의 방언형이다.

100) '모끄다'는 반죽할 때 물을 약간 쳐서 반죽하는 것을 가리킨다.

101) '겐잔하다'는 '괜찮다'의 방언형.

102) '-으깜송게'는 '-을까 무서우니까'를 뜻하며, 방언형 '-으까 무송께'가 축약된 말이다.

103) '게다'는 '괴다'의 방언형으로서 술, 간장, 식초 따위가 발효하여 거품이 이는 것을 가리킨다.

104) '마다리'는 원래 '한 말 들이'의 분량을 가리키는 말이지만 흔히 '자루'의 뜻으로 쓰이기도 한다.

105) '이끄러지다'는 '으깨지다'의 방언형.

106) '한나'는 '가득'의 뜻.

107) '두금금'은 '돌금돌금'과 같은 것으로서 표준어 '켜켜이'의 뜻을 나타내는 말이다.

108) '날마지'는 '날마다'의 뜻.

109) '뚜적그리다'는 '뒤적거리다'의 방언형.

110) '마나'는 '만큼'의 뜻을 갖는 토씨.

111) '마치'는 '마침'의 방언형. 표준어 '마침'과 달리 '좋다' 앞에 올 수 있는 점이 다르다.

112) '다갈'은 '달걀'의 방언형으로서 '닭'의 방언형 '닥'과 '알'이 합성된 말이다.

113) '데리다'는 '달이다'의 방언형.

114) '날장'은 끓이지 않은 장을 가리킨다.

115) '막장'은 허드레로 먹기 위하여 간단하게 담근 된장을 말한다. 메주에 볶은 콩가루, 소금, 고춧가루 따위를 넣고 띄워 만든다.

116) '질우다'는 동사 '질다'(<길다)의 사동형으로서 원 뜻은 '길게 하다'지만 여기서는 '자라게 하다'의 뜻으로 쓰였다.

117) '촉'은 '싹'의 방언형.

118) '시푸라니'는 '시풀하다'의 부사형 '시풀하니'인데, 표준어 '새파랗게'에 대응한다.

119) '여찌름'은 '엿지름'으로서 '엿기름'의 방언형이다. 전남의 동부 지역에서는 '엿질금'이라고 한다.

120) '뻬쪽뻬쪽'은 '뾰족뾰족'의 방언형.

121) '모끄다'는 반죽할 때 물을 약간 치는 것을 가리킨다.

122) '갈앉다'는 '가라앉다'의 방언형.

123) '밭다'는 액체가 바싹 졸아서 말라붙다는 뜻.

124) 전남방언에서 '감주(甘酒)'는 '식혜'의 뜻.

125) '단술'은 보리밥에 누룩을 섞어 띄운 것으로서 단맛이 나는 음료수를 말한다. 한자어 甘酒가 '식혜'를 가리킨다면, '단술'은 보리밥으로 만든 단 음료라 할 수 있다.

126) '오가리'는 '작은 항아리'를 가리킨다.

127) '타디달다'는 '다디달다'의 방언형.

128) '지 돌'은 시간이 한 바퀴 도는 기간을 가리킨다.

129) '제넘다'는 '알맞은 시간을 넘기다', '지나치다'의 뜻.

130) '오부렉하다'는 '오보록하다'의 방언형.

131) '메물'은 '메밀'의 방언형. '메밀'은 어원적으로 '뫼'와 '밀'이 합성된 말이다. 옛말에는 '모밀'로 나타나는데, 전남방언에서도 '메물' 외에 '모밀'이 흔히 쓰인다. 그래서 '메밀국수'는 이 방언에서 '모밀국시'라고 한다.

132) '훌형하다'는 '훌렁하다'인데 표준어에서는 단번에 쉽게 들어갈 정도로 구멍이나 자리가 아주 헐겁다는 뜻이다. 그러나 여기서는 건더기에 비해 국물이 상대적으로 많은 묽은 상태를 나타낸다.

133) '늘렁늘렁하다'는 '물렁물렁하다'의 뜻.

134) '꼬숩다'는 '고소하다'의 방언형. 동부 전남의 '꼬시다'와 대립되는 어형이다.

135) '주벅'은 '주걱'의 방언형. 지역에 따라 '밥죽'이나 '빡죽'과 같은 어형이 쓰이기도 한다. 중세어가 '쥭'이었으므로, 접미사 '-억'이 결합한 '주걱'이 표준어가 되었다. 반면 전남방언형 '주벅'은 '주걱'의 /ㄱ/이 /ㅂ/으로 바뀐 것이다. 완도 등지에서 확인되는 '밥죽'이나 '빡죽'에는 옛말 '쥭'의 형태가 남아 있다.

136) '눅다'는 반죽 따위가 무른 것을 나타내는 말이다.

137) '상솔'은 '상수리'의 방언형.

138) '쌉쑤름하다'는 '쌉싸래하다'의 방언형.

139) '나코'는 '나중에'의 뜻. '나케'나 '나께'로도 쓰인다.

140) '해끝'은 '해거름'의 방언형으로서, 해가 서쪽으로 넘어갈 때를 가리킨다.

141) '대떡'은 '가래떡'의 방언형.

142) '살라니'는 '사르르하니'로서 표준어 '사르르'에 대응된다.

143) '안반'은 떡을 칠 때에 쓰는 두껍고 넓은 나무 판을 말한다.

144) '문저뭉게'는 '천천히'의 뜻.

145) '천하(天下)'는 표준말의 경우 일부 명사 앞에 와서 매우 드물거나 뛰어나서 세상에서 비길 데가 없음을 이르는 말이다. 그런데 여기서는 형용사 '쉽다' 앞에 와서 '세상에', '아주'와 같이 정도를 강조하는 뜻으로 쓰였다.

146) '철부덕철부덕하다'는 '철퍼덕철퍼덕하다'의 방언형.

147) '몰리다'는 '말리다'의 방언형.

148) '꼬구작꼭짝'은 '꼬기작꼬기작'의 방언형. '꼭짝꼭짝'이라고도 한다.

149) '꼬굴치다'는 '꼬불치다'라고도 하는데 표준어 '구부리다'에 대응되는 방언형이다.

150) '집장'은 메주를 빻아서 고운 고춧가루 따위와 함께 찰밥에 버무려 장항아리에 담고 간장을 조금 친 뒤에 뚜껑을 막은 다음 두엄 속에 8~9일 묻었다가 꺼내 먹는 장을 가리킨다.

151) '부삭'은 '아궁이'의 방언형. 형태적으로 '부삭'은 '부엌'과 그 기원이 같으나 의미가 '아궁이'와 '부엌'으로 달라졌다. 전남방언에서 '부엌'은 '정제'나 '정지' 등의 어형이 쓰인다. 한편 '아궁이'를 뜻하는 전남방언에는 '부삭' 외에 '부삽'이나 '부삭' 등이 더 있다.

152) '손녕 숙모'는 고유명사.

153) '장사'는 '장수'의 뜻.

154) '머리빡'은 '머리'를 낮추어 부르는 말.

155) 전남방언에서 '써걱써걱하다'는 '써그럭써그럭하다'로도 쓰이는데, 소금이나 모래 따위가 촉감으로 느껴질 정도로 오롯이 있는 모양을 나타낸다.

156) '꼬수룸하다'는 '고소하다'의 뜻.

157) '메리젓'은 '멸치젓'의 방언형으로서, '멸치'를 전남방언에서는 '멜' 또는 '메리'라고 한다.

158) '뚜적뚜적하다'는 '뒤적거리다'의 뜻.

159) '모게'는 멸치젓의 기름을 빨아들이기 위해 젓 속에 넣어 두는 두툼한 종이를 가리킨다.

160) '옴막'은 '온통'의 뜻.

161) '알만치'는 '알맞게'의 뜻. '알마치'라고도 한다.

162) '서숙쌀'은 '좁쌀'의 방언형. '서숙'은 어원적으로 한자어 '서속(黍粟)'에서 변이된 말이다. '서속'은 원래 기장과 조를 아울러 이르는 말인데, 전남방언에서는 오직 조만을 가리키는 말로 지시의 범위가 줄어들었다.

163) '검들컴하다'는 '약간 들큼하다'는 뜻. '들컴하다'는 표준어 '들큼하다'의 방언형으로서 맛깔스럽지 아니하게 조금 달다는 뜻을 나타낸다. '검들컴하다'는 이 '들컴하다'에 접두사 '건'(또는 '검-')이 결합된 말이다.

164) '처데다'는 '치대다'의 뜻으로 빨래, 반죽 따위를 무엇에 대고 자꾸 문지르다는 뜻이다.

165) '소주 내리다'는 증기로 올라오는 알코올을 찬 물에 식혀 액화시키는 과정을 뜻하는 말이다.

166) '소두방'은 '솥뚜껑'의 방언형. 전남방언에는 이 밖에도 '소두랑', '소뎅', '소두랑뚜껑'과 같은 어형이 더 쓰인다.

167) '세주', '쇠주'는 '소주'의 방언형.

168) '시릿벤'은 '시룻번'의 방언형으로서 시루를 솥에 안칠 때 그 틈에서 김이 새지 않도록 바르는 반죽을 가리킨다.

169) '무악태산'은 아마도 '티끌 모아 태산'과 같이, 한 방울씩 떨어지는 소주 방울이 모이면 많은 양이 된다는 뜻을 나타내는 한자 성어로 추정된다.

170) '꼿주'는 매우 독한 소주를 가리키는 말로서 '꽃술'이라는 뜻이다. '꼿주'는 아마도 한자어 火酒를 花酒로 오해한 데서 빚어진 말이 아닐까 추정해 본다. 표준어에서 '화주(火酒)'는 소주, 보드카, 위스키 따위처럼 알코올 도수가 높은 술, 또는 불을 붙이면 탈 수 있을 만큼 독한 증류주를 가리키므로, 여기의 '꼿주'와 정확히 일치하기 때문이다.

■ 참고문헌

강영봉(1994), 『제주의 언어(1)』. 제주문화.

강영봉(1997), 『제주의 언어(2)』. 제주문화.

고광모(2001), 일부 방언들의 주체높임법에 나타나는 '-겨-'의 역사(2)-선어말 어미 '-어 겨-'의 형성과 '-겨-'의 분포 변화. 언어학 28. 한국언어학회.

국립국어원(2007), 『방언 이야기』. 태학사.

김규남(2007), 『눈 오늘 날 싸박싸박, 비 오는 날 장감장감』. 문학동네.

김 준(2013), 바다맛 기행. 자연과 생태.

박경래·이기갑·강영봉(2008), 새로 발굴한 어휘(1). 방언학 7. 한국방언학회.

박경래·곽충구·이기갑·강영봉(2010), 새로 발굴한 어휘(6). 방언학 12. 한국방언학회.

박경래·곽충구·이기갑·강영봉(2012a), 새로 발굴한 어휘(9). 방언학 15. 한국방언학회.

박경래·곽충구·이기갑·강영봉(2012b), 새로 발굴한 어휘(10). 방언학 16. 한국방언학회.

박경래·곽충구·이기갑·강영봉(2013a), 새로 발굴한 어휘(11). 방언학 17. 한국방언학회.

박경래·곽충구·이기갑·강영봉(2013b), 새로 발굴한 어휘(12). 방언학 18. 한국방언학회.

백두현(2006), 『국수는 밀가루로 만들고, 국시는 밀가리로 맹근다』. 커뮤니케이션북스.

오홍일(2005), 『전남 무안 지방의 방언사전』. 무안문화원.

왕한석(2010), 『한국의 언어민속지 2-전라남북도 편』. 서울대출판부.

이기갑(1978), 우리말 상대높임 등급 체계의 변천 연구. 서울대 언어학과 석사논문.

이기갑(1981), 씨끝 '-아'와 '-고'의 역사적 교체. 『어학연구』 17.2. 서울대학교 어학연구소

이기갑(1982a), 전남 북부 방언의 상대높임법. 『언어학』 5. 한국언어학회.

이기갑(1983a), 유추와 의미. 『한글』 180. 한글학회.

이기갑(1983b), 전남방언의 매인이름씨. 『언어학』 6. 한국언어학회.

이기갑(1985), 현실법 표지 '-ㄴ-'의 변천-중앙어와 전남방언에서. 『역사언어학』(김방한 선생 회갑기념논문집). 전예원.

이기갑(1986a), 『전라남도의 언어지리』. 탑출판사.

이기갑(1986b), 물음말 '어느'의 빈자리 메우기-전남방언에서. 『국어학신연구』(김민수교수 회갑기념논문집). 탑출판사.

이기갑(1987a), 미정의 씨끝 '-으리-'와 '-겠-'의 역사적 교체. 『말』 12. 연세대 한국어학당.

이기갑(1987b), 의도 구문의 인칭 제약. 『한글』 196. 한글학회.

이기갑(1987c), 전남방언의 토씨 체계.『국어국문학연구』(장태진교수 회갑기념논문집). 삼영사.

이기갑(1989), 전남방언의 간접인용문 축약 현상.『이정 정연찬교수 회갑기념논문집』. 탑출판사.

이기갑(1990a), 김명환 노인의 곡성말.『민중자서전』 11. 뿌리깊은나무사.

이기갑(1990b), 이봉원 노인의 벌교말.『민중자서전』 12. 뿌리깊은나무사.

이기갑(1990c), 함동정월 부인의 강진말.『민중자서전』 15. 뿌리깊은나무사.

이기갑(1991), 국어의 경어법-표준어와 서남방언.『새국어생활』 1.1. 국어연구원.

이기갑(1997), 한국어 방언들 사이의 상대높임법 비교 연구.『언어학』 21. 한국언어학회.

이기갑(1998a), '-어/어서'의 공시태에 대한 역사적 설명.『담화와 인지』 5.2. 담화인지
　　　　언어학회.

이기갑(1998b), 전남방언의 상대높임법.『한글』 240. 한글학회.

이기갑(1999), 국어 방언의 시상 체계-그 분화의 역사.『언어학』 25. 한국언어학회.

이기갑(2000a), 포도시 밥 묵고 사요. 웹진 전라도닷컴 (2000-10-27).

이기갑(2000b), 오색 무지개. 웹진 전라도닷컴 (2000-11-03).

이기갑(2000c), 얼매나 맞았는고 사방 간디가 시풀시풀허요. 웹진 전라도닷컴(2000-11-11).

이기갑(2000d), 군지 타면 겁나게 호수와도. 웹진 전라도닷컴 (2000-11-17).

이기갑(2000e), 되대허니 자떼바떼허니 앙겄구만. 웹진 전라도닷컴 (2000-11-25).

이기갑(2000f), 뿔받침, 양철 필갑, 그리고 때끼. 웹진 전라도닷컴 (2000-12-08).

이기갑(2000g), 저룹대. 웹진 전라도닷컴 (2000-12-22).

이기갑(2000h), 살강 욱에 밥그럭이 요년허니 영거 있네. 웹진 전라도닷컴 (2000-12-23).

이기갑(2000i), 망치로 구멍 뚫고 톱으로 썰고-대사리와 밥칙. 웹진 전라도닷컴(2000-12-29).

이기갑(2000j), 국어 방언의 조사 체계.『언어학』 27. 한국언어학회.

이기갑(2001a), 끼릿끼릿헌 애기들이 셋이나 있는디 멋이 무섭것소? 웹진 전라도닷컴(2001-01-05).

이기갑(2001b), '시렁가래'와 '살강.' 웹진 전라도닷컴 (2001-01-13).

이기갑(2001c), 일은 안 허고 뺀나 모실만 댕이냐? 웹진 전라도닷컴 (2001-01-22).

이기갑(2001d), 배추갑이 겁나게 싸드라. 웹진 전라도닷컴 (2001-01-28).

이기갑(2001e), 통 애기들을 멋이락 안 헝께 버르젱이가 한나도 없당께. 웹진 전라도닷
　　　　컴(2001-02-10).

이기갑(2001f), 한 볼테기 얻어 묵을라고 몬네몬네허고 있다가. 웹진 전라도닷컴(2001-02-17).

이기갑(2001g), 부지땅, 비땅, 부작때기. 웹진 전라도닷컴 (2001-02-24).

이기갑(2001h), 정제, 정지, 정게. 웹진 전라도닷컴 (2001-03-03).

이기갑(2001i), 일은 허천나게 많은디 헐 사람이 없네. 웹진 전라도닷컴 (2001-03-18).

이기갑(2001j), 멋을 혼차 돌라 묵었가니 포깍질허냐? 웹진 전라도닷컴 (2001-04-02).

이기갑(2001k), 장개가 갓고 금방 제금내 노먼 쓰가니? 웹진 전라도닷컴 (2001-04-10).

이기갑(2001l), 지 혼차서 짓국부텀 마시고 있네. 웹진 전라도닷컴 (2001-04-15).

이기갑(2001m), 쪼놈의 달구새끼, 넘새밭 다 쪼사 묵네. 웹진 전라도닷컴 (2001-04-22).

이기갑(2001n), 되야지, 외양간, 마구. 웹진 전라도닷컴 (2001-04-30).

이기갑(2001o), 코묵은 소리. 웹진 전라도닷컴 (2001-05-07).

이기갑(2001p), 질 싼 놈으로 주씨요. 웹진 전라도닷컴 (2001-05-15).

이기갑(2001q), 밥-깡보리밥 서숙밥 쑤시밥 무시밥 찰밥 꼬두밥. 웹진 전라도닷컴(2001-05-22).

이기갑(2001r), 싸가지 없는 놈. 웹진 전라도닷컴 (2001-06-15).

이기갑(2001s), 아까맨치로만 허먼 쓰겄다. 웹진 전라도닷컴 (2001-06-15).

이기갑(2001t), 비나 겁나게 쏟어져서 저수지가 방방허니 차먼 쓰겄다. 웹진 전라도닷컴 (2001-06-20).

이기갑(2001u), 대큰 묵어 봉께 맛은 있습디다. 웹진 전라도닷컴 (2001-06-29).

이기갑(2001v), 몸할라 안 좋은디 먼 술을 고롷게 묵고 댕이냐? 웹진 전라도닷컴(2001-07-10).

이기갑(2001w), 육지대 가면 요런 것은 못 보제라우. 웹진 전라도닷컴 (2001-07-16).

이기갑(2001x), 말해이지 말고 한피짝에가 앙거 있그라. 웹진 전라도닷컴 (2001-07-24).

이기갑(2001y), 우리는 그들을 이렇게 불렀다. 웹진 전라도닷컴 (2001-08-02).

이기갑(2001z), 잘헌다 잘헌다 헝께 늑삼내 갖고 더 잘해야. 웹진 전라도닷컴(2001-08-09).

이기갑(2001ㅏ), 쩌놈은 똘것인 모냥이여. 웹진 전라도닷컴 (2001-08-22).

이기갑(2001ㅑ), 택호. 웹진 전라도닷컴 (2001-08-29).

이기갑(2001ㅓ), 쩌그 곳간에 있는 쉬엉병에다 시구 좀 담아 오니라. 웹진 전라도닷컴 (2001-09-05).

이기갑(2001ㅕ), 애기가 원체 재앙시로웅께 낯부닥이 온통 숭개 투성이여. 웹진 전라도 닷컴(2001-09-12).

이기갑(2001ㄴ), 첨에는 안 가질란닥 허드니 중께는 홀짜꿍허고 받데. 웹진 전라도닷컴 (2001-09-20).

이기갑(2001ㅛ), 요놈이면 우리집 니 식구 허뿍 묵고도 남웅께. 웹진 전라도닷컴(2001-10-05).

이기갑(2001ㅜ), 들깡달깡, 방애야방애야. 웹진 전라도닷컴 (2001-10-18).

이기갑(2001ㅠ), 쥐나개나 무스탕이시. 웹진 전라도닷컴 (2001-10-29).

이기갑(2001ㅡ), 대사 치니라고 자네가 질 욕봤네. 웹진 전라도닷컴 (2001-11-16).

이기갑(2001ㅣ), 나가서는 말 한자리도 못 헌 것이. 웹진 전라도닷컴 (2001-12-17).

이기갑(2001ㅔ), 요것이 누 야냐? 웹진 전라도닷컴 (2001-12-26).

이기갑(2001ㅐ), 사태의 연속성을 강조하는 '는'과 '을랑.' 『국어학』 37. 국어학회.

이기갑(2002a), '당골'과 '당골네.' 웹진 전라도닷컴 (2002-01-03).

이기갑(2002b), 외약사내키. 웹진 전라도닷컴 (2002-01-21).

이기갑(2002c), 쩌그 쪼께 갔다 오요. 웹진 전라도닷컴 (2002-01-28).

이기갑(2002d), 워매, 징헝거. 『전라도닷컴』 2002년 3월호(창간호).

이기갑(2002e), 조오련의 '그버니.' 『전라도닷컴』 2002년 4월호.

이기갑(2002f), 하도 달랑달랑헝께 즈그 아부지도 두 손 들었당만. 『전라도닷컴』 2002년 5월호.

이기갑(2002g), 아심찬허니 뭘 이런 것을.『전라도닷컴』2002년 6월호.

이기갑(2002h), 써까리, 가랑이, 뚝니.『전라도닷컴』2002년 8월호.

이기갑(2002i), 아따 꾸꿈시롭게 먼 이런 것을 인데까지 챙게 뒤겠소?『전라도닷컴』
　　　2002년 9월호.

이기갑(2002j), 요참에 짠 찬지름은 징허니 꼬수와도.『전라도닷컴』2002년 10월호.

이기갑(2002k), 배가 꼴찍헌 년에 밥을 한 그럭 묵었드니.『전라도닷컴』2002년 11월호.

이기갑(2002l), '웅구락지국'과 '추어탕.'『전라도닷컴』2002년 12월호.

이기갑(2002m), 폴씨게 했구만 당아 안 했닥 허네. 웹진 전라도닷컴 (2002-12-16).

이기갑(2003a), 까치설날. 깐치동저구리.『전라도닷컴』2003년 1월호.

이기갑(2003b), '모지리'와 '모질헌 놈.' 웹진 전라도닷컴 (2003-01-13).

이기갑(2003c), 차가 하도 씨금써금해도 달린 디는 지장이 없어.『전라도닷컴』2003년 2
　　　월호.

이기갑(2003d), 살양발 신고 삐딱구두 신고 엉바지 흔들고 가는 꼴 좀 보소.『전라도닷
　　　컴』2003년 3월호.

이기갑(2003e), 삐뺏헌 것이 키만 껀정해 갖고 어디 쓰겄디야?『전라도닷컴』2003년 4월호.

이기갑(2003f), 먼 시상이 이렇게 시끌시끌허다요?『전라도닷컴』2003년 5월호.

이기갑(2003g), 행감치고 에헴허고 점잔빼고 앙거 있기만 허먼 다가니?『전라도닷컴』
　　　2003년 6월호.

이기갑(2003h), 물만 찌클지 말고 때도 좀 빗게야. 웹진 전라도닷컴 (2003-06-19).

이기갑(2003i), 낮박살을 주다.『전라도닷컴』2003년 7월호.

이기갑(2003j), 바가치시얌, 두룸박시얌, 짝두시얌.『전라도닷컴』2003년 8월호.

이기갑(2003k), '싸게싸게'와 '싸목싸목.'『전라도닷컴』2003년 9월호.

이기갑(2003l), '형님'과 '성님.'『전라도닷컴』2003년 10월호.

이기갑(2003m), '여보씨요!.'『전라도닷컴』2003년 11월호.

이기갑(2003n), '거시기'와 '머시기.'『전라도닷컴』2003년 12월호.

이기갑(2003o), 사투리와 일본말. 전라도닷컴. 웹진 전라도닷컴 (2003-12-03).

이기갑(2003p), 말로써 풀어 본 한국인의 먹는 문화.『언어와 문화』17집. 목포대학교
　　　어학원.

이기갑(2003q),『국어 방언 문법』. 태학사.

이기갑(2004a), 죄로 가다. 살로 가다.『전라도닷컴』2004년 1월호.

이기갑(2004b), 배추 끌팅.『전라도닷컴』2004년 2월호.

이기갑(2004c), 요놈은 괜찮은디 쩌놈은 어쩐가 몰르겠소.『전라도닷컴』2004년 3월호.

이기갑(2004d), 카만 있는 사람을 맬겁시 건드네.『전라도닷컴』2004년 4월호.

이기갑(2004e), 내동 아까침에 말헝께는.『전라도닷컴』2004년 5월호.

이기갑(2004f), 내가 안, 내일 안, 항꾸네 안, 장보로 가자고 안, 글던가 안?『전라도닷컴』

2004년 6월호.

이기갑(2004g), 너도 나도 헐 것 없이 우허니 했제.『전라도닷컴』2004년 7월호.

이기갑(2004h), 군지 타먼 겁나게 호수와도.『전라도닷컴』2004년 8월호.

이기갑(2004i), 어서 방구 냄시가 솔레솔레 난다냐?『전라도닷컴』2004년 9월호.

이기갑(2004j), 느자구 없는 놈.『전라도닷컴』2004년 10월호.

이기갑(2004k), 숭게 질라 차꼬 긁지 마라.『전라도닷컴』2004년 11월호.

이기갑(2004l), '태죽'과 '자죽.'『전라도닷컴』2004년 12월호.

이기갑(2005a), 첨에는 쌩쌩허드니 쪼까 쓴께 금방 날개날개해져 불어라우.『전라도닷컴』
　　　　　 2005년 1월호.

이기갑(2005b), 기영치다.『전라도닷컴』2005년 3월호.

이기갑(2005c), 남봉났다.『전라도닷컴』2005년 4월호.

이기갑(2005d), 똠방치매.『전라도닷컴』2005년 5월호.

이기갑(2005e), 칭칭다리, 뽕뽕다리.『전라도닷컴』2005년 6월호.

이기갑(2005f), 이씩허먼 때릴라고 그래.『전라도닷컴』2005년 7월호.

이기갑(2005g), 가심애피.『전라도닷컴』2005년 8월호.

이기갑(2005h), 녹이 텍텍 쩌서 못 쓰겄다.『전라도닷컴』2005년 9월호.

이기갑(2005i), 생키지 말고 패맡아야.『전라도닷컴』2005년 10월호.

이기갑(2005j), 싸게싸게, 싸목싸목, 느시렁느시렁. 웹진 전라도닷컴 (2005-11-09).

이기갑(2006a), 옴막.『전라도닷컴』2006년 3월호.

이기갑(2006b), '마리'와 '물리.'『전라도닷컴』2006년 5월호.

이기갑(2006c), 아이를 부르는 말.『광주은행 사보』2006. 봄호.

이기갑(2006d), 호랭이 장개가네.『광주은행 사보』2006. 여름호.

이기갑(2006e), 아시타다.『광주은행 사보』2006. 가을호.

이기갑(2006f), '불붙이다', '수붙이다', '갓붙이다.'『광주은행 사보』2006. 겨울호.

이기갑(2007a), '곰배'와 곰배팔이'.『광주 MBC 저널』2007년 1월호

이기갑(2007b), 포도와 석류.『광주 MBC 저널』2007년 2월호

이기갑(2007c), '박'과 '바가치.'『광주은행 사보』2007년 봄호.

이기갑(2007d), 고려말과 러시아말.『광주 MBC 저널』2007년 3월호

이기갑(2007e), 동숭에지섬.『전라도닷컴』2007년 3월호.

이기갑(2007f), 지명.『광주 MBC 저널』2007년 4월호

이기갑(2007g), 마을 안길.『광주 MBC 저널』2007년 5월호

이기갑(2007h), 시상 베렜다.『전라도닷컴』2007년 6월호.

이기갑(2007i), 소나무.『광주 MBC 저널』2007년 6월호

이기갑(2007j), '고뿔차리'도 들지 마시고 영치지도 마시고.『전라도닷컴』2007년 7월호.

이기갑(2007k), 아짐씨.『광주 MBC 저널』2007년 7월호

이기갑(2007l), 찝어까다. 웹진 전라도닷컴 (2007-07-18).

이기갑(2007m), 개떡, 찐빵, 빵떡, 호떡.『전라도닷컴』2007년 8월호.

이기갑(2007n), 박강윤.『광주 MBC 저널』2007년 8월호

이기갑(2007o), 와가리 울고 개똥불 날던 날의 기억.『전라도닷컴』2007년 9월호.

이기갑(2007p), 꾀복쟁이.『광주 MBC 저널』2007년 9월호

이기갑(2007q), '하리거리'에 걸리면 '소망'을 할타야 되야.『산재의료관리 사보』2007. 8. 20

이기갑(2007r), 호주머니에 넣어 두고 꼭꼭 씹어 즐겼던 고소한 '군임석'-올벼쌀, 올게
        쌀, 올기쌀.『전라도닷컴』2007년 10월호.

이기갑(2007s), 미영.『광주 MBC 저널』2007년 10월호

이기갑(2007t), 사라진 옛글자 쌍히읗.『전라도닷컴』2007년 11월호.

이기갑(2007u), 머심둘레.『목포대 신문』2007. 11.

이기갑(2007v), 나락.『광주 MBC 저널』2007년 11월호

이기갑(2007w) 낙자는 콱콱 조사서 묵어야 맛있어.『광주은행 사보』2007년 겨울호.

이기갑(2007x),『전남 곡성 지역의 언어와 생활』. 태학사.

이기갑(2008a), '붉다'와 '묽다.'『전라도닷컴』2008년 1월호.

이기갑(2008b), 홀태.『광주 MBC 저널』2008년 1월호.

이기갑(2008c), 바시르르니 모까 갖고는 막 비베.『전라도닷컴』2008년 2월호.

이기갑(2008d), 지지리, 내동, 내나.『전라도닷컴』2008년 4월호.

이기갑(2008e), '사치스럽다' 대신 '럭셔리하다'? 웹진 전라도닷컴 (2008-04-23).

이기갑(2008f), 전라도말에 '망'과 '앙'이 붙으면.『전라도닷컴』2008년 5월호.

이기갑(2008g), 똥 뀐 놈이 됩대로 썽낸다.『전라도닷컴』2008년 6월호.

이기갑(2008h), '돈'의 뿌리를 찾아서.『전라도닷컴』2008년 7월호.

이기갑(2008i), 도사리, 호무질, 만도리.『전라도닷컴』2008년 9월호.

이기갑(2008j), 불소, 불암소, 이레소, 이레쟁이, 이레돗.『전라도닷컴』2008년 11월호.

이기갑(2009a), 질다, 질우다.『전라도닷컴』2009년 1월호.

이기갑(2009b), 부지땅 맞은 소『전라도닷컴』2009년 3월호.

이기갑(2009c), '떼루다'와 '찰찰이.'『전라도닷컴』2009년 5월호.

이기갑(2009d), 나물 담는 망태기 '삿구덕.'『전라도닷컴』2009년 7월호.

이기갑(2009e),『전남 진도 지역의 언어와 생활』. 태학사.

이기갑(2011a), 시치다, 씨끄다.『전라도닷컴』2011년 10월호.

이기갑(2011b), 하의면의 방언 문화. 도서문화유적 지표조사 및 자원화 연구 9. 도서문
        화연구원.

이기갑(2011c), 신의면의 방언 문화. 도서문화유적 지표조사 및 자원화 연구 10. 도서문
        화연구원.

이기갑(2011d),『전남 영광 지역의 언어와 생활』. 태학사.

이기갑(2013a), 암태도의 방언 문화. 도서문화유적 지표조사 및 자원화 연구 11. 도서문화연구원.

이기갑(2013b), 『전라도의 말과 문화』. 지식과 교양.

이기갑(2015), 『전라도말 산책』. 새문사.

이기갑·고광모·기세관·정제문·송하진(1998), 『전남방언사전』. 태학사.

이기갑·김주원·최동주·연규동·이헌종(2000), 중앙아시아 한인들의 한국어 연구. 『한글』247. 한글학회.

이기갑·유영대·이종주(1998), 『호남의 언어와 문화』. 백산서당.

이대흠(2007), 『이름만 이쁘먼 머한다요』. 문학동네.

이승재(1980), 남부 방언의 형식명사 '갑'의 문법-구례지역어를 중심으로. 방언 8. 한국정신문화연구원.

이진숙(2012), 『진도 지역의 언어와 문화』. 지식과 교양.

이태영(2000), 『전라도 방언과 문화이야기』. 신아출판사.

홍윤표(2009), 『살아있는 우리말의 역사』. 태학사.

■ 찾아보기

● ● ● ㅡ

● ● ● 나

・・・㉝

• • • 아